施特劳斯的路标

[增订本]

刘小枫 著

全部哲学史就这样成了一个战场，堆满着尸骨；它是一个死人的王国，这王国不仅充满肉体死亡的个人，而且也充满已经推翻了的和精神上死亡了的体系，在这里，每一个杀死了另一个，并且埋葬了另一个。……哲学史的事实并不是一项冒险的行为，一如世界的历史并不只是一些浪漫的活动，换言之，它们并不只是一件偶然的事实，迷途骑士漫游事迹之聚集：这些骑士各自为战，无目的地挣扎，他们的所有努力，都没有任何效果。

——黑格尔，《哲学史讲演录》，卷一
（贺麟、王太庆译文）

目 录

增订本说明
前记

引言：施特劳斯和他的弟子们 / 1

刺猬的温顺 / 11

施特劳斯的路标 / 86

施特劳斯与启蒙哲学 / 184

马基雅维利与现代哲人的品质 / 240

双重写作与启蒙 / 260

学人的德性 / 315

施特劳斯与中国 / 415

增订本说明

笔者对如下现象迄今感到好奇：自"改革开放"以来，我国学界引入的西方思想多如牛毛，学界人士罕有质疑（遑论拒斥）姿态，而施特劳斯的政治哲学思想是极少数例外之一（另一例外是施米特的政治法学）。

施特劳斯的政治哲学遭到质疑甚至拒斥，原因并不仅仅在于它对自由主义信仰提出了尖锐挑战。更为深刻的原因还在于，施特劳斯的政治哲学要求我们反省整个现代西方学术的前提和基础，而我们的学术恰恰是在这样的前提和基础上成长起来的。

倘若如此，在笔者看来，我国学界中的多数人质疑甚至拒斥施特劳斯学术是件大好事，只要这种质疑能够把我们引向对自己的学问前提和基础的质疑。

本书自10年前（2009）出版以来加印过两次，现在又断版了。在此期间，针对学界新出现的一些质疑施特劳斯学问取向的意见，笔者又陆续写了三篇文章。趁这次重版的机会，笔者将这三篇文章增补进来，其中一篇谈施特劳斯与其弟子的关系，不妨用作"引言"。

2019年8月
古典文明研究工作坊

前 记

本书收入笔者研读施特劳斯的五篇心得，写于1999至2009年间。

1993年，施特劳斯主编的《政治哲学史》中译本（李天然等译，河北人民出版社）问世，短短几千字的"绪论"令我惊讶，这是我第一次接触到施特劳斯的文字。我读过不少西方各类哲学史书，这篇"绪论"决然不同凡响。该书所附施特劳斯的所闻世弟子写的长文"施特劳斯与政治哲学史"，也让我惊讶甚至困惑。施特劳斯与价值相对主义和虚无主义的不懈斗争，不就是《拯救与逍遥》的立场？我怎么会与这个人那么近？

当时我尚在韦伯、舍勒、特洛尔奇、曼海姆的社会理论那里察看情况。完成《现代性社会理论绪论》（1996）后，我再把《政治哲学史》中施特劳斯写的篇章挑出来读，也找来《自然权利与历史》《什么是政治哲学》，读得一头雾水：施特劳斯像个老学究。

1997年，我偶然研究起施米特。迈尔（Heinrich Meier）的施米特和施特劳斯对勘研究对我理解施米特大有裨益不说，意外的收获是，逐渐开始明白施特劳斯有名堂。我重读《什么是政治哲学》，而且与伯林的《政治理论存在吗?》对着读。从此，我开始悉心研读施特劳斯。

1999年，萌萌约我写"告别1999独白"时，我便有了写"刺猬的温顺"的念头。对于我自己来说，要告别的绝非仅仅是 1999，而是 1919 以来的文化精神，甚至 1789 以来的哲学精神。

  本书辑录的五篇文章不过是自己十年间的学习心得，十年后的今天，研读施特劳斯对我自己来说仍然仅仅是开始。

2009 年 7 月记于
云南元江羊岔坳

引言　施特劳斯和他的弟子们

1899年9月20日，施特劳斯出生在德国Hessen地区Kirchhain镇上的一个犹太家庭。人文中学毕业后，施特劳斯先后在马堡大学等四所大学注册学习哲学、数学、自然科学，1921年在汉堡大学以"雅可比的认识论"为题获得哲学博士学位。1924年，一直关切犹太政治复国运动的青年施特劳斯发表论文《柯亨对斯宾诺莎的圣经学的分析》，① 开始了自己独辟蹊径的政治哲学探索。

1930年代初，施特劳斯离开德国，先去巴黎、后赴英伦研究霍布斯。1938年移居美国后，施特劳斯在纽约社会研究新学院任讲师，并兼任一个学刊的编辑，十一年后受聘于芝加哥大学政治系，任教十九年，直到退休——任教期间，施特劳斯先后获得芝加哥大学"杰出贡献教授"、德国汉堡大

---

① 中译（彭磊译）见施特劳斯，《斯宾诺莎的宗教批判》，李永晶等译，北京：华夏出版社，2011。

学荣誉教授、联邦德国政府"大十字勋章"等荣誉……

离开德国之前，青年施特劳斯已经发表过两部论著，但并未引起德国学界关注。在美国任教后，施特劳斯在原籍国德国学界仍然长期籍籍无名，虽然他的两部要著在六七十年代已经译成德文。① 施特劳斯去世二十年之后，德语学界才开始编辑出版德文版《施特劳斯文集》——编者迈尔（Heinrich Meier）教授大概还在念大学的时候，施特劳斯就去世了，他从何得知施特劳斯的思想？

迈尔写过一本题为《为什么要政治哲学？》的小书，阐发施特劳斯倡导的"政治哲学"，题献给伯纳德特（Seth Benardete）。伯纳德特是西班牙裔美国人，施特劳斯出任芝加哥大学教授那年（1949）进芝大念书，1955年在芝大社会思想委员会获得博士学位，是施特劳斯最早的入门弟子之一。伯纳德特毕业后到 St. John's College 任教（后转任纽约大学古典系教授），这是个特别的学院，施特劳斯早年的大学同窗克莱因（Jacob Klein）在三十年代流亡美国后一直在这里教书（1938—1978），把这个学院办成了古典式的博雅学院。1967年施特劳斯在芝大退休后，出任这所学院的 Scott Buchanan 住院教授，直到去世。

施特劳斯的弟子众多，在美国学界成名的不少，迈尔的施特劳斯研究却很少引证施特劳斯的其他弟子。伯纳德特的同窗、施特劳斯的另一位弟子罗森（Stanley Rosen）说，伯纳德特著作的个性不适合作为深入施特劳斯思想堂

---

① 施特劳斯到美国后完全用英文写作，《论僭政》出版十多年后才有德文译本（Neuwied, 1963），《自然权利与历史》的德文译本同样如此（Frankfurt, 1977）。1997年，德国才有了第一本施特劳斯思想评传（Clemens Kauffmann, *Leo Strauss: Zur Einfuehrung*, Hamburg/Junius, 1997）。

奥的文本证据，何况，"面对导师留下的大量文本，我们为什么要舍近求远，到一个学生那里寻证据？"

可是，据说施特劳斯公开传授了古典哲学的隐秘教诲，以至于人们觉得施特劳斯的教诲也是隐微的，即便直接阅读施特劳斯的文本也难以搞懂。施特劳斯的弟子们大多承认，要搞懂导师的著作字里行间传达的东西相当困难，因为，施特劳斯的写作方式大多是注经式的，人们很难区分哪些是古典文本中的思想，哪些是他自己的思想。

施特劳斯的弟子们以及弟子的弟子们后来分成了两派："东岸派"和"西岸派"（East and West Straussians）。"东岸派"主张，施特劳斯思想的重点并非古典哲学与现代哲学的对立，而是哲学与诗或者哲学与启示的纷争。

潘格尔（Thomas Pangle）是施特劳斯的弟子布鲁姆（Allan Bloom）的弟子，他在为施特劳斯临终前编选的自选文集写的序言中说：

> 柏拉图与（希伯莱）圣经之间的纷争中最为本质性的东西，已经呈现在柏拉图与诗人的纷争中了。

施特劳斯谈论上帝，其实都是政治的（或"公开的"）说辞。"西岸派"的代表、施特劳斯最早的弟子之一雅法（Harry V. Jaffa）强烈反对潘格尔的说法，因为这无异于把施特劳斯说成了一个伪装成道德卫士的"伊壁鸠鲁分子"（an Epicurean）。在"东岸派"弟子看来，雅法虽然跟施特劳斯游学多年，却未得先师微言，仅仅得其师的政治教诲或"显白"教诲。据说，施特劳斯的微言是：道德并没有坚实的根基。①

施特劳斯的论著传授的真正教诲究竟是什么，施特劳斯的弟子们已经意见不合。但在施特劳斯那里，真的有某种他着意要"秘传"的教诲？罗森坦白承认，自己的老师最终令他不明就里，于是，他关于自己的老师也说了下面这段让我们不明就里的话：

> 柏拉图对话的银丝网或表面含义包含了一种对非爱智［哲学］的多数人有价值的教导，而金苹果则是为哲人保留的。施特劳斯令人困惑之处在于，他引导我们的目光透过银丝网的网眼去看它下面的东西，但却是以这样一种奇怪的方式引导我们，使我们发自内心地感到下面并没有什么金苹果。在银下面仿佛是更多的银，也许成色比外层更高一点，但绝对不是什么金苹果。
>
> ……用非比喻的语言来说，从施特劳斯复杂的教导或许可以得出这样的结论：对人来说，不仅智慧不可能，而且哲学——如柏拉图对话的银外层所描述的哲学——也不可能。……施特劳斯用一个看起来更严厉的论题——哲学从未诞生过，来教导自己的学生捍卫古典时代的真理。②

---

① 参见 Susan Orr, *Strauss, Reason, and Revelation: Unraveling the Essential Question*, 见 David Novak 编, *Leo Strauss and Judaism: Jerusalem and Athens Critically Revisited*, Rowman & Littlefield, 1996, 页 26 - 27。对这一论争的评论, 参见洛文萨尔, 《施特劳斯的柏拉图式的政治哲学研究》, 见刘小枫编, 《施特劳斯与现代性危机》, 上海：华东师范大学出版社, 2010。

② 罗森, 《金苹果》（田立年译）, 见刘小枫编, 《施特劳斯与现代性危机》, 上海：华东师范大学出版社, 2010。

罗森的说法是否为真难以断定，并非只要是施特劳斯的弟子就肯定手握施特劳斯思想堂奥的钥匙，这倒可能是真的。何况，施特劳斯的弟子们歧见纷扰，我们究竟该听信哪个弟子的说法呢？布鲁姆不仅是施特劳斯弟子，而且与施特劳斯似乎情同父子，以至于人们会以为，布鲁姆的柏拉图《王制》义疏最贴近施特劳斯笔下的柏拉图。

朗佩特（Laurence Lampert）并非施特劳斯弟子或弟子的弟子，却怀疑布鲁姆是否有"半点施特劳斯大胆而敢于背离前人传统的阐释精神"。

> 施特劳斯发展了阿尔法拉比对柏拉图利用忒拉叙马霍斯的认识，以及关于苏格拉底如何通过朋友忒拉叙马霍斯和诗歌实施统治的评述，布鲁姆几乎没有这样的发展。布鲁姆注疏里的柏拉图抱负，看来不过是冲淡要进行政治革命的愚蠢思想和企望，促进似乎由布鲁姆呈现出来的最有利于哲学的生活方式：让柏拉图的学子们永远守住远离尘嚣可以安静思考的狭小居所。在这里，那些饱学之士训练学习哲学的年轻人，让他们成为和自己一样的人。

布鲁姆笔下的柏拉图无意承担教育整个时代的事情。施特劳斯的弟子如布鲁姆等更愿意把现代性看作由哲人承担的巨大工程达成的结果，完全不愿意把柏拉图本人看作施展哲学抱负的典范。……如果施特劳斯公开评价过［自己的学生］如布鲁姆、雅法、怀特（White）、丹豪瑟（Dannhauser）、克罗普西（Cropsey）及其他人的著述，或许我们理解起来要容易一点。但

> 施特劳斯似乎无意把事情弄得易懂一些。①

朗佩特的观点提醒我们，坊间广为流传的所谓"施特劳斯派"其实是一派谣言。施特劳斯在美国学界重镇芝加哥大学执教近二十年，教书育人默默无闻，尽管时有著述问世，挑战思想史和古典学主流学界的治学路向，身前却从未成为学界声名显赫的名人。施特劳斯去世之后，才逐渐成为影响北美学界最重要的流亡哲人，他所倡导的回归古典政治哲学的学问方向，的确深刻影响了北美文教界和学界的基本走向。②

尽管如此，施特劳斯学术本身在北美学界迄今不是显学或主流，将来也不会成为显学。因为，施特劳斯学术把源源不断的新生学子引向了柏拉图式的政治哲学传统，热爱哲学的青年最终在古典大书中安居乐业。一旦古典学问成了一国学术的丰厚土壤，成为显学的显然并非施特劳斯学述，而是古典学问本身。因此，如果我们着眼于从施特劳斯那里得到某种教义式信条，就完全错了，或者说一开

---

① 朗佩特，《施特劳斯与尼采》，上海：华东师范大学出版社，2005，《施特劳斯在柏拉图政治哲学史上的位置》中的一个注释。

② 在影响北美政治哲学界的三位德语国家的流亡哲人（另两位为沃格林和阿伦特）中，施特劳斯影响最大，也最富争议。与阿伦特的比较，参见 Peter Graf Kielmansegg / Horst Mewes / Elisabeth Glaser‑Schmidt 编，*Hannah Arendt and Leo Strauss: German Emigres and American Political Thought after World War II*，Cambridge Uni. Press，1995；施特劳斯与沃格林的比较，参见 Peter Emberley / Barry Cooper 编、译，*Faith and Political Philosophy: The Correspondence Between Leo Strauss and Eric Voegelin 1934—1964*，Pennsylvania State Uni. Press，1993（中译本：施特劳斯/沃格林，《信仰与政治哲学》，谢华育、张新樟译，上海：华东师范大学出版社，2006）；Ted V. McAllister，*Revolt Against Modernity: Leo Strauss, Eric Voegelin, and the Search for a Political Order*，Uni. Press of Kansas，1995。

始就错了。施特劳斯是否有隐微教诲——无论这教诲是什么,并不是值得我们关心的事情。施特劳斯以身作则的是敬重和细读古典文本,与历代思想大家一起思索真正属于政治哲学的问题。

百年来,中国智识人追慕过好些西方哲学的样式。二十世纪三十年代我们热衷的实用主义哲学,如今已了无踪迹;八十年代非常走红的存在主义哲学,如今也几乎销声匿迹。在我国学界,西方哲学的面目眼下主要呈现为现象学哲学、分析哲学、解释学哲学、解构哲学,这些主流哲学无不依托种种现代思想经验。与此有别,施特劳斯的"政治哲学"依托苏格拉底热爱智慧的经历,以整个西方思想史为织体,所展开的是西方哲学的整个古典传统。

由于在西方并非显学,施特劳斯的政治哲学进入汉语学界很晚,甚至晚于解构哲学,以至于我们以为,这是西方学界最新、最时髦的哲学样式。其实,就学术生涯来讲,施特劳斯展开柏拉图式的政治哲学晚于海德格尔展开现象学哲学不到十年。

施特劳斯学述几乎无不是绎读前人要著,没有提出一套自家理论体系,自然不易引人注目。不仅如此,用今天的话说,施特劳斯学述还非常"低调",为学质朴,甚至写了不少在大牌教授看来不屑为之的书介性评论。

施特劳斯执教芝加哥大学近二十年,其间有好几位修读西方思想史的中国留学生在读,我们从未听他们后来提起过这位获得芝大"杰出贡献教授"荣誉的老师。施特劳斯展开古典政治哲学远早于伽达默尔的解释学哲学(遑论德里达的解构哲学),但解释学哲学在二十世纪八十年代就开始成为我国学界的显学。毕竟,《真理与方法》具有大理论样式,耀眼得多,顺手拿过来用也非常方便。施特劳斯的纲领性文章《什么是政治哲学》同样在八十年代就译成了中文(节选),但我们当时谁都没有注意到这篇文献的分量及其深远的思想学术史含义。

施特劳斯在二十世纪七十年代初作古以后,美国学界才有人突然发现,并非古典学界业内人士的施特劳斯的学术影响已经威胁到英美古典学界的基本走向,十九世纪以来的实证-历史主义古典学遭到致命打击。此论在《纽约时报》上一出,随即引发激烈争议,直到北美古典学界掌门人弗拉斯托(Gregory Vlastos)出面致函《纽约时报》,称古典学界仍然稳如泰山,并未受到施特劳斯学术的不良干扰云云,争议才得以平息。

谁也没有想到,十多年后,美国宪法学界和史学界相继出现类似的惊呼:并非宪法学、史学业内人士的施特劳斯,其学术影响已经威胁到宪法学、史学界的基本走向。到上个世纪末,施特劳斯身后的学术影响引发的学界争议急剧攀升到政治斗争高度:自由主义知识分子揭发说,施特劳斯一直对自由民主理想心怀敌意,是政治上反动的保守主义宗师。后现代主义者则宣称,施特劳斯唯古典是从,没有提供应对现代技术文明危机的具体理论方略。

施特劳斯的弟子们大多在大学里埋头绎读古典大书,这时不得不站出来对传媒说:施特劳斯从来不与某种现实的政治理想或方案为敌,也从不提供解答现实政治难题的哲学论说。那些以自己的思想定位和政治立场来衡量和评价施特劳斯的哲学名流和民主斗士,不外乎是以自己的灵魂高度俯视施特劳斯立足于古典智慧的灵魂深处。施特劳斯的弟子们没有想到,一旦他们站出来公开为自己的老师辩护，所谓"施特劳斯派"的谣言就开始满天飞了。

美国学界因施特劳斯而引发的政治争议很快传到了中国。上海有家个体学术书店在推荐一本美国自由主义女知识分子揭发施特劳斯政治不正确的书的中译本时宣称，"引进施特劳斯给中国学界带来了不小的思想混乱"。这话听起来与我们过去非常熟悉的报纸言论一模一样："西方资产阶级自由化思想给中国学界带来了不小的思想混乱。"

奇妙的是，如今担心中国学界"思想混乱"的是我们的自由主义知识分子。这表明如下情形是真实的：现代的种种"主义"思维已经成为我国学界的舆论基础。

站在"主义"的舆论视域，我们当然看不到，施特劳斯关心的问题其实具有常识品质，而且很陈旧：西方文明危机的根本原因何在？对百年来西方学界的这个老问题，施特劳斯不仅作出了超逾所有前人的深刻回答，而且提出了切实可行的应对方略：重新学习古典政治哲学作品。

施特劳斯的学问以复兴苏格拉底问题为基本取向，这迫使所有智识人面对自身的生存德性问题：在具体的政治共同体中，难免成为"主义"信徒的智识人如何为人为学。如布鲁姆在《纪念施特劳斯》一文的结尾时所说，施特劳斯一代伟器、摛毫英见，对每一个想要以严肃思考为生的人，他的著述所倡导的古典学问方向都是一个触及自己的生存理由的严峻挑战：

> Echoing the *Apology* with what will seem a threat to some, a blessing to others, I believe our generation may well be judged by the next generation according to how we judged Leo Strauss.

的确,在施特劳斯所展开的古典政治哲学引领下,一旦年轻学子的向学热情经受过古典学问的浸润,必将逐渐懂得人类政治生活的严峻性和复杂性,不再头脑简单或发热地以种种传媒观念来衍化政治主张,"思想混乱"就来了。

如果中国文明因西方文明危机的影响也已经深陷危机处境,那么施特劳斯的学问方向给中国学人的启发首先在于:自由主义也好,保守主义、新左派主义或后现代主义也好,是否真能让我们应对中国文明面临的前所未有的根本危机。

刺猬的温顺

[题记] 本文原刊《书屋》2001年第2期，经扩充后收入文集《刺猬的温顺》（上海文艺出版社，2002）。这里的文本更新了部分文献，删除了与后来的文章重复的部分，文字亦有订正。

两位犹太裔哲人的不和

伯林（Isaiah Berlin）和施特劳斯都是英美哲学界的犹太裔哲人，一个来自俄国，一个来自德国，尽管伯林的犹太人身份不如施特劳斯纯正：伯林的父母辈已经不是犹太教徒。

他们还是同行，都以"思想史研究"著称，通过解释历史上的哲学思想来表达自己的哲学信念。① 但要说到在知识界的声望，施特劳斯远远没法与伯林相比。至少在汉语知识界如此：伯林去世时，大陆和港台的知名文化思想杂志如《读书》《万象译事》《公共论丛》《二十一世纪》《当代》等等，都刊发了纪念文章。

伯林文章潇洒，在知识大众中声誉卓著，有自由主义价值捍卫者的美誉，甚至一些诗人、艺人也为之倾倒。施特劳斯从不对知识大众说话，据说是保守主义思想最深刻的教父。不过，这类"主义"标签诱人卷入流俗、浮惑的意识形态之争，不可轻信，重要的是关注事情本身。

1958年，伯林发表了给他带来卓著声誉的《两种自由的概念》一文。没过多久，施特劳斯就在《相对主义》（1961）一文中纠弹伯林。② 伯林自称英国经验理性传统中人，其思想逻辑明晰有力、咄咄逼人，施特劳斯却偏偏纠弹伯林"自由"论的常识性逻辑矛盾：伯林将消极自由看作一种绝对的价值，论证却是如下宣称：所有价值都是相对的。

---

① 关于施特劳斯和伯林思想的概述，分别见 Shadia B. Drury,《施特劳斯的政治理念》（*The Political Ideas of Leo Strauss*），New York：St. Martin's Press, 1988（中译本2009）；John Gray,《伯林》，马俊峰、杨彩霞译，北京：昆仑出版社，1999。Michael Ignatieff 的《他乡：伯林传》（高毅、高煜译，台北：立绪出版公司，2001）表明，伯林已经成了当今世界知识界的道德智慧的象征。

② 参施特劳斯,《相对主义》（Relativism），见施特劳斯, *The Rebirth of Classical Political Rationalism*, Thomas L. Pangle 选编, Uni. of Chicago Press, 1989, 页 13–26；中译见施特劳斯,《古典政治理性主义的重生》，郭振华等译，北京：华夏出版社，2010（后文中随文标注英文版页码）。伯林的《两种自由的概念》，见氏著,《自由四论》，陈晓林译，台北：联经出版公司，1986, 页 225–296。

施特劳斯并没有就消极自由的观念本身说什么，仅指出伯林用来支撑消极自由概念的相对主义价值观，恰恰是一种绝对主义。既然所有价值都是相对的，何以可能将消极自由作为一种绝对的政治价值来捍卫？

这一再明显不过的自相矛盾相当奇妙，也意味深长。一个自由主义者没有想到，以良知自由为尚的自由主义主张本身同样具有思想的专制性质。伯林看到这样的纠弹，心里不知做何感想。

伯林访问芝加哥时，曾与施特劳斯促膝长谈。伯林晚年对采访记者忆述说，施特劳斯"很有学问，是一位真正的犹太教法典学者……是谨慎、诚实而且深切关心世界的思想家"。说过这番同行客套话后，伯林马上申明，自己与施特劳斯"存在着不可逾越的鸿沟"，根本谈不拢：施特劳斯竟然还"相信世界上存在着永恒不变的绝对价值"——超越时间、地域、民族的真理，简直是在侮辱现代哲人的智慧。① 伯林打心眼里不屑地把施特劳斯当作老派学究，没有经过启蒙精神洗礼似的：都二十世纪了，竟然还谈什么"上帝赐予的自然法则"。

从中古到近现代，西方思想史上的犹太裔思想大家代不乏人——从哈勒维、迈蒙尼德、斯宾诺莎、马克思、西美尔、列维纳斯到德里达。② 这是偶然的吗？如果不是，意味着什么呢？散居欧洲各国的犹太裔哲人在思想上完全被

---

① 参 Isaiah Berlin / Ramin Jahanbegloo，《伯林对话录》，杨孝明译，台北：正中书局，1994，页 39–42（以下随文注页码）。

② 参 Kenneth Seeskin，《俗世时代的犹太哲学》（*Jewish Philosophy in a Secular Age*），Albany：State Uni. of New York，1990；傅有德编，《现代犹太哲学》，济南：山东大学出版社，1999。

希腊-犹太-基督教的欧洲文化同化了,抑或恰恰相反?犹太人在欧洲的处境,不仅是政治存在问题,也是精神文化问题。所谓希腊-犹太-基督教的融贯一体,会不会是文化假象?

犹太文明与希腊-基督教的欧洲文明之间的冲突,也许从来没有真正终结。伯林以为,"世界上所有的犹太人在社会中都有某种程度的不安",即便他们"融合"在其他民族之中受到礼遇,而且在各自的行业中地位很高(参《伯林对话录》,前揭,页109)。比如,海涅(Heinrich Heine)即便成了德语大诗人,仍然对自己的犹太血统心存芥蒂。

受过欧洲文化教养的犹太人往往下意识地有非要对欧洲文化作出贡献的心愿,在伯林看来,这是一种扭曲心态。要改变这种扭曲心态,只有彻底改变犹太人的生存处境,重新建立犹太国,有属于自己民族的国土。犹太人有了自己的家园,才不会扭曲自己的心灵,非要对寄居国的文化作出什么贡献。

施特劳斯出生并生长在德国的犹太人社群,他的体会与伯林恰恰相反:犹太人在帝制德国生活得还不错。由于自由主义的魏玛民国,德国的犹太人才惨遭灭顶之灾。

为什么这样讲呢?说来话长。

本来,迁居神圣罗马帝国的犹太人并没有什么特别的身份意识,在整个中世纪后期和近代初期,神圣罗马帝国各地区的法律对迁居的犹太人身份既没有特别的规定,也没有歧视。随着近代民族国家的出现,迁居的犹太人社群的处境才开始变得艰难起来,法律中出现了种种对犹太人的规定,对犹太人的鄙视意识也随之出现:甚至大诗人歌德也公开轻蔑犹太人。

启蒙运动以后,欧洲的犹太人解放运动要求民族自主和平等权利,这种政治要求的具体诉求就是:要与欧洲人一样——同化为欧洲人,就像后来的女权主义运动要女人同化为男人一样。在启蒙精神理念的支持下,这种要求民族平等权利的诉求得到接纳,犹太人中出现了欧化热情,为了获得"进入欧洲文化的入场券"(海涅语),一些犹太裔文化人的精神创造显得比欧洲人还要有欧洲风。

在寻求平等的历史同化过程中,犹太人的身份反而成了政治-文化问题,并导致犹太人群体内部的分裂:某些犹太人担心丧失自身的犹太民族传统身份,担心犹太教习规遭遇泯灭之灾,激进主张重新回到封闭的犹太共同体,拒绝文化融合,于是就出现了犹太教的原始教旨及其政治形式与欧洲精神传统中超越任何"种族"习传伦理的普遍理性的冲突。另一些犹太人则坚持融入欧洲社会及其文化,努力成为欧洲文化中的一员。于是,出现了为推动自由主义现代性而奋斗的犹太裔思想家和政治家。可是,这样的努力仍然不能解决犹太人的身份问题,犹太裔文化人的欧洲同化热情甚至让一些欧洲文化人觉得是一种文化入侵。

尽管如此,在君主立宪的帝制德国时期,犹太人的政治环境基本上回复到了神圣罗马帝国时期的处境。由于在工商业和文化、学术方面的卓越贡献,犹太人的社会荣誉甚至达到了前所未有的程度。魏玛民国结束了宪政式的君主帝制,向自由民主政制"靠拢",但这个自由民主政体很"软弱",依靠的正义"手中没有剑"。

自由民主政制划分公共领域和私人领域,将宗教和道德逐至私人领域,以保障个人自由的政治权利,恰恰为极权主义、放纵种族歧视的自我中心主义提供了政治条件。①施特劳斯的少年时代是在帝制德国度过的,青年时期则经历了魏玛民国的惶惑旅程,亲身感受到犹太人处境日益严峻。魏玛民国的自由民宪政为纳粹政制铺平了道路,而魏玛宪法起草人、魏玛民国首任内政部长普鲁斯(Hugo Preuss)就是一位德高望重的犹太裔法学家,这是不是历史开的一个恶毒玩笑?

施特劳斯感觉到:犹太人问题不可解决,因为,即便有了自己的国土,犹太人与欧洲文化在生活理想方面的冲突依然存在。犹太人问题是人的问题的样板:人的存在依群而分,群与群之间总是相互对抗,不同的生活理想难免相互抵牾——这样的看法其实并非施特劳斯的创见,在十八世纪的德语作家莱辛那里,青年施特劳斯已经见到类似的观点。

面对这样的生存事实,青年施特劳斯虽然在柏林的犹

---

① 参施特劳斯,"《斯宾诺莎的宗教批判》英译本序",见《斯宾若莎的宗教批判》(*Spinoza's Critique of Religion*, E. M. Sinclair 英译, Uni. of Chicago Press, 1997),页1-31(以下简称"英译本序",随文注页码)。法兰克福学派创始人霍克海默的论断与施特劳斯一致:

启蒙与统治之间的辩证法,以及犹太人在启蒙运动、民主运动和民族运动的伟大哲学中感到的进步与残酷和自由间的双重关系,都体现在他们被同化的特殊本质中。被同化了的犹太人在努力遗忘那些屡遭奴役(仿佛第二次行割礼)的痛苦回忆的过程中,具有一种自我约束的启蒙精神,这种精神使他们备受煎熬的共同体生活径直转变为近代资产阶级。

喧嚷吵闹着的民族主义仍旧是公民自由的一种扭曲形式。反犹主义的酒窖政治,说明它根植于它曾得以发迹、最后又趋于衰败的德国自由主义的土壤之中。

霍克海默,《反犹主义要素:启蒙的界限》,见《霍克海默集》,曹卫东编,渠东、付德根译,上海远东出版社,1999,页120、150。

太教学院任教,"主要兴趣是神学"和犹太教中的正统问题,但他与当时的犹太教思想大家罗森茨维格(Franz Rosenzweig)不同,并不关心如何在启蒙后的西方哲学处境中保守纯正的犹太教神学,也与当时已经成为新康德主义大师的犹太裔哲人柯亨(Hermann Cohen)不同,并不关心如何进入当时的西方哲学主流,而是关心"上帝"与"政治"的关系。①

"上帝"与"政治"有什么关系?

在施特劳斯看来,自由主义的失败在于,想抹去人类不同生活理想之间不可调和的冲突,没有认识到价值冲突不可能解决始终是一个存在的事实。可是,伯林的自由主义主张不恰恰以强调这一存在事实而著称吗?两位犹太裔哲人在根本上难道不是一致的?的确如此。可是,伯林与施特劳斯在犹太人处境问题上的分歧,又是明摆着的。两人的不和尤其尖锐地体现在对纳粹政治的不同看法上。

作为犹太后裔,两人当然都憎恨纳粹政制。对于伯林来说,纳粹的极权政治是绝对主义价值观的结果;相反,在施特劳斯看来,正是由于蔑视某种绝对的价值,彻底拜倒在历史相对主义脚下的德国哲人们,才在1933年没有能力对德国的政治命运作出正义选择。

伯林与施特劳斯在根本问题上显得相当一致(比如认为人类的价值冲突不可解决),在诸多具体问题上又尖锐对立。这究竟是怎么回事?

伯林晚年对记者说与施特劳斯根本谈不拢,事出有因。

---

① 参John G. Gunnell,《理性、启示和自然:施特劳斯主义之前的施特劳斯》,田立年译,见《道风》(香港),14(2001),页157-183。

1950年代末,英美政治理论界发生过一场政治哲学反击政治学的战争。政治学属于现代社会科学,十九世纪以来日益取得支配地位,与其他社会学科一起瓜分了古典哲学的地盘。哲学瓦解、衰落了。二战结束十年后,正当社会科学在英美学界气势如虹之时,学术锋芒刚刚显出来的伯林和施特劳斯发起了对社会科学及其政治学的讨伐,力图重新夺回哲学对政治问题的思考权。

施特劳斯在1954—1955年作了题为"什么是政治哲学?"的讲演,部分文稿于1957年发表。几年后,伯林发表了《政治理论还存在吗?》(所谓"政治理论"其实就是"政治哲学")。[①] 两位哲人在抵抗社会科学原则的斗争中好像站到了一起。可是,正如即将看到的那样,这种一致是假象。相反,在维护政治哲学的意义的斗争中,伯林与施特劳斯打了一场精彩的遭遇战,堪称二十世纪思想史上的奇观之一。

伯林和施特劳斯显得既相当一致又尖锐对立,会不会有一个搞错了,抑或哲人间的歧见是自然的事情?无论哪种情形,都值得搞清楚。

需要关注的事情本身出现了:什么是哲学?施特劳斯和伯林都明确将政治哲学理解为哲学本身,或者说将哲学看作本质上是政治的,事情本身也就包含着这样的问题:何谓政治?由于两人都是思想史大家,事情本身还与历史、传统、现代性、古典性等纠缠在一起。

[①] 施特劳斯,《什么是政治哲学?》(杨淮生译),伯林,《政治理论还存在吗?》(周琪译),均见 James A. Gould/Vincent V. Thurshy 编,《现代政治思想:关于领域、价值和趋向的问题》,杨淮生等译,北京:商务印书馆,1985,页58–86和页404–441(以下随文注页码)。

苏格拉底成了狐狸

《政治理论还存在吗?》一开始就问：现代的社会科学可以代替古老的哲学吗?

回答是否定的。理由是，社会科学——包括其中的政治学，没有能力解决令人类困惑、"棘手"的价值问题。社会科学及其理论的基础是近代自然科学知识的推衍，它基于两种类型的知识：归纳（从观察所得材料作出推论）和演绎（由设立公理命题推论衍生命题）。判断前一种知识是否正确，复核对经验世界的观察，问题就解决了；判断后一种知识是否正确，检查一下是否正确运用演绎规则、是否在推演过程中犯逻辑错误，问题就解决了。以这两类知识原则为基础，自然－社会科学知识的长处是：

> 即便我们不知道一个既定问题的答案，也知道哪一种方法适用于探求其答案。（《政治理论还存在吗?》，页407）

人们对事情的看法总是不同的，生活中难免出现争议，自然－社会科学好就好在：只要复核经验事实、检查是否正确运用演绎规则，通常就可以平息争端。在以经验理性为基础的社会科学范围内，原则上没有不可解决的问题。但社会科学方法的经验理性性质，注定了它无法触及人类生活的价值目的及其正确与否。

可是，最令人类困惑的并非事实问题，而是价值和意义问题——什么是应该（比如自由、平等）的、更美好（比如幸福、公义）的生活。人类在生活的价值目的问题上从来就有深刻的歧见，相互冲突。价值目的问题上的冲突不可能靠复核对经验世界的观察、检查是否正确运用演绎规则得以解决。社会科学的政治学应该知趣，知道自己根本没有碰触到真正的政治问题。

对价值和意义问题，人们不仅不知道答案，甚至不知道如何去寻求解答、不知道什么东西可以成为证明答案正确的证据。哲学就是为对付这样的问题而存在的。这是不是说，哲学具有社会科学本质上不具备的超逾经验理性的知识呢？

并非如此。哲学本质上也是经验理性的：人们从来没有一种"普遍认可的专门知识"，"一旦我们明确了应当怎样着手解决这些问题，这些问题似乎就不是这种性质了"（《政治理论还存在吗？》，页409）。这不就是说，无论对于社会科学还是哲学，作为价值问题的政治问题都是不可解决的？既然如此，我们就要问：为什么哲学就可以甚至应该来对付这些问题？

何谓哲学的问题来了。对伯林来说，哲学本质上是政治的，其含义是：人类不可能避免价值评价这回事情。价值冲突问题就是政治问题，政治问题就是对善与恶、正当与不正当、应该与不应该作出裁定。既然哲学与社会科学一样，除了归纳和演绎的知识外一无所有，并没有建立一种超逾经验理性的知识的特权，从而凭借这种知识裁决人类在价值问题上的深刻歧见，为什么哲学的命相就是非得与价值问题（等于政治问题）打交道？社会科学可以幸运地"价值中立"，只关心经验事实，哲学为什么就没有这种幸运？

要回答这一问题，还得先搞清楚，价值问题为什么无法解决。

伯林告诉我们说，人类的价值多种多样，而且有不同层次。实现某一价值的手段，与需要实现的这种价值本身相比，就是次要价值。然而，两种价值究竟何者为目的、何者为手段，人类常常无法找到公认更高的价值标准来裁决。比如，个体与社群何者是目的、何者是手段？所谓的终极价值，其实最终都不是绝对的。

再有，人类社会视为最高的价值的东西，常常并非一种，而是多种。比如，真、善、美或者爱情与生命相互冲突时，你说该取舍哪个？况且，不同的个人或群体，对于终极价值的理解是不同的。

生活意义上的不圆满和价值目的之间的冲突，是人类生存的无奈本质。哲学并非如社会科学那样是现代才有的。自从人类产生了意义渴求和目的意识，哲学就出现了。毋宁说，哲学是人类生存的无奈本质中生发出来的狂妄想象，现代的社会科学以为可以摆脱这种想象，同样是幻想。

不过，面对人类生存的无奈本质，哲学也可以是精明的智慧。比如，经验主义哲学坦然承认，人类所有的知识不可能超出经验范围，价值观念不过是人所有的一种知识，当然也在经验范围内，因而不可能有什么神圣、绝对的价值。浪漫主义哲学告诉人们，人类所有的价值（或真理）想象都是从历史的民族机体中生发出来的，人类历史性地依群而生，价值（或真理）想象不可能相同，冲突因而是自然而然的。

堪称精明的经验主义和浪漫主义成了伯林哲学观念的

基本来源，依据这两种"主义"原则，伯林获得了自己的价值信念，其名曰"价值多元论"。

价值多元论看起来是一种精明的经验理性，其实最终基于浪漫主义"伟大的活力论"：人类的价值不是靠形式理性推导出来的，也不是神圣的上帝赋予的；没有什么普遍客观的真理，所有真理都是像生物机体那样生长出来的。就历史、经济、地理、心理的因素来看，人类的价值必定是多元的，因为价值观念实质上是创生性的。德国浪漫主义的历史理性与英国经验主义的常识理性这两个看似不相干的思想传统，在伯林那里美妙地结合起来。伯林教导我们说，"我们应该做什么"这样的问题，仅当在承认有永恒、超人类、普遍客观的真理这回事的前提下，才是一个问题，才有可能去寻求回答。对于怀疑论者、相对论者，尤其浪漫主义者及其二十世纪的继承人存在主义者来说，这样的问题根本无法回答，也无需回答。

对于伯林来说，这一信念乃是自由主义价值的精髓。① 既然价值问题就是政治问题，"价值多元论"显然不仅是哲学信念，也是政治信念。哲学在本质上是政治的，"价值多元论"的政治信念是什么呢？简单来讲就是，反对观念的和政制的专制。政制的专制可以纳粹政制为代表，观念的专制可以传统形而上学为代表，按伯林的看法，两者有不可分割的内在联系。

《政治理论还存在吗？》集中抨击"专家治国"论和权威主义的价值一元论这两种观念的专制。"专家治国"论是

---

① 参伯林，《穆勒与人生的目的》，见《自由四论》，前揭，页 297 - 340）。

现代的，指如今的各类科学专家以为可以靠社会科学化解价值冲突的信念；权威主义的价值一元论是古典的，指传统的形而上学。

伯林显得十分深刻地指出，两者其实是一回事。"专家治国"论的真正含义是，"专家"有能力也有使命指导人类"到达沙漠的绿洲"。这些"专家"在古代被称为形而上学家、神学家，在现代被称为自然科学家和以经验的历史科学为基础的社会科学家（《政治理论还存在吗?》，页428）。"沙漠的绿洲"本来是人的头脑中产生的幻象，古代的形而上学家、神学家和现代的社会科学家却都以为是人类应该抵达的福祉，结果不断在人类历史上搞出种种可怕的政制专制。

价值多元论者是否什么价值都不相信？

不可以这么说。不相信有一种绝对的价值，就是价值多元论者的价值信念：他仍然"相信某种形式的原罪，或认为人类不可能尽善尽美。因此，他们趋向于怀疑经验能否最终解决最基本的人类问题"（《政治理论还存在吗?》，页418）。

据第欧根尼·拉尔修的《名哲言行录》中的记载：色诺芬有一天在赶路，撞见苏格拉底，被他拦住问，哪里有卖各种生活用品的店铺。色诺芬知道得清清楚楚，逐一道来。末了，苏格拉底问，人在哪里可以变得美好？色诺芬一下愣住，张口结舌，只好承认自己不晓得。

"来跟我学习吧"，苏格拉底对色诺芬说。"变得美好"是人的幸福，关于幸福的知识是买不到的，只有靠沉思才能获得。色诺芬跟苏格拉底学习，是要知道自己"应该如何生活"。按色诺芬对苏格拉底的"回忆"，苏格拉底并没有简单地告诉色诺芬，人"应该如何生活"需要的甲乙丙丁诸项条件，而是同他一起探讨人生变得美好的可能性。人"应该如何生活"的知识，并不是热爱智慧的人已经拥有的，而是需要热爱智慧的人关切和追问的。如此关切和追问已经预设了有永恒的、超民族历史的、普遍客观的真理（施特劳斯所谓的自然法则），虽然热爱智慧的人还没有拥有它，但热爱智慧的人起码是为了这种真理而活的。

根本不相信有普遍客观的真理，热爱智慧的人的沉思生活的理由是什么呢？浪漫主义之后的哲人怎样为自己的生活方式辩护？

如果我设想自己就是现代的色诺芬，被伯林拦住问哪里有卖生活用品，我举出社会学、政治学、人类学、历史学家乃至时髦的文化研究学者开的各种店铺，伯林却问，在哪里可以学到关于美好生活的知识？驽钝的我当然被问得什么也说不上来，于是愿意跟伯林去学习。

在伯林学园的院长楼上，这位"具有一种休谟气质——关心尘世、不为感情所动、性情沉静"① 的哲人打开面向校园的窗户，乘着迎面扑来的一阵清风转身劈头对我说：他是一只狐狸。随后，伯林坐到我面前，对我娓娓教诲何以追问美好生活是一个历史错误。

伯林对我说：的确，热爱智慧的人天生就要为思考人类"应该如何生活"受折磨。可是，你看，从古至今有那么多哲人——不同历史时期、不同民族的哲人，他们根本无法就"应该如何生活"达成一致意见：

---

① 参依格纳狄耶夫等，《纪念伯林》，见《万象译事》，卷一，沈阳：辽宁教育出版社，1998，页176。

只要人类还是老样子，争论就仍然会在这一观点和类似的其他观念的形式下继续下去。(《政治理论还存在吗?》，页 438–439)

对苏格拉底来说，美好生活与公义相关。所谓公义，并非如今所谓基于个体权利的理性秩序，而是正确生活的方式。可是，人类对于公义的看法，不是依民族体质历史性地不同的吗？哲人的知识的确应以无知为起点，但根本没有普遍客观的真理这回事，苏格拉底老问"什么是……"，实在荒谬！关于美好生活的所有说法，都是相对的，而且相互冲突，永远不可能达成一致。你如果悉心研究思想史，就可以发现，历史上不同形式的绝对主义相互否定、辩驳，争吵不休。

伯林还对我讲了他有一次在电视台的哲学节目中让听众为难时举的例子：要是一个大科学家和一个小孩同时得了可能致死的肾炎，这时偏偏只有一台高科技的肾脏辅助器，"那我们怎样在这两者之间作出选择？我们怎么办？"……我马上想起陀思妥耶夫斯基笔下的伊凡提的"小孩的眼泪"和加缪笔下的里厄医生对帕纳卢神父提的问题，感到纳闷：何以说法相似，而实例却越来越……"道德哲学家是不会提出具体答案的"，伯林的回答打断了我的联想。

指导人们如何生活，既不是小说家的责任，更不是道德哲学家的责任。道德哲学家的任务，仅在于帮助人们面对问题，面对可供选择的行动范围，向他们解释有哪些选择以及做出某种选择的原因。……换句话说，他必须展现某些价值之间、经常是无共同尺度的价值之间不可避免的矛盾和冲突。①

的确——伯林继续对我说,哲学本质上是政治的,价值多元论本身就是一种政治哲学主张,是关于人性和世界的一种看法,也"建立在一种对人类的永恒属性的生动想象之上"。价值多元论并无意、实际上也不可能取消价值一元论的形而上学,毋宁说,价值一元论不过与价值多元论一样,是一种相对的观点。但价值多元论胜过或者比价值一元论聪明的是,懂得没有任何价值观点是绝对的。用逻辑语言来表达:人类根本没有什么绝对的价值,唯有这一观点是绝对的。哲人成为狐狸,就是成为有这种信念的人。依据这一信念来思虑"应该如何生活"的问题,就是哲人生活的理由,也是哲人成为狐狸的含义。

我有些不安地问:既然哲学本质上是政治的,这意味着哲学不可能避免就善与恶、应该与不应该作出裁决,但你又告诫说:"应该做什么"不仅不能指望哲学来回答,甚至这类问题对于哲学来说根本就是错误的、虚构的,哲学的存在本身不就自相矛盾?就人类生存的无奈本质而言,哲学有何必要、如何可能?

伯林一拍大腿:能想到这一步,简直太好啦!这恰是古典哲学无从逃避的困难,你看,价值多元论哲学避免了这一麻烦。后浪漫主义哲学才不是错误的、虚构的,古典哲学不仅是错误、虚构的,对人类来说,甚至是残忍的。

---

① 参伯林,《哲学引论》,见麦基(Bryan Magee)编,《思想家:当代哲学的创造者们》,周穗明、翁寒松译,北京:生活·读书·新知三联书店,1987,页32-36。

伯林颇为满意地打比方：如果用古老形而上学的先验自然法则或神圣的上帝来回答"我们应该如何生活"，有如让真实的人性躺到普罗克鲁斯忒床（Procrustean bed）上接受裁决，哲学必然成为"集权主义政权推行的一种策略"。

离开伯林学园时，我终于明白了这位现代休谟"睿智而肝胆照人"（一篇纪念伯林的文章中的颂辞）的使命：用狐狸哲人取代西方传统的苏格拉底式刺猬哲人——这无异于说，苏格拉底不再是热爱智慧的人的楷模。伯林既拒绝古典的哲学和现代的政治科学，又要捍卫哲学的正当存在。于是，他让自己进入了一个自己设计的两难处境：一种名之为价值多元论的政治哲学可能吗？或者：必须回答"我们应该如何生活"的政治哲学，可以无需回答这个问题而仍然是政治哲学？

我想不明白：伯林肯定地说集权主义要不得、古代形而上学与专制是魑魅魍魉，又肯定地说没有绝对价值、所有价值主张都有相对合理性，按狐狸哲人的观点来看，法西斯主义难道不是一种价值观点，其价值主张难道没有历史的机体和理由——所谓"扭曲的民族主义"？

如果"民族社会主义"不把自身搞成普世的绝对价值，仅宣称是本民族（因为也是相对）的绝对价值诉求，是不是就正确了呢？既然伯林宣称，自由主义就是要放弃寻求"什么是美好的生活"的最终答案这一千年幻想，那么，他告诫人们纳粹政制的失败"实在侥幸得很"，是不是过于聪明了？

刺猬揪住狐狸

施特劳斯在《什么是政治哲学?》中一开始就提出,[①]所有政治行为都带有寻求正确知识的目的,政治哲学产生于人类为了获知何为"美好的生活"这一目的。但施特劳斯马上接着说,"哲学实际上并不占有——而是寻求——真理"。即便哲学思考得不到最终答案、思考的问题得不到解答,也并不等于哲学成了一无用处的幻想。哲学意味着对人类基本问题的关切,即便所关切的问题已经被论争了好几千年也没有取得进展(伯林以此为价值多元论的前提)。

对伯林自己感到非常满意的聪明之见,施特劳斯用几句话就打发了。换句话说,对于一个思考政治哲学问题的人来讲,这些是常识。

施特劳斯随即对以现代历史科学 - 社会科学为基础的政治学发起攻击:"今天,政治哲学已处于衰落甚至也许腐朽的状态。"情形的严峻性并非首先在于,传统政治哲学被如今的经济学、社会学、心理学肢解,被历史哲学家和"自称用信念来取乐的人蹂躏",毋宁说,科学实证主义和历史相对主义切除了传统政治哲学的神经——对何为"美好的生活"的哲学关切。

> 实证主义的目标已不像神学和形而上学那样针对"为什么"的绝对知识,而是只针对"怎样"的相对

[①] 依据《现代政治思想》1985 年中译本(前揭),随文注该文本页码。

知识。(《什么是政治哲学?》,页63)

社会科学实证主义主张在价值冲突中保持"价值中立",要求不要在"崇高的目的和卑鄙的目的之间划定一条界线",如果要划定这样一条界线,社会科学也"会宣称这里有各种各样崇高的目的或理想,而与其他理想相一致的理想是不存在的"(《什么是政治哲学?》,页64－65)。这种"价值中立"的主张本身就是一种价值原则甚至政治原则,所以,施特劳斯断言,"道德上的麻木是科学分析的必要条件"。这岂不是在说,伯林用来抨击社会科学的价值多元论与社会科学实证主义恰恰是一丘之貉?

伯林与施特劳斯攻击社会科学实证主义的理由截然相反:对于伯林来说,实证科学是传统形而上学自然法原则和神学的上帝原则的翻版,仍然是价值一元论;在施特劳斯看来,社会科学实证主义原则是现代哲学与传统形而上学决裂的后果,根本不是什么价值一元论,而是彻底放弃了对价值问题的关切。两人都是思想史大师,哪一个说得对?抑或各有各的道理?

按伯林提供的解决经验问题纷争的方法,如果复核思想史的事实材料,那就可以说伯林错了。韦伯的学问论已经宣称价值的"诸神之争"无法解决,这是一个文本事实。伯林至多可以辩解,他攻击的是十七、十八世纪甚至十九世纪的实证主义,而非二十世纪或韦伯以后的实证主义。十九世纪以前,科学主义的确主张形而上学式的客观普遍性、历史的总体进步性及其合理性。可是,浪漫主义的历史理性以后的社会科学大师如韦伯者,不是已经摧毁了这种论断，重新提出"价值中立"的历史社会学原则吗？①只有在拒绝截然将价值与事实分开这一点上，伯林显得与韦伯不同，可是，即便韦伯，也没有截然把价值问题排除在社会科学之外。如果伯林在《政治理论还存在吗？》中攻击韦伯，要么是他自己把韦伯搞错了，要么辩称仅仅是在攻击十九世纪以前的科学实证主义，就是对思想史还不熟悉。无论哪种情形，对伯林都十分不利。

没有看到浪漫主义以后的科学实证主义已经变成了历史相对主义，至少是目光锐利的伯林的一个疏忽。为什么疏忽？因为伯林自己接受了浪漫主义，自己就是历史相对主义者——"眼睛看不到眼睛"（维特根斯坦语）。历史的理解方法——而非近代形而上学——才是韦伯以后的科学实证主义的基础。一旦人类摆脱了"永恒的价值"一类观念，接受"上帝死了"的宣称，就只有靠社会科学的"价值中立"来为"什么是美好的生活"提供指导。既然社会科学以历史的理解为前提，所有价值观念都是历史的产物，伯林所谓浪漫主义思想的伟大贡献——价值的历史相对化原则，就成了获知何为"美好的生活"的指导原则。

伯林说，社会科学因其经验理性而触及不到真正的政治问题——善与恶的选择；施特劳斯在攻击社会科学时同样宣称：只有政治哲学才能触及人类生活中不可解决的问题。但施特劳斯说，社会科学不是触及不到价值问题，而是用历史相对的价值原则勾销了善与恶的道德选择，这样一来，关于政治的学问（政治学或冒充的政治哲学）才变

---

① 参韦伯，《社会科学方法论》，杨富斌译，北京：华夏出版社，1999；韦伯，《学术与政治》，冯克利译，北京：生活·读书·新知三联书店，2005。

得"腐朽"。历史相对主义和科学实证主义都极端蔑视永恒人性、永恒价值一类观念，正因为如此，才会有这样的信念：何为"美好生活"的答案不可能有。伯林了不起的是，他把这种蔑视说成哲人的美德——所谓清醒的"现实感"，绝不再受绝对价值观念的蒙骗。①

施特劳斯同样以为，人类的价值冲突无法解决：比如启示真理与理性真理的冲突、哲人理性与民众信仰的冲突、哲人理论与诗人神话的冲突等等。不仅如此，施特劳斯相当具体、深入地进入到人类价值冲突的实际情形中，在阐述政治哲学的意义时，须臾没有离开人类历史具体的价值冲突。伯林虽然宣称"道德哲学家"的任务乃是展现"经常无共同尺度的价值之间不可避免的矛盾和冲突"，实际上这位狐狸哲人从来不涉足价值冲突的河流，仅仅指出冲突无法解决这回事就算了。施特劳斯所谓哲学在本质上是政治的，其含义与狐狸哲人的理解怎么会一样呢！

《什么是政治哲学？》发表在伯林的《政治理论还存在吗？》之前。伯林要么对施特劳斯的针砭装聋作哑，要么真的没有读过施特劳斯的文章。无论哪种情形，在施特劳斯已经作古多年后，伯林接受访谈时调侃说施特劳斯"已经进了坟墓"，所以"无法反驳他"，都是典型的狐狸说辞。施特劳斯的文章《相对主义》发表于1961年，该文指名道姓批评伯林，此时离施特劳斯去世至少还有十二年，伯林没有时间反驳？狐狸哲人不过对施特劳斯哲学嗤之以鼻罢了——"先验论的幻想""形而上学的观点""柏拉图式的

---

① 参伯林，《现实感》（冯克利译），见贺照田主编，《学术思想评论》第五辑，沈阳：辽宁大学出版社，1999，页299-332。

推论方式"……

其实，施特劳斯也没有把伯林放在眼里。伯林固然是英国经验理性主义和德国浪漫主义哲学的传人，但就这两种"主义"而言，伯林都算不上思想深刻的代表。施特劳斯从来不因哲学和政治歧见看不起谁，只要思想有深度、学问功夫到家，无论哲学和政治歧见多大，施特劳斯都十分敬重且极为认真地对待其思想。按意识形态的政治立场划分哲人——左派、右派或进步、反动，无异于拒绝真正的思想冲突。在施特劳斯看来，韦伯和海德格尔才分别是实证主义社会科学和历史主义哲学的思想深刻的代表，对此施特劳斯都有专文讨论。[①] 对于伯林，施特劳斯不过顺便纠弹而已。

哲学和政治见解虽然不同但深得施特劳斯敬重的思想家，除了实证主义社会科学和历史主义哲学的思想代表，还有据说是黑格尔右派的传人施米特（Carl Schmitt）和自称黑格尔左派-马克思主义的传人科耶夫（Alexandre Kojeve）。[②] 青年施特劳斯在柏林犹太学院任教时，与曾因在黑市倒卖肥皂被捕、从莫斯科逃出来的科耶夫结为至交，

[①] 施特劳斯对韦伯学问论、政治社会学及宗教社会学的尖锐批判，见氏著《自然权利与历史》（*Natural Right and History*, Chicago: Uni. of Chicago Press, 1953/1965），页35-80（以下随文注页码）。对海德格尔的批判，参施特劳斯，《海德格尔式存在主义导言》（An Introduction to Heideggerian Existentialism），见施特劳斯，《古典政治理性主义的重生》（*The Rebirth of Classical Political Rationalism*, 前揭），页27-46；中译见郭振华等译，前揭（后文随文注英文版页码）。

[②] 关于科耶夫的政治思想，参 Shadia B. Drury,《科耶夫：后现代政治的根源》（*Alexandre Kojeve: The Roots of Postmodern Politics*），New York: St. Martin's Press, 1994（中译见新星出版社，2008）。亦参邱立波编，《科耶夫的新拉丁帝国》，北京：华夏出版社，2007。

其时科耶夫正师从雅斯贝尔斯写博士论文。这两位哲人一开始所想的就不是一个路子，政治见解也南辕北辙：虽被肃反委员会拘押过，科耶夫却自称斯大林分子，施特劳斯则对共产主义运动从来没有好感。以后两人越走越远，施特劳斯是古典的——坚守哲学学园的自由地盘，科耶夫是现代的——不屑于在学园讲授哲学，相信马克思所主张的哲学在于改变世界的信条。然而，这两位哲人终身在对话。施特劳斯完成一篇重要著述，通常要寄给科耶夫，似乎是专为反驳科耶夫写的。①

《什么是政治哲学？》讲稿（打字稿）照例寄给了科耶夫，科耶夫读后在稿子上草草写下批语："施特劳斯＝神学"。② 科耶夫并非不晓得，施特劳斯根本不是传统意义上的神学家，甚至也很难说算得上犹太教思想家。施特劳斯出生于正统犹太家庭，但早在青年时期就转而信服希腊的古典哲学。对于基督教，施特劳斯似乎有一种尼采式的反感。既然如此，为什么科耶夫将施特劳斯看作神学家？二十世纪凡与科耶夫有过接触的哲人，无不赞叹其智慧过人——精明过人的伯林就是其中之一。如此看来，科耶夫说施特劳斯的"政治哲学"实质上是一种"神学"，不能视

---

① 两人关于哲学与政治之关系著名的也是二十世纪相当重要的政治哲学对话，参施特劳斯，《论僭政》（*On Tyranny*），Victor Gourevitch / Michael S. Roth 编，New York：Free Press of Glencoe，1991。关于两人对话的评论，参 Stanley Rosen, *Hermeneutics as Politics*, Oxford：Oxford Uni. Press, 1988，页 87–140；Victor Gourevitch，《哲学与政治》（Philosophy and Politics），中译见刘小枫编，《驯服欲望：施特劳斯笔下的色诺芬撰述》，贺志刚等译，北京：华夏出版社，2003，页 26–85。

② 参 Michael S. Roth，《认知与历史：二十世纪法兰西人对黑格尔的擅用》（*Knowing and History: Appropriations of Hegel in Twentieth-Century France*, Ithaca, New York：Cornell Uni. Press, 1988），页 134。

为随随便便的说法。

自然权利抑或自然正当

伯林的《政治理论还存在吗?》一文分九节,转折起伏、弯来绕去,最终不过要说:政治哲学乃永恒的诸神之争。施特劳斯的《什么是政治哲学?》一文分三节,显得简单刻板。① 为何如此安排篇章结构? 施特劳斯生性刻板?

《什么是政治哲学?》第一节讲现代的政治科学如何及为何"腐朽",第二节解释古典政治哲学的微言和大义,第三节考究近代哲学如何一步步背离古典哲学传统。如此谋篇布局明显在勾画整个西方思想史的古今之争格局:就政治哲学的智慧而言,现代学问(等于"腐朽")与古典学问判然有别、截然对立。

第一节结尾时,施特劳斯特别指出:纳粹事件恰恰证明,哲人不能摒弃对回答"什么是美好的生活"这一问题的关切。最终是否真能找到满意的回答,是另外一回事,重要的在于,必须关切这一问题的回答。既然在实证主义社会科学和历史主义文化哲学那里都找不到对这一问题的关切,热爱智慧之人也就不可能从它们那里得知何谓"政

---

① James A. Gould/Vincent V. Thurshy 编的《现代政治思想》中的《什么是政治哲学?》仅是演讲稿中的前两节,完整的文本见施特劳斯,《什么是政治哲学》(*What is Political Philosophy*, Glencoe, Ill.: The Free Press, 1959),页 9–55;或施特劳斯,《政治哲学导引十论》(*An Introduction to Political Philosophy: Ten Essays*, Detroit: Wayne State Uni. Press, 1989),页 3–57。中译见施特劳斯,《什么是政治哲学》,李世祥等译,北京:华夏出版社,2011/2019。

治哲学",回到政治哲学的古典形式,从中学习如何应对"诸神之争",就是必需的,而非在不可解决又无从逃避的"诸神之争"中变成狐狸。

《什么是政治哲学?》的第二节显得是一篇精致的柏拉图简述——通过注解柏拉图来呈现政治哲学的古典形式。搞清了政治哲学的古典形式,就等于回答了何为政治哲学。

注解柏拉图之前,施特劳斯讲了一段让人费解的话:政治思想的古典形式具有"自然的"特征(the "natural" character of classical thought)。"自然的"是什么意思?施特劳斯并没有给出清楚的说明。从字面意思来看,似乎"自然的"与"传统的"相对:不能说古典政治哲学是"传统的",因为那个时候还谈不上有"某种政治哲学传统"。相反,西方政治哲学的"传统"倒恰恰是从这种"自然的"哲学中产生出来的。"这种传统在哲人与政治事务之间起着类似于屏障的作用",因为传统的政治哲人"讲公民的或政治家的语言,几乎从不运用市场上不熟悉的术语"(《什么是政治哲学?》,页73)。由此来看,所谓"自然的"似乎指某种哲学传统的基础。

但施特劳斯又说:

> 如果一个人受自然而非习俗、习传的见解和传统支配——遑论受一时兴致支配,这个人就被认为是自然的人。(《什么是政治哲学?》,页72)

这里所谓"自然的",又好像在说专与传统作对的人——哲人。历史上的哲人很多,作为"自然人"的哲人似乎主要有别于启蒙以后依循各种"主义"传统的哲人,因为他们的所谓"自然"特征,指他们"摆脱了一切狂热,懂得邪恶最终无法根除,从而主张人对政治的期望必须温和"——后来我才知道,"懂得邪恶最终无法根除"这句短语是从莱辛那里抄来的。

即便不理会这段令人费解的说辞,仍然有两件事情需要先想一想。首先,施特劳斯为什么选择柏拉图,而不是亚里士多德、圣托马斯(这两位麦金太尔所看重的古典大师)或西塞罗?再有,为什么施特劳斯采用解经方式展开论述?柏拉图的对话当然是西方思想的古传经典,施特劳斯的论述方式,显得是西方哲学传统中的经学方式(我国学界有人曾说,西方思想传统中没有经学,唯敝国才有)。可是,这种方式不是已经过时了吗?

作"什么是政治哲学?"的演讲之前,施特劳斯刚刚发表了《自然权利与历史》(1953)。《什么是政治哲学?》中所谓"自然的"政治哲学或哲人,难免令人联想到"自然权利"。

从谋篇布局来看,《什么是政治哲学?》与《自然权利与历史》几乎完全相同:该书头两章分别抨击历史主义哲学和实证主义社会学,随后两章解释古典的"自然正确"观念,后两章讨论近代哲学的自然权利观念。看起来,《什么是政治哲学?》就像《自然权利与历史》的缩写本(《什么是政治哲学?》第二节可与《自然权利与历史》第三章尤其第四章"古典的自然权利"对勘)。

何谓政治哲学的问题等于何谓"自然权利"及其历史演化的问题?古典哲人何曾讲什么"自然权利",这不是典型现代的自由主义概念吗?

《自然权利与历史》导言一上来就祭出美国的"独立

宣言"，并马上据此抨击美国的社会科学状况：虽然美国的主流学人信奉"独立宣言"中作为国家的政治正当性原则的"自然权利"，实际上却像魏玛民国的许多学人那样，信奉的不过是历史相对主义，仅仅将这一原则视为"一种意识形态或神话"。"独立宣言"遵奉的"不可转让"的"生命权、自由权和追求幸福的权利"，被看作自然的权利。

所谓"自然的权利"，在这里显得与"实在的权利"（positive right）相对。"实在的"这个词，既让人联想到实证主义法学，又难免令人想到历史主义法学（导言仅三个脚注，一个提到凯尔森，一个提到基尔克）。业内人士都晓得，这两种主流的法学理论都讲究"自然权利"，而且这两种不同的"自然权利"可以用来支撑不同的政治制度：自由主义的或民族主义的。但在施特劳斯看来，这两种不同的"自然权利"实际上与真正的"自然权利"毫不相干，甚至相反：

> 摒弃自然权利，无异于承认所有权利都是实在的权利，而这意味着，何谓权利仅仅取决于各国的立法者和法庭。（《自然权利与历史》，页2）

任何实在的权利都基于"正义"与"非正义"的区分。"不可转让"的"生命权、自由权和追求幸福的权利"如果要具有实在的效力，自身就得有区分"正义"与"非正义"的能力——或者说拥有对何谓正确与错误、应该与不应该的裁定权。如此裁定权使得这一"自然权利"具有强制甚至可以说专制的权力，以为"自然权利"就是对抗专制，恐怕搞错了。凯尔森以实在的法律秩序取代传统的自然法，以便勾销自然法具有的价值决断（等于专制）权，不过使得法律秩序成了拒绝作出价值区分的专制者。恶法非法——"实在的权利"的合法性必须基于"一种不依赖于且高于实在权利的对错标准（a standard of right and wrong）"（《自然权利与历史》，页2）。实证主义法学怎么可能以"价值中立"的法律规范系统为"实在的权利"的合法性辩护？

寻求可以用来支撑人们判定"实在的权利"的善恶之"正当标准"，因此是必须的。按历史主义法学的观点，这种"正当标准"就是人类诸社会"天生"所有的"理想"——体现在我们习传的生活方式或社会制度之中的"理想"。人类社会的组织方式和制度是自然形成的，其"理想"如果就等于"自然的"正当，"自相残杀的原则就会像文明生活的原则一样，是说得通或合理的"。因为，"任何社会都有自己的理想，人人相残的社会所拥有的理想，不会少于文明社会"（《自然权利与历史》，页3）。说得更明确些，如果"自然的"等于社会习传或民族传统的"观念"，无异于承认纳粹政制的理想是合理的。纳粹政制自认为所代表的德意志民族，同样有自己"自然的"（等同民族习传的）"生命权、自由权和追求幸福的权利"。

在以"自然权利"作为国家的政治正当性原则的美国，支配知识界的却是实证主义（以后又有历史主义①），无论如何是一个讽刺。施特劳斯在当时的美国说这样的话，并非耸人听闻。那个时候，极右的麦卡锡主义正夹持民族-

---

① 施特劳斯的学生布鲁姆（Allan Bloom）在其二十世纪八十年代名噪一时的《美国精神的封闭》（战旭英译，冯克利校，南京：凤凰传媒集团/译林出版社，2007）中，集中攻击了美国学界对历史主义哲学的迷拜。

国家的"理想"而摒弃"自然权利"。与此相反,自由主义将"宽容""尊重多样性"视为最高的政治价值,承认所有民族文化机体的伦理"理想"都有价值,无异于"承认了每一种价值偏好的理性权利或自然权利"(《自然权利与历史》,页5)。一个自由的国家并非没有可能变成受某种一时所兴的价值偏好支配的极权政体,当年的魏玛民国就是历史的实例。施特劳斯怎么可能忘记自己亲身经历过的自由主义的魏玛共和国?

> 一个在战场上被打败、作为政治实体似乎已被摧毁的民族,可以将其思想的枷锁施予其征服者,从而剥夺它最辉煌的胜利果实,历史上不乏先例。(《自然权利与历史》,页2)

依据社会事实——无论法律实证主义的规范秩序还是历史主义的民族机体——来解释"自然权利",以"自然权利"的名义摒弃价值"绝对主义",是现代哲人高度近视的表现。"自然的权利"与"社会的权利"相对,是高于"社会权利"的"自然的正当"。

"自然"不等于传统、习惯法、历史－民族－地域的"自然"机体,真正的"自然"毋宁说是一种"超自然"。所谓"自然权利",实际上是高于历史－民族－地域的文化传统的"自然正确"(natural right):"古典形式的自然正确是与一种宇宙的目的论联系在一起的。"(《自然权利与历史》,页7)可是,实证主义的科学理论摧毁了可以确立"自然正确"的宇宙目的论,结果是,人们不得不接受种种历史主义哲学、法学和社会学提供的"自然正确"的解释。

浪漫－历史主义的多元文化价值论尽管攻击规范理性的普遍主义，两者其实是孪生兄弟。

通过对古希腊哲学的考察，施特劳斯力图说明，"自然正确"是整个古典哲学的关注重心所在，这种关注来自生活世界的严峻性和复杂性。这是否就是政治思想的古典形式具有的"自然"特征的真正含义？

古典的自然正确观源于苏格拉底－柏拉图，经亚里士多德发展，成形于廊下学派和教父哲学——托马斯主义尽管仍属于古典的自然正确观，已经有所变化（参见《自然权利与历史》，第三章）。[①] 选择柏拉图，首先因为，只有在苏格拉底－柏拉图那里，才可能触及政治哲学的原初问题——何谓真正的"自然正确"。

施特劳斯采用了解经的学问方式来揭示苏格拉底－柏拉图的"自然正确"观。与现代哲人通常断章摘句、"六经注我"地引用先哲言论不同，解经的学问方式首先要维护古典文本在形式上的完整性，而非以所谓"现代的前理解"解构原本的形式，从而尽可能与伟大的古典智慧一起思想，而非自以为比先哲"思想进步"。施特劳斯如何解释柏拉图，绝非单纯所谓方法论问题。

古典形式的政治思想所谓的"自然性"特征，实际上是"超自然的"。后来所谓"超自然的"，在希腊人那里恰恰是"自然的"。何谓"自然"？古典哲人作为"自然人"（natural being）又是什么意思？政治哲学的本质与这"自然"及其"正确"，究竟是什么关系？要搞清楚这些问题，

---

① 亦参施特劳斯，《政治哲学史绪言》，见施特劳斯、克罗波西（Joseph Cropsey）主编，《政治哲学史》，李天然等译，石家庄：河北人民出版社，1993，页2（以下随文注页码）。

施特劳斯说，就得用心听柏拉图如何讲苏格拉底的故事。

雅典哲人与民众的政治 - 神学冲突

在说过古典哲学的所谓"自然性"后，施特劳斯以柏拉图最后的著作《法义》为基础解释柏拉图（《什么是政治哲学?》，页74以下）——施特劳斯为什么不以更为著名的《王制》为基础来呈现柏拉图？

《法义》记叙的是，一位雅典哲人跑到克里特岛，与两位长老（一为克里特人、一为斯巴达人）讨论法律的起源：谁是"立法者"——三个不同地方的人聚在一起谈立法，能说到一起去吗？克里特和斯巴达的法律是神法，或者说神赐的法，与雅典政制不同，那里根本没有什么"人为立法"的事情。可想而知，雅典哲人与两位长老在法的正当性（人为立法抑或神赐的法）这一问题上，难免产生价值冲突。施特劳斯解释说，雅典哲人跑去克里特岛的实际目的，很可能是想让他们引进雅典式的立法，这等于向他们灌输自己本国的"应该如何生活"的道理。

奇怪的是，雅典哲人很快将话题一转，同两位长老大谈宴饮伦理——统治者是否应该管束民众狂饮烂醉一类事情。施特劳斯问："为什么柏拉图要把如此广泛地谈论饮酒作为他的政治和法律的对话的开端？"（《什么是政治哲学?》页76）

要理解这个问题，首先得了解：何为雅典哲人。

以苏格拉底为榜样，在雅典做一个哲人意味着"怀疑祖先的神圣性"——凡事不是诉诸祖先的权威，而是诉诸

"自然"。在希腊,哲人最早被称为"自然的传谕者"(those who discourse on nature),有别于"诸神的传谕者"(those who discourse on gods)。什么叫"自然"?古希腊最早的诗人说,是事物的特征、形式,总之不是神和人创造的东西,而是自然生长的东西。圣经中就没有表示希腊人的"自然"的语词,与此相应的希伯莱词 mishpat[原义为"裁决""正义""律例"]的意思是"上主的话"[=神圣律例]或"习俗"(参见《政治哲学史》绪言,页4)。

"自然"不能被"自然"认识,只能被发现,而"上主的话"是通过与先知立约的形式传达给人的,"习俗"由群体生活约定而成。"自然"与"约定"的区别,"对于古典政治哲学乃至大部分政治哲学来说十分重要"(《政治哲学史》绪言,页3)。因为这引出了如下问题:应然的或者"美好的"生活方式,是神传谕或习传约定的抑或自然而然的。如果是前者,人们顺从神的传谕或习俗的律法就可以了;如果是后者,就得去不断探究,习传的"应该"或"美好"观念是否符合"自然"。哲人遵循自然,所以,作为政治哲学的创始人,苏格拉底对任何事情都要问个究竟:什么是正义、虔敬、美好、政治、高尚、好人。

> 这种提问方式意味着要阐明所问事物的自然(本性),即事物的形式或特征。(《政治哲学史》绪言,页5)

诉诸自然的人——哲人,无异于脱离甚至挑战祖先、习俗或神的权威。对于哲人来说,生活在祖传的神圣法律中,等于生活在昏暗洞穴中。哲人依据"自然"生活,但又与民众生活在一起，就像见过阳光回到昏暗的洞穴。对于民众来说，顺从祖先的法律是美德，在哲人眼里，顺从却是恶习。与民众的顺从德性相对照，哲人的德性就是疯狂——无畏神圣的法律。"雅典哲人"因此意味着与神对立的人。民众敬拜神，赖习俗为生，哲人与神和习俗对立，无异于与民众对立（《什么是政治哲学？》，页77）。

接下来，施特劳斯说了一段意味深长的话：

> 《法义》以"神"这个词开端，这是柏拉图唯一以这种方式开头的对话，以"神"这个词作结的柏拉图唯一的对话是《苏格拉底的申辩》。在《苏格拉底的申辩》中，雅典老哲人苏格拉底驳斥了对他不虔敬和不敬拜雅典城邦崇拜的神的指控。看来，在哲学与承认城邦之神之间，存在着冲突。（《什么是政治哲学？》，页78）

哲人与民众敬拜的神相冲突，与"什么是政治哲学"有何相干？固然，神学——关于民众所敬拜的神的知识——因此与哲学发生了关系。然而，如此关系怎么又是政治的呢？

苏格拉底研究自然的事物的方法是，通过对话检查人们普遍认为的意见，使意见转变成认识，这是一种理性的美德——依循自然的德性。然而，民众意见虽然不一定是理性的，却通常最具政治权威性，因为这些意见"是城邦及其法律——最庄严的约定——批准或认可的"。为了求得真正的认识，"苏格拉底甚至不得不超越法律或约定而追溯到自然"（《政治哲学史》绪言，页4–5）。这样一来，苏格拉底的理性难免与现存法律或习俗作对，在政治上处境危险；倘若这法律或习俗还声称来自神，苏格拉底就成了渎神的人。

苏格拉底被控渎神和败坏青年后，在去法院聆讯的路上撞见分管宗教事务的"全国人大代表"游叙弗伦，竟然缠住人家问"什么是敬神"，何为"虔敬的本质，一切虔敬的事之所以为虔敬的特性本身"。① 与苏格拉底说过一阵子后，游叙弗伦终于发现这人是疯子，不理苏格拉底还要继续问"什么是……"，称自己有急事走了。

《法义》以提到"神"开头，《苏格拉底的申辩》以提到"神"结束，这本身就是特别需要解释的要点。施特劳斯没有解释，却转而问：苏格拉底被人民法庭判死刑后，为什么不逃跑？苏格拉底没有被关押，不是没有机会逃，也不是没有地方可逃。不妨这样设想，假如苏格拉底在中国被判为思想异见分子，他可以逃到哪里去？

一种选择是逃到美国，申请政治避难，再不然就买本护照逃到东南亚某个国家躲起来。

中国和美国都是有法制的国家，苏格拉底在有法律的中国都会被判思想异端，到美国也不会成为思想正确的人。中国和美国的法律都是人民的习俗约定或人民敬拜的神传谕的，尽管这两个国家的神完全不同。哲人并非与这个神不和、与那个神和，而是与所有的神都不和。

逃到东南亚某个国家怎样呢？那里的国家法制还不完善，社会秩序根本谈不上——没有民众敬拜的神，或习俗

---

① 参柏拉图，《游叙弗伦》，顾丽玲编译，上海：华东师范大学出版社，2010。

没有成为法制，才会如此。在这样的地方，生活不安定不说，肉体生命也没有保障，不晓得哪一天会在某个（通常因肾上腺素过多而）生性野蛮的人手下死于非命。施特劳斯设想，如果要逃，苏格拉底一定只会选择逃到美国——逃到克里特。

如果苏格拉底逃到克里特，必然会把自己身上的哲学"疯狂"带到克里特，与那里的民众敬拜的神又发生冲突。《法义》中出现的那位"雅典哲人"，很可能就是苏格拉底的影子，于是才会有《法义》中"雅典哲人"与当地长老讨论法律正当性的情形。

苏格拉底事实上没有逃到克里特，而是选择了接受人民法庭的宣判死在雅典。施特劳斯解释说，苏格拉底的这一选择经过了审慎考虑，是"最高尚的政治选择"："苏格拉底宁愿在雅典保护哲学而牺牲自己的生命，不愿意为保全自己的性命把哲学引进克里特"（《什么是政治哲学？》，页79）。

问题来了。为什么要假设苏格拉底逃到克里特？如果这种设想不是毫无意义的，含义是什么？

得看清楚：不是施特劳斯在假设，而是苏格拉底的所闻世弟子在假设（施特劳斯提到亚里士多德的提示）。假设不仅表明，苏格拉底曾经面临自己个人生命的生死抉择，而且表明，直到苏格拉底的所闻世弟子，希腊哲人都还在为哲人自己的生死抉择伤脑筋。苏格拉底的生死抉择，不是像存在主义者萨特所推荐的那样，无论选择逃生还是赴死，都证明了自己个人的意志自由；或者反过来说，无论选择什么都行，只要显明了自己个人的消极自由。苏格拉底"最高尚的政治选择"，不是基于"我的自由"，而是基于"我应该如何生活"的考虑。这种考虑基于如下信念：

"我应该如何生活"的问题,应该会有一个正确的答案,而非逃去克里特或死在雅典都同样正确。

苏格拉底是刺猬哲人,其含义并非如伯林描绘的那样,仅是信守先验法则、价值的绝对一元论,而是相信,在不同的价值面前,应该作出经过理性思考的正确选择。

施特劳斯为什么选取柏拉图而非亚里士多德来说明政治哲学的古典形式,现在才清楚了。柏拉图的对话记载了西方政治哲学创始人苏格拉底自己的生死抉择。政治哲学——或者干脆说哲学的起源,就在于哲人天性与民众信仰冲突时引出的政治(等于价值选择)问题。

为什么施特劳斯说苏格拉底作出了"最高尚的政治选择"?仅仅因为苏格拉底的选择是出于理性的审慎考虑?雅典和克里特不是都有法制吗?为什么应该在雅典为了保护哲学而死,却不能为了活命把哲学带到克里特?克里特是一个自由的国家,在那里不是可以更好地宣扬哲学吗?

苏格拉底"高高兴兴、平平静静"饮尽杯中毒酒,在屋子里来回走了几步,慢慢觉得腿重了,躺下来,吩咐友人克力同宰只公鸡祭献给民众信奉的郎中神阿斯克勒庇俄斯(参见柏拉图《斐多》的结尾)。周围失声痛哭的友人都搞不明白,苏格拉底此举要表达什么临终遗愿。

史学家们根据社会学、人类学法则解释说:毒酒开始起作用,苏格拉底脑子已经稀里糊涂,失去理智了。但黑格尔在当中学生的时候就想过,恐怕并非如此,他在日记中不那么有把握地写道:苏格拉底"当时或许还在想风俗如此，因而以此来作为祭品，免得激怒那帮乌合之众"。①

黑格尔是哲人，他的猜测应该更符合哲人苏格拉底的想法。倘若他猜得对，刺猬哲人的疯狂天性哪里去了？

神主政制与民主政制

仅仅看到两个国家都有法制，是不够的。《法义》一开始就提到：如果法律不是神赐立的，那就是人创立的。人立法，意味着设立政治制度。制度衍生法律规范及其效力，而不是相反。法律的合法性来源不是法律规范的形式体系本身，而是政治制度。如果以为社会科学可以取代政治哲学，的确是肤浅的看法。

政治制度是一种生活方式——说政治制度是人设立的，无异于说是哲人设立的，因为只有雅典哲人在思考"什么是美好、公义、虔敬、高尚、好人……"。但哲人们对什么是美好、应然的生活意见分歧，难免会为何种政治制度更好而发生争执——在雅典就发生了民主政制、寡头政制、君主政制何者更好的论争，激烈起来非常可怕。

政治哲学必须关切人立法的政治制度，何以可能不对什么是"更好"的价值作出判断。在这里，施特劳斯顺带说了一句不起眼却相当重要的话：

> 认识了法律的派生或不确定的特征，政治制度就

---

① 黑格尔，《黑格尔早期著作集》，上卷，贺麟等译，北京：商务印书馆，1997，页4。

成为政治思想的指导主题。圣经中的许多话可以适当地转化为"法律",却没有相应的话与"政治制度"对应。(《什么是政治哲学?》,页 79)

还有一种法律秩序不是从"政治制度"衍生出来的,而是神通过民族的祖先传下来的,这种法律秩序称为神律或宗教习俗。对于按圣经来生活的民族,没有"何种政治制度更好"这类问题,因为什么是美好、应然的生活方式,根本不成其为一个问题,上帝已经安排了"美好的生活",人无需选择,根本没有需要人设立政治制度这回事。一旦将神的立法(神主政制)变成人的立法(原义上的民主政制),何种政制更好亦即何种生活更"美好"的问题及其争执就来了。①在神立法的地方没有政治哲学——周天子还在时,中国就没有政治哲学。"政令自诸侯出",才出现政治哲学。

在神主政制中,什么是"美好生活"不是问题,并非是说:邪恶被根除了,在这样的政治形式中生活不会遭遇不义和不幸。相反,在这里,生活仍然充满恶的严酷性,《创世记》头两章已经把"邪恶最终无法根除"的原因讲得再清楚不过了——施特劳斯从莱辛那里抄来的这一短语,原来得自圣经的启示。

在伊甸园时期,上帝与人的关系显得相当随便,对人没有任何法律约束,仅仅禁止人吃知识树上的果子。施特劳斯解释说,上帝希望人与自己一起过俭朴生活,用不着知道善恶,善恶之事上帝替人承负了。上帝晓得,分辨善

---

① 关于"神主政制",参 Jacob Taubes 主编的内容极为丰富的文集,《神主政制》(*Theokratie*),Wilhelm Fink / München,1987。

恶的知识太沉重、太繁复，人担负不起。人偏不听话，非要吃知识树的果子，结果，虽然人有了善恶的知识，恶的恐怖就与人间生活难解难分了。

人吃了知识树的果子，就得自食其果，走出伊甸园生活状态。然而，即便在上帝与人的关系已经变得松弛的生存处境中，上帝仍然指望人能自己管好自己，没有颁布种种律法细则来约束人。

伊甸园之外的状态，颇像后现代自由主义向往的伊甸园：人脱离与上帝的关系自主地生活，相信人的天性良善、理性，不需要任何权威的管束。可是，按《创世记》的描述，人在这样的生存状态——近代契约论所谓的"自然状态"中，却发生了兄弟相残的事情（霍布斯所谓"人与人像豺狼"源出于此）。即便如此，上帝也还没有惩罚人类，而是一再给人类自主地生活的机会，仅仅阻止犯有杀人罪的人被杀（阻止人人相残恶性循环）。

在这后现代自由主义式的伊甸园状态中，人变得越来越邪恶。上帝干脆发洪水淹掉大地，仅留下善良的人种。随后，上帝马上与先知立约。这是上帝首次给人颁布法律：大洪水是上帝意识到必须以律法来约束人的生活而采取的行动，从而，上帝与人类有了新的关系：

> 以洪水清洗大地，某种程度上使人类重新回到原初状态，可以说是第二次创世。（《耶路撒冷与雅典》，页172)①

---

① 参施特劳斯，《耶路撒冷与雅典》，何子建译，见施特劳斯/沃格林，《信仰与政治哲学》，谢华育等译，上海：华东师范大学出版社，2007，页155－192（以下随文注页码）。

通过大洪水重新立约之后，谋杀被禁止了。上帝进而采取一系列措施，把人类分散成不同民族，划分遭诅咒与受赐福的，以此防微杜渐，免得整个人类再变得邪恶、败坏，免得他再用发大洪水一类不得已的办法来清除普遍的恶。上帝希望，总有一些民族不致受到恶的侵蚀。

随后，上帝按人类的生活状态与信守其公义的人不断进一步立约（立法）——亚伯拉罕、以撒、雅各。这一连串上帝与人立约的行为，意在把人从自主状态拉回与上帝的关系中，用生命树的果子平衡知识树的果子：上帝颁布的诫命（法律）中也有上帝的应许。知识树转变成了先知树：人要认识上主，只有通过上帝亲自拣选的人——先知。人分辨善恶的知识，被规范为顺从上帝通过先知给人类颁布的律法，这也意味着美好生活问题的永恒解答。（《耶路撒冷与雅典》，页 173-176）

这位上帝为什么让自己显得神秘兮兮、深不可测？为什么只要世人顺从他，而不是认识他？

施特劳斯解释说，上帝始终关切大地，而且要人也关切大地，而不是关切自然（天），遑论自然背后的什么东西（Meta-physis 形而上学）。知天（自然）是哲人才有的疯狂，上帝的子民中没有这号人。然而，需要关切的大地，已经永劫般地伴随着人类的不义、杀戮、不幸、邪恶，如此大地境况是人自己造成的。上帝通过立约给人类律法和应许，表明即便人类到了这番地步，上帝仍然没有放弃人类。在邪恶已经无法根除的大地境况中，人的美好生活仍然有指望，这就是信靠上帝的应许、恪守上帝的律法，而不是追问什么才是"美好的生活"。

为什么哲人信靠自然,而不能接受上帝安排的美好生活?"对于一个哲人或一种哲学来说,绝对不会有什么特定或偶然的事件的绝对神圣性。"[①]《创世记》的叙述说明,神的启示建立在某些特定且偶然的事件上。希腊哲人从诗人荷马和悲剧诗人那里晓得,人间的邪恶和不幸(诗人称为"命运")无法根除。这样看来,古希腊诗人与圣经的看法似乎相当接近。然而,诗人靠什么承负生活中恶的生存事实?靠古传神话。希腊诗人的诸神掌管着人无法想象的命运力量,依靠神话来承负生活中无法根除的恶,意味着同样无需法律秩序,将美好生活的可能性交给不可知的命运。

这样看来,无常的命运观又使得希腊古典诗人与圣经中信靠上帝安排的先知区别开来。不过与圣经中关于人类需要法律约束的观点一致,雅典哲人反倒意识到,人间生活需要权威的管束,法律秩序是必需的。无论古典哲学和圣经对生活中恶的严峻性的来源的解释如何不同,无法根除的恶都是哲学或圣经面对的基本生存事实。哲人和圣经中的先知都拒绝依靠神话来承负恶,意味着都不认为人类生活可以无需法律秩序的约束来抑制恶。拒绝神话意味着拒绝没有法律秩序的生活方式,这是哲学和圣经的共同之处。

用理性的知识而不是凭靠信赖上帝来承负恶,哲学就抛开了上帝给人类的律法和应许,求助于万物的始基——自然及其法则来为法律秩序奠定约束的正当性。立法的正当性问题由此而来,这就是《法义》一开始提到的问题:法律的立法者是谁。

[①] 参施特劳斯,《神学与哲学的相互影响》,林国荣译,见施特劳斯/沃格林,《信仰与政治哲学》,前揭,页301–319(以下随文注页码)。

立法问题一开始就面临两种可能性：要么诉诸自然的法则——按自然法立约，要么诉诸人与人之间的约定。前一种可能性类似于圣经的解决方式，后一种可能性，如我们所知，正是现代社会契约论所主张的。

尽管诉诸自然的法则看起来像是圣经的立约方式，仍然是一种人约论，而非神约论。人间法律秩序的正当性即便来自作为万物始基的自然，其法则也得靠人的理知去认识、把握、发现。施特劳斯说，这就是为什么圣经和希腊哲学经书的写作方式根本不同：希腊哲人的经书都出自个人之名，与自然的约定是个人理知认识的结果，希伯莱圣经的作者是含糊的集体，与神的约定是一种民族性的集体经验传统。

> 关键在于，这里没有出自个人的起始点，没有人为的起始点……个人并不营造开端。(《神学与哲学的相互影响》，页305；另参《耶路撒冷与雅典》，页178)

一种政治制度的设立，因此带有一种关于生活理想的主张，表明对人类理想的价值冲突作出了裁决。价值裁决是政治及制度问题的本质：

> 是政治制度本身，而非我们这些旁观者的偏见迫使我们想知道哪些政治制度更好。(《什么是政治哲学?》，页80)

伯林所谓政治哲学必得坚守"何为美好的生活"无法

作出最终裁决这一处境,无异于说,政治制度无需带有价值决断。一种主张放弃价值裁决的政治哲学,等于主张政治制度对恶保持"中立"。自由主义者主张,自由民主政制的正当性原则是价值中立或多元价值的宽容,根本就是自相矛盾。设立自由的民主政制,无异于肯定了个人自由是生活中更美好甚至最美好的价值。甚至可以说:自由的民主政制同样是一种专制——自由价值的专制:强制每一个人"自由"。这种强制基于某种哲人的价值决定:自由是美好的价值。正是在这一意义上,专制并非等于暴政,"专制君主的统治本身并非是反自然的","有的人因统治的权力而腐败,有的人因这样的权力而上进"(《自然权利与历史》,页133)。

一个具有绝对权威的统治对于抑制生活中恶的严峻性是必需的。问题不在于权威是否绝对——没有绝对性,谈何真正的权威?对于依靠圣经生活的民族,上帝无疑有至上的绝对权威。问题仅在于,统治的绝对权威本身是否是"好的"。所谓"好的"权威,不仅指它应该代表自然的正确,还要有权力规导生活走向"美好"。

人世生活需要约束、压制、臣服,不仅因为人身上有恶的冲动本性,也因为,甚至首先因为,人需要被规导成为"好的臣民"。邪恶不仅来自人的自由意志,也出于人天生的道德欠缺和软弱。古典政治哲学主张精英主义和反平民主义,不是基于弱者与强者的区分,而是基于自然的人性差异:并非人人平等地有成为"好的臣民"的能力。

可是,既然城邦都以自己的生活理想为其专制统治提供正当性,这就需要审查城邦的生活理想。一般而言,专制统治实现了社会秩序的稳定,就实现了正义。然而,有正义，不一定有高贵（《自然权利与历史》，页 139 – 140）。正义与高贵的区分表明，建立秩序的统治（正义的体现）必须诉诸更高的自然正确。为了寻求维护秩序，即便在某些因经济、地缘政治冲突导致的混乱情况下，限制追求高贵所需要的精神自由，统治就偏离了自然的正确。统治和权威的支配，只有当它是符合自然的正确时，才值得赞扬。

因此可以理解，对于古典政治哲学来说，何为"好的政治制度"与什么叫"好公民"相关，正如对于按圣经来安排生活的民族，美好生活与是否虔敬相关。

公民是人在某种政治制度中的德性身份，没有政治制度问题，也就没有所谓"公民"身份问题——如依从神法生活的人就没有这一问题，遑论好坏。既然"公民"身份是随政治制度出现的，"好公民"的意思就是依政治制度来确定的。这样一来，政治制度就可能以"好公民"德性取代"好人"德性，取消自然的好人、坏人的区分。

> 希特勒德国的一个好公民，在别处就会是个坏公民……好人的意义在任何时候、任何地方都是同样的。（《什么是政治哲学？》，页 80）

所谓"自然的"好人意味着，"好""善良"的价值应该是在任何时候（超历史）、任何地方（超民族、超地域）都不变的价值（德性）。"好公民"与"好人"的区分意味深长：好人不等于好公民，反之亦然，除非政治制度也是"好的"。如果政治制度放弃对高贵价值的关切和决定，就可能制造出邪恶的"好公民"。（《自然权利与历史》，页 133）

圣经的生活方式注重什么是"好人",不存在何谓"好公民"这回事。苏格拉底问何为"好公民",最终追问到何为"好人",这意味着:爱"自然"高于爱祖国,"美好"的价值(善)本身比自己所属(国家)或为自己所有的东西(习俗)的价值更高。

现代自由民主的社会科学以及由此建立起来的教育制度恰恰相反,要求在设计政治制度和教育制度时,放弃考虑和决定何为"好人"这回事情——是否做一个"好人"成了私人的事情。出现这样的情形,正是由于有狐狸哲人出来主张,什么叫"好人"是有争议的,如此争议的价值冲突没有可能解决,因此不必甚至不应该再关切何为"好人"。

据说,伯林和施特劳斯出自完全不同的思想传统——英国经验论和德国观念论,这是两种根本不同的哲学,伯林明确表示过,为自己属于经验论传统而自豪——甚至自负。所谓经验论传统是否意味着,根本就没有在任何时候、任何地方都不变的价值呢?施特劳斯是否真的属于德国观念论传统,另当别论。至少,在施特劳斯看来,"唯心论的实际意义是,善比自己所有的东西更高,或者说,好的政治制度应该比祖国受到更高的重视"(《什么是政治哲学?》,页81)。哲人怎么可能放弃对政治制度是否"美好"的关切?!

哲人德性的转变

问题转到古典政治哲学如何考虑"好的"政治制度,

施特劳斯的解释也从苏格拉底问题转到柏拉图问题，以便更深入地理解苏格拉底问题——为什么他宁愿死在雅典。①

在考虑政治制度问题时，柏拉图首要考虑的是政治制度的稳健。为什么？稳健在这里是什么意思？这些问题相当费解，施特劳斯没有直接回答，而是解释柏拉图如何考虑制度的"稳健"。

作为哲人，柏拉图考虑政治制度的稳健时，主要顾及两种因素：少数哲人的生活方式和习传的多数人的生活方式。显然，所谓柏拉图问题是从苏格拉底问题来的：哲人生活方式与民众生活方式的冲突，导致苏格拉底被判死罪。苏格拉底面对的问题是：何谓以及如何成为"好人"；柏拉图面对的问题是：苏格拉底这样的"好人"何以会被民主政制判死罪。如此看来，柏拉图考虑什么是"好的"或稳健的政治制度时，是从哲人的处境出发的。但他的考虑仅仅出于哲人的利益，没有考虑到人民的生活方式的权利吗？

如果一个政治制度是"好的"，最起码应该由"好人"

---

① 按 Heinrich Meier 的看法，"苏格拉底问题"是施特劳斯 1932 年以后所写的十四部主要论著的中心主题，他晚年对"苏格拉底问题"的思考尤为精深（《苏格拉底与阿里斯托芬》[*Socrates and Aristophanes*, 1966]、《色诺芬的苏格拉底言辞》[*Xenophon's Socratic Discourse*, 1970]）。参 Heinrich Meier,《施米特、施特劳斯与"政治的概念"：没有照面的对话》（*Carl Schmitt, Leo Strauss und "Der Begriff des Politischen": Zu einen Dialog unter Abwesenden*, Stuttgart, 1998[增订版]），页94。所谓"苏格拉底问题"，在施特劳斯那里有特别的含义。耶稣的形象是由四部有差异的福音书刻画出来的，同样，传说的苏格拉底形象是由阿里斯托芬、色诺芬、柏拉图及亚里士多德的不同记叙刻画出来的。施特劳斯用对观解经法来解读这些不同的记叙，引出了与传统理解完全不同的"苏格拉底问题"。参施特劳斯，《苏格拉底问题六讲》（肖涧等译），见《经典与解释8：苏格拉底问题》，刘小枫、陈少明主编，北京：华夏出版社，2005，页2–85。

来统治。柏拉图赞同精神的优良政制，这意味着具有优异品质的人才有资格掌握支配性的权力。这里所谓"优异的"和"好的"，都是价值意义上的"自然"美德，而非意识形态的公民品德或民族道德。因此，优良政制原则关心的制度性问题首先是政治美德，而不是个人自由。政治制度问题，最终是凭什么应该统治和被统治的问题。统治与被统治关系的正当性基于：

> 严肃关切生活共同体的美好——而非仅是个人的美好，要求更高的美德。（《自然权利与历史》，页133）

就政治制度问题而言，"把自由作为一种目的，意义不明确，因为这意味着对邪恶和善良都是自由的。"（《什么是政治哲学?》，页82）

但优良政制原则并不认为人的美好品质是天生的或世袭的，像财富那样可以继承。美德来自后天的教育，教育需要有空闲，空闲基于财富，忙于糊口的人想受教育也没有可能。让人人都有机会受教育，似乎关键就是一个解决经费的问题。可是，有的人生性"朽木不可雕"怎么办？连最信赖人本性纯良、主张平民教育的卢梭也晓得，有的东西不适宜教给所有人。就拿自由的德性来说吧，可以教给所有人吗？

> 关于自由这一问题，正如富有营养的固体食物或醇酒，对那些习惯于这种饮食的体质强壮的人，固然大有补益；但是对于生理上不宜于这种饮食的体质软弱的人，则极不适宜，终于会败坏他们的健康或使他

们沉醉。①

这无异于说,仅有教育是不够的,还需要"好的"政治制度的法律来管束人。

天生的气质毕竟是偶然的事情,不能作为主要的考虑因素。从制度上讲,还得有教无类。但大自然的匮乏是明摆着的,有空闲的人终归是少数。如果民主政体意味着没有空闲的多数人统治,美德在这样的社会中就岌岌可危了。施特劳斯在这里突然提到,现代民主政治论的看法与此恰恰相反:按卢梭的观点,美德不是来自教育,而是每个人的天性。人天生有好良心、有美德,因而卢梭虽然重视教育,目的反而是要回复人的自然天性。

尽管如此,卢梭的教育计划也需要很多钱,只有极少数人负担得起。无论目的是为了人获得美德、还是回复自然本性,教育对于民主政体都不可缺少。现代民主论与古代民主论的分歧,不在于是否让人人有受教育的权利和机会,而在于如何搞到更多的经费。问题是,为了发展经济,现代民主政制将发展经济所必需的技术非道德化,以致教育日益成了实用的技术知识培训,而不是品德修养。如今的"优才"就是掌握高科技或会玩股票、会打官司,"好人"的问题完全被排除了。

教育事业需要教育者,教育者自己首先必须是受过良好教育的有美德的人。施特劳斯解释说,有美德的人是古典"自由教育"的重心,理由正在于此,而"自由教育"

---

① 卢梭,《论人类不平等的起源和基础》,李常山译,北京:商务印书馆,1979,页52。

又是古典政治哲学的基本问题之一。① 对于苏格拉底来说，这个问题即：热爱智慧的人是怎样的人？

按柏拉图的记叙，这个问题在苏格拉底那里没有明确答案，只有负面的讲法：热爱智慧的人不是智术师和政治家。热爱智慧的人寻求拥有知识，摆脱意见的束缚，至于是否能彻底摆脱这一束缚，是另一个问题。智术师和政治家这两类人看起来很有知识，但他们有的至多是部分的知识，而非整全的知识。学识渊博、外语懂得多、晓得好多杂七杂八的事情且会说专业行话，都不能算掌握整全的知识。人身上的部分只有灵魂向整全开放，或者说，灵魂是人身上最靠近整全的部分。"哲学寻求的是关于整体的知识"，追求灵魂知识的人才是热爱智慧的人。如今有人知道了一点现代所谓的哲学技术（符号逻辑、语言分析之类），就自诩为哲人，实在"搞笑"。

追求整全知识需要与社会美德有相当程度的隔绝，这是古典教育所谓"自由"的含义。追求灵魂的知识难免与社会美德相冲突，"自由教育"根本与大众教育不兼容。现代自由民主的平等诉求恰恰不赞同这种隔绝，现代哲人追求的所谓"自由教育"恰恰是认同大众品味。施特劳斯在解释古典哲学的"自由教育"时，突然而且单单提到卢梭，

---

① 参施特劳斯，《自由教育与责任》（Liberal Education and Responsibility），见氏著《古今自由主义》（Liberalism Ancient and Modern，Chicago：Uni. of Chicago Press，1989），页10-15（中译见江苏文艺出版社，2010）。亦参《柏拉图论教育》，郑晓沧译，北京：人民教育出版社，1958。

不是随意的。①

既然哲人的整全知识要思考好的政治制度，任何现存的政权在哲人眼里就不可能是完美的。只要天底下还没有出现完美的政治制度——由于邪恶无法根除，完美的政治制度也就永远不可能出现，哲人的存在就是必要的，尽管在任何社会他们都只会是极小一撮。由于与社会美德不和以及天生有理性的疯狂，哲人难免被民众视为怪人甚至被政府视为危险的人。追求灵魂知识作为一种生活方式，本身就具有政治危险。

所谓政治危险有两个意思。首先，过沉思生活必然离群——所谓哲人的"自由"与人民的生活兴趣不同，无异于说人民生活不如沉思生活"美好"。何况，哲人沉思的偏偏是何谓"好人"，这等于潜在地否定了人民天生为"好人"，从而与社会道德构成潜在的政治冲突。再有，哲人不仅沉思何谓"好人"，还沉思何谓"好的"政治制度，无异于潜在地否定了现存政治制度的正当性，与现政权构成潜在的政治冲突。

尽管如此，哲人仅仅在思考美好生活——应然的生活的可能性，还没有决定什么是"好人"和"好的"政制。苏格拉底的辩证法包含了这样的观点：智慧（理性思考）

---

① 施特劳斯对卢梭的详细讨论，参施特劳斯，《论卢梭的意图》（On the Intention of Rousseau）（冯克利译）和《现代性的三次浪潮》（The Three Waves of Modernity）（丁耘译），均见施特劳斯，《苏格拉底问题与现代性》，北京：华夏出版社，2008，页69 - 100，32 - 46；以及《自然权利与历史》，前揭，页252 - 294。亦参 Hilail Gildin，《现代性的第一次危机：施特劳斯论卢梭思想》（The First Crisis of Modernity: Leo Strauss on the Thought of Rousseau）（叶晓璐、洪涛译），见刘小枫编，《施特劳斯与现代性危机》，上海：华东师范大学出版社，2010。

本身并没有保障价值的决定肯定是正确的(《自然权利与历史》，页125)。苏格拉底仅仅在逢人问"什么是……"，然后把关于价值的问题引向讨论和争辩(辩证法)。因而，无论与人民还是政权的政治冲突，就哲人这方面来说，其实都是误会。古典哲人(而非现代知识分子)作为一个自然的小团体，并非实际要图谋改制或改造国民性，哪怕他们所想的事情是何谓"好人"和"好的"政治制度。现代启蒙主义培育出来的知识分子才是真正的颠覆分子，他们主张哲学成为历史的、现实的政治实践。

问题是人民和政府并不这么看。哲人的存在及其生活方式本身，对人民和政府来说，实际构成了政治威胁(《显白的教诲》，页65)。① 天生喜欢思考而且思考的恰恰是美好生活的可能性的哲人，在实际的政治处境中进退维谷：为了灵魂知识的成熟必须离群，为了避免人民和政府误会，又必须合群。怎么办？这就是哲学-哲人的政治问题——凡真正的哲学都会面临的政治处境问题。

苏格拉底被控告亵渎城邦的神后去人民法院聆讯时，撞见在社会上德高望重、精通人民信仰的游叙弗伦，便拉住他请教，怎样才算政治正确——像人民那样敬神。可是，苏格拉底改不了老毛病，仍然问"什么是……"。游叙弗伦不耐烦转身而去，苏格拉底急了：

> 怎么回事，朋友？这样丢开我飘然而去？我真心希望从你那里学会什么是虔敬，好对控告我的人说，

---

① 施特劳斯，《显白的教诲》(Exoteric Teaching)(陈建洪译)，见施特劳斯，《古典政治理性主义的重生》，郭振华等译，前揭，页115-127(以下随文标注英文版页码)。

> 经游叙弗伦指教，我已经学聪明了，明白了关于神的事情，再不会像以前那样信口开河，没有分寸，从今天起，我要重新做人，再不犯冒犯神的过错。而且，我要更好地度过我的余生！（柏拉图，《游叙弗伦》，15e6 – 16a2，严群译文，略有改动）

"信口开河，没有分寸"就是哲人的疯狂，如今，苏格拉底决心"重新做人"，革除哲人的疯狂。苏格拉底真的想成为人民？肯定不是，否则等于认同社会美德、否定自己的生活信念——哲人的生活方式。但苏格拉底的确真心要敬重人民敬神的习惯、尊重人民的生活方式。被人民法院传讯甚至判刑，并没有让苏格拉底觉得自己的哲人生活方式错了，而是让他产生了这样的政治意识：必须学会与人民信仰和谐相处。这不是畏惧人民和人民政府，而是审慎。哲人的德性不仅是理性疯狂，哲人还需要另一种德性。

假设苏格拉底还年轻，可以重新做人——或假设他逃去了美国，为了避免再发生政治误会，也为了哲人生活方式的自由，他感到需要把自己的说辞分为公开的（或显白的 exotericism）和对内的（或隐微的 esotericism）教诲。施特劳斯从古典哲人那里得知，两种教诲的区分是古代哲人的习传。[①] 要成为哲人小团体的成员，需要懂得隐藏自己的观点。

古典哲人不像现代知识分子，动辄要当烈士，以成为

---

① 参朗佩特，《施特劳斯与尼采》（*Leo Strauss and Nietzsche*），田立年、贺志刚等译，上海三联书店/华东师范大学出版社，2005，页 13 – 24。关于隐微的教诲，参施特劳斯，《迫害与写作艺术》（*Persecution and the Art of Writing*, Chicago: Uni. of Chicago Press, 1952），页 7 – 37（中译见华夏出版社，2011）。

政治异见分子为荣，而是懂得"审慎"乃一种美德——为何"审慎"成了哲人的美德？这与柏拉图所考虑的"稳健"的政治秩序相关。毕竟，哲人思考何为美好的生活尽管只是一种可能性，但百姓从来没有想过这方面的事情，哲人如果把自己所思考的不成熟的理想讲出来，百姓难免人心惶惶。然而，"有些真理必须被隐藏起来"，更重要的原因是，哲人晓得，邪恶最终无法根除，"即便最好的政体，也必定不完善"（《显白的教诲》，页64）。哲人在这样的认识前提下坚持追求灵魂的知识，就得知道有的事情不能说白。

浪漫主义与世间恶

伯林在谈到施特劳斯主张关注古典哲人的两种说辞时显出一副不屑的态度：

> 对我来说，这个方向是错误的。施特劳斯把文艺复兴以后的哲学界斥为受到实证主义和经验主义的严重腐蚀，在我看来近乎谬论。（《伯林谈话录》，页40）

古代的智术师——苏格拉底所说的伪哲人——也对双重说辞的传统不屑。伯林是不是一个现代的智术师，不便断言，但他对待古典哲学的态度，的确表现出启蒙后的哲人致命的自负。

伯林对双重说辞不屑，理由是现代哲人经过了启蒙运动的洗礼。但伯林了不起，据说主要因为他超越了启蒙理性主义，发现了浪漫主义思想的意义：现代性并非被启蒙理性主义独占了，还有浪漫主义的现代性。浪漫主义主张价值多元论，反启蒙理性的普遍主义，给予了专制制度的文化以致命打击。有一次，伯林对传媒说："浪漫主义运动带给我们的多样与变化，是新的典范"，"要用高压手段扫除异己分子，恐怕没那么容易了"。①

只要反专制，就是政治正确，伯林论点的问题也就不便挑剔了。值得问的是，浪漫主义的价值多元论可以用来反专制这回事，施特劳斯是否根本不晓得？

德国反启蒙理性的浪漫主义思想，带有一股回归古希腊精神的热情。不到三十岁的施莱尔马赫一鼓作气，把柏拉图的诸多对话译成德文（但两部长篇对话，偏偏未译《法义》），其意义据说堪比路德把圣经译成德文。施特劳斯指出，施莱尔马赫已经不能理解，对于柏拉图来说，成为哲人"以一种真实的转变为先决条件"（《显白的教诲》，页68）。这种转变有如沐浴了自然的阳光，不再能适应习俗和律法的政治道德的昏暗。如果皈依了自然的哲人仍然不得不生活在昏暗的洞穴这一人类处境——哲人就得养成"审慎"美德。浪漫派思想家回到古希腊思想时，为什么已经不能恰切理解柏拉图？在施特劳斯看来，原因很简单：浪漫派思想不自觉地接受了启蒙理性的精神原则。恰如伯林所说，文艺复兴和启蒙理性摒弃两种教诲的区分，乃是哲人德性的一种进步。浪漫主义通过批判启蒙理性来推进启蒙精神，哲人德性当然又进了一步。

---

① 参伯林，《民族精神再兴：论民族主义之善与恶》，见王焱编，《公共论丛》(5)，北京：生活·读书·新知三联书店，1998，页224-225。

浪漫主义的转向和对启蒙理性的批判真的那么深刻？

施特劳斯将施莱尔马赫与莱辛作对比——莱辛年轻时是德国启蒙运动的中心人物，启蒙精神使得他放弃了古典哲学的智慧。可是，莱辛后来偶然重新明白了这样的道理：

> 我们碰巧生活在无法解决的矛盾之中，为了安宁，我们又不得不继续在矛盾中生活。（《显白的教诲》，页70）

于是，莱辛又返回古典智慧。在施特劳斯看来，莱辛的回头具有重大意义。启蒙理性要破除习传律法宗教的"迷信"，让理性的光辉普照社会生活。启蒙哲人不再"审慎"，他们以为，哲人理性最终可以建立起一个完善的社会，实现哲人的理想国，结果却引导出世俗的专制统治。浪漫主义以为，这乃是普遍理性的绝对价值论的结果，于是提出了历史的相对真理的主张——这就是伯林津津乐道的浪漫主义思想的伟大历史进步。

然而，伯林所轻蔑的施特劳斯的"魔眼"早在三十多岁时就从思想史中看到：莱辛无需等到世俗专制出现，就已经认识到浪漫主义所宣称的相对真理的痼疾——浪漫主义的反专制论相当肤浅，因此，他宁愿选择古典的通向绝对真理之路（参见《显白的教诲》，页71）。浪漫主义鼓吹的历史相对主义的真理观，本来是启蒙理性摒弃古典哲学的德性所致，伯林却以为是克服古典智慧和启蒙理性的一大了不起的结果。伯林的眼睛何以那么近视？"你不能对眼睛近视的人说，十里外有座教堂。"（维特根斯坦语）"睿智而肝胆照人"的伯林说：我就是眼睛近视，怎样呢？（参

《伯林谈话录》,页41)如此自负难道不是致命的?

对思想史据说了如指掌的伯林,为什么看不到莱辛的洞识,施特劳斯却能够看到?一个人只能看到自己能够看到的东西,施特劳斯在莱辛那里看到的是自己思想的经历。施特劳斯发表的第一部论著是1930年刊印的《斯宾诺莎的宗教批判》。他后来回忆说,这一研究基于一种强有力的偏见:启蒙之后,回到现代之前的古典哲学已经没有可能。该书发表后两年,"并非完全偶然地",施特劳斯经历了莱辛的回头,并在《评施米特的〈政治的概念〉》(1932)一文中表达出来(参见《斯宾诺莎的宗教批判》英译本序言,页31)。

施米特的《政治的概念》(1927)抨击自由主义政治理念,名噪一时。施特劳斯在评论中指出:施米特敏锐地看到,自由主义为了避免人类自然状态中的血腥冲突,提出了价值中立的政治观,把保存个人性命和财富(自然权利)视为最高的价值,企求靠多元价值的自主性文化和中立化政治来避免人类自然冲突的恶,放弃了对何为"好的"政治制度的关切。

施米特坚持认为:政治是人类的命运,如何理解政治,取决于人如何理解什么是自己最重要的东西;政治制度(国家理性)最终取决于人类在道德上的决断。人类历史的不同时期有不同的价值理念:在十六世纪,拥有权威的是神学;十七世纪是形而上学;十八世纪是道德;十九世纪是经济;二十世纪则是技术。这里所谓"拥有权威",指国家从某种理念获得其现实性和权力,对拥有不同理想的敌对群体所争吵的生活意义问题作出了权威性的决断。如果人类在生活的价值目的问题上没有分歧,对于如何实现目的的手段，人们原则上就能够达成一致。

如果人类总围绕什么是正义、什么是善相互争吵，怎么办？自由主义的政治理念自称是对这一人类困境的永恒解决，"价值中立"就是用"技术"取代传统的道德决断：彻底放弃对什么是正义、什么是善的关切。以价值的中立性作为国家理性的基础，"技术"本身成了一种信仰——解决"一系列无法解决的难题"的信仰。技术成为现代的时代精神后，技术理性"拥有权威"，意味着现代国家的理性不涉"善恶"区分，具有"非政治化"的专政法权。

问题在于，技术只是看起来中立。技术是为人的主观意图服务的，实际上不可能中立。自由主义的"价值中立"徒有其名，其实是一种要不惜一切代价达成人类一致的道德精神。说到底，自由主义无异于主张，人类再也没有需要严肃对待的人生意义问题。施米特企图突破自由主义的政治理解，以"政治就是划分敌友"的著名论断，把政治理解带回到真实的人类状况——冲突和恶都不可避免的状况。自由主义企图以"文化"哲学取代"政治"哲学，施米特则坚持，政治乃是永远无法抹去和掩盖的人类道德冲突。施特劳斯评论说：

> 只有以人生的意义为代价达成一致，才有可能不惜一切代价达成一致；因为只有人们不再提出何为正义的问题时，才有可能不惜一切达成一致；不过，如果有人放弃了这个问题，他就等于放弃为人。但是，如果有人严肃地提出何为正义这个问题，必然会引发争端……而这场生死攸关的斗争，即政治——人类之划分成朋友和敌人的阵营——应当把自己的合法基础

归因于何为正确（Richtigen）这个严肃的问题。①

施特劳斯的"魔眼"看到，施米特通过回到霍布斯的自然状态论来批判自由主义的政治中立化，殊不知霍布斯的自然状态论恰恰是自由主义道德中立论赖以推导的基础，这无异于从自由主义出发批判自由主义。

如果施米特真的认为，政治必然涉及人类价值问题的权威性决定，因而承负着人类生活的严峻（Ernst），他也就与霍布斯的出发点区别开来了。可是，施米特事实上以为，政治并非是不可逃避的命运——现世恶的严峻性不是不可避免的命运。同霍布斯一样，施米特关切政治，仅仅且恰恰因为政治冲突（最终说来是价值冲突）乃现世生活最实际的威胁，应该且能够避免。

施米特借助"例外状态"突破实证主义法学的规范状态，却没有突破自由主义的"文化"哲学范畴，他对"政治"的"文化"哲学理解恰恰是现代自由主义的。尽管动用了基督教的原罪论来支持其"威权主义"的政治信念——人性本恶，需要被管制，施米特并没有注意到，对于霍布斯那样的近代思想家来说，恶不再是道德欠缺，而是人的自然本性的 guiltless［无辜］。如果国家的目的是为了保护个人的自然权利，无异于保护人天生"无辜"的恶。

如果施米特要彻底批判自由主义，就必须拒绝人性恶的"无辜"论，回到神学的赏罚论的理解。按施米特的思路，政治必须关涉何谓"好的"生活方式，但施米特又把

---

① 施特劳斯，《施米特〈政治的概念〉评注》（刘宗坤译），节28，见施米特，《政治的概念》，刘小枫编，刘宗坤等译，上海人民出版社，2002。

道德归入私人领域，这一明显的自由主义立场无异于说，何为"好的"道德问题都是私事，对恶的专制性抑制没有普遍、绝对的正当性。施米特的自相矛盾暴露了他的自由主义批判必然失败的原因：政治的神学看起来尖锐，实际上下意识地想与现代的文化哲学达成妥协。

在紧接着写的《哲学与律法》中，施特劳斯继续延伸了他在施米特评论中提出的观察。这本小书是施特劳斯学术的真正起点，虽然书中主要讨论的是中古犹太哲学，但我们从长篇导论中可以看到，施特劳斯仍然揪住霍布斯与现代启蒙的关系不放，并在一个长注中没有点名地继续纠弹施米特。①

思想敏锐如施米特这样的人，为什么竟然没有意识到自己立场的内在困难？根本原因在于，施米特接受了现代哲学精神对古典哲学教诲的摒弃，以至于他只能用后浪漫主义来解决浪漫主义的多元政治论。对于施特劳斯来说，施米特的矛盾无异于提出了这样的问题：不是可不可能，而是是否必须回到现代之前的古典哲学。

施特劳斯意识到这一问题时，大约刚三十岁出头。康德在《论永久和平》中宣称："真正的政治若不先向道德宣誓效忠，就会寸步难行。"② 施特劳斯早年的挚友克吕格（Gerhard Krüger）在其《康德批判中的哲学与道德》（*Phi-*

---

① 参施特劳斯，《哲学与律法：解读迈蒙尼德及其先驱》（*Philosophie und Gesetz*），见 Heinrich Meier 编，《施特劳斯文集》，卷二，Stuttgart，1997，页 13 脚注。施米特对"例外状态"的理解，在施特劳斯看来，已经是现代的："古代和中世纪哲学基于类型来理解例外，现代哲学则基于例外来理解类型……这样一来，紧急法权（Notrecht）的例外情形，就成了自然法的基础。"

② 参康德，《历史理性批判文集》，何兆武译，北京：商务印书馆，1991，页 139。

losophie und Moral in der Kantischen Kritik, Tübingen, 1931) 结尾时说了这样一句话:

> 决定性的问题仍然是: 何为真正的政治, 即便找不到回答, 也可以教我们以苏格拉底为榜样询问问题。①

这意味着必须抛弃康德回到苏格拉底——青年施特劳斯对这句话产生了深切的共鸣。如今, 有人为了苴补自由主义在政治的道德问题上的致命伤仍然回到康德 (罗尔斯), 其结果如何也就可想而知了。问题仍然是, 从自由主义出发可能克服自由主义的致命伤? 自由与服从可能在康德的自主性价值论中找到平衡? 施特劳斯意识到: 根本不可能! 唯有在柏拉图的苏格拉底那里, 才可以找到自由与服从的平衡。

复兴古典政治哲学变得至关紧要。在政治共同体面前申辩哲学对于政治生活的必要性, 哲学对于人间生活为何不可或缺, 是柏拉图对话最终和唯一的目的。(《如何着手研究中世纪哲学》, 页 216)② 为刺猬哲人辩护, 根本理由在于: 必须认真对待现世的恶:

---

① 参 Susan Shell,《严肃对待恶: 施米特的"政治的概念"与施特劳斯的"真正政治"》(Taking Evil Seriously: Schmitt's "Concept of the Political" and Strauss's "True Politics"), 见 Kenneth L. Deutsch / Walter Nicgorski 编,《施特劳斯: 政治哲人和犹太思想家》(*Leo Strauss: Political Philosopher and Jewish Thinker*, Lanham, Md.: Rowman & Littlefield, 1994), 页 191–192。

② 参施特劳斯,《如何着手研究中世纪哲学》(How to Begin to Study Medieval Philosophy), 陈建洪译, 见氏著《古典政治理性主义的重生》, 郭振华等译, 前揭, 页 277–296 (以下随文注英文版页码)。

> 只有透过柏拉图与众先知,而不是凭借进步的现代信念,我们才会对曾经耳闻目睹又亲身熬过来的闻所未闻的大灾难和大恐怖作出更好的准备,或者更易理解。(《耶路撒冷与雅典》,页185–186)

如何能回到古典的政治哲学智慧?首先要涤除这样的偏见:现代哲人比古代哲人更聪明、更懂世事人生。这种强大的现代偏见有两种表现形式,首先是启蒙理性的进步思想观:似乎经过启蒙,人的思想就从思想和政治专制中解放出来、从形而上学和神学的绝对理念中解放出来。尽管历史进步或思想进步的启蒙观已经不再有吸引力,从形而上学和神学的绝对理念中解放出来,仍然是像伯林那样不相信历史和思想进步的人信以为真的。

另一种表现形式是历史相对主义。这种对待古代思想的态度看起来相对允当,不以为现代哲人比古代哲人高明,要求按历史的本来面目理解过去的思想。可是,历史相对主义宣称每一时代都有自己的真理,都同样接近上帝,暗含的前提恰恰是:过去时代的真理已经过时。按施特劳斯的观点来看,伯林的历史相对主义的自负恰恰"重复了自己据此猛烈攻击的进步论者的罪行"。

对于任何时代——无论过去还是现代的真理,都要当作"纯粹真理"来考虑(《如何着手研究中世纪哲学》,页274–275),这是思考真理的基本前提。一个思考真理的人,如果接受历史相对主义,就得承认,他思考的仅仅是相对的时代真理。相对的真理值得认真对待吗?如果你不相信你在寻找的生活伴侣将是终身的依靠、绝对的情人,你会以什么态度对待你遇到的具体的情人？固然，你所找到的实际上不一定真的就是你要找的绝对情人，这种失败并没有否定掉你要找绝对情人的意愿和努力本身。如果要找的仅是"一夜情"，就是根本不同的另一回事。

古典哲学追求的真理是绝对情人：热爱智慧是真正的爱欲。施特劳斯把自己整个后半生献给了柏拉图式的政治哲学。

哲人与先知的世俗冲突

在苏格拉底和圣经中的先知那里，施特劳斯才找到承负"亲身熬过来的闻所未闻的大灾难和大恐怖"的精神力量——《耶路撒冷与雅典》一文的最后一节是苏格拉底与先知的对比。但他不是说过，苏格拉底式的哲人与听从上帝安排的先知根本合不来吗？

在施特劳斯看来，柏拉图哲学与犹太教-伊斯兰教的律法学有共同之处，政治哲人和先知都关心"好的"政治生活方式，而不是形而上学："圣经和希腊哲学的共同基础是神圣法律的问题。"[①] 但希腊哲人精神与希伯莱先知精神根本上又是对立的，基督教大公主义传统——教父神学、中世纪经院神学以及施特劳斯多次旁敲侧击的现代新托马斯主义，力图要把希腊哲学与圣经启示搞成一种和谐统一体。施特劳斯断然拒绝调和希腊哲学与圣经启示的任何努力："没有人可以同时身兼哲人和神学家"，"也不会存在

---

① 施特劳斯，《进步还是回归？》（Progress or Return?）见施特劳斯，《古典政治理性主义的重生》（*The Rebirth of Classical Political Rationalism*），郭振华等译，前揭，页248。

一个超越哲学和神学冲突的第三方,或者两方面的综合",只能在两者中选择其一,并承受与其中另一方的冲突(《神学与哲学的相互影响》,页301)。

对于施特劳斯来说,哲学与启示根本是两种不同的生活方式,苏格拉底和先知分别是其楷模。所谓先知,指负有神圣使命的人,但这使命不是先知自愿要有的,更非自居的,而是上帝强加的。《旧约》中的先知书清楚表明,真正的先知一开始无不想方设法逃避使命,却被上帝揪住不放。先知迫于上帝的威严、惩罚和悲怀,不得已才做上帝的传话人——假先知才自称是上帝派来的。

初看起来,苏格拉底很像希伯莱先知,是负担使命的人——被神传召去当雅典城邦的牛虻,促使自己所碰到的每一个人理性地思考。一开始,苏格拉底也不相信自己的使命,想反驳神谕,结果不得已成了雅典城邦的牛虻。苏格拉底和先知被迫身负神圣使命意味着,哲人与先知的生活方式就是关切社会的正义和美德,使世人远离邪恶,让美好成为生活的现实。

这仅是表面的相似。使现世变得美好,在先知看来,是上帝而非人的事情;哲人苏格拉底却以为,要使现世变得美好,就应该让哲人拥有政治权力,"好的"政治秩序不可能靠神的干预来建立。哲人成为王,完善的社会才有可能。追求完善的世界、清除世间所有的邪恶,是哲人使命的关键。不妨说,哲人天生是人义论的担当者。相反,先知们懂得,即便在有神关照的美好生活中,人间恶也不可能被清除干净。

这无异于说:一个仅仅靠人的智慧力量来建立的完善世界根本不可能。在这一意义上,先知天生是神义论的担当者。在现世的根本恶的条件下,为现世生活辩解称义,靠人的知识还是靠神的垂怜,就是哲人与先知的根本差别所在。因此可以理解,为何哲人要献身于追求完善的知识,希望而且致力于成为人间最正直的人,而"众先知根本无需追求善的知识",仅仅将自己看作上帝的仆人。由此引导出哲人生活方式与先知生活方式在实践上的重大差异:"众先知通常对人民甚至对所有人讲话,而苏格拉底通常只对一个人讲话。"(《耶路撒冷与雅典》,页296)

这种差别意味深长:先知与百姓打成一片,哲人只能是一小撮精英分子。尽管先知和哲人都要求统治者体恤百姓,但先知与民众信仰之间不存在政治冲突,先知没有哲人才有的"苏格拉底"问题。

既然如此,施特劳斯为什么说,哲人精神和先知精神对于一个"好的"社会甚至一种文明都不可或缺?应该如何理解施特劳斯的如下断言:哲人精神与先知精神的对立"一开始就孕育了世俗中的冲突",这种冲突恰恰是西方精神的优异特质甚至活力之源?既然圣经启示与哲学理性承负恶的方式根本不同,两者不可能综合也就不难理解了——令人费解的是,两者导致的世俗冲突何以竟然是好事?

苏格拉底对神的态度,初看起来颇像伯林称赞的不可知论:"我不反对您的神圣智慧,只是我不理解它。我只有人的智慧。"问题是,既然苏格拉底已经认识到人的智慧的局限——先知同样认识到这一点,他为什么不像先知那样干脆接受神的智慧?

这一问题本身就是问题的回答。做哲人的起始点乃是认识到人在智慧上的不足,哲人不可能未经思考(理性证明)地进入一种生存可能性:哲人生活方式的美德是对

"好的"生活可能性持审慎态度。既然神圣启示无法通过理性思考来证明，哲人仅仅拥有理性的知识，就不能接受上帝为人类立法的说法。但哲人并不能因此否认神圣启示提供美好生活的可能性，否则等于哲人已经有足够的智慧判定，这种可能性并不存在。

既然哲人的审慎悬置了对美好生活的可能性的断定，悉心琢磨何谓"美好"——这可能花费终身时间，哲人的生活方式凭靠什么称义就是悬而未决的。换言之，哲人可能终生都生活在追究自己的生命意义的不确定状态之中。接受或不接受神圣启示的人有福了，无论接受还是不接受，这人总之已经作出了生命的价值决断，没有耽误生命时间。信还是不信，在这里是"致命的"，生命时间耽误不起。如果哲人的基本问题同样是何谓美好的生活，"一个人应该如何生活"这样的问题就容不得悬置。（《神学与哲学的相互影响》，页306-307）

在先知精神提出的这一致命问题面前，哲人如何为自己的生活方式辩护？

唯一说得通的辩护是：哲人生活方式的美好，恰恰在于认真琢磨美好生活的可能性——思考何谓美好的生活，作为一种生活方式本身就是美好的。只有这样看，哲人生活才不是致命的，反而是美好的。既然生活的美好尚有疑问，一个人献身于追问何谓美好的生活，当然高尚。

哲人精神与先知精神的世俗冲突岂不意味着两种美好生活理想的冲突？究竟是怎样的冲突？先知精神的生活方式与民众打成一片，因而是一种关于美好生活的稳健的传统方式，人民依照先知传达的神谕来生活，生活的道德秩序将是稳妥的。哲人精神的生活方式是孤独的智性疯狂和一小撮人之间的争吵，如果要求人民依哲人生活方式来生活，生活的道德秩序难免大乱。在现世生活中，先知精神与哲人精神的冲突，体现为哲人与民众信仰的冲突——然而却是两种美好生活理想的冲突。

这两种美好生活的理想在西方冲突了两千多年，迄今没有完结，反而显得愈演愈烈。固然，基督教神学一直在努力调和先知精神与哲人精神，企图用哲人理性来证明神圣启示，用神圣启示照亮哲人理性。可是，一旦神圣启示要靠哲学来证明和辩护，等于把木马运进了特洛伊城：要靠哲学来辩护的启示，迟早会被哲学驳倒。（《神学与哲学的相互影响》，页313）从这一意义上讲，基督教传统中企图调和希腊哲学与圣经启示的思想方向，最终只会成为启示宗教的掘墓人。

基督教神学要调和希腊哲学与圣经启示行不通，不等于哲学真的可以驳倒神圣启示。施特劳斯一再强调，启蒙精神驳倒了启示宗教的说法虽然流布极广，不过是启蒙理性编造的传说，正如所谓古典哲学被现代经验理性主义、历史浪漫主义驳倒了，纯属伯林一类哲人散布的谣言。

施特劳斯相信，哲人精神与先知精神相互都驳不倒对方，论争和冲突持续下去，对于西方精神来说，恰恰是永葆生机的条件。因为，先知精神的启示方式的存在将一再挑战哲人精神的理性方式，迫使哲学承认启示的生活方式（民众信仰生活）的可能性，从而根本质疑自身的生活方式是否真的那么美好，并认识到，哲学的生活方式作为美好的生活，同样是一种信仰的选择（《神学与哲学的相互影响》，页318）。

反过来，哲人精神的理性方式的存在将一再挑战先知精神的启示方式，尽管具体情形有所不同——启示方式一开始就宣称自己是一种信仰，但启示方式（民众信仰生活）也得被迫承认理性生活方式的可能性，从而根本质疑自身的生活方式是否真的那么美好。冲突和论争可能永远不会有结论，然而，重要的是，如此争议构成了一种精神的张力。

既然先知精神与哲人精神两者必居其一，施特劳斯为什么离开了自身所属的先知传统，选择了哲人的生活方式？问题涉及对现代性的理解。由于基督教神学采纳了亚里士多德主义，使得神圣启示与哲人理性的张力消失了。所谓现代性，就是古典意义上的哲人理性的毁灭。启蒙理性不仅摒弃了古典的哲学理性，也摒弃了传统的神圣启示——甚至取代神圣启示，哲学理性成了一种哲学信仰。在大众民主、平等至上的现代社会，哲人精神已经不能成为磨砺生活理想的精神力量，而是成了世俗的先知精神——知识分子精神，失去传统宗教信仰的民众生活唯有从知识分子那里获得生活理想。

伯林宣扬多元价值论时，把古典哲学和神学传统一并判为精神不健全的迷信和迷误，挖苦施特劳斯的所谓"古典哲学传统"不过是自欺欺人。在《两种自由的概念》一文结尾处，伯林引证了一位他敬佩的作家的话：文明人不同于野蛮人的标志在于，文明人知道自己用生命来维护的信念的价值，其实都是相对的。施特劳斯帮伯林把其逻辑推衍下去：如此说来，柏拉图和康德都是野蛮人（《相对主义》，页17）。我们如今的所谓文化世界和文化研究，实际上正是基于伯林的如此逻辑。

承负生活的严峻和残酷

现在才大致清楚,回答"什么是政治哲学",为什么关键在于理解何为哲人,理解苏格拉底的生死选择何以那么重要。

柏拉图的《王制》以讨论何谓正义开始,高潮部分却是讨论何谓哲人。按施特劳斯的解释,柏拉图的《王制》《治邦者》和《法义》构成了何为哲人这一问题的辩证推演过程。柏拉图所有对话的目的其实只有一个:在城邦面前为哲学、哲人(苏格拉底)辩护——《王制》提出,哲人的生活询问正义、幸福、自由,同时指出城邦的道德生活有其局限;《治邦者》显得是为城邦道德生活及其法治的必要性辩护,这是人性(民众生活)的必须。

《王制》与《治邦者》构成了哲人精神与民众信仰的冲突,于是出现了这样的问题:哲人在哪种政治制度中生活最适宜。回答了这一问题,就回答了什么样的政治制度最稳健,也回答了为什么苏格拉底宁愿死在雅典(《柏拉图》,页77)。[①]《法义》成了回答"什么是政治哲学"的最后落脚点,《法义》义疏也是施特劳斯的天鹅绝唱。[②]

《法义》中的"雅典哲人"提出,立法必须维护美德、关心人类灵魂的卓越,这是哲人想要且应该对政治生活说

[①] 施特劳斯,《柏拉图》,见施特劳斯 / Joseph Cropsey 主编,《政治哲学史》,前揭,页 30 – 87(以下随文注页码)。

[②] 参施特劳斯,《柏拉图〈法义〉的论证与情节》(*The Argument and the Action of Plato's Laws*),Chicago:Uni. of Chicago Press,1975。

的话。雅典哲人谈论饮酒伦理时本来想要说：人民沉醉于恐惧、幻想、欲望，需要独醒者的统治，但他实际上却说，不应该管制人民饮酒享乐，而是要让人民在享乐中学会节制。对于人民来说，美德就是学会恰当对待享乐和痛苦。这种说法既顾及到了人民的天性，又没有放弃必要的道德约束。

为什么雅典哲人要大谈饮酒伦理？何不疯狂地抨击一番人民的沉醉德性？雅典哲人谈论饮酒伦理，是他的显白说辞。雅典哲人是已经有了政治意识的苏格拉底，懂得自己的谈话对象是社会中的长老。长老当然晓得何为"好的"法律（习传律法），雅典哲人只能通过大谈饮酒一类的事情来暗中影响他们，而不是苏格拉底缠住游叙弗伦那样，老问"什么是……"。

《王制》讨论正义时，还没有显出这种哲人的谨慎，因为谈话对象是哲人或想成为哲人的人。在克里特，雅典哲人的交谈对象变了，说话方式也变了。

> 如果哲人要给予政治指导，他必须回到洞穴。从太阳的亮光中返回到影子的世界，哲人的感觉应是模糊的，脑子必然充满困惑。通过关于饮酒的谈话所产生的酒的享受感，扩大了富有法律教养的年长公民的眼界，却限制了哲人的眼界。然而，这种困惑、对政治观点的承认、对政治语言的采用，以及把人的优点与公民的优点——或者说把智慧与遵从法律——结合起来，看来是温顺的美德最高尚的运用。（《什么是政治哲学？》，页77）

雅典哲人在谈到政治制度时，主张也不如《王制》中的苏格拉底那样来得尖锐：不是非要最好的制度——单一性质的制度，而是主张行之有效的制度——通常是混合制度。显得如此温顺的雅典哲人于是被请去为克里特殖民区立法，哲人在《法义》中没有成为"哲人-王"，而是立法者。他甚至并不要当"王"，仅仅希望遇到一个"某些方面类似于哲人"的僭主，一个不必有大德甚至不必热爱真理，但乐意听哲人意见的统治者。于是我们看到，哲人的政治理想变得温和多了，主张强制（专制）与劝说（民主）的结合。

苏格拉底在雅典被判处死刑，控罪之一是不信雅典城邦所崇拜的神。如今苏格拉底意识到，一个城邦——政治共同体——崇拜自己的神，是好事情。如果逃到美国，有了政治意识的苏格拉底再不会凭着哲人的疯狂顶撞当地宗教传统，而是自觉限制自己的眼界。哲人固然不该放弃理智的疯狂，但必须学会温顺。哲学作为一种生活方式发生了根本转变："哲学是无畏与温顺相结合的最高形式。"（《什么是政治哲学？》，页86）

雅典哲人在立法时，最引人注目的是订立了对不敬神的严厉惩罚。雅典哲人自己并非真的要敬神，订立这样的刑法显然是从政治制度的稳健着眼的。为了使这样的立法有说服力，哲人"不得不证明神的存在"。神的存在证明被写进法的总纲（宪法），为其中惩罚不敬神的实在法提供正当性。换言之，虽然是雅典哲人在立法，也要尽量搞得这人为的立法像神立的法——模仿神法。

哲人精神本来与神的存在势不两立，现在哲人却要为神的存在作证；苏格拉底去法庭时还盘诘长老何为敬神，现在已经主动要为敬神奉献智慧。

> 《法义》是柏拉图唯一有这种证明的著作……可以说它是柏拉图最虔敬的著作。(《柏拉图》，页85)

这看起来是一百八十度的转变，然而，趁立法之机，雅典哲人也作了手脚：将对神的信仰限制在神能被证明的范围内，以免信神变成盲目狂热；同时，还趁机将对不信神的哲人的惩罚，减轻到不伤及皮肉的程度。雅典哲人在立法时的这一切所为，都是为了制度的稳健，以便大多数人服从明智的法律。

《法义》回答了这样的假设：如果苏格拉底还年轻，还要继续过自己的哲人生活，他不会再像过去那样与敬神的民众作对，而是懂得隐藏自己无畏的疯狂智慧。于是，《王制》《治邦者》和《法义》构成的推演逻辑倒过来了：柏拉图将《法义》的终点变成了《王制》的起点（《柏拉图》，页87）。

事实是，苏格拉底选择了死在雅典。为什么苏格拉底的选择是"最高尚的政治选择"？这里的"高尚"指为了哲学而死——为了哲学而死指为了捍卫哲学勇于牺牲自己的生命？不是。选择死在雅典，仅仅因为这里的人民对哲人最尊重、最宽厚。这意味着，对于哲人的生活方式来说，最重要、最珍贵的是有为沉思高贵提供时间和空间的自由。

> 苏格拉底确实是被民主政治杀害的，但被杀害时已经七十岁。他享尽了天年。在反民主的斯巴达，苏

格拉底可能在小时候就会被流放致死。(《什么是政治哲学?》,页82)

是不是因为雅典城邦为哲人生活方式提供了自由,苏格拉底才在临终前让友人宰了那只公鸡,以示对城邦人民的敬意?

施特劳斯反对基督教神学采纳亚里士多德哲学,原因之一是,这样必然引致教廷关注思辨颠覆启示的可能,从而严厉监控神学中的哲学活动。这无异于说,基督教采纳亚里士多德哲学反而扼杀了哲学理性。在犹太教—伊斯兰教的律法学中,哲学反而保有了私人性质和"较高程度的内在自由",因为在那里,像希腊城邦的神一样,律法什么事情都管,唯独不管哲学:哲学是"彻头彻尾私人性的、超政治、超社会的"(《如何着手研究中世纪哲学》,页223)。如果古典哲学的毁灭是现代性的根源之一,基督教经院哲学就成了这一根源中的决定性要素。

施特劳斯不是一再批判现代的自由主义吗?怎么最终看起来也像个自由主义者?

施特劳斯的确是个自由主义者,但这是苏格拉底式的,而不是犬儒哲人式的自由主义。这意味着,苏格拉底的自由不是"价值中立"的,而是有追求完善和绝对真理的自由——"忘记了品质、优秀和美德"的自由主义,乃是 perverted liberalism [堕落的自由主义]。[①] 哲学追求完善和美好,自由是哲学的生存条件,而非为了自由的自由——

[①] 参施特劳斯,《古典政治哲学的自由主义》(The Liberalism of Classical Political Philosophy),见施特劳斯,《古今自由主义》,前揭,页64。

伯林所谓的消极自由。

苏格拉底起初研究的是关于灵魂的知识,后来研究起政治的知识——关于人类事务的正义、美好、高贵的知识,这种转向是他敬神的表现。

> 神不愿意人探究他不想启示的东西,特别是天上和地下的事物。因此,一个敬神的人只能探究留待人来探究的东西,亦即人间事物。(《政治哲学史》绪言,页4)①

由此来看,苏格拉底似乎变成了一位准先知。施特劳斯自己并非神学家,也不想追随自己祖传的犹太教先知,而是成了苏格拉底信徒。但他研究人类的政治知识,是否也是按神的启示?施特劳斯是否并非纯粹的苏格拉底信徒,同时仍然是先知精神的信徒?②

要搞清这一问题,我们必须考虑到,在柏拉图时代,还出现了与苏格拉底式的政治哲学截然不同的两种哲学生活方式:伊壁鸠鲁的生活方式和犬儒哲人的生活方式——对城邦生活持消极或激进态度的生活方式。后现代的福柯将西方哲人归类为两种典型:要么以苏格拉底为榜样,要么以犬儒哲人为榜样——福柯宣称自己敬佩犬儒哲人:"没

---

① 亦参施特劳斯,《论〈游叙弗伦〉》(On the Euthyphron)(徐卫翔译),见《古典政治理性主义的重生》(The Rebirth of Classical Political Rationalism,前揭),页187-206;中译见施特劳斯,《古典政治理性主义的重生》,郭振华等译,前揭。

② 参施特劳斯,"为什么我们仍是犹太人:犹太信仰和历史还会对我们说话吗?"(李春长译),见施特劳斯,《犹太哲人与启蒙》,刘小枫编,张缨等译,北京:华夏出版社,2009。

有确定的经典",也"没有固定的、可以得到公认的信条"。犬儒哲人是另一类"牛虻",以冒犯宗法、嘲弄习俗、无视传统禁忌的漫言对大众说话,搅混社会生活;相反,苏格拉底仅仅对一小撮爱智者说话,引导他们分享各种永恒的普遍观念。

在临终前的讲课中,福柯谈到苏格拉底的一生,似乎自己一生反抗道德规定的压制体系堪比苏格拉底。当他阐述苏格拉底与种种流俗的公共意见和真理权威的不懈斗争时,一定想到自己与习传的公共意见和真理权威的不懈斗争——显然,福柯直到临终时都没有看到施特劳斯所看到的苏格拉底的政治哲学转向。

对苏格拉底临终前为什么要让友人宰那只公鸡献祭,福柯在临终讲课中解释说:苏格拉底与虚妄做了一辈子斗争,有如堂吉诃德与风车搏斗,苦不堪言不说,实在没有什么意义。如今苏格拉底感到自己马上就要离开人世,必须解脱与虚妄搏斗的个体使命,于是让友人千万不要忘了宰只公鸡献祭,以告慰自己备尝艰辛的灵魂。福柯似乎有点后悔自己一生没有彻底贯彻犬儒哲人的风范,用了苏格拉底的方法来实现犬儒哲人的目的。[1] 实际上,福柯搞错了,他应该后悔的是,自己没有早早地成为一个伊壁鸠鲁式的哲人。

犹太人施特劳斯在现代之后的时代处境中站出来宣称:唯有死死守住对美德知识的追求和对上帝的信靠,才能承受恶的恐怖。尽管人类已经作恶多端,上帝并没有遗弃我

---

[1] James Miller,《福柯的生死爱欲》,高毅译,台北:时报文化出版公司,1995,页 628–631。

们。现在的问题是：人类不能遗弃自己，放弃追求善恶的知识。鉴于人类已然吃了知识树的果子，美好生活的可能性就唯有靠苏格拉底－柏拉图的哲人精神：

> 人因恶遭受苦难，以人的善恶知识为前提，反过来也一样。（《耶路撒冷与雅典》，页169）

施特劳斯在后现代的处境中复兴苏格拉底式的政治哲学，无异于复兴了柏拉图式的政治哲学与伊壁鸠鲁式的和犬儒式的哲学生活方式的古老斗争，或者说，复兴了哲人内部关于何谓哲人的古老争议。在施特劳斯身上，顽强支持苏格拉底－柏拉图式政治哲学的精神力量，竟然显出出自旧约圣经的智慧，这意味着什么呢？

人对美好生活的追求，非得以善恶知识为前提——在专论海德格尔的文章的结尾处，施特劳斯就尼采的"未来哲学"构想说了一大段话，读起来非常费解：尼采提倡"超善恶"的知识，但尼采的哲人精神却得自希伯莱先知精神。"尼采的未来哲学是圣经的嗣子（an heir to the Bible），他是深化灵魂的继承人，这种深化灵魂一直深受圣经对一位神圣上帝信仰的感染"……说到底，尼采的哲学"内在地是宗教性的"（《海德格尔式存在主义异言》，页41）。在施特劳斯眼里，尼采是旧约圣经和希腊古典哲学的传人，这两种智慧冲突性的张力是必需的，为了对大地的忠诚和热爱——在热爱和忠诚中承负此世的残酷、不幸和困窘。施特劳斯的这段话是不是在说自己？

施特劳斯的路标

[题记] 原刊贺照田主编,《西方现代性的曲折与展开》, 吉林人民出版社,2002;收入本书时更新了部分文献,文字略有增删。

引言:尼采的娅莉阿德妮线团

卡夫卡生前发表的最后一篇小说题为《女歌手约瑟芬或耗子民族》,刊登在《布拉格新闻》的"复活节附刊"上。

"我们的女歌手"约瑟芬的歌声实在迷人,卡夫卡写道,"如果她死了,音乐也会随之从我们的生活中消失",而"我们"有理由"要求得到来自音乐的幸福"。小说一再提到"我们"……围在约瑟芬身边听她唱歌的"我们"是谁?是某个"古老的民族"——德文"民族"的另一个含义是"人民"。

这个"古老的民族"有一种传统的艺术本领：全民都会吹口哨，但人民并不晓得吹口哨也可以是一种高级艺术。作为艺术家，约瑟芬与众不同，除了歌声迷人，有时候甚至"露出狂妄自大的冷笑"。人民"无条件地顺从"约瑟芬，首先因为她的歌声让人销魂。

令人费解的是，卡夫卡几乎在叙事的一开头就提了这样一个问题：约瑟芬"真的在唱歌吗？会不会只是在吹口哨？"[①] 必须提请注意的是，如此问题是在"这个民族"理解自己与约瑟芬的关系这一背景下提出来的。

"整个民族"都吹口哨，约瑟芬唱歌，所以她与众不同，是艺术家。但卡夫卡真的在说艺术家的事情？

卡夫卡说，这个"民族""顺从"约瑟芬——约瑟芬"保护这个民族"，如此"顺从"与"保护"的关系使得约瑟芬看起来一点不像艺术家，倒像霍布斯笔下的君主——顺从与保护是典型的人民与君主的关系。

但卡夫卡又说，约瑟芬的歌声能把人民"从政治的或经济的逆境里解救出来"，"即使不能除灾，至少也能给我们力量去承受不幸"（页346）。这样看来，约瑟芬又不仅仅像君主，也像陀思妥耶夫斯基笔下的"大法官"——卡夫卡的确写道：在民族的危难时刻，约瑟芬"像牧羊人在暴风雨将临前察看羊群似的，把她的同类全收眼底"。

可是，善于迷宫叙事的卡夫卡接下来说，"这个民族既繁殖力强而又大胆"，从来就不相信什么救世主——也就是

[①]《卡夫卡短篇小说选》，孙坤荣选编，北京：人民文学出版社，1985，页340。

所谓的不相信宗教,即便总是"生存在充满敌意的世界的混乱之中",也始终"设法自救"。如此看来,约瑟芬不可能是教主,故事说的不可能是教主与牧民的关系。

约瑟芬究竟是谁?

还有一条线索。卡夫卡说,约瑟芬从"开始艺术生涯那天起",就要人民照顾她,"免去她的任何工作"——既不为吃穿的事情发愁,"也不必去参加与我们的生活竞争有关的一切活动",以便一心唱歌。人民顺从歌手约瑟芬"不是无条件的"(因而她既不可能是君主也不可能是大法官);人民与歌手的关系是:人民照顾她,"耗子式的民族"因她的歌声"出类拔萃"。

这是不是有点儿像一类古老的哲人?——这让我想起临终前的苏格拉底说,自己一生都在搞音乐(参见柏拉图,《斐多》,60e7-61a3)。

尼采在他的成名作中写道:

> 柏拉图的对话仿佛一条小船,遭遇海难的古老诗歌及其所有孩子靠了它才得以生还,他们挤在狭小的船舱里,怯生生地服从舵手苏格拉底的指挥,驶向一个新世界,面对这一幕奇妙的景象,新世界真是百看不厌。柏拉图确实给后世留下了一种新的艺术形式的样本,即小说的样本,我们可将它称为无限扩展了的伊索寓言。在这种艺术形式中,诗歌与辩证哲学相比处于从属地位,是所谓婢女,如同后来许多世纪里哲学与神学相比处于从属地位一样。诗歌的这一新地位,

是柏拉图在恶魔般的苏格拉底的压力下迫其就范的。①

柏拉图的作品说的大都是苏格拉底的事情,苏格拉底是哲人也是歌手(所谓诗人)。临死前,苏格拉底在监狱中对友人说:

> 我本来就作乐,因为哲学就是最高的音乐,我一直在做这个呀!(《斐多》,61a3)

这里的"音乐"被苏格拉底等同于哲学,或者哲学被等同于音乐。所谓"专攻哲学",意思不就是免去任何日常工作,不为吃穿的事情发愁,"也不必去参加与我们的生活竞争有关的一切活动"吗?

但尼采非常生气地说,柏拉图搞错了。苏格拉底并非真正的诗人,而是诗人的敌人(希腊文的"音乐"往往包含"诗",音乐家也被称为"诗人")——苏格拉底使得诗成了哲学的"婢女"。

寻找古老的真正的诗人,成了现代某类哲人的历史使命。对于尼采来说,诗人代表原初的生存真理,寻找古老的诗人,就是寻回原初的生存真理。诗人用言语歌唱,要找到古老的诗人,首先得搞懂古老诗人的言语。

对于现代人来说,这已经难乎其难。海德格尔写道:

> 我们试图来翻译阿纳克西曼德的箴言。这就要求我们把一个以希腊文言说出来的东西翻译到我们的德

---

① 尼采,《悲剧的诞生》,赵登荣译,桂林:漓江出版社,2000,页87。

语中去。为此,我们的思想在翻译之前就必须转渡到那个以希腊文言说出来的东西那里。运思着转渡到那在箴言中达乎其语言的东西那里,这乃是跳越一个鸿沟。此鸿沟绝不仅仅是两千五百年之久的年代学——历史学的距离。此鸿沟更宽更深。首先是因为我们濒临其边缘而立,此鸿沟才如此难以跳越。①

在海德格尔眼里,阿纳克西曼德是尼采意义上的古老诗人。用德语翻译阿纳克西曼德的箴言诗,不外乎要让古老的歌声传达到现代人的耳朵里。德里达学会了海德格尔式的翻译,果真通过"翻译"柏拉图的对话《斐德若》"精心策划上演"了一场"柏拉图与马拉美的相遇"。②

对于尼采的划时代提示,德里达感激不尽,因为,正是由于尼采在哲学中引导的转向,《奥德塞》中的女巫歌声才得以重新缭绕在哲人唇边:

> 尼采的全部思想不就是批判漠不关心差异的哲学吗?不就是批判那种冷静的还原、压抑的哲学体系吗?按照同一种逻辑,按照逻辑本身,这一点的意思就包括哲学活在延异中,哲学依赖延异活着,它也因此对同视而不见;这就是非同一性。③

---

① 海德格尔,《阿纳克西曼德之箴言》,见《林中路》,孙周兴译,上海译文出版社,1997,页336。
② 参见诺里斯(Christopher Norris),《德里达》,吴易译,北京:昆仑出版社,1999,页47-67;亦参德里达,《书的终结和文字的开端》,见汪安民等编,《后现代性的哲学话语》,杭州:浙江人民出版社,2000。
③ 德里达,《延异》,见汪安民等编,《后现代性的哲学话语》,前揭,页81。

卡夫卡笔下的女歌手是否真的就是古老的哲人或者受到苏格拉底压制的诗人，不便断言，虽然卡夫卡的写作看起来就像德里达喜欢的那类哲学——而且这两个人都有犹太血统。麻烦的事情是，卡夫卡讲的故事结局让人更加感到困惑：

> 约瑟芬自动放弃歌唱，自动破坏了她征服民心而到手的权力。真不知她怎么会获得这种权力的，其实她很少了解民心。现在她躲起来，不再唱了，而这个民族却那么平静，看不出任何失望的表情，镇定自若，真是四平八稳的群众，尽管外表给人以假象，实际上他们天生只知道馈赠，从来不会接受馈赠的，哪怕是约瑟芬的馈赠；这个民族在继续走它的路。（《女歌手约瑟芬或耗子民族》，前揭，页 358）

卡夫卡的生死早于海德格尔（遑论德里达），恰好活在尼采与海德格尔之间。尼采给西方思想史抛下了娅莉阿德妮（Ariadne）线团，并宣称只有他才知道娅莉阿德妮身上的奥秘，还说娅莉阿德妮私下递给他的文本都是"最纯洁的抒情诗风，而非酒神祭典的迷醉"——"娅莉阿德妮的哀歌"是"一种呼唤，呼唤神之变形的到来"。[①]

海德格尔拾起尼采抛下的娅莉阿德妮线团，才得以走出现代性历史构筑的迷宫，于是，德里达才得以尾随尼采

[①] Paul Valadier，《狄奥尼索斯对抗被钉十字架者》（成官泯译），见刘小枫编，《墙上的书写》，田立年等译，北京：华夏出版社，2004，页 154。

—海德格尔而去……

尝试理解这一思想的历史事件,就是本文的主要目的。

解释学与哲学的正当性

既然本文的目的是解释思想史上的事情,不妨从解释学说起。

2000年2月,《施特劳斯文集》(德文版)[①] 编者迈尔博士(Dr. Heinrich Meier)在慕尼黑大学作了题为"为什么要政治哲学?"的讲演。[②] 有理由断定,这个题目来自施特劳斯这样一句话:"为什么要哲学?"

> 现代哲学的发展已经到了这样一个地步,就是哲学或科学本身的意义性已变得可疑。只要提一个最明显不过的例子即可了然:曾有一个时代,哲学或科学普遍被认为是,或能够或应该是,社会行动的最佳指南。当今十分流行讨论政治神话的重要性和必要性,仅此一点就足以表明哲学或科学的社会重要性已经确乎变得可疑。

> 我们再度面对这个问题:为什么要哲学?或为什么要科学?这个问题曾是哲学滥觞时期的讨论焦点。

[①] 施特劳斯, *Gesammelte Schriften*(《施特劳斯文集》), J. B. Metzler Stuttgart / Weimar, 1996(共六卷,迄今已出版三卷)。

[②] Heinrich Meier, *Warum Politische Philosophie*? J. B. Metzler Stuttgart/Weimar, 2000(中译见萌萌编,《理性与启示》,第二辑,林国华、林国基译,北京:中国社会科学出版社,2001)。

可以说，柏拉图对话最明显的意图正是回答这个问题：为什么要哲学？或为什么要科学？其途径即在城邦或政治共同体的法庭面前辩护哲学或科学的正当性。

在根本上相同的意义上，我们的中古哲人们也被迫提出这个问题：为什么要哲学？或为什么要科学？其途径就是在律法或托拉的法庭面前辩护哲学或科学的正当性。哲学的这个最根本的问题，也即其自身的合法性和必要性问题，对于现代哲学来说不再是一个问题。①

十九世纪以来，西方思想界一再出现两类哲学动议。要么用种种依据"地上"的法则构成的实际科学（经济学、人类学、语言学、社会学或由此衍生出来的社会－政治批判）取代哲学，把传统哲学判为对人类生活百无一用的知识——哲学不在于认识世界，而在于改造世界（马克思），到了韦伯时代，用社会科学代替哲学几乎成了学问正确；要么重新界定哲学，不断有哲人提出新的"哲学是……"的论题　哲学是"诗意的沉醉"（尼采）、是"严密科学"（胡塞尔）、是语言用法（维特根斯坦）、是"存在的绽露"（海德格尔）、是书写"延异"（德里达）。末了，哲学据说应该成为文学一类的创作："哲学没有任何反思上的至上地位，也绝不处于创造概念上的低下地位"，"哲学就是由各种创造性概念组成的学科。……对于概念来

---

① 施特劳斯，《如何着手研究中古哲学》（陈建洪译），见施特劳斯，《古典政治理性主义的重生》，郭振华等译，前揭（随文标注英文版页码）。

说，没有任何天堂"。①

早在半个多世纪前，施特劳斯就针对这两种近百年来经久不衰的哲学动议轻声但有力地提出了质疑：先搞清楚"为什么要哲学"！② 那个时候，第二次欧战刚刚结束，施特劳斯还籍籍无名，在欧美思想界，这样的问题似乎没有多少搞哲学的人愿意听。

何以断定迈尔的"为什么要政治哲学？"的演讲来自施特劳斯上面那段话？把"为什么要哲学"的问法变成"为什么要政治哲学"又是什么意思？作者说，演讲依据是他近二十年研究的一个阶段性结果。了解一下迈尔二十年前如何开始研究哲学，事情也许就清楚了。

迈尔获得博士学位后，没有像通常的德国学人那样接着写教授资格论文，然后在大学谋个教职。1983 年，年仅三十岁的迈尔完成了自己的首部"功夫"之作：卢梭《论不平等》(*Discours sur l'inegalite*) 的德文重译本（Ferdinand Schoningh，1984 初版/1997 第 4 版）。这个本子由迈尔根据《论不平等》的初版和手稿重新编辑、翻译（法－德对照），间下注释，还附有与该书相关的卢梭书信、当年一些人攻击卢梭的文章以及卢梭的反击。

---

① 德勒兹，《哲学与权力的谈判》，刘汉全译，北京：商务印书馆，2000，页 141；德勒兹，《何谓哲学：导言》，见汪安民等主编，《后现代性的哲学话语：从福柯到赛义德》，前揭，页 61。

② 据说施特劳斯在 1945 年发表的 "Farabi's Plato"（《阿尔法拉比的柏拉图》）一文中第一次提出这一问题："哲人超逾了道德或政治事务的领域，投身于探询所有存在的本质，哲人必须通过回答'为什么要哲学'这一问题给自己的所为一个说法。"参见 Catherine H. Zuckert, *Postmodern Platos*, Uni. of Chicago Press, 1996, 页 113。其实，施特劳斯的这一提法得上溯到更早的《哲学与律法》(1935)。

施特劳斯在美国教出不少学生，最显著的教学成果是全面重读古典作品，尤其重新翻译和绎读柏拉图的作品。①迈尔的"功夫"之作完全是施特劳斯的学生重解经典的做法，有如伯纳德特之于柏拉图、荷马、索福克勒索，布鲁姆之于柏拉图、莎士比亚和卢梭，或曼斯费尔德之于马基雅维利、托克维尔。由此看来，所谓施特劳斯式的"功夫"似乎不过就是一种解释学方法、细读古典著作的技艺，要求现代热爱哲学的人悉心识读古典文本字里行间的微言。

十多年前——也就是二十世纪我国第二次"文化热"开始的时候，汉语学界引进了伽达默尔、利科尔的解释学理论。如今，这种解释学已经逐渐被广泛地用来重新解释中国古代思想典籍。②

随后不久，另一种看起来与此相反的解释学原则——解构主义的解读技艺，也进入了汉语学界，掀起一阵子"后"学热潮——估计不久的将来也会进入国学领域。③ 可以说，无论在欧美学界还是汉语学界，如今这两种解释学都堪称显学。如果施特劳斯的哲学也被看成一种解释学，那么，其解释学方法与前两种解释学有何不同？这些不同的解释学之间是什么关系？

罗森早年以《作为政治的解释学》④ 一书闻名，后来

---

① 参 Thomas L. Pangle 编，*The Roots of Political Philosophy: Ten forgotten Socratic Dialogues*, Translated, with Interpretive Studies, Cornell Uni. Press, 1987.

② 参见英年早逝的蒋年丰教授的文集《文本与实践：儒家思想的当代诠释》，台北：桂冠图书公司，2000。

③ 解构主义的阅读技艺，参见 Michael Payne，《阅读理论》，李奭学译，台北：书林出版有限公司，1997。

④ Stanley Rosen, *Hermeneutics as Politics*, Oxford Uni. Press, 1987.

也成就为解读柏拉图、尼采、海德格尔的一家之言。这位施特劳斯的弟子不久前回忆说：

> 大约50年前，我是芝加哥大学的一名青年学生，从一位名叫施特劳斯的语焉不详的（ambiguous）外国先知那里，我接受进入柏拉图对话的爱欲奥秘的入门知识。由于我不是苏格拉底，施特劳斯也不是第俄提玛，入门并不完全令人满意。接受施特劳斯的核心解释原则——柏拉图教导的关键在于对话的形式本身——对我来说不难。柏拉图写戏剧（虽然多少有些古怪，有时还枯燥乏味——如《帕默尼德》或《蒂迈欧》）而非论文，在戏剧情节和其角色的面具下隐藏自己的观点，还有什么比这更自明的呢？
>
> 我的入门不能满意，是由于施特劳斯极其巧妙地运用其解释学原则。说施特劳斯在自己的年轻听众面前隐藏他最后的神秘，这很容易，但在我看来不够，而且会引人误解。毋宁说，问题在于施特劳斯揭示出来的东西。一方面，施特劳斯教导我们，哲学生活是人的存在的最高形式，是少数人能够获得的最美好的东西，这些人幸运地兼有理论思考的神圣疯狂和正直灵魂的节制。另一方面，虽然施特劳斯表现出机智而正直的惊人之才，但是，在他身上却几乎——如果不是完全——看不到任何神圣的疯狂。施特劳斯的解经非常启发人，其结论却明白告诉我们，并没有什么更高的启示等待着更成熟、更聪明的专家，有的只是一种可以称为希伯莱阿维罗伊主义的东西。
>
> 在施特劳斯看来，柏拉图对话的表面意义和深层

意义的区别,可以用迈蒙尼德《迷途指津》中的意象来解释:一个覆盖有一层带有小眼的银箔的金苹果。银箔本身值得一看;对于目光能够穿透银箔的人来说,银箔覆盖下的东西尤为可观。在此需要深度观察。所有戏剧,以及更一般地说,所有艺术作品,都必然有一个表面,也就是表达心意状态的外在的动作、有节律的谈话或符号象征,以及一个由艺术家的深意和观众的反应二者共同构成的更深刻的内部。表面掩盖了深度,不是由于艺术家的不诚实或表里不一,毋宁说,只有通过表面的具体性,深度才能表现自己,此乃事物的本性。①

是否可以说,有别于伽达默尔、利科尔或德里达的解释技艺,施特劳斯解释学的特质就在于解读的"深度观察"、分清经典文本的"表面意义和深层意义"?

明摆着的事实是,伽达默尔、利科尔更多致力于经营一种解释学理论,悉心解读古典文本的实践并不多(尤其利科尔)。② 与此不同,施特劳斯对于解释学理论本身并没有兴趣,倒是更多留下了解经著作。伽达默尔的解释学论著《真理与方法》出版后,施特劳斯很客气地写信给这位

---

① Stanley Rosen, "The Golden Apple", 见氏著 *Metaphysics in Ordinary Language*, Yale Uni. Press, 1999, 页 63 - 64(中译《金苹果》, 田立年译, 见刘小枫编, 《施特劳斯与古今之争》, 上海: 华东师范大学出版社, 2010)。

② 利科尔的解释性作品相当理论化, 参见里克尔, 《恶的象征》, 翁绍军译, 台北: 桂冠出版社, 1992; Paul Ricoeur, *Figuring the Sacred: Religion, Narrative, and Imagination*, Mark I. Wallce 编, Fortress Press, 1995, 页 129 - 199;《利科尔的解释学理论》, 参见 Paul Ricoeur, 《诠释的冲突》, 林宏涛译, 台北: 使者出版社, 1990。

老朋友：

> 你的理论是一种"关于解释学经验的理论"，就其本身而论乃是一种普遍理论。我的解释学经验不仅非常有限，而且我所拥有的经验让我怀疑一种超越于"形式的"或外在经验的普遍解释学理论是否可能。①

施特劳斯对作为"普遍理论"的解释学没有兴趣，仅仅因为文本解释的复杂性使得建构一种科学的解释学不可能？抑或施特劳斯对任何解释学理论都没有兴趣，只对解释实践感兴趣？

与伽达默尔、利科尔相比，德里达的解读实践不仅更多也广泛得多。德里达以《论文字学》奠定了自己的解释学理论，然后写了一堆解读古典故书的著作。从思想结构来看，德里达的《论文字学》（又译《论文迹学》）相当于伽达默尔的《真理与方法》和施特劳斯的《迫害与写作艺术》，这些论著在他们各自的解释实践中都具有指导性位置。把施特劳斯与伽达默尔和德里达的解释学差别看成固守"字里行间"与宣称"合法偏见"抑或破碎（书写）文字，看来说得通。

施特劳斯不仅不搞作为"普遍理论"的解释学，而且

---

① Leo Strauss / Hans‑Georg Gadamer, "Correspondence Concerning *Wahrheit und Methode*"，见 *Independent Journal of Philosophy*，1978（2），页 5–6；转引自 Paul A. Cantor, *Leo Strauss and Contemporary Hermeneutics*, Alan Udoff 编，*Leo Strauss's Thought: Toward a Critical Engagement*, Lynne Rienner Publishers, 1991, 页 269（中译《施特劳斯与当代解释学》，程志敏译，见《经典与解释 1：经典与解释的张力》，上海三联书店，2003）。

与伽达默尔、利科尔、德里达不同，他"很少以自己的名字说话。除了写序文和导言，也就是说，除了在那种可以被称为公共场合的时候不得不以通常的方式说话以外，施特劳斯宁愿把自己装扮成思想史家和注疏家"。①

施特劳斯真的是"思想史家和注疏家"？

粗略比较一下施特劳斯和伽达默尔对柏拉图的解释就可以看到：伽达默尔喜欢谈论柏拉图的学说，② 施特劳斯则更关注柏拉图如何写作——更关注柏拉图作品的文学形式特质。解读《王制》时，施特劳斯主张：

> 为了深入研究纯粹的文学问题，我们必须把那些对最严肃的问题（哲学问题）的关怀放在次要地位。③

所谓"深入研究纯粹的文学问题"，就是把解释重点转到柏拉图作品中的场景和人物，而非通过解释归纳其中的学说——如我国学界在解释《论语》或《庄子》时喜欢归纳的所谓"人性论""经济学说""美学理论"。

为什么"文学问题"那么重要，以至于值得把"最严肃的问题（哲学问题）"暂时放在一边？施特劳斯对自己的学生说：

---

① Victor Gourevitch, "Philosophy and Politics," 见 *Review of Metaphysiscs*, Vol. 22 (1968), No. 1, 页61（中译见刘小枫编，《驯服欲望》，北京：华夏出版社，2004）。

② 伽达默尔的柏拉图解释，见《伽达默尔论柏拉图》，余纪元译，北京：光明日报出版社，1992。

③ Leo Strauss, *The City and Man*, Uni. of Chicago Press, 1978, 页52。

> 柏拉图从未写过一个哲学体系出来。当然，严格来讲，十七世纪以前，没有哪个哲人有过一种什么体系，但柏拉图甚至没有写过亚里士多德写过的那种论文。柏拉图写的仅仅是对话。①

接下来，施特劳斯就说到他后来一再提到的柏拉图的写作特点：柏拉图并没有让自己显得是对话中的一个人物，没有在对话中说过属于自己的一个字，仅仅在记录苏格拉底及其对话伙伴说的话。这意味着，在柏拉图的作品中，很可能并没有什么所谓柏拉图的哲学学说。②

伽达默尔和德里达的柏拉图解读，要么在解释、要么在解构某种柏拉图的哲学学说——无论解释还是解构，都预设了柏拉图作品中有某种学说。相反，施特劳斯让自己的学生面对这样的麻烦：柏拉图的作品看起来只有文学形式，没有哲学学说。无论在公开发表的解释《王制》的篇章中，还是在课堂上给学生讲授《会饮》时，施特劳斯都提到柏拉图在《斐德若》中对于写作形式——所谓文学形式——的关注。

如我们所知，正是从解读《斐德若》中讨论书写与口说的差异的段落，德里达的解释学实践开始了对西方的逻各斯传统的解构。这恰好可以说明，施特劳斯没有看错，"深入研究 [柏拉图对话的] 纯粹的文学问题"，涉及的是

---

① Leo Strauss, *On Plato's Symposium*, Uni. of Chicago Press, 2001, 页5。
② 在公开发表的书中，施特劳斯仅仅说 "让我们假定，柏拉图的对话并没有传达一种学说"（《城邦与人》，前揭，页51），语气与对学生的私下说法稍有不同。

哲学的正当性危机，而非文学形式问题。① "施特劳斯很少以自己的名字说话"，与其说看起来像"思想史家和注疏家"或者像有的人说的文学批评家，不如说像柏拉图。

把施特劳斯、伽达默尔或德里达的解释学仅仅理解成一种解读技艺，甚至颠转过来变成一种可以玩玩的写作技艺，恐怕失之草率。施特劳斯教导并亲自践行潜入文本的字里行间，乃基于这样的观念："思想史家的任务是恰如过去思想家理解自身那样去理解他们。"（《如何着手研究中世纪哲学》，前揭，页209）

这话听起来有点像我国史学大师陈寅恪所谓"同情的理解"的主张，以便维护"思想史客观性的唯一可行标准"，与伽达默尔依其"合法偏见"或德里达依其延异哲学抹去这一标准针锋相对。可是，施特劳斯在这里提出的并非仅是一种思想史的解释原则，因为他接下来马上说明，"恰如过去思想家理解自身那样去理解他们"这一原则针对的是现代的"历史主义"哲学。

"历史主义"是一种哲学，并非仅是一种解释学方法或理论。作为一种哲学，"历史主义"恰恰使得哲学没有可能。既然固守"字里行间"的提法针对的是作为一种哲学的"历史主义"，这一所谓解释原则可以说就与"为什么要哲学"的问题是一回事情。

德里达的解构主义是否也是一种"历史主义"哲学，暂时还不好说，但他在《论文字学》中区分书本与文字，的确把攻击矛头指向了西方哲学的始祖苏格拉底—柏拉图

---

① Cantor 的《施特劳斯与当代解释学》（前揭）一文恰当地看到施特劳斯的解释学与伽达默尔和德里达解释学的不同，却没有强调这种区别关键在于涉及"为什么要哲学"的问题。

（参见德里达，《书的终结和文字的开端》，前揭，页100以下）。施特劳斯重视柏拉图的"写作形式"，恰恰因为这种形式呈现了哲人的"苏格拉底式生活方式"（参见《城邦与人》，前揭，页51）。

在柏拉图的作品中，哲学是一种生活方式，这种生活方式的品德是"勇敢与温顺"的结合，其表现之一就是，哲人懂得把自己的真实观点隐藏在字里行间。施特劳斯要自己的学生留意古典哲人作品的"表面意义和深层意义"，是要学生通过"悉心阅读"（careful reading），懂得哲学是一种生活方式，然后决定自己是否愿意过这种生活。德里达抹去柏拉图的书写，无异于抹去或者至少在更改传统的哲学生活方式。

施特劳斯的学生们重新翻译和绎读古典哲学作品，看起来像我们国学界的整理故书，其实不然。施特劳斯所教授的解读经典的功夫并非仅在于点校勘误、明物训诂，而是辨识作者实际上说的和真正想要说的，搞清作者的写作意图。施特劳斯告诉学生们，直到十八世纪，西方哲人的写作都还十分顾及因写作招致的宗教迫害。搞清楚一个哲人在可能遭受迫害的处境中如何隐藏自己的真实想法，不仅关系到恰切理解古典文本，而且关系到为什么要哲学。①施特劳斯的《迫害与写作艺术》虽说相当于伽达默尔的《真理与方法》和德里达的《论文字学》在他们各自的思

---

① 迈尔为卢梭的《论不平等》新译本写了长达近六十页的导言《卢梭的〈论人类不平等〉：关于这部著作的修辞和意图的导论性研究》（中译［朱雁冰译］见《经典与解释 1：经典与解释的张力》，上海三联书店，2003），就是按照施特劳斯关于"迫害与写作艺术"的观点来解读卢梭（参迈尔，《卢梭〈论不平等〉导言》，前揭，页 XXIII – XXVIII）。

想中的基础性位置，但它们的差异不是解释学理论，而是哲学本身。

在《迫害与写作艺术》的长篇导言中，施特劳斯针对知识社会学（可以看作历史主义替代哲学的表现形式）提出了理解中世纪伊斯兰教和犹太教思想家的柏拉图注疏的意义。① 正如施特劳斯后来明确说过的那样：究其根本，中世纪伊斯兰教和犹太教哲学由于得在律法政制面前辨明哲学的正当性，才不得不提出"为什么要哲学？"——《迫害与写作艺术》处理的正是这一问题。

伽达默尔写过一篇"历史主义与解释学"的文章评论德国的历史主义与解释学的关系，其中谈到施特劳斯的《迫害与写作艺术》。② 在伽达默尔看来，施特劳斯的主张固然有趣，也颇有解释学效力，但迫害毕竟是一个历史处境问题，不能成为一般的解释学原则（等于方法）。在说到这里之前，伽达默尔用更多篇幅评论了施特劳斯的"恰如过去思想家理解自身那样去理解他们"的主张。

伽达默尔看出，施特劳斯的这一主张虽然明确针对的是康德以来的启蒙哲学的理解原则，实际上把伽达默尔的解释学基本命题（"应该比作者本人对自己的理解更好地理解作者"）也纳入了批评范围。伽达默尔辩称，施特劳斯把他的解释学基本命题与启蒙哲学的理解原则算作一根藤上

---

① 参见 Leo Strauss, *Persecution and the Art of Writing*, Uni. of Chicago Press, 1988, 页7–21（中译见《迫害与写作艺术》，刘锋译，北京：华夏出版社，2011）。

② 伽达默尔，《真理与方法》，第二卷，洪汉鼎、夏镇平译，台北：时报出版社，1995，页450–459，涉及施特劳斯关于"迫害与写作"的论题，见页458–459。

的瓜，实在不公道。如此辩护已经说明，没有可能指望伽达默尔能像施特劳斯理解"迫害"那样来理解"迫害"。

与哲学写作联系起来，施特劳斯所谓"迫害"的含义乍看起来很清楚，指所谓专制制度对思想言论的钳制。不过，这很可能仅仅是施特劳斯所说的"迫害"的表面含义——历史社会学（或者知识社会学）的含义。依据这一含义，的确可以说，只要根除了专制制度，哲学写作受到"迫害"的现象将不复存在。余下的问题似乎仅仅是，按现代的自由民主构想，人类生活中的"专制"因素是否根除得了，这就需要考虑托克维尔所谓"民主的专制"问题。

事情的复杂性在于，既然施特劳斯在讲迫害与哲学写作的关系问题时一开始就挑明，知识社会学无法理解思想史问题，所谓"迫害"的含义就绝不仅仅是今天所谓哲学言论的自由问题——何况，如果把中古时期的伊斯兰教和犹太教的律法社会说成专制社会，明显是荒谬的。苏格拉底生活在民主的雅典，至少从柏拉图的记叙来看，苏格拉底还是有相当的言论自由的。但苏格拉底被民主法庭判了死刑，判刑的根据听起来像是苏格拉底的哲学活动危害了人民的生活——哲学对人民的生活可能是致命的。

哲学虽然是"最高的"生活方式，毕竟只是一种生活方式，而且是人类中极少数人才可以践行的生活方式。哲人是否应该向广大人民群众推荐甚至强求人民接受这一生活方式？哲学的正当性问题因此得反过来理解：对于生活世界来说，哲学何为？

不管怎样，如果说在施特劳斯那里有一种解释学，那么它绝非一种理论技艺。事实上，在伽达默尔、利科尔或德里达那里，解释学同样首先不是一种理论技艺或者可以拿来到处运用的哲学方法。现代的解释学源于海德格尔，伽达默尔、利科尔、德里达可以说都是海德格尔的学生。海德格尔通过对柏拉图、亚里士多德和前苏格拉底哲人的解释，坚定地要回到哲学的开端。在海德格尔那里，所谓解释学恰恰是其"生存哲学"的表征之一，因而其解释学无异于一场哲学转向——其方向是追随尼采从苏格拉底转向苏格拉底之前的哲学，进而重新界定何谓哲学。

如二十世纪的思想史所表明的那样，不仅伽达默尔、利科尔或德里达，甚至看起来截然不同的福柯、列维纳、罗蒂，都各自沿着海德格尔的解释学（生存哲学）所指引的方向走向了新的哲学。[①] 施特劳斯的"恰如过去思想家理解自身那样去理解他们"的原则，如果不是针对海德格尔的解释学转向，又是针对谁呢？如果这一原则首先指的是要恰如柏拉图理解自己那样去理解柏拉图，施特劳斯就无异于在拒绝海德格尔对哲学的重新界定。

施特劳斯不同样力图重新界定哲学吗？哲学本质上是政治哲学，堪称施特劳斯最引人注目的论断。[②] 施特劳斯难道不是在步海德格尔后尘？

不错，施特劳斯多次公开说，海德格尔对亚里士多德的解释令他印象深刻；显得与海德格尔一样，施特劳斯也通过对古典思想传统的重新解释，坚定地要回到哲学的开

---

① 要了解福柯的新哲学，德里达对《疯狂与文明》一书的解读《我思与疯狂史》可能是不可缺少的，见德里达，《书写与差异》，张宁译，北京：生活·读书·新知三联书店，2001，页51-103。

② 五十年代初，施特劳斯发表过著名的论文《什么是政治哲学？》，后来与此论题相关的文集出版过两种：*What is Political Philosophy and Other Studies* (The Free Press, 1959) 和 *An Introduction to Political Philosophy: Ten Essays* (Wayne State Uni. Press, 1989)。

端。然而,哪一个开端?如何重新解释古典思想传统?重新解释什么样的传统?与海德格尔不同,施特劳斯重新解释柏拉图、色诺芬、修昔底德、马基雅维利,这意味着施特劳斯并非在寻找新的开端,而是重新理解西方哲学传统的开端。[1] 施特劳斯的"什么是政治哲学"的提法看起来是在重新界定哲学,实际上是要回答"为什么要哲学"。

伽达默尔在为自己辩护时说,海德格尔的解释学构想的攻击矛头恰恰针对的是近代以来的历史主义。言下之意,施特劳斯把海德格尔看作历史主义哲学发展的极致,恐怕搞错了。

伽达默尔还说,施特劳斯实际上也在现代历史的视域中来重新解释古典思想,因而同样带有历史主义的幽灵。[2] 事情真是这样吗?如果我们同伽达默尔一样,没有致力于先搞清楚施特劳斯的"为什么要哲学"的提问,进而搞清楚施特劳斯为何将西方哲学的开端——柏拉图哲学重新界定为"政治哲学"(而非存在论形而上学),就会同这位海德格尔的正宗传人一道,继续沉浸在海德格尔的"解释学循环"之中。

---

[1] 对施特劳斯和海德格尔回到古代希腊的比较,参见 Horst Mewes, *Leo Strauss and Martin Heidegger*: *Greek Antiquity and the Meaning of Modernity*; Peter Graf Kielmansegg / Horst Mewes / Elisabeth Glaser – Schmidt 编, *Hannah Arendt and Leo Strauss*: *German Émigrés and American Political Thought after World War II*, Cambridge Uni. Press, 1995, 页 105 – 120。

[2] 罗森也说,施特劳斯是"启蒙的继子"(stepson of the Enlightenment),但却是在与伽达默尔完全不同的含义上讲的,问题恰恰涉及施特劳斯公开"隐微术"与启蒙政治的关系。参见 Stanley Rosen, *Hermeneutics as Politics*, 前揭, 页 112。

仍然没有道德秩序可以保护哲人

在为 Routledge 出版社出版的大型《世界哲人辞典》（2001年）写的"施特劳斯"条目中，以第一部英文的施特劳斯思想述评扬名的德鲁里（Shadia B. Drury）教授说，布鲁姆的《走向封闭的美国精神》是施特劳斯思想"最为通俗的发挥"。①

这种说法多少有些夸张。仅就《走向封闭的美国精神》第三部分中的一章而言，德鲁里的说法不无道理。这一章的题目是，"从苏格拉底的申辩到海德格尔的就职演说"。在这里，布鲁姆首先谈到现代民主政体及其与大学的关系，指责现代的民主政体可能会对真正的自由教育构成致命威胁。然后，布鲁姆分析说，启蒙运动虽然提出了回归传统的教育理想，实际上与苏格拉底式的教育理想貌合神离。

接下来，布鲁姆精炼地论述了苏格拉底的哲学转向与其教育理念的关系。最后，以"卢梭的偏激与德国的大学"这一分题，布鲁姆试图说明，看起来反对启蒙方案的卢梭、尼采、海德格尔，实际上接受了启蒙方案的结果。问题的关键在于：尼采第一次以哲人身份向政治哲学的原祖苏格拉底发起了有史以来最猛烈的攻击。"从苏格拉底的申辩到海德格尔的就职演说"这一章题的含义是：海德格尔投身

---

① 布鲁姆（Allan Bloom），《走向封闭的美国精神》，缪青、宋丽娜译，北京：中国社会科学出版社，1994。

纳粹事业，是他追随尼采从"精神上处决"了苏格拉底的必然结果。

这一章的整个论述勾勒出了一条西方思想史嬗变的大线条，的确像是施特劳斯的西方思想史大叙事的一幅生动缩影。然而，布鲁姆在书的第一部分猛烈抨击当代美国的大学风气以及在第二部分批判美国学界的虚无主义精神风气，就不像施特劳斯的样子。施特劳斯从来没有写过一本书甚至文章来专门抨击现实中的精神风气，似乎他清楚晓得，即便在现代的自由民主社会，与整个知识界为敌，就像苏格拉底当年与城邦的信仰为敌一样危险。

果然，布鲁姆这本书出版后，在美国学界引起"轰动"——"轰动"的含义是，布鲁姆遭到许多文人、教授相当恶毒的攻击、谩骂。就学问功夫而言，布鲁姆作为施特劳斯的大弟子之一并非容不得指责，但自由民主知识分子站出来说的不是学问问题，而是说布鲁姆"思想反动"。

施特劳斯早先做过学刊和百科全书编辑，后半生都在大学教书，没有参与任何政治活动，没有给报纸写过文章，遑论上电视或接受记者采访讲哲学。

> 正像我们这个时代中的智者认为的那样，哲人不太需要介入多数人所追求的活动，不需要进入历史戏剧，也不试图卷入政治事件。（《走向封闭的美国精神》，页 300）

布鲁姆这话说的大概就是自己的老师。在他看来，施特劳斯的一生是苏格拉底式哲人的一生。① 何为苏格拉底的一生,人们主要得知于柏拉图的戏剧作品(对话)。在柏拉图的戏剧中,苏格拉底这一戏剧形象是在当时的思想冲突背景中出现的;从这种意义上说,柏拉图的戏剧就是一部古典政治哲学发端史。

施特劳斯的哲学史写作,绝非是在追随海德格尔的解释学,毋宁说,施特劳斯仿效柏拉图,构拟了一出从苏格拉底到海德格尔的西方哲学历史的大戏剧。柏拉图写戏剧,看起来述而不作,却成为最高的哲人典范;施特劳斯看起来是个哲学史家,却是"第一哲学"之人。

任何教书先生都有一群学生,但大多教书先生传授的是书本知识而非一种精神或生活方式;即便传授的是精神或生活方式,能否在社会思想和政治生活中起作用,又是另一回事。施特劳斯是二十世纪独一无二的教书先生,因为他传授的是一种可名为慎微的精神修养以及由此修养才

---

① 布鲁姆在纪念施特劳斯的文章中说,"施特劳斯的生平中没有任何事情可以用来解释他的思想,除了注意到他生为犹太人"。参见 Allan Bloom, *Giants and Dwarfs*, Simon & Schuster, 1991, 页236;将这篇纪念施特劳斯的文章与布鲁姆的另一篇题为"The political philosopher in democratic society: The Socratic View"的文章(页105 - 123)对照起来读,可能会有启发。

施特劳斯甚至很少谈到自己的过去,现有唯一一篇简短的材料是:Leo Strauss/John Klein, "A Giving of Accounts", 收入 Kenneth Hart Green 编, *Jewish Philosophy and the Crisis of Modernity: Essays and Lectures in Modern Jewish Thought* (State Uni. of New York Press, 1997;中译[何子建译]见刘小枫编《施特劳斯与古典政治哲学》,上海三联书店, 2002)。Kenneth Hart Green 为这本施特劳斯文集所写的编者导言"Leo Strauss as a modern Jewish Thinker"(中译[游斌译]见刘小枫编《施特劳斯与古典政治哲学》,前揭)中有一节(页3 - 6)通过收罗一些施特劳斯友人的回忆拼构出了一份施特劳斯生平简历。不过,人们通常把施特劳斯的《斯宾诺莎的宗教批判》(*Spinoza's Critique of Religion*, Uni. Chicago Press, 1965/1997)的英译本序看作其思想自传性质的材料。

能获得的读书眼力，而非单纯的书本知识。

据说施特劳斯喜欢同自己的学生一起吃饭、饮咖啡，建立亲密的师生关系。任何一个教授都可以——事实上也确有不少教授这样做，却不一定会建立起师生间的精神同道关系。施特劳斯的学生坚定、热情地传扬他的精神修养，或者在政治生活中实践他的精神修养，以至于像伍德（Gordon S. Wood）这样的美国史家也叹言，施特劳斯对北美学界精神氛围的影响，堪称二十世纪以来美国最大的学园运动。[1] 事实上，施特劳斯在芝加哥大学成就了一个至少在美国史无前例的柏拉图学园——尽管不少当时在校读过书、拿过博士学位的人并不晓得有这样的学园。

施特劳斯在芝加哥大学政治系任教近二十年（1949—1967），他的学生们据说大致可以分为两拨：在美国和加拿大一些名牌大学执教的哲学教授和在白宫干政治或在共和党从政的政治家。哪些是在北美占领了诸多大学的施特劳斯门徒？据说看看施特劳斯同其助手 Joseph Cropsey 合编的《政治哲学史》中的三十来位作者，就清楚了。[2]

尽管施特劳斯不"进入历史戏剧，也不试图卷入政治

---

[1] 施特劳斯的影响波及思想史、文学批评、古典学、宗教研究、美国史和美国宪政史等各种不同领域，参见 Kenneth L. Deutsch / John A. Murley 编，*Leo Strauss, the Straussians, and the American Regime*，Rowman & Littlefield, 1999。以施特劳斯对美国宪法史研究的影响为例，据说他的学生把宪法起草人的思想解释成霍布斯－洛克和启蒙哲学等古典教育的产物，这种解释几乎长期控制着美国宪法史研究，以至于其他解释需要花力气才能夺回一些地盘。参见奥斯特罗姆，《复合共和制的政治理论》（艾拉扎序言），毛寿龙译，上海三联书店，1999，页1。

[2] 施特劳斯、克罗波西（Joseph Cropsey）编，《政治哲学史》，两卷，李天然等译，石家庄：河北人民出版社，1993。施特劳斯的学生们还办了一份刊物 *Interpretation*，按施特劳斯的政治哲学精神探究西方思想史。

事件",仍然影响了美国政制。政治高层中的施特劳斯门徒据说大都是里根和布什执政时期执掌白宫一些关键部门的政治家,包括驻外大使、国防部长秘书、国家人文科学基金会主席、国家安全委员会顾问、负责国际组织事务的国务秘书助理、最高法院法官以及教育部高官等等。① 施特劳斯在美国这样的自由民主社会遭遇的政治危险,看来首先是被当成了政党意识形态的思想教父。

施特劳斯在解读《苏格拉底的申辩》时让现代的读者注意到,对苏格拉底的死刑判决是陪审团在微弱多数下通过的,也就是说,代表人民的陪审团中不乏对苏格拉底有好感的人。看到这样的判决结果,苏格拉底提出了一个"令人惊异的提议":罚点款算了,不要非处死不可。施特劳斯说,苏格拉底并非真的要以罚款的提议来逃避死刑判决,因为,他已经谈到过自己对于死刑、监禁、罚款、流放等等不同惩罚的看法,明确表示死刑对他来说最好。②

既然如此,为什么苏格拉底又要提罚款的建议?施特劳斯没有明确回答这个问题,仅仅暗示,苏格拉底故意用这个提议来激怒陪审团中那些非处死他不可的人——似乎

---

① 德鲁里曾引述 Stephen Toulmin 的说法,这些政府高官精通施特劳斯的论著胜于了解国际-国内的政治事务。共和党失去政权后,这些施特劳斯门徒继续在共和党内发挥重大作用。1994 年共和党提出"与美国重订契约"的政治纲领时,施特劳斯被尊为思想教父。《纽约时报》1996 年 6 月 17 日的一篇题为《请问谁拥有权力?》的署名文章称,"晚年施特劳斯也许是当今美国政治中最有影响的人物"。参见 Shadia B. Drury, *Leo Strauss and American Right*, Yale Uni. Press, 1999, 页 2 - 4。

② 参见"On Plato's Apology of Socrates and Crito",见 Leo Strauss, *Studies in Platonic Political Philosophy*, Uni. of Chicago Press, 1986, 页 48 - 54(中译见施特劳斯《柏拉图式的政治哲学研究》,张缨等译,北京:华夏出版社,2012)。

苏格拉底是自己找死的。

陪审团中那些非处死苏格拉底不可的人是谁？是雅典民主政体的政治家。由此可以想象到，真正憎恨苏格拉底的，并非雅典的人民，而是雅典的民主政治家——用今天的话说即自由民主政体中的自由派知识分子们。柏拉图所写的这出苏格拉底在法庭面前的戏剧表明，哲人与人民的对立是假象——因为人民既搞不懂也不关心哲人的言论，真相是哲人与自认为代表人民的自由民主知识分子的对立。

施特劳斯虽然从来没有像布鲁姆那样公开与美国的自由知识分子为敌，仍然没有逃脱遭受攻击、谩骂甚至政治指控的命运——什么"纳粹分子""种族主义者"之类。一个因纳粹执政而被迫流亡、家人不是死于集中营就是死于流亡路途的犹太裔哲人在自由民主社会遭受如此指控，已经算得上一场当代的苏格拉底审判。海德格尔"经过左派的消毒"（罗森语），反倒成了政治正确的人物。

与自由民主知识分子的谩骂和指控相比，哲学界的自由派教授揭发施特劳斯思想反动，已经算温和了。德鲁里在《施特劳斯的政治思想》一书序言中一开始就说，施特劳斯是一个"秘传"哲人，他"隐微地写作"（wrote esoterically），"把自己的［政治］观点隐藏在学术帷幕后面"。德鲁里声称自己写这本书，目的就是要"揭发施特劳斯的隐微哲学"（to uncover his esoteric philosophy）。① 在一个充分享有言论自由的国家，竟然还有哲人宣扬"隐微哲学"，

---

① Shadia B. Drury, *The Political Ideas of Leo Strauss*, New York, 1988, 页 ix，亦参中译本《施特劳斯的政治思想》（北京：新星出版社，2009）。作者宣称自己尽量"客观"，其实也有隐藏的意图，这就是"揭发"施特劳斯反动思想。

而且自己就以隐微方式写作,不是因为其思想反自由、反民主见不得人,又是什么?

德鲁里果真在随后的《施特劳斯与美国右派》一书中公开宣称,经过她揭发施特劳斯的"隐微哲学",人们已经很容易看到,施特劳斯隐藏的观点极端反民主、反自由。德鲁里在《世界哲人辞典》中说布鲁姆的《走向封闭的美国精神》是施特劳斯思想最"通俗的发挥",意思其实也是揭发:布鲁姆把施特劳斯通过隐微术隐藏起来的反动思想变成了公开的反动思想。

施特劳斯的学生们自然会认为,这类政治正确的揭发是神志不清的无稽之谈,施特劳斯当然是一个真正意义上的自由民主的思想家。[①] 看来,如果施特劳斯真的主张重温苏格拉底式的哲人生活,苏格拉底式哲人在现代社会的处境可能比柏拉图的处境更危险,因为,即便像施特劳斯那样将"理论思考的神圣疯狂和正直灵魂的节制"结合得很好,也逃不掉德鲁里这样的哲学教授揭发批判的目光。

按布鲁姆的解释,施特劳斯反对海德格尔,乃因为海德格尔推进了历史主义,而历史主义其实就是虚无主义。在施特劳斯眼里,虚无主义依然是当今世界中的头号思想劲敌。可是,有的哲学教授自称用施特劳斯的解释学原则细读施特劳斯的文本后,仍然禁不住宣称令人大开眼界的发现:"像尼采一样,施特劳斯从一开始就是个历史主义者(began as a historicist)。"

据这位哲学教授说,施特劳斯相信,真理都是时代的

[①] 参见施特劳斯的两位所闻世弟子塔科夫和潘戈的《施特劳斯与政治哲学史》一文,见施特劳斯、克罗波西编,《政治哲学史》,前揭,下卷,页1096–1105。

产物,每一个哲人都属于一个确定的时代和地方(国家)。从历史主义出发,施特劳斯的脚跟很自然就挪到了虚无主义,拒绝所有真理——包括历史的真理;但施特劳斯一直把其虚无主义思想"作为一种秘密立场"(as a secret position)来坚持。

> 同尼采一样,施特劳斯也开始宣讲一种显白的反历史主义的学说,而且得到广泛的阅读和赞美。①

换言之,像尼采一样,施特劳斯颠倒了隐微言说与显白言说,把自己要隐藏或者主张的思想立场故意说成要公开反对的东西。

施特劳斯的学生不得不为他辩解:施特劳斯其实"是个古典的自由主义者,今天他肯定会被称作保守主义者。不论施特劳斯的政治观点是什么,他关心的还是哲学,他要的是一个能让哲学存在的政治社会"(罗森语)。施特劳斯的弟子清楚,"古代圣哲无法保护自己,又想避免出卖自己赖以为生的智慧。没有一种道德秩序可以保护哲人,甚至也难以确定真理要多久才会赢取胜利"(《走向封闭的美国精神》,页299)。但施特劳斯的弟子们是否清楚,即便在美国这样的自由民主社会,仍然没有保护哲人的道德秩序?

---

① 参见 Peter Levine, *Nietzsche and the Modern Crisis of the Humanities*(《尼采与人文学的现代危机》), State Uni. of New York, 1995, 页153。德鲁里也持同样的看法:施特劳斯表面上批判施米特、海德格尔,其实比这两个自由民主的敌人更反自由民主,这三个人骨子里都是纳粹分子。参见 Shadia B. Drury, *Leo Strauss and American Right*, 前揭, 页65-96。

如果答案是肯定的，布鲁姆何以还写《走向封闭的美国精神》那样与人民的政治家为敌的书？固然，写这本书的时候，布鲁姆已经老了，似乎生命时日无多，像苏格拉底在法庭上说自己已经活过了七十，干脆豁出去了。即便如此，这毕竟不符合柏拉图的政治智慧——柏拉图老了写的是《法义》，施特劳斯老了写的是《法义》注疏。

何况，柏拉图的苏格拉底在《王制》中已经讲得很清楚，哲人谈论政治，不过说说而已；保护哲人的道德秩序不过是"理想中的城邦"，"在地球上是找不到的"（参见《王制》，592b）。布鲁姆精心重译了《王制》，自然明白个中道理，但他还是写了明知终归会招致谩骂的书。

无论就施特劳斯还是他的学生而言，一个需要想一下的问题是：既然晓得人类社会根本不可能出现一种保护哲人的道德秩序或者"能让哲学存在的政治社会"，何以要公开说哲人必须用两种方式说话，甚至像布鲁姆那样说穿"隐微的教诲"？为什么不可以继续像柏拉图甚至尼采那样戴着面具写作，反而一再公开说，真正的哲人必须懂得隐藏自己的观点？施特劳斯到了美国后还发表《迫害与写作艺术》，意图究竟何在？既然哲人"不喜欢阐明真理"，这是哲人的美德，"假设他不愿意去说谎，但倘若为了生存需要，亦不反对说谎"（布鲁姆，《走向封闭的美国精神》，页298），为什么偏偏要对现代的"公共哲学界"讲这件事情？

没有搞清楚"为什么要哲学"之前，这些问题不可能获得恰切的答案。"说假话"的日常理解使得人们根本无需思索这个涉及哲人德性的问题，仅仅轻蔑这种说法不道德已经算客气。人不应该说假话，无论就道德律令还是习俗伦理而言，都是绝对的应该，难道哲人可以例外？

然而，为什么人类非得有哲人这号人不可，甚至这号人还要求一种能"保护哲人的道德秩序"？海德格尔与纳粹政制的关系事件甚至在我国学界也闹得沸沸扬扬，难道需要一种"道德秩序"保护这样的哲人？

《迫害与写作艺术》一文写于第二次欧战爆发后不久，1941年发表，其时，施特劳斯刚刚移居美国这个受"自由女神"庇护的国家。施特劳斯说，该文试图阐明"本世纪某个众所周知的政治现象引出的问题"，这个问题就是"哲学与政治的关系"（《迫害与写作艺术》，前揭，页5）。施特劳斯在晚年时回忆说，自从海德格尔投身纳粹事业，他有"二十年"时间对海德格尔的论著提不起兴趣。[①] 所谓由"本世纪某个众所周知的政治现象引出的""哲学与政治的关系"问题，如果不是指海德格尔的校长就职演说，又会是什么？倘若布鲁姆的"从苏格拉底的申辩到海德格尔的就职演说"就是为施特劳斯编导的西方哲学的历史戏剧所写的梗概，施特劳斯一再说到这位不过听过他讲课而已的老师，又是什么意思？

路标与墓地

海德格尔晚年（1967）从自己几十年的写作中选编了一部文集，"意在让读者对一条道路有所体察；这条道路只

[①] 参见 Leo Strauss / John Klein, "A Giving of Accounts"，前揭。值得注意，施特劳斯是在一个面对本科生的公开场合说这话的。

在途中向思想显露出来——既显示又隐匿"（海德格尔，《路标》，前揭，页1）。离世前几年，海德格尔又对这部名为《路标》的文集作了增订，可见其重视程度。

海德格尔以自己一生的写作来构筑的思想路标指向哪里？

文集中的篇章构成显示出海德格尔一生的哲学思考的如下意图：为西方形而上学重新奠定基础。这一意图由两个方面的著述来实现：重建形而上学，拆除（解构）西方形而上学传统。拆除形而上学传统和重建形而上学，都是以重新解读西方思想的经典著述的方式展开的。既然整个西方形而上学传统都错了，重建形而上学就不可能再依赖西方形而上学传统，必须找到西方形而上学的另一开端，这意味着，假定西方形而上学曾经在形成初期的某个地方走错了路。

《路标》出版十多年之前，海德格尔已经选编过一部题为《林中路》的文集。仅仅从书名来看，《林中路》与《路标》暗含着一种思想的内在连带关系。

《林中路》共收六篇论文。第一篇题为《艺术作品的本源》；接下来是一篇对当今时代——更恰切地说对现代性的诊断书；随后两篇论文论析西方形而上学传统的最后阶段（黑格尔－尼采）；然后，篇章编排转向对诗人言说的沉思；最后一篇文章题为《阿纳克西曼德之箴言》。可以断定，海德格尔选辑这些论文及其编排顺序，同后来的《路标》一样，是经过精心考虑的，绝非随意杂凑。

《艺术作品的本源》通常被看作海德格尔的"美学"名作。可是，既然海德格尔在《世界图景的时代》一文中挖苦了"美学"这一现代学科，就不可能设想他会谈论什么"美学"问题。再说,这篇作品开篇就讨论"物性"。"物性"是典型希腊形而上学的观念,"对物之物性的解释贯穿了西方思想的全过程"(《林中路》,页6)。如果将文中的"物与作品"一节与《路标》中对亚里士多德《物理学》第二卷第一章的解释加以对照,就相当清楚,海德格尔是在谈传统的形而上学问题。

形而上学问题与艺术作品有什么关系?海德格尔为什么要通过艺术作品来谈形而上学?在接下来的"作品与真理"一节中,海德格尔的意图逐渐呈现出来:通过希腊的艺术作品(悲剧和建筑)回到西方形而上学的真正地基——"大地"。海德格尔谈的不是一般意义上的艺术作品,而是早期希腊的艺术作品,这些作品"让大地成为大地"(《林中路》,页30)。这是不是在说,回到早期希腊的艺术作品中呈现的"大地",就可以回到西方形而上学"尚未被败坏"的基础?"尚未被败坏"的意思是不是说,西方形而上学原初的真理是关于"大地"的真理?

海德格尔怎么会知道,在早期希腊的艺术"作品"中隐藏着西方形而上学尚未被败坏的"真理"?文集中的最后一篇论文也许透露出海德格尔在林中迷途时找到的"路标",将这篇文章安排在文集最后,恐怕用意就在于此。

文章一开始就提到,哲人尼采说阿纳克西曼德是"前柏拉图的哲人",与第尔斯那样的哲学史家说他是"前苏格拉底的哲人",其实是一回事情——苏格拉底与柏拉图被海德格尔看作一个人。随后,海德格尔又把亚里士多德与柏拉图绑在一起:

> 对早期思想家的解说和判断,有一个不曾道破的

标准尺度,那就是柏拉图和亚里士多德的哲学。这两位哲人被视为具有继往开来之决定性作用的希腊哲人。这种看法通过基督教神学而固定为一个普遍的、直到今天都没有动摇过的信念。(《林中路》,页329)

作为西方形而上学起源的标志,苏格拉底－柏拉图－亚里士多德被海德格尔看成一个整体。这里所谓他们的哲学"具有继往开来之决定性作用",不过是习传的哲学之见,在海德格尔眼里,"继往开来"的真实意思是:西方形而上学的原初真理从此开始步入歧途。

海德格尔接下来说:青年尼采通过对阿纳克西曼德的解释"获得了与前柏拉图哲人的个性活生生的关系,但他对那些文本的解释却完全是传统式的"。这话再明显不过地告诉我们:借助尼采的眼光,海德格尔看到了西方哲学史上的一次决定性转变——苏格拉底－柏拉图－亚里士多德之前和之后的哲学有本质性区分。

西方形而上学从苏格拉底－柏拉图－亚里士多德之后开始步入歧途,要重建西方形而上学,必须回到苏格拉底－柏拉图－亚里士多德之前的哲学。尼采的披荆斩棘已经开辟了回归的道路,可惜尼采的回归方式仍然是"传统式"的,亦即传统形而上学式的。回归苏格拉底之前的哲学需要一种新的解释方式,这只能凭靠苏格拉底之前的哲学。于是,海德格尔必须进入一种解释学循环。后来的《路标》通过展示两类写作,将这一解释学循环的结构呈现出来。

为什么要考虑重新回到"大地"的真理?这仅仅是一种哲人的个人偏爱?

在解释阿纳克西曼德的"箴言"之前,海德格尔要求"我们"这些"正在急速地走向其终结的历史的末代子孙"倾听阿纳克西曼德的古老箴言诗。"历史的终结"就是海德格尔对现代性的界定,其实质是技术统治的同质化生活世界的形成;"一种越来越空虚荒疏的千篇一律的秩序"(等于虚无主义)是欧洲的致命敌人,因而,对于海德格尔来说,虚无主义根本上是个政治问题。

倾听阿纳克西曼德的古老箴言诗,绝非哲人的个人偏好,而是一个哲人处身虚无主义时代的政治决断。由此可以理解,为什么对于海德格尔来说,这决断本身与整个人类的命运或者"存在的命运"相关,以至于堪称"存在的终末论"决断。

按海德格尔自己的用法,这里所谓"终末论"不是神学含义的,而是"精神现象学"意义上的——这意味着,"作为无条件的求意志之意志的绝对主体性"必须且应该幡然悔悟。存在自身还聚集在以往的本质性终极中,这一终极一直带有传统形而上学的烙印,近代"求意志之意志的绝对主体性"就是从此终极中衍生出来的,而这绝对的主体性就是虚无主义的完成者(《林中路》,页335)。

要让西方世界从虚无主义的噩梦中摆脱出来,首先得把"存在"从"以往的、为形而上学所烙印的本质的终极"中拯救出来,以便绝对的主体性可以回到生存的基础——大地。鉴于虚无主义是政治问题,拯救存在同样是一个政治行动。"存在的命运"毋宁说是西方的命运,海德格尔在这里通过拆开 Abend [傍晚] 和 land [土地] 重新解释了 Abendland [西方] 的含义。这一解释不仅透露出海德格尔的"终极关怀"所在,也清楚展现出其解释技艺的特质——通过拆毁的解构式解释让某种原初的东西呈现出来。

> 我们正面临着走向另一个拂晓的黑夜之傍晚吗？为了进入地球的这个傍晚的历史疆域，我们难道刚刚启程？此傍晚的土地才刚刚浮现？此傍晚的土地越过西方和东方并且超越欧洲，才成为历史——这历史即将到来，却又早就开端性地由命运送发出来——的处所？这一历史通过我们的世界黑夜般的过渡才出现，正是在这样的意义上，我们今人已然是西方的吗？（《林中路》，页333，中译略有改动）

虽然文风有点儿接近尼采，但海德格尔用更为现代的解释方法代替了尼采仍然过于"传统的"解释方法。然而，尽管解释方法更现代，海德格尔却显得比尼采更为坚定地把注意力转向了苏格拉底之前的古希腊哲学，以便找到重新开始形而上学的基点。

换言之，与其说海德格尔在推进尼采的解释方法，不如说在贯彻尼采的意图：到前苏格拉底的智性诗人那里去"发现另一种理解人的存在的形式，以取代从柏拉图和亚里士多德思想中遗传下来的已为人们所厌倦的哲学"（布鲁姆，《走向封闭的美国精神》，页332）——这就是海德格尔以自己一生的写作来构筑的思想路标所要指向的地方。

海德格尔对"阿纳克西曼德箴言"的"翻译"（解释）果然让德里达领悟到存在"差异的踪迹"被"淹没了"，甚至还启发他寻到差异"留下的踪迹"，从而有可能寻找与苏格拉底-柏拉图以来的"西方形而上学有别的东西"。德里达宣称，书写"延异"是现代之后哲学的使命，以便

"强行暴露它的踪迹",因而,"对我们来说,延异仍旧是一个形而上学的名称"。只不过,延异"比存在本身更为古老",它昭示的是:"从没有一个,也永远不会有一个独一无二的词,一个元—名词",也"没有任何福音布道的东西"(德里达,《延异》,前揭,页87-90)。

> 不会有独一无二的名称,即使它是存在之名,我们不应当带有怀乡之情,即我们应当在纯粹的父系语言或母系语言组织之外,在迷失的思想故乡的神话之外,对此进行思考。相反,我们应断定这一点,此处的断定是尼采意义上的,尼采将断定以某种笑声、某种舞步置于嬉戏中。从这笑声、这种舞蹈的优势而言,从迥异于所有辩证法的断定的优势而言,怀乡的另一面——我将称之为海德格尔式的希望——就颇成问题。我并不是没有意识到这个词在此看起来是如何地令人震惊,不过我还是要冒险地用它,且不排除它的任何暗示意义。(《延异》,前揭,页90)

所谓现代之后,就是尼采-海德格尔通过解构传统西方思想重新建立路标之后;在此"之后",德里达才得以在海德格尔所展露的"大地"上畅所欲言,或者说成了卡夫卡笔下的女歌手。① 对于尼采,苏格拉底不过是一个反讽式

---

① 德里达曾经通过解读卡夫卡的《在法律面前》来展现其"差异"说。参见 Richard Beardsworth, *Derrida & the political*, Routledge, 1996, 页25-45。顺便提到,海德格尔哲学的传人也喜欢用海德格尔的存在哲学来解读卡夫卡的小说。参见比梅尔,《当代艺术的哲学分析》,孙周兴、李媛译,北京:商务印书馆,1999。

的"路标",它指向柏拉图哲学所背离的原初故乡。在《路标》中,通过对柏拉图"洞穴喻"真理说的重新解释,海德格尔已经说明,柏拉图如何把哲人的眼睛引向天上背对"大地"的真理,从而加固了柏拉图背离哲学的原初故乡的"路标"。正是由于有了尼采和海德格尔的"现代"工作,德里达才得以在《论文字学》中把《阿纳克西曼德之箴言》中"每个向存在言说的深思熟虑的词"的"大胆"变成了"刻写延异"的哲学"舞步",甚至敢于觉得,"尼采和海德格尔的思想犹豫不决",在海德格尔对尼采的"解释中还掺杂着另一种换喻的暴力"。①

于是,德里达通过自己的解释学(解构哲学)再度从尼采启程,追随但又超越海德格尔,最终找到了自己的笑法和舞步。用德里达的语言来说,现代之后的哲学步法乃是一种"刻写延异"的"舞步"。在这种"舞步"中,德里达才得以超越尼采和海德格尔"精神现象学"意义上的"存在的终末论",进而开始吟咏一种堪称没有弥赛亚的终末论——"没有宗教的宗教"。②

去世前一年,施特劳斯自编了一部文集——《柏拉图式的政治哲学研究》(*Studies in Platonic Political Philosophy*)。施特劳斯选取这样的书名会不会有什么针对性?

同海德格尔的《路标》一样,施特劳斯的这部文集的

---

① 德里达,《书的终结和文字的开端》,前揭,页114;德里达,《阐释签名(尼采/海德格尔):两个问题》,见汪安民、陈永国编,《尼采的幽灵:西方后现代语境中的尼采》,北京:社会科学文献出版社,2001,页252。关于德里达通过海德格尔与尼采发生关系,参见贝勒尔,《尼采、海德格尔与德里达》,李朝晖译,北京:社会科学文献出版社,2001,页44-79。

② 参 John D. Caputo, *The Prayers and Tears of Jacques Derrida: Religion without Religion*, Indiana Uni. Press, 1997, 页69-159。

选文和篇章顺序，都是精心构拟的。文集共十五篇论文，打头一篇从题目看谈的是现象学与政治哲学的关系（或者说以政治哲学抵制现象学），随后两篇论柏拉图的对话（《苏格拉底的申辩》《克力同》和《欧绪德谟》），其余分别论及修昔底德、色诺芬、尼采、迈蒙尼德、马基雅维利、塔尔蒙（J. L. Talmon）、柯亨，看起来不过是一部西方哲学史散论，并非全都与柏拉图相干。为什么施特劳斯要为这部自选文集选取《柏拉图式政治哲学研究》这样一个书名？

施特劳斯原来设计的是十六篇文章（论柏拉图的《高尔吉亚》没有来得及完成就去世了），加上全书导言（也没有来得及完成），实际共十七篇。据说施特劳斯确定文集为十七篇有特别用意，因为施特劳斯曾经提请阅读《迷途指津》的人注意迈蒙尼德在卷一第 17 节中说：教给民众的，既不应该是神圣的科学，也不应该是自然的科学（言下之意只能是政治的科学）。

不过，如果撇开没有写完的全书导言，将十六篇文章分为两组，刚好每组八篇。第一组以论现象学的文章起头，以论耶路撒冷与雅典的关系的文章收尾；第二组以论尼采的文章起头，结尾论柯亨的文章同样涉及耶路撒冷与雅典的关系问题。

与前一组中三篇论柏拉图的文章（因"论柏拉图的《高尔吉亚》"未完成而缺一篇）在结构上对应的，是第二组中的三篇论"中世纪的柏拉图传人"迈蒙尼德的文章；与第一组中论修昔底德的文章对应的，是第二组中论写

《论李维》的马基雅维利的文章。① 思想史上的两个柏拉图（柏拉图本人和迈蒙尼德）处于文集的中坚位置，篇数占全书三分之一强。

尽管如此，为什么施特劳斯要为这部自选文集取《柏拉图式的政治哲学研究》的书名，依然不是很清楚。真正的思想大家定会找寻历史上或者同时代中真正的思想大家为思想的论争对手，不会理睬形形色色的国际哲学研讨会上讨论的重大哲学问题。因而，首要的是得搞清楚，施特劳斯突显柏拉图式的政治哲学究竟在针对谁。

文集以题为《作为严密科学的哲学与政治哲学》的文章起头。现象学是胡塞尔的创造发明，但施特劳斯在这篇文章一开始谈的甚至全文主要谈的却是海德格尔。似乎在施特劳斯眼里，要不是因为有海德格尔的现象学"实存主义"，胡塞尔发动的"现象学运动"在哲学史上可能就不值得一提了。

在一次关于海德格尔"实存主义"的讲演中，施特劳斯明确说过，"我们这个时代唯一的大思想家是海德格尔"。② 由此来看，施特劳斯突显柏拉图式的政治哲学很可能是针对海德格尔（在施特劳斯主编的《政治哲学史》中，最后一位论述对象恰是海德格尔）。

《作为严密科学的哲学与政治哲学》在说过海德格尔的

---

① 参见 Catherine H. Zuckert, *Postmodern Platos*, 前揭，页169，322。
② "An Introduction to Heideggerian Existentialism"（《海德格尔式存在主义导言》），见 Leo Strauss, *The Rebirth of Classical Political Rationalism*, Uni. of Chicago Press, 1989, 页29；该文依据施特劳斯于二十世纪五十年代在芝加哥大学的一次讲演记录稿整理而成。中译见《古典政治理性主义的重生》，郭振华等译，前揭（以下随文注英文版页码）。

"实存主义"及其与胡塞尔的关系后,就说到尼采。施特劳斯十几岁就开始读尼采,但他生前并未来得及发表一篇专门论述尼采的论文。《注意尼采〈善恶的彼岸〉的谋篇》准备发表,但去世后才发表。在《柏拉图式的政治哲学研究》中,这篇论文被安排在中间(或者说第二组的起头)。

如此看来,《作为严密科学的哲学与政治哲学》与《注意尼采〈善恶的彼岸〉的谋篇》在文集中刚好构成递进式的结构关联——在关于海德格尔"实存主义"的讲演的关键之处,施特劳斯也论到尼采。这意味着,与其说海德格尔的"实存主义"哲学提案得自胡塞尔的现象学,不如说得自尼采哲学。

《作为严密科学的哲学与政治哲学》的论述清楚表明,正是由于尼采,海德格尔才得以颠转胡塞尔现象学的方向,再借助现象学还原推进尼采哲学。不是胡塞尔与海德格尔,而是尼采与海德格尔一起作为哲学史转折的标志,站在文集的开端,成为施特劳斯的文集所针对的对象。

《作为严密科学的哲学与政治哲学》的标题已经清楚显明,施特劳斯的"柏拉图式的政治哲学"针对的就是"作为严密科学的哲学"——正如已经看到的那样,这一名称的实际含义是海德格尔的"实存主义"(施特劳斯称为"历史主义")。这一开篇文章的标题还可以简化为"哲学与政治的关系"——也就是发表于1941年的《迫害与写作艺术》试图阐明的"本世纪某个众所周知的政治现象引出"的问题。"哲学与政治的关系"问题支配了施特劳斯整个成熟期的思想针对性,尼采-海德格尔就处于这一针对性问题的核心。

哲学与政治的什么样的关系?

在关于海德格尔"实存主义"的讲演以及《作为严密科学的哲学与政治哲学》一文中，施特劳斯都说到尼采－海德格尔与纳粹政制的关联。将尼采－海德格尔与纳粹政治现象简单地联系起来，进而从哲学上贬斥尼采和海德格尔哲学，早已成了学界中流行的政治态度。施特劳斯没有放过尼采－海德格尔与纳粹政制的关联，但也一再表示对学界看待哲学与政治的关系问题的流行态度不以为然。

施特劳斯说，时代的政治困境无疑要求哲学思考尽最大的努力"为理性的自由主义找到坚实的基础"，这得求助于时代的大思想家的智慧；然而，我们的时代遇到的"大麻烦是：我们这个时代唯一的大思想家是海德格尔"。与此对现时代的哲学所下的论断相一致，施特劳斯对时代的政治作了如下论断：

> 国家社会主义在德国得胜之不可避免，与共产主义在俄国得胜之不可避免的原因是一样的：那些意志最为坚定、顽强，最为无情、无畏而且能掌控其追随者的人，那些对与政治直接相关的领域中各种力量的强度有着最佳判断的人，恰恰是革命的领袖。（《斯宾诺莎的宗教批判》，前揭，页1）

为什么现时代"唯一的大思想家"恰恰与希特勒这样的政治领袖走到了一起？施特劳斯没有说海德格尔的实存主义哲学如何实质上就是纳粹，也没有揪住海德格尔以校长身份参政的事情，相反，施特劳斯强调，经历过1933年的校长事件，海德格尔的思想发生了重大转变——批判自己早先主张的"实存主义"哲学，重新勘寻面对时代政治困境的哲学基础(《海德格尔式存在主义导言》,页 38 - 39)。转变的标志是 1935 年的《形而上学导论》。在这一被视为对校长事件表示死不悔改的著作中,海德格尔对自己的政治失误实际上作了深刻的自我反省,从而才有新的勘寻形而上学基础的努力。①

无可否认,海德格尔对"在"的形而上学的重新思考,与其对自己亲历过的政治事件的思考有内在关联,否则,像下面这样的话就难以恰切把握:

> 一个国家在。它的在在何处?在于国家警察拘捕罪犯?抑或在于政府大厦内打字机声响成一片,打印着国务秘书和部长们的指令?抑或国家"在于"元首与英国外交部长的会谈中?国家在。但是,这个在藏身何处?这个在根本到处都藏身吗?②

《形而上学导论》也许可以看作所谓海德格尔后期思想的开端。在这里,重新思考 φύσις [自然] 及其与 λόγος [逻格斯] 的关系成了海德格尔形而上学思考的中心环节。《林中路》和《路标》提供的标记,已经刻写在《形而上

---

① 有种种证据表明,至少直到 1936 年,海德格尔还私下对友人表示没有对"国家社会主义运动"失望。参见 Hans Sluga, "'Conflict is the Father of All Things': Heidegger's Polemical Conception of Politics", 见 Richard Polt / Gregory Fried 编, *Heidegger's Introduction to Metaphysics*, Yale Uni. Press, 2001, 页 205 - 206。尽管如此,海德格尔在《形而上学导论》中表现出剧烈的思想转变仍然是实事,这与他区分作为精神和作为实际政治的"国家社会主义"不无关系。

② 海德格尔,《形而上学导论》,熊伟、王庆节译,北京:商务印书馆,1996,页 35。

学导论》中：φύσις［自然］及其与λόγος［逻格斯］的关系是思考的中心，同样重要的是，这一思考基于断然区分前苏格拉底哲人（海德格尔称为诗人）与柏拉图和亚里士多德（参见《形而上学导论》，页179以下）。

《形而上学导论》甚至还看出了尼采思想与现实政治的形而上学关联，并表示要清算尼采（参见页36 - 37）。果然，海德格尔在1936年便着手长达十年的对尼采的哲学解释行动。《形而上学导论》以荷尔德林的诗收尾，似乎荷尔德林取代尼采成了返回前苏格拉底思想的引路人。然而，海德格尔是不是通过尼采才得以结识荷尔德林？

《形而上学导论》的基本特征是：基于前苏格拉底哲人（海德格尔所谓的诗人）和悲剧诗人的教诲而非柏拉图、亚里士多德（遑论色诺芬、修昔底德）的教诲来展开形而上学思考。哲学与诗的对立第一次在海德格尔那里突显出来：

> 哲学处于与精神性的此在完全不同的领域和地位，只有诗享有与哲学和哲学运思同等的地位。但是，诗与思又不相同。（页26）

前苏格拉底哲人和悲剧诗人与柏拉图和亚里士多德的截然对立，不正是尼采思想一开始的论题吗？回想《林中路》的篇章安排顺序，海德格尔走向尼采所指引的路，还不清楚？在《路标》中，清算柏拉图的真理学说和亚里士多德的φύσις［自然］学说的文章被依次安排在中间位置，不就像这两个后苏格拉底哲人在《形而上学导论》中被安排的位置？

《形而上学导论》是出于政治处境的思考，甚至说是出于对"哲学与政治的关系问题"的思考也不为过。然而,在这里,基本的主题显得是哲学与诗的关系。哲学与诗的关系会不会是哲学与政治的关系的另一种表达式?

《形而上学导论》讲课稿在1953年经过整理后正式出版。几年后(1959年),施特劳斯就在芝加哥大学开设了后来被证明为意义重大的"柏拉图《会饮》讲疏"课。在开场的导论中,施特劳斯说,

> 总结一下:《会饮》是哲学与诗的冲突的对话,在这里,诗人处于捍卫自己的位置。在《王制》和《法义》中,诗人们不会有这样的位置。再有,对话的主题是政治-自然的基础(the foundation of the political - the natural)。(《论柏拉图的〈会饮〉》,前揭,页11)

这些话没有哲学现实的针对性吗?五年之后(1964年),施特劳斯出版了《城邦与人》,依次论述亚里士多德的《政治学》、柏拉图的《王制》和修昔底德的《战争志》。这一论述顺序与《自然权利与历史》中关于古典思想的论述顺序刚好相反,在那里,施特劳斯从前苏格拉底讲到近代的伯克——据施特劳斯的一位学生说,这表明了施特劳斯思想的"一次根本转变"。[①]

什么样的转变?在《城邦与人》对《王制》的解读中,忒拉叙马霍斯被说成诗人阿里斯托芬的影子,苏格拉底驯服他成了中心论题;两年之后(1966),施特劳斯又发

---

① 参见 Seth Benardete, "Leo Strauss' *The City and Man*", 载 *The Political Science Review*, 8(1978), 页1。

表了篇幅更大的《苏格拉底与阿里斯托芬》,解读阿里斯托芬的十一部传世剧作。[①] 这部论著的书名不是也可以恰切地换成"哲人与诗人"吗?

在《苏格拉底与阿里斯托芬》中,施特劳斯花费笔墨最多的是《云》和《鸟》两部剧作,首先绎读的就是诗人阿里斯托芬攻击苏格拉底的《云》。作为政治哲人,施特劳斯为什么要研读希腊的喜剧,难道因为尼采写过论希腊悲剧精神的论著?

人们记得的苏格拉底样子,通常是色诺芬尤其柏拉图作品记叙的苏格拉底——德高望重的哲人形象。但在阿里斯托芬的记叙中,苏格拉底显得像个丧家犬,被社会谣言和嘲讽搞得惶惶不可终日。按《云》的中译者罗念生先生的概括,故事说的是,一位老农因还不起债,让儿子斐狄庇德斯到苏格拉底的"思想所"学习辩术,斐狄庇德斯学成后回家,仅三言两语就把债主说走了。老农高兴得不行,与儿子饮酒诵诗,没想到父子两人因对诗的理解不同而发生口角,儿子动手打了老子,还以哲学道理证明自己打得有理。老人这下子尝到了苏格拉底搞哲学教育的真正社会效果,一怒之下,点火烧了堆满哲学书的苏格拉底"思想所"——这无异于烧了苏格拉底的哲人精神。

什么是哲人精神?所谓哲人精神就是背离众神、破除宗教迷信——也就是我们如今十分熟悉的启蒙知识分子精神。阿里斯托芬在《云》中的讽刺性描绘表明,城邦人民其实很讨厌青年哲人苏格拉底。

---

① 施特劳斯,*Socrates and Aristophanes*,New York,1966。

《云》是诗人最得意的作品,不料这剧上演二十四年之后,剧中的论证成为苏格拉底被判死刑的罪证之一。①

按柏拉图的记叙,苏格拉底到年迈才受到人民法庭指控,似乎苏格拉底在城邦一直活得很好,受到人们的爱戴和崇敬——柏拉图的《苏格拉底的申辩》会不会是针对阿里斯托芬的《云》?

《苏格拉底的申辩》的作者是哲人,柏拉图描绘了苏格拉底老人与人民法庭对驳公堂,暗地里还让自己的老师戏弄陪审团一番;《云》的作者是诗人,阿里斯托芬讽刺青年苏格拉底,嘲笑他对应该如何与人民相处没有清楚的自我意识,没有想过搞哲学和哲人生活对城邦生活的基础——法律、家庭、公民的政治意见和宗教信仰会有什么影响,哲人的爱智对人对己究竟有什么好处。总之,在阿里斯托芬笔下,苏格拉底没有能力证明自己生活方式的正当性。

施特劳斯在解释柏拉图的《苏格拉底的申辩》时,第一句话就说,"这是柏拉图所有作品中唯一在篇名用了苏格拉底名字的作品"(参见《柏拉图式的政治哲学研究》,前揭,页38)。《云》似乎要说,城邦生活不需要哲学,《苏格拉底的申辩》却显得在城邦面前为哲人辩护,这是柏拉图唯一一部让苏格拉底在公共场合面对公众说话的作品。《云》是喜剧,《苏格拉底的申辩》中的苏格拉底戏弄陪审

---

① 罗念生,《论古希腊戏剧》,北京:中国戏剧出版社,1985,页101-102;阿里斯托芬剧作的中译有《阿里斯托芬喜剧五种》(罗念生译,北京:人民文学出版社,1957,含《云》)及其他单篇译本(如周作人译《财神》、杨宪益译《鸟》等)。

团，在自我辩护时多次离题万里，按施特劳斯的解释，看起来也有喜剧味道。在《城邦与人》中，施特劳斯已经说过，

> 柏拉图的对话更像喜剧而非悲剧，柏拉图的《王制》明显像阿里斯托芬的《公民大会妇女》，就是这种相似性的证明。（《城邦与人》，前揭，页61）

既然施特劳斯在这里是就柏拉图所有主要作品而言，当然包括通常被视为悲剧的《苏格拉底的申辩》——换言之，柏拉图似乎采用了阿里斯托芬的方式来为自己的老师辩护。

阿里斯托芬以诗人身份批判哲人，借用了"政治神学的现实"（die Wirklichkeit der politischen Theologie，迈尔语）——用不那么学究的术语说，借用了由意识形态或者"政治科学"（布鲁姆语）与习传法律构成的政治现实。不过，阿里斯托芬虽然挖苦苏格拉底在城邦生活中的狼狈相，却"远不是苏格拉底的敌人，而是他的朋友"（《苏格拉底与阿里斯托芬》，前揭，页5）。

诗人嘲笑哲人，不等于诗人认同城邦的意识形态和习传法律，倒是想要劝诫苏格拉底明白自己作为哲人面临的"无保护状态"，"为哲人的智慧颇感惋惜，同时也为自己不那么愚蠢而深感骄傲"（布鲁姆，《走向封闭的美国精神》，页294）。《云》中的青年哲人苏格拉底显得既不敬神也不守法，《鸟》中的诗人同样挖苦人民献祭神的香气、挖苦城邦的法律。欧厄尔庇得斯一上场就说：

> 诸位观众,我们的病跟游牧人相反;他没有国家,硬要取得公民权,我们是国家公民,有名有姓,也没有人吓唬我们,可是我们迈开大步,远离家乡,并不是讨厌这个国家,它既强大,又富足,谁都能随便花钱;就是一样,那树上的知了叫个把月就完了,而雅典人是一辈子告状,告个没完;就因为这个我们才走上这条路,路上带着篮子、罐子、长春花,游来游去,找一个逍遥自在的地方好安身立业。①

诗人同样受不了城邦的意识形态和习传法律,但诗人得意的是,他们并没有因此落得青年哲人苏格拉底那样的下场。诗人懂得人的天性的差异及其伦理需要和生理渴求,晓得自己的天性与人民不和,却并不与人民作对,不像青年哲人苏格拉底那样,用自己的"无神论"改造国民性。即便诗人要表达对城邦意识形态和习传法律的不满,也装得像在说笑话,人民不仅不见气,还给诗人戴上城邦的桂冠。阿里斯托芬对苏格拉底的善意嘲讽,使得苏格拉底的学生柏拉图不得不注意到哲人自己身处的政治现实。问题并非仅仅在于"既明且哲,以保其身",更重要的问题是:哲人是否应该用自己的"无神论"改造国民性,自己不信神,还要人民不信神。

柏拉图的对话作品同样是戏剧,其中的主要人物是苏格拉底。柏拉图的主要对话作品——而非单单《苏格拉底的申辩》——是否都是在回答阿里斯托芬对苏格拉底的善

---

① 阿里斯托芬,《鸟》,杨宪益译,《古希腊戏剧选》,北京:人民文学出版社,1998,页424。

意嘲讽？倘若是的话，如何回答？

柏拉图笔下的苏格拉底与阿里斯托芬笔下的苏格拉底不同，可能意味着同一个苏格拉底曾经历过一场具有重大意义的转变："从前苏格拉底的苏格拉底转向政治哲学的苏格拉底。"① 哲人柏拉图在回答诗人阿里斯托芬的善意嘲讽时，哲学就成了政治哲学。在这里，所谓"政治"的含义包含了如何回答诗人的嘲讽的全部奥秘——"为什么要哲学"成了哲学的首要问题。

对于苏格拉底以后的希腊哲学来说，应该如何生活的依据仍然是"自然"，这与青年苏格拉底的哲学没有什么不同，哲学就是研究自然学（physiologia）。经阿里斯托芬嘲讽的劝告，青年苏格拉底才醒悟过来，研究自然的哲学必然背离甚至顶撞城邦的祖传律法。祖传律法（中国传统的说法为"礼法"）是一种政治秩序，在这种秩序中，"神保护着自然与多数人所珍视的传统的统一"（布鲁姆，《走向封闭的美国精神》，页297）。

基于祖传律法的教诲，就是政治的神学；苏格拉底以后的政治哲学与祖传律法的冲突，就是与政治神学的冲突，因为，政治神学对政治问题的解答依据的是律法。所谓哲学的政治转向首先意味着这样的哲人意识：既然哲学必须依据自然刨根问底地问何为值得过的生活，哲学的思考本身就是政治性的，因为与哲思相关的崇高、高贵、美和适宜的观念必然与城邦的道德习俗、宗教意见相冲突。

对于柏拉图来说，阿里斯托芬嘲讽哲人引出的问题是，

---

① 参见 Thomas L. Pangle 为施特劳斯的文集《柏拉图式的政治哲学研究》写的"编者导言"，页13–23；迈尔，《为什么要政治哲学？》，前揭，页10。

哲人生活既需要保护也需要辩护。然而,无论保护还是辩护,都不是为了寻求哲学在"政治上的清白",而是通过哲人自己改变生存方式,摆正哲学与城邦敬拜的神及其律法的关系(参见布鲁姆,《走向封闭的美国精神》,页298;迈尔,《为什么要政治哲学?》,页19)。所谓哲人自己改变生存方式,就是哲学在坚持研究自然的同时必须成为政治哲学——因此柏拉图的哲学一开始就是政治哲学,而非什么"相论"哲学。

所谓柏拉图式的政治哲学的含义因此与当今的政治哲学或政治理论完全不同,不是作为一个学科门类——如伦理学、美学、法哲学、宗教哲学之类——的政治哲学或者政治理论。当今的所谓政治哲学毋宁说是历史具体的政治意见、方案和信念,所谓"公共哲学"(public philosophy)不过是现存秩序的哲学,古老的说法就是政治神学,有如苏格拉底面临的政治现实,但却是世俗化了的政治神学(不是依据神法、礼法,而是依据地上的经济学、人类学法则)。从柏拉图式的政治哲学的含义来看,如今的政治哲学徒有其名,因为,"哲学"的本义不是以人类社会曾如何生活为出发点,而是以人类应该如何生活为出发点。

海德格尔的"实存主义"所教诲的,不正是一种类似以人类社会曾如何生活为出发点的哲学?《形而上学导论》提出的哲学与诗的对立如果表明了海德格尔的转向,那他对当世的"公共哲学""现存秩序的哲学"的尖锐批判(参见写于1938年、后来收入《林中路》的"世界图景的时代"),同时也就是对自己的"实存主义"的批判。

然而,转向后的海德格尔把柏拉图看作当世的"公共哲学""现存秩序的哲学"的鼻祖,因而主张从前苏格拉底哲人和悲剧诗人那里找到哲学的新开端。如果哲人应该通过现象学还原为诗人,哲学和哲人生活方式的正当性问题——为什么要哲学的问题——当然也就被取消了。

吊诡的是,海德格尔是二十世纪最伟大的哲人,他为"原初的"哲学恢复名义的努力,同时代人无出其右。施特劳斯的《苏格拉底与阿里斯托芬》意在挑明苏格拉底的政治哲学转向,这一写作意图不是凭空而来,而是有所针对。如果施特劳斯针对海德格尔,又该如何来理解施特劳斯说"我们这个时代唯一的大思想家是海德格尔"?

要说对现代的"公共哲学""现存秩序的哲学"或种种"主义"意识形态的攻击,没有谁比尼采更尖锐、更彻底。通过这种颠覆性的批判,尼采企图为寻回真正的哲学扫清道路。正如《林中路》所表明的那样,尼采仍然是海德格尔《形而上学导论》的引路人。在阿里斯托芬喜剧研究的序言中,施特劳斯提到,尼采哲学是从批判柏拉图的苏格拉底开始的(《苏格拉底与阿里斯托芬》,页6)。如果《柏拉图式的政治哲学研究》一开始就挑明了"政治哲学"与海德格尔"实存主义"的对立,那么,这种对立首先是通过"柏拉图式的政治哲学"与尼采的对立建立起来的。

《悲剧的诞生》不是美学著作,倒像政治神学著作,因为,尼采采纳了阿里斯托芬的立场攻击柏拉图的苏格拉底(参见尼采《悲剧的诞生》,节12-13)。施特劳斯指明,《悲剧的诞生》中对柏拉图的苏格拉底批判这一主题,一直伸展到《善恶的彼岸》。即便在坚定捍卫哲人、呼唤未来的哲学时,尼采也没有忘记从阿里斯托芬的立场攻击甚至嘲讽柏拉图笔下的苏格拉底。(参见尼采《善恶的彼岸》28、

61–62，191–192）① 既然采纳了阿里斯托芬的立场批判苏格拉底，尼采的哲人辩护又意味着什么呢？

尼采在《悲剧的诞生》中指控苏格拉底是"科学奥秘的启蒙者"（dem Mystagogen der Wissenschaft），由于苏格拉底谋杀了悲剧精神，"哲学流派"就"像后浪推前浪那样不断兴起"，整个有教养的阶层成了追"知"族。科学从此不可逆转，知识成了"共同的思想之网"笼罩全球，因此，"不能不把苏格拉底看作所谓世界历史的转折点和漩涡中心"（einen Wendepunkt und Wirbel der sogenannten Weltgeschichte）。

如果苏格拉底传播的"科学奥秘"仅仅为认识服务，还不至于有什么害处。问题是，"科学奥秘"最终会"用来为个人和民族的实际目的即利己目的服务"。尼采预言，人类生活将进入"普遍的毁灭性战争和持续的民族大迁徙"时代，"生活的本质乐趣"将大大削弱，自杀之风随之会流行起来。如果说人类还会剩下"最后一点责任感"的话，不过"就像斐济岛上的居民那样把子弑其父、人残其友视为责任"（《悲剧的诞生》，节15）。尼采对现代之后堪称精确的预见已经让人吃惊，同样足以让人惊讶的是："子弑其父"的责任不就是阿里斯托芬讲的苏格拉底故事中的责任（儿子按理打父亲）的逻辑推衍？可以断定，尼采开始写作的冲动，完全是因为他被自己所感觉到的"苏格拉底问题"

---

① 美国学界的尼采研究的开山祖考夫曼并没有把《善恶的彼岸》中尼采对柏拉图的攻击与苏格拉底问题联系起来，在他看来，"尼采并未真正改变他对苏格拉底的看法：他依然是一位理想的哲学家"。参见考夫曼，《尼采对苏格拉底的态度》，见汪安民、陈永国编，《尼采的幽灵：西方后现代语境中的尼采》，北京：社会科学文献出版社，2001，页382。

缠住了。①

尼采批判柏拉图的苏格拉底，是政治的批判，或者说，尼采思想一开始关注的就是哲学与政治的关系。把苏格拉底的"科学奥秘"与世界历史中将要出现的"普遍的毁灭性战争和持续的民族大迁徙"联系起来，听起来与当今的政治批判把尼采与纳粹恶行联系起来没有什么差别。如此看来，怎么能说尼采哲学是纳粹精神的先驱？尼采哲学抱有对人类生活的深切关怀，而且"并非仅仅是理论性的，尼采关心德国的未来或欧洲的未来——人的未来"（《苏格拉底与阿里斯托芬》，页7）。

尽管如此，尼采与纳粹政治现象的内在关联依然无法否认（《海德格尔式存在主义导言》，页31）。按海德格尔的说法，纳粹政治现象是虚无主义的结果；如果海德格尔追随尼采将柏拉图的苏格拉底看作欧洲虚无主义的根源，同时将尼采看作欧洲虚无主义的完成者，就无异于说，尼采在与欧洲虚无主义搏斗时推进了欧洲虚无主义。海德格尔清算尼采与他追随尼采并不自相矛盾，因为尼采致力于克服欧洲的虚无主义的努力是真诚的，海德格尔把克服虚无主义看成尼采的未竟使命（参见《林中路》，页227-228）。

与尼采一样，海德格尔致力于克服欧洲虚无主义的努力也是真诚的，他对柏拉图的苏格拉底的批判同样是政治

---

① 尼采在巴塞尔时做过一次题为"苏格拉底与悲剧"的公开演讲，留下了一篇生前没有发表的长文"Sokrates und die griechische Tragoedie"（《苏格拉底与希腊悲剧》）。参见 Giorgio Colli/Mazzino Montinari 编，《尼采全集》（KSA），卷一，页601-640。尼采自己对所谓"苏格拉底问题"的说法，参见《偶像的黄昏》，卫茂平译，上海：华东师范大学出版社，2006；关于尼采与"苏格拉底"，参见 W. J. Dannhauser, *Nietsche's View of Socraties*, Cornell Uni. Press, 1974。

的批判。尼采的"末人"论曾经在海德格尔哲学那里变成了"常人"此在论,转而批判尼采的虚无主义时,海德格尔又显得像追随尼采返回前苏格拉底的哲学和悲剧诗人。然而,海德格尔的虚无主义批判会不会与尼采一样,在与德意志虚无主义搏斗时推进了德意志虚无主义?① 如果哲学回到诗人信奉的诸神怀抱,谁来关切何为"正确的生活"? 尽管如此,"返回"毕竟是一种哲学的政治行动——从根本上改变哲学与政治的关系。

由此可以理解,施特劳斯的《苏格拉底与阿里斯托芬》是政治哲学论著。《苏格拉底与阿里斯托芬》看起来是对阿里斯托芬喜剧作品的绎读,其实是针对由尼采《悲剧的诞生》发端的哲学与诗的关系问题。通过对《会饮》《王制》和阿里斯托芬喜剧作品的解释,施特劳斯揭示出,柏拉图作品的基本主题之一就是哲学与诗的关系(或者说哲学与政治的关系),阿里斯托芬的苏格拉底批判甚至支配了整个苏格拉底以后的哲学(柏拉图 - 色诺芬 - 亚里士多德)。② 阿里斯托芬在其戏剧中用城邦的义火焚烧苏格拉底的"思想所",柏拉图试图在自己的戏剧中重新为哲学的生活方式找到新的基础——思考自然的哲人不可能撇开城邦的正义问题,无视人民生活的"正确"基础,只顾寻求自己"我思的快乐"。阿里斯托芬所描绘的苏格拉底在城邦中的处

---

① 发表《迫害与写作艺术》那年(1941),施特劳斯还在美国做过一次题为"德意志虚无主义"的讲演(中译[丁耘译]见施特劳斯,《苏格拉底问题与现代性》,北京:华夏出版社,2008)。这篇讲演题给"虚无主义"加的限定词,可能有助于恰切把握施特劳斯的"柏拉图式政治哲学"的含义。

② 参见尼科尔斯(Mary P. Nichols),《苏格拉底与政治共同体》,王双洪译,北京:华夏出版社,2007。

境，显明了哲学本身的问题：为什么要哲学？

《悲剧的诞生》中的苏格拉底批判无异于掘开柏拉图修筑的苏格拉底墓地，把苏格拉底的尸骨拖出来鞭打；正因为尼采捣毁了苏格拉底的墓地，海德格尔才觉得自己需要站在墓地的废墟上重新勘寻西方思想的路标。通过《林中路》的勘寻，海德格尔的《路标》指向苏格拉底背离了的"西方"土地，在继续敲打柏拉图的苏格拉底的尸骨的同时，宣称与尼采呼唤出来的悲剧诗人为伍。德里达、德娄兹的写作表明，沿着这"路标"前行的话，哲学能达到何种境地。

针对尼采－海德格尔的"路标"，施特劳斯回到柏拉图和色诺芬建立的苏格拉底墓地，重新修复被尼采－海德格尔捣毁的苏格拉底墓园：

> 四百年来，这是第一次，重新思考问题、开始清理苏格拉底的言论成为可能并有了必要。（布鲁姆，《走向封闭的美国精神》，页333）

尼采指责苏格拉底以后的哲人"背离了自己的父辈"，海德格尔要寻回苏格拉底背叛了的"父辈"的哲学，施特劳斯以《柏拉图式的政治哲学研究》建立了自己的"路标"，偏偏重新肯定苏格拉底的背离——背离前苏格拉底的哲学故乡，还把这种背离称之为"政治哲学"的诞生。如果可以把《柏拉图式的政治哲学》称为施特劳斯的"路标"文集，把施特劳斯称作 der Platoniker［柏拉图传人］，[①]

[①] 参 Heinrich Meier, "Leo Strauss", 见 *Metzler Philosophen Lexikon*, Stuttgart, 1989, 页760－765。

这首先意味着,施特劳斯是柏拉图和色诺芬的苏格拉底墓园的修复人。

为什么要哲学的问题,现在成了为什么要柏拉图式的政治哲学。

"马基雅维利的速度"

现在可以理解,施特劳斯的"路标"文集为何以《作为严密科学的哲学与政治哲学》起头,接下来就是对两篇柏拉图作品(《苏格拉底的申辩》《克力同》)的连贯解读。

为什么要把这两篇作品连在一起来解读?从苏格拉底审判这一戏剧事件的时间顺序看,《克力同》紧接着《苏格拉底的申辩》;但就苏格拉底的"申辩"而言,《斐多》似乎与《申辩》关系更紧。苏格拉底的自辩实际上有两次,一次在城邦法庭面前(《申辩》),一次在一些私人朋友面前:

> 我就来试试辩解一番,我要辩护得比上次在法官面前的辩护更令人信服。(《斐多》63b,见《古希腊散文选》,前揭,页86)

为什么苏格拉底还要为自己再辩护一次?只有在澄清了第一次自辩留下的问题后,第二次自辩才显得必要。这个问题就是:苏格拉底是否应该服从多数人的法律。如果不服从,第二次自辩就没有意义,第一次自辩已经够了。如果服从,第二次自辩就有必要,因为,既然苏格拉底在法庭面前驳回了多数人的指控,他何以要服从多数人的不义判决,就是一个问题。《克力同》这出戏说的就是:哲人是否应该服从多数人的法律。

施特劳斯说,从苏格拉底的庭讯来看,对苏格拉底充满敌意的其实并不多,非判他死罪不可的,仅仅比判他无罪的多一点。(参见《苏格拉底的申辩》,36a)这说明城邦中有不少人虽然不理解苏格拉底,却觉得他身上有高贵气度;另外还有极少数人属于能理解苏格拉底的,甚至愿意出钱帮他付罚款。哲学处于政治和神学——城邦统治者(僭主)与祖传礼法——的夹缝之中,如果哲人既不屈从于"僭主"也不认可祖传礼法的权威,哲人在城邦中被多数人视为罪犯,就在所难免。

但陪审团的投票结果多少令苏格拉底感到吃惊:所谓"多数"不过是"微弱"多数。陪审团对苏格拉底的不同态度表明,哲人在城邦所处的"政治局势"并非可怕得令人绝望,哲学在民主社会摆脱罪控还是有希望,这得"寄托于第二种人的友好态度"(布鲁姆语)。认识到人的不同天性,从而看清哲人面临的"政治局势",是苏格拉底的政治意识的起点。

《克力同》和《斐多》的戏剧场景都是监狱,但戏剧人物不一样。在《斐多》中,与苏格拉底讨论生死问题的看起来属于前面提到的第二类人;克力同不属于非判苏格拉底死罪和对他友好的"这两部分人之列",他和柏拉图愿为苏格拉底付罚金(参见《苏格拉底的申辩》,38b–c),说明克力同属于苏格拉底的朋友。克力同前来探望苏格拉底,是要说服苏格拉底逃狱——逃避雅典法律的审判,于是苏格拉底同他讨论这样一个问题:如果没有说服城邦就"擅自"溜之大吉,是否等于"以恶报恶"。施特劳斯尤其指出,"哲人没有出现"在这场苏格拉底与克力同单独交谈的戏中。如果克力同既是苏格拉底的朋友,又不是哲人,便只有一个可能:克力同是苏格拉底的"社会"朋友圈子中人。苏格拉底与克力同的朋友关系决定了戏剧的主题:哲人是否应该尊重多数人的意见(参见《柏拉图式的政治哲学研究》,页59-60)。

柏拉图通过这出戏提出了所谓哲人的"公民德性"或者说哲人与多数人的关系问题,施特劳斯并非随便提到,《高尔吉亚》也说到这问题:当时苏格拉底谈到,多数人既不能为大善,也不能为大恶,不过有可能作恶而已。① 既然恶在多数人身上仅仅是一种可能性,陪审团中的"第二种人"——多数人中的"微弱"少数人对思考何为值得过的生活的那类人(哲人)的态度,就变得非常关键。

如果这些人受到哲学感召而且参与治理天下,哲人的日子就比较好过;如果另一类多数人统治国家,"宗教的狂热与粗俗的实用态度"就会占上风。当然,"君主们倒是可能受哲人吸引,这可能是出于他们对天才的好奇心,也有可能是为了标榜自己;然而,君主则是所有盟友中最不可靠的伴侣"(布鲁姆,《走向封闭的美国精神》,页296-297)。君王看来不可教也不可交,哲人似乎只能指望多数人中的"微弱"少数。

可是,施特劳斯看到,陪审团成员虽然在判苏格拉底是否有罪这一问题上有分歧,却对不敬神即是犯罪这一点没有

---

① 哲人与多数人意见的关系,在启蒙现代性之后发生了根本变化,康德、穆勒、尼采乃至韦伯、海德格尔的思想都牵涉这一问题。参见 Dana Villa, *Socratic Citizenship*, Princeton Uni. Press, 2001, 尤其页31-41 对《高尔吉亚》与《苏格拉底的申辩》的对比分析。

分歧。多数人中的"微弱"少数尽管同情苏格拉底，同样不理解苏格拉底，是否敬神对于他们仍然是政治的大是大非问题。既然法庭审判的依据为是否敬神，对于城邦来说，法律与敬神的问题是一回事情。柏拉图笔下的苏格拉底经阿里斯托芬善意的嘲讽转向政治以后，不再仅仅——甚至并非首先——沉思自然，而是探究神学问题，也就可以理解了。据说阿里斯托芬死后，柏拉图为他写了两行墓志铭：

> 美乐女神在寻找一所不朽的神殿，
> 她们终于发现了阿里斯托芬的灵府。
> （引自罗念生，《论古希腊戏剧》，前揭，页100）

从这墓志铭来看，柏拉图似乎对阿里斯托芬还是十分感激的。这是否因为阿里斯托芬让他懂得了不可无视城邦的"政治正确"——敬神？苏格拉底以后的哲学（柏拉图、色诺芬、亚里士多德）都既探究政治也探究神学——即城邦人的宗教信仰，看来得归功于阿里斯托芬的苏格拉底批判。

政治事务涉及社会生活中的权力分配、利益冲突、统治关系以及人类的义务、权利、行为目的和手段、内部和外部的战争与和平等等。政治哲学何以成了政治-神学探究？政治与神学的连接在这里是什么意思？

施特劳斯的好友克莱因证实，施特劳斯一生探究的不外乎两个问题——上帝和政治。按迈尔的看法，施特劳斯关于政治的主要论著是：《论僭政》（1948）、《自然权利与历史》（1953）、《城邦与人》（1964）；关于上帝、启示和信仰问题的主要论著是：《思索马基雅维利》（1958）、《苏格拉底与阿里斯托芬》（1966）、《耶路撒冷与雅典》（1967）、《古今自由主义》（1968）、《柏拉图〈法义〉的论辩和情节》（1968）。

如此来看，《论僭政》和《思索马基雅维利》就分别是施特劳斯的政治哲学中探究政治和上帝问题的真正开端。[①] 在施特劳斯的"路标"文集中，论马基雅维利的文章刚好与前一组中论修昔底德的文章对应，似乎印证了上述划分，因为这篇文章的题目正好是《对修昔底德著作中的诸神的初步观察》。

可是，把《苏格拉底与阿里斯托芬》看作探究上帝、启示、信仰问题的论著还不难理解，把《思索马基雅维利》也视为这类著作，就令人费解了。马基雅维利不是以君王术、战争术闻名，而且宣称不要理会基督教道德吗？再说，政治与神学的问题在施特劳斯那里可以分离吗？

论马基雅维利的文章与论修昔底德的文章对应，是什么用意呢？施特劳斯的"路标"文集中的第二组文章，以分析尼采的"未来哲学序曲"的文章起头。这篇文章的结构分为两个部分：哲学与宗教和道德与政治。[②] 这两个主题在施特劳斯的尼采文章中具有递进关联：先得搞清哲学与宗教（实际上也就是哲学与政治）的关系，才能澄清道德

[①] Victor Gourevitch 也说，《论僭政》是施特劳斯"第一部真正自己的哲学论著"，参 Victor Gourevitch, Philosophy and Politics, 前揭, Vol. 22, No. 1。施特劳斯晚年的两部色诺芬研究（《色诺芬的苏格拉底言辞：〈齐家〉释义》和《色诺芬的苏格拉底》）与《论僭政》构成了施特劳斯的色诺芬研究三部曲，按此都属于政治方面。

[②] 对施特劳斯这篇文章的施特劳斯式解读，参见朗佩特（Laurence Lampert），《施特劳斯与尼采》，田立年、贺志刚译，上海：华东师范大学出版社，2006。

（哲人的公民德性）与政治的关系。这两个主题，恰是施特劳斯思索马基雅维利时的重点。看来，施特劳斯把解释尼采和马基雅维利的文章安排在同一组中，的确有深意。

但尼采与马基雅维利有什么关系？

在演奏了一曲阿里斯托芬对青年苏格拉底的神学－政治批判后，尼采又演奏了"未来哲学序曲"，其中说到，近代以来的德国思想一直在追赶"马基雅维利的速度"，然后又把柏拉图拉出来鞭打一通，似乎"马基雅维利的速度"与鞭尸柏拉图的苏格拉底有内在的关系：

> 但是，德语如何可能——甚至在莱辛的散文中——模仿马基雅维利的速度？马基雅维利在自己的原则中呼吸着佛罗伦萨干燥、细腻的空气，还禁不住以一种放荡不羁的 allegrissimo［热情快板］来报告最严峻的事务；因为，马基雅维利冒险要揭露的矛盾——思想分明冗长、滞重、坚硬、危险，以及一种 Galopp 舞步的速度和最佳而任性的心境，也许不能没有某种恶毒的贵族情感。
>
> ……至于说到阿里斯托芬，那种令人清爽、滋补的精神，人们为此原谅了已经存在的全部古希腊文化。倘若人们深刻理解了那里的一切多么清爽、需要原谅，那么，我根本就不知道为什么自己更多梦见柏拉图的韬光养晦和斯芬克斯天性，而非那种有幸保存下来的 petit fait［小事］。因为，人们在柏拉图的临终枕头下面没有发现《圣经》，没有发现任何古埃及、毕达戈拉斯和柏拉图的东西，只有阿里斯托芬。要是没有阿里斯托芬，柏拉图怎能忍受生活——柏拉图所拒绝的古希腊的生活！（《善恶的彼岸》28）

尼采这段话非常费解，搞不清他说的"马基雅维利的速度"究竟是什么意思，为什么从马基雅维利扯到阿里斯托芬和柏拉图。从尼采对"马基雅维利的速度"的描述来看，会不会是施特劳斯所谓的"现代性浪潮"。①

十九世纪以来，凡思想大家不可避免要对所谓"现代性"提出自己的论断。尼采、韦伯、施米特、海德格尔都把虚无主义的"技术时代"说成现代性的表征，海德格尔还追随尼采对苏格拉底的"科学秘教传播者"的指控，把"技术"的虚无主义根源追溯到苏格拉底－柏拉图的形而上学。对这些思想前辈的现代性诊断本身——虚无主义的"技术时代"，施特劳斯没有异议。但究竟何为"技术"文明的虚无主义本质，其根源又何在，施特劳斯提出了完全不同的看法。②

不错，所谓"现代性"可以说是西方危机的代名词，然

---

① "The Three Waves of Modernity"，收入 Leo Strauss, *An Introduction to Political Philosophy*，前揭，引文页码据此书（中译见施特劳斯，《苏格拉底问题与现代性》，前揭）。

② 施特劳斯与施米特、海德格尔的思想语境是同时代性的。施米特年长海德格尔一岁，两人开始发表文章的年份几乎同时（1912 年）；1923 年，施特劳斯开始在柏林的《犹太人观察》（*Juedische Rundschau*）和《犹太人》（*Der Jude*）上发表学术短文和书评，1926 年在学刊上发表第一篇学术长文 "Zur Bibelwissenschaft Spinozas und seiner Vorlaeufer"（"论斯宾诺莎的圣经学及其先驱"）。施米特和海德格尔虽然年长于施特劳斯，却算不上是上辈人，何况人到中年，十岁的差距已经算不得什么，而且施米特死得最晚，海德格尔次之，两人到晚年都写作不辍。有文献显示，施米特和海德格尔是施特劳斯敬重的极少数同时代思想大家，也是最重要的思想对手。实际上，自二十世纪四十年代以来，三人的写作已经处于平行对抗语境。海德格尔不屑于读英文论著，可能不会注意到施特劳斯第一部解释希腊哲人的著作《论僭政》（1948）。施米特似乎无书不读，涉猎文献惊人地广泛，鉴于早在三十年代初他就已经赏识施特劳斯，不大容易设想他没有留意施特劳斯的论著。据迈尔查证，施米特读过《论僭政》，参见迈尔，《隐匿的对话》，朱雁冰等译，北京：华夏出版社，2005。

而，在施特劳斯眼里，危机的含义首先是，西方哲人不再知道什么是对错，甚至不再相信自己"能知道什么是好的或最好的社会秩序"。现代之前的西方哲学致力于"知道"什么是对错、什么是好的生活方式——因而古典哲学是政治哲学；如今，西方的思想者以为，政治哲学没有必要也没有可能了，因此，所谓西方危机无异于"前现代的政治哲学的彻底变异"（《现代性的三次浪潮》，页81-83）。

哲学按其本分就得关切何为值得过的生活——因而哲学是政治的，一旦哲学放弃了这样的关切，政治哲学就没有必要了。尼采、韦伯、施米特、海德格尔把虚无主义的"技术时代"说成西方的政治危机——现代性的表征，说明他们仍然关切什么是好的生活方式。然而，如果放弃了古代政治哲学关切何为值得过的生活时遵循的基本前提，政治哲学虽然仍有必要，却也没有了可能。

断定现代性即虚无主义的"技术时代"，与相信自己"能知道什么是好的或最好的社会秩序"，是不同的两件事情。施特劳斯断言所谓西方危机无异于"前现代的政治哲学的彻底变异"，意思是说，真正的危机发生在西方哲人自己身上——而非技术或经济的历史变异的必然结果。接下来的问题便是确定这场危机发生在何时，或者说发生在哪些西方哲人身上。澄清现代性问题的关键，在于找到古典政治哲学传统断裂的起点。

施特劳斯断言，马基雅维利的哲学就是这场危及西方世界生活品质的"现代性"出现的标志，因为，马基雅维利的政治教诲拒绝了传统（犹太-基督教和希腊哲学）的人性理解——人是有目的的生物，第一次实现了西方思想与"传统政治哲学的理想主义"的全面决裂。虚无主义的

"技术时代"是现代性的标志,但使政治问题变成技术问题,恰恰是马基雅维利开的头。正因为人不再被看作是有向善目的的生物,"政治问题才成了一个技术问题"(《现代性的三次浪潮》,页86–87)。

施特劳斯显得与韦伯–海德格尔的现代性论断针锋相对:在马基雅维利那里,古典政治哲学蜕变为一种政治术,才是虚无主义"技术时代"的真正根源。[①] 用所谓"马基雅维利的速度"来比喻与"传统政治哲学的理想主义"的全面决裂,看来是说得通的。

施特劳斯并非一开始就认识到马基雅维利的"速度"与现代性的关系。从早年研究斯宾诺莎的圣经批判开始到研究霍布斯的政治哲学,施特劳斯一直致力于追溯现代性的根源。施特劳斯从西方政治思想的古典传统中得知,政治和宗教是人类生存的基本状况或者"原初事实",也就是说,人类生活不可能不是政治–宗教性的;哲学要思考何为值得过的生活,不可能脱离或超逾政治–宗教这一人类生活的"原初事实"——苏格拉底受到"审判"已经充分证明了这一点。

所谓政治哲学对于现代哲人来说"没有必要了"(施特劳斯多次指出,在尼采–韦伯–海德格尔那里,没有政治哲学),或者所谓现代哲人与"传统政治哲学的理想主义"的全面决裂,意思是说,近代哲人改变了哲学与政治

---

① 施特劳斯不客气地说过,韦伯把清教伦理的形成看作现代性的起因是十分短визн的。清教伦理不过是一种新的自然哲学和道德哲学的载体,而这种新的哲学才是现代性的起因。新的哲学是与传统哲学决裂的结果,马基雅维利就是这场决裂的开端。参见 Leo Strauss, *Natural Right and History*, 前揭,页60–61注22。

和宗教的传统关系。如此改变，就是虚无主义"技术时代"的历史根源。

通过考究斯宾诺莎和霍布斯的神学－政治论，施特劳斯力图看清近代哲人在政治和宗教这一"原初事实"中的身份转移。直到三十年代末期，施特劳斯还相信，霍布斯哲学是西方思想背离古典政治哲学传统、改变哲学与政治和宗教的关系的开端。后来，施特劳斯承认自己搞错了，真正的开端不是霍布斯，而是马基雅维利。①

随后，施特劳斯花了相当长的时间来思索西方哲学从马基雅维利到斯宾诺莎隐秘难解的发展过程：霍布斯虽然没有提到马基雅维利，但"某种程度上"斯宾诺莎以霍布斯为师，而斯宾诺莎的《神学政治论》开篇导言明显在模仿《君王论》第十五章。② 施特劳斯断言，"受霍布斯影响的那场革命已由马基雅维利决定性地筹备好了"。

从苏格拉底的"审判"中，施特劳斯已经要我们看到，对于陪审团的"多数人"来说，是否敬神是一个政治的大是大非问题。哲人苏格拉底面对的是"多数人"的法律（政治统治）与习传宗教一体化的政体，虽然自辩无罪，苏格拉底仍然要服从这一政体的判决。从马基雅维利到斯宾诺莎，近代哲人致力去做的事情恰恰是拆开政治与宗教的结盟，这基于近代哲人对人性的重新理解和解释——反过

---

① 参见施特劳斯，《霍布斯的政治哲学》，申彤译，译林出版社，2001，页10。

② 施特劳斯，《马基雅维利》，见施特劳斯、克罗波西主编，《政治哲学史》，上卷，李天然等译，前揭，页336－337（该文即收入《柏拉图式的政治哲学研究》文集中的《论马基雅维利》一文，以下随文所注页码为中译本《政治哲学史》的页码）。

来说，苏格拉底服从宗法政体的判决，正是基于一种对人性的理解。"人性论"在近代哲学中成了中心论题之一，不是偶然的；近代人性论的出现，意味着古典政治哲学（首先是其人性理解）遭到了彻底拒绝。古典政治哲学对人性的理解，基于一种古老的神法或自然法，如今，

> 道德律或自然法被理解成派生于天赋自然权利、自我保存的权利；根本的道德事实乃是一种权利，而不是一种义务。这种新精神变成了近代的精神，也就是我们时代的精神。(《马基雅维利》，页336)

就拿柏拉图的苏格拉底对人性的理解来说，苏格拉底主张"区分哲人与常人的严格界限就是看他们对死亡或趋于死亡的认识"，也就是对人的天性的认识；换言之，对于苏格拉底的学生柏拉图和色诺芬来说，哲人是"对死亡持有高尚态度的人，即背离了人类天性的那些人"，近代哲人"热切地渴望避免死亡"，哲学便成了"蛊惑者的角色"（布鲁姆，《走向封闭的美国精神》，前揭，页306）。

苏格拉底在临死前的第二次自辩中谈到，哲学作为一个生活方式就是学会虽生犹死；同时又说，不能向与哲人天性不同的人推荐这种生活方式，就像不能向贪生的人推荐学习不畏死。既然哲学是"最高的"生活方式，为什么不能向人民推荐？人民与哲人的天性固然不同，但哲人的使命不就是改造国民性吗？

改造国民性是启蒙哲人给自己提出的使命，不是古典哲人的想法。为什么启蒙哲人要给自己提出改造国民性的使命？原因就在于政治与传统宗教的分离。不过，在马基

雅维利那里，拆开政治与宗教的关系，不是说政治不再与宗教相干，而是重新解释宗教及其与政治的关系。施特劳斯看到，马基雅维利的君王术辅以一种政治的神学：

> 马基雅维利的神学可以用命运神（以示有别于斯宾诺莎的自然神）这一表达式来表达，也就是说，上帝乃是被当作受人类影响（祈求）所左右的命运。（《马基雅维利》，页353）

如果人们记得，对于传统（犹太-基督教和希腊哲学）的宗教理解来说，神（上帝）是不以人的意志为转移的绝对立法者，而非眷顾人性自然愿望好恶的"命运女神"，当能理解施特劳斯所谓"马基雅维利的神学"的革命性含义。施特劳斯甚至断言，所有宗教都是人的现世愿望的投射这一现代观念，并非费尔巴哈的创举，马基雅维利早已有过类似的断言。与新的人性理解相一致，马基雅维利将宗教世俗化，"除了承认世俗神学外，对任何神学概不承认，神学应服务于国家，国家按照环境的要求决定是否应用神学"（《马基雅维利》，页356-357）。

马基雅维利的"世俗神学"及其新的人性论引出了霍布斯和斯宾诺莎的新哲学，施特劳斯称此为现代性的第一次浪潮，其特征是，由于政治与宗教的分离，道德-政治问题只能被看作技术问题，自然人性论代替了古代的宗教人性论。在苏格拉底那里，政治哲学以宗教人性论为思考的起点，霍布斯则以自然人性论（人的畏死本能恐惧）为思考政治问题的出发点，斯宾诺莎进而对圣经宗教施展理性批判，以便建立符合个人情感需要的自由民主政体。

从马基雅维利到斯宾诺莎，现代性文明方案已经设计完成。卢梭以反所谓现代"文明"著称，要求返回原初的人性理解，表明卢梭激烈攻击的对象正是从马基雅维利到斯宾诺莎完成的现代性方案。可是，施特劳斯说，卢梭对现代性方案的攻击恰恰构成了现代性的第二次浪潮。

为什么？因为卢梭在反现代性方案时，并没有认真回到"人的自然目的这一古典的价值概念"，而是被迫从霍布斯的人性论（自然状态说）出发来重新解释自然美德（《现代性的三次浪潮》，页89）。换句话说，卢梭的反现代性激情恰恰是由现代性激情激发出来的，而且是站在现代性哲学的出发点来反对现代性方案。

问题要害仍然在于新的人性理解和政治与宗教的关系两个关节点上。就前一个方面来说，卢梭思想的重大推进乃是提出了"历史"对于人性理解的重要性——基于"历史"来重新解释人性。卢梭的"历史"人性论与霍布斯的自然人性论相对，本来是为了反对霍布斯，在施特劳斯看来却无异于将霍布斯的自然人性论彻底化了。

人的自然情感必须从原初的历史（民族）共同体来理解，历史（民族）共同体因而也是理解政治和道德问题的基础。被马基雅维利－霍布斯－斯宾诺莎扭转了的古典政治哲学的人性理解方向，在卢梭那里得到进一步加强。历史的原初共同体之所以成了理解人类的道德－政治生活的基础，正因为人类生活的道德和政治标准被认为不再可能是超自然的正确，如果要找到新的标准，只得求助于民族的（自然）历史。

鉴于人类生活的道德和政治与传统宗教的分离，卢梭已经感觉到人类生活在道德和政治上将要面临的危机，哲人和城邦之间古老的紧张状态"可能因为启蒙运动而消失，但它又会以新的、危险的方式重新出现"（布鲁姆，《走向封闭的美国精神》，页321）。

一旦人们的生活形式脱离了传统宗教的神法规约，国家必将强化统治权力，随之出现的是私人领域（所谓的"社会"）与国家的对抗，自由主义的自由诉求不过就是个人的自然欲望不受国家控制的自然状态——结果就是道德的自由放任和堕落。这就是为什么卢梭对所谓"现代文明"提出激烈指控的原因。

为了应对现代性的道德和政治危机，除了诉诸新的"自然法则"——历史，卢梭也提出了自己的政治-神学，以便寻回"政治与宗教的统一"。《社会契约论》堪称卢梭的神学-政治论，卢梭在书中断言："从没有一个国家是不以宗教为基础便能建立起来的。"[①] 然而，所谓"政治与宗教的统一"，并非是要回到传统的神权政治，甚至也不是要回到罗马天主教式的教权与皇权的对立统一。相反，对于卢梭来说，"基督教共和国"的概念本身就是自相矛盾，"基督教只宣扬奴役与服从。它的精神太有利于暴君制，以致暴君制不能不是经常从中得到好处"（《社会契约论》，页183）。

但卢梭之所以反对"基督教共和国"的观念，恰恰因为它导致了宗教与政治的分离，"凡是在教士形成一个共同体的地方，教士在其自己的部门之内就是主人和立法者"，而人类生活不可能有两个主人、两个"主权者"（立法

---

① 卢梭，《社会契约论》，何兆武译，北京：商务印书馆，1980，页177。

者)。对于卢梭来说,这种分离导致的政治-道德问题上的困难——无从抑制的人性的道德堕落,正是马基雅维利以来所面临的问题。因而,在《社会契约论》中,卢梭甚至赞扬霍布斯致力重建宗教与政治的统一:

> 在所有基督教作家中,哲人霍布斯是唯一一个能很好地看到这种弊病及其补救方法的人,他竟敢于提议把鹰的两个头重新结合起来,并完全重建政治的统一;因为没有政治的统一,无论国家还是政府,永远不会很好地组织起来。(《社会契约论》,页176-177)

从马基雅维利、霍布斯到斯宾诺莎,近代哲人不是要拆开政治与宗教吗?何以重建政治与宗教的统一又成了霍布斯以来的近代哲学的要害问题之一?

搞清这一问题的关键在于理解"宗教"的含义。所谓拆开政治与宗教的关联,指的是传统的宗教甚至传统的宗教理解。传统的宗教与其说是习俗,不如说是人民生活凭靠的神圣法制;按照"传统"的理解,宗教不是个人信仰,而是神法规定的生活秩序。新的人性论导致重新解释政治生活的基础,传统宗教的政治含义就被拒绝了。

然而,马基雅维利和霍布斯都看到,政治统治需要宗教;鉴于传统的宗教已经被拒绝了,只有寻求新的人造宗教——所谓"公民宗教",即便这种人造宗教在必要时也得借助一些传统宗教的资源。卢梭的"公民宗教"论出现在《社会契约论》第四卷的倒数第二章(实际上是最后一章),这充分表明,在卢梭那里,"公民宗教"论题的出现根本上是由霍布斯以来的基于自然状态的社会契约论问题引导出来的，其意图所指恰恰是新的人性理解引致的道德－政治秩序的困难。

卢梭的"公民宗教"论——作为国家工具的世俗宗教——已成为当今讨论"公民宗教"或"公共宗教"的理论典范。然而，卢梭的"公民宗教"论并非创举，不过是赶上了马基雅维利的"速度"。[①] 哲人的城邦角色发生了根本转变：破除传统宗教（启蒙）、建立新的宗教——这就是为什么从马基雅维利到卢梭，哲学最终还得是一种政治神学。

不同的仅是，在马基雅维利那里，宗教是统治者可用、可不用（当然最好是利用）的工具，在卢梭那里，（人造）宗教必须是国家的身体。卢梭将"公民宗教"理解成一种"社会性感情"，政治共同体的道德只有在这种情感中找到基础。在传统的政治神学中，政治与神学之间还有某种程度的紧张关系，律法有神圣的来源，因而，政治问题不是由人类的"自然性"或"社会性感情"来决定的。将历史共同体的"社会性感情"说成"公民宗教"的基础，宗教就彻底世俗化了。

即便有了"公民宗教"论，卢梭的关键概念——生存情绪和历史感仍然掀起了第二波现代性思想浪潮，历史人性论在随后的德国哲学那里成了新的思考起点——整个德国古典哲学（从康德到浪漫派）不得不面对自然与文明、理性、道德、历史的对立，直到尼采出来诅咒卢梭。卢梭的"立法者"问题在康德那里变成了道德的自律论，卢梭的历史感在黑格尔那里成了理性化的历史过程。在现代性

---

① 卢梭的"公民宗教"论与马基雅维利和霍布斯的关系，参见 Ronald Beiner, "Machiavelli, Hobbes, and Rousseau on Civil Religion", 载 *The Review of Politics*, 55 (1993), 页 617-638。

方案的新一波浪潮中,哲人的城邦角色又变了:哲学成了时代之子,真正的哲学属于历史中的绝对时刻(参见"现代性的三次浪潮",页94-95)。

尼采抵制卢梭的现代性方案,其激烈程度不亚于卢梭的反现代性激情。卢梭以反现代性的哲学行动推进了现代性,同样,尼采反抗卢梭却引出了现代性的第三次浪潮。[①]尼采看到,如果说人性的道德基础基于历史,无异于说人性的道德根本没有基础;一旦认识到并确证了这一点,人们除了接受虚无主义,还能有别的选择?现代虚无主义的根源就在历史主义,而卢梭正是历史主义的真正鼻祖。

与"虚无主义=历史主义"搏斗,成了尼采的使命。然而,施特劳斯说,继黑格尔的理性历史主义以后,尼采显得在与马克思打赌:历史的绝对时刻到来时,规划历史终点的是"无阶级的社会"抑或"超人"。尼采显得比马克思狡猾,马克思仅仅说,未来只有一种唯一的可能性(等于必然性)——"无阶级的社会"的来临;尼采则说,在历史的终点,统治世界的可能是"超人",也可能是"末人"(《现代性的三次浪潮》,页97)。

尼采所谓的"末人"是谁?尼采读过托克维尔的《民主在美国》,据说,他用"末人"这个词时,心中想到的就是托克维尔[②]——如果"末人"指的是民主知识分子,那么,从如今的后现代处境来看,尼采的预言似乎言中了。

[①] 参见皮尔逊(Keith Ansell-Pearson),《尼采反卢梭》,宗成河等译,北京:华夏出版社,2005。

[②] 参见特雷伯,《尼采的自由精神修会和韦伯的教派》,见莱曼、罗特编,《韦伯的新教伦理:由来、根据和背景》,阎克文译,沈阳:辽宁教育出版社,2001,页149注102。

尼采毕竟不甘于向"末人"统治缴械投降，要以超人哲学来克服"虚无主义＝历史主义"。既然如此，何以说尼采在激烈反现代性方案时推进了现代性方案？

与卢梭一样，在反对现代性方案的同时，尼采加深了与古典政治哲学决裂的程度。马基雅维利的"速度"就是与古典政治哲学决裂的程度，马克思把这一"速度"加到最大：哲学是人的解放（参见《马基雅维利》，页336）。在马基雅维利的"速度"中，哲学纷纷成了政治方案——当今的主流哲学还在不断制造种种政治方案，在这些哲人眼里，施特劳斯顶多算个"博学鸿儒"（哈贝马斯语）。

为了抵制哲学沦为启蒙或后启蒙的种种政治方案，尼采哲学表面看来厌恶现代政治，要求哲学转向前苏格拉底的诗人精神，然而，基于前苏格拉底的神话精神的超人哲学同样是一种政治方案（尼采所谓的"大政治"），无论这种方案与马克思的政治方案如何不同，前提都是历史主义——卢梭问题。

如果把施特劳斯的"路标"文集中起头的《作为严密科学的哲学与政治哲学》与《现代性的三次浪潮》连起来看，前者显得是后者的续篇。《现代性的三次浪潮》结尾说的是尼采，《作为严密科学的哲学与政治哲学》开篇说的是海德格尔，倘若如此，海德格尔就堪称现代性的第三次浪潮的顶峰。施特劳斯没有含糊其辞："海德格尔的历史哲学与马克思和尼采的历史哲学有相同的结构"，也就是说，海德格尔属于现代性的第三次浪潮，只不过"海德格尔更靠近尼采而非马克思"（《柏拉图式的政治哲学研究》，页33）。

海德格尔之于尼采，有如霍布斯之于马基雅维利或者黑格尔之于卢梭——至于韦伯或者当今的罗尔斯、哈贝马斯、德里达等大哲的位置也就不难设想了。由此推想，按施特劳斯的看法，我们如今正置身于第三次浪潮的风口浪尖。

如此说来，海德格尔也在"模仿马基雅维利的速度"？说韦伯"模仿马基雅维利的速度"错不到哪里去，难道能说海德格尔也"模仿马基雅维利的速度"？

在《阿纳克西曼德之箴言》一文中，海德格尔说到施宾格勒的《西方的没落》，施特劳斯的"现代性的三次浪潮"开篇也说到施宾格勒的《西方的没落》。这是偶然的巧合？同海德格尔一样，施特劳斯把"西方的没落"看作"现代性危机"的表征。按海德格尔的看法：施宾格勒得出西方世界将要"没落"这一结论，乃基于他"对尼采哲学太过毛糙的理解"。这是什么意思？

施宾格勒的《西方的没落》有如一曲挽歌，堪称西方世界没落时期的历史主义哲学，似乎"西方的没落"已经是无可挽回的命运。海德格尔比谁都看得清楚，尼采并没有接受这样的命运，而是拼出全部思想的力量来克服"历史主义＝虚无主义"，尽管在尼采之后的"今天，历史主义不仅没有被克服，而且还正在进入其扩展和巩固阶段"（《林中路》，页334）。

显然，海德格尔要承接尼采的未竟使命——尽管这一使命无异于与尼采的幽灵搏斗，要在"无线电广播和已然落伍跛行的报刊对世界舆论的技术组织化"这一"历史主义的真正统治形式"支配下，坚定地回到"傍晚的土地"（Abend – Land）。

在海德格尔看来，尼采尽管拼出了自己的全部思想力量与虚无主义搏斗，结果仍然成了虚无主义的最后完成者。

但正如前面已经论析过的那样，海德格尔反对尼采恰恰是从尼采的视域出发，一如卢梭的反现代性是从马基雅维利－霍布斯－斯宾诺莎的现代性视域出发，尼采反卢梭是从卢梭的视域出发。

施特劳斯用 waves 来比喻现代性方案的推进，看来用意颇深：大浪席卷上来，总显出一种回卷的态势——背离古典政治哲学看起来无不像是要回到古老的政治哲学。马基雅维利"最为频繁地提及或遵从"古人——除了古罗马政治哲人李维，还有古希腊政治哲人色诺芬，只不过在回到色诺芬时，马基雅维利"隐瞒了""色诺芬的道德世界的另一极——苏格拉底"（《马基雅维利》，页359）。施特劳斯断言，马基雅维利的哲学意图与传统政治哲学彻底决裂，开创了全新的政治学，但"马基雅维利远不是一个彻底的创新者，他是某些古老而被人遗忘的事物的修复者"（《马基雅维利》，页334 - 335）。

霍布斯的神学－政治论一再回到旧约，斯宾诺莎《神学政治论》第一章的标题简直可以说是从塔西佗的书中径直拿过来的（《斯宾诺莎的宗教批判》，页16）；卢梭明里暗里都像在模仿柏拉图，他虽然引发了当今多元论者称赞的反启蒙的浪漫主义运动，但这场运动恰恰以回到"古代"为标识。

与如今人们所理解的"现代"与中世纪的对立不同，施特劳斯指出，卢梭张扬的现代性与古代性（antiquity）的对立，一开始就是现代和中世纪与古代的对立，因为卢梭的所谓现代性其实包括中世纪（《现代性的三次浪潮》，页93）。可见，卢梭与古典政治哲学的决裂，看起来却是要回到古希腊哲学——尤其柏拉图。很可能是在卢梭的指引下，尼采回到了柏拉图；然而，尼采的反现代性行动却是对柏拉图的苏格拉底墓地掘坟鞭尸，宣称要回到前苏格拉底的神话诗人和悲剧诗人。

海德格尔尾随尼采，继续模仿"马基雅维利的速度"，并以这样的"速度"进入了"林中路"——宣称要返回"早期的早先"，走向"迄今一直被掩蔽的存在之命运"的终极。（《林中路》，页305）尼采到苏格拉底墓地掘坟鞭尸，海德格尔尾随而至，要敲碎柏拉图的苏格拉底的尸骨。海德格尔尾随尼采回到哲学的开端——阿纳克西曼德的箴言——之后，便与尼采一起谴责柏拉图对前苏格拉底哲学的背叛。

德里达尾随海德格尔退回到苏格拉底曾经面临的哲人生活的断裂之前，找到了隐藏在存在命运中的延异，从而把哲学安顿在"原初和谐"之中。尼采、海德格尔、德里达都解读苏格拉底-柏拉图，而且成为解释古代思想的大师。然而，与马基雅维利"隐瞒了""色诺芬的道德世界的另一极——苏格拉底"一样，尼采、海德格尔、德里达隐瞒了阿里斯托芬笔下的"秦火"。

三十年代初，海德格尔已经依据"被掩蔽的存在之命运"提出了新的"真理本质"说。应该注意到，海德格尔的这一哲学行动与他摧毁柏拉图的"真理学说"是联系在一起的。（参见海德格尔《路标》中的文献说明，页365）通过重新翻译和解释柏拉图笔下的苏格拉底所讲的"洞穴"故事，海德格尔断定，柏拉图把哲人生活界定为走出存在的洞穴，无异于把西方哲学引向了根本错误的方向，以致最终陷入虚无主义。

为什么这样说呢？

海德格尔解释说，"洞穴"是人的存在的处所，"人们感到自己'在世界上','在家中',并且在这里找到了依靠"。(《路标》,页246)洞穴外的阳光虽然显得是"自行显现的事物",其实是"理念"的比喻——"太阳乃是一切理念之理念的'比喻'"。柏拉图的苏格拉底所讲故事的主题出现在故事的结局,哲人爬出洞穴——转向阳光,又从阳光转回洞穴,也就是获得理念后回到"这个世界"。这时,哲人"落入了一种危险"——可能因为其自身的理念目光而被现实中的真理"杀害",一如苏格拉底的下场。(《路标》,页256)接下来,海德格尔用大段篇幅讨论"无蔽状态",正是依据这一概念,他得以建立自己的"真理本质"说。

海德格尔强调希腊文的"真理"一词的原初含义是"无蔽状态",究竟是什么意思?按柏拉图的苏格拉底所讲的故事,"洞穴"是"遮蔽状态"(非真理),作为比喻的阳光才是真理("无蔽状态")。与柏拉图的叙述针锋相对,海德格尔力图阐明:"洞穴"才是"无蔽状态",真理的根据在"洞穴"中,而非在"洞穴"外的阳光。因此,海德格尔断言:"洞穴比喻"实际上"并没有专门谈""无蔽",而是用 idea [理念] 宰制了"无蔽"。(《路标》,页265)西方形而上学中的虚无主义,据海德格尔说,就源于柏拉图的 idea [理念] 对"无蔽"的宰制。尼采重估一切价值之举尽管惊世骇俗,依然是"西方形而上学历史范围内最肆无忌惮的柏拉图主义者",因为,重估一切价值仍然得依据的所谓"价值观点",不过是柏拉图的 idea 的"内在结果"。

海德格尔得出结论说,柏拉图的"洞穴比喻"说第一次"描绘出现在和将来依然在打下西方烙印的人类历史中真正发生的事件的景象":按"洞穴"外的阳光(理念)来"思考一切存在者"("洞穴"),换言之,西方形而上学

的真理学说无异于遗忘存在("洞穴")的真理。(《路标》,页 261、268–269)

既然知道柏拉图说的回到洞穴意味着哲人的生存危险,海德格尔当然知道,洞穴的存在就是政治的存在。但海德格尔不谈政治哲学,而谈"存在哲学",继而标举前苏格拉底诗人的"箴言"和深得前苏格拉底诗人之心的德语诗人荷尔德林的诗作,以显露"大地"哲学(通过对荷尔德林诗作的解释,海德格尔重新解释了"自然")。

如果"存在"就是"洞穴",当然需要先把"洞穴"重新翻译成"大地",这样一来,存在哲学(大地哲学)就取代了柏拉图的政治哲学。在海德格尔那里,没有政治哲学的确绝非偶然:既然洞穴存在是政治的存在,立足于洞穴的"大地"哲学仍然是一种政治的哲学——鉴于海德格尔呼吁的是顺从诸神规定的命运,所谓"大地"哲学实质上又不是政治哲学,而是政治神学。

存在哲学看起来不干政治的事情,却又一度投入现实意识形态,就既非偶然,也不是那么不可思议的了。回到前苏格拉底与政治无涉的哲学,尼采–海德格尔–德里达的哲学并非就是非政治的。海德格尔和德里达都最终理解了马克思的幽灵,仅仅是看起来不可思议而已。[①] 尼采和海

[①] 海德格尔的《关于人道主义的书信》(见《路标》,前揭,367–429)暗中赞许马克思绝非偶然,人性被规定为"绽出之生存"实质上是对"人的解放"的神学解释,只不过采用了隐微的言说方式(海德格尔后来给这封信的初版加了边注:"这封书信始终说着形而上学的语言,而且是蓄意地,另一种语言隐而不显。"见页 367 注 1)。德里达领会了海德格尔的微言,采取行动把马克思从政党意识形态中解救出来,还其弥赛亚先知的本来面目。参见德里达,《马克思的幽灵:债务国家、哀悼活动和新国际》,何一译,北京:中国人民大学出版社,1999。

德格尔的哲学先成了右派的精神导师，然后成了左派知识分子的精神导师，而左派、右派知识分子实际上都是马基雅维利的后裔——用布鲁姆的话说，是"政治行为主义转变的一个结果"：所谓左派、右派不过是启蒙运动以后政治行为主义分裂的产物（布鲁姆，《走向封闭的美国精神》，页310）。

海德格尔的《柏拉图的真理学说》在收入《路标》文集（1967）之前，曾经两次刊印，一次刊于《精神遗产》年刊（1942），一次作为独立著作出版（1947）。1948年，施特劳斯发表了《如何着手研究斯宾诺莎的〈神学政治论〉》（后收入《迫害与写作艺术》）。不知道是否凑巧，施特劳斯在讨论斯宾诺莎的所谓真假哲学论时，忽然说到柏拉图的"洞穴"比喻与哲学的关系：在洞穴存在中其实还有另一层洞穴——"洞穴人自己挖"出来的洞穴，如果一个"洞穴人"要通达哲学（阳光），就得爬出不只一个洞穴。（《迫害与写作艺术》，页154-155）

如果将施特劳斯的"双重洞穴"说与海德格尔在"柏拉图的真理学说"中讨论的事情联系起来，至少不是太离谱。因为，施特劳斯在这里谈论的主题是"通达哲学的自然障碍"（the natural obstacles to philosophy）。如何通达哲学不正是海德格尔在《柏拉图的真理学说》中要说的事情？在接下来的论述中，施特劳斯虽然说的是斯宾诺莎，细读起来却令人觉得像在说海德格尔，因为，施特劳斯用到"历史地理解""历史处境""哲学与历史"甚至"历史主义"一类说辞（《迫害与写作艺术》，页155-160）。施特劳斯后来在专门说到海德格尔时，丝毫不吝惜使用这些说辞。

海德格尔的存在哲学的确彻底颠转了西方形而上学的方向：传统形而上学知"天"，海德格尔的形而上学知"地"——在洞穴中海德格尔力图展开的不是政治哲学，而是全新的形而上学，甚至还有诸神的"神学"。这样一来，海德格尔的柏拉图解释把哲学的目光彻底扭转过来——不是"仰视"阳光（柏拉图的"理念"）而是俯视"大地"之后，在"洞穴"的生存中重建形而上学就无异于再造出一层洞穴。

于是，有了海德格尔的形而上学，人们实际上住进了更深一层的洞穴。马基雅维利以来的哲学大都难免得提供出一个与政治结盟的"公民宗教"或者政治神学，海德格尔的诸神形而上学与此异曲同工，苏格拉底面对"多数人"的法律-宗教的问题被取消了——哲学与现实的政治神学的张力随之消除。

无论是卢梭还是尼采或海德格尔，对现代性的激进批判都是对欧洲命运的关切，甚至是对人类生活世界命运的关切。施特劳斯反对将卢梭哲学与雅各宾专政直接画等号，反对将尼采-海德格尔哲学与纳粹政治直接画等号——像当今某些学者热衷论证的那样。[1] 但施特劳斯也一再坚持，卢梭哲学与雅各宾专政、尼采-海德格尔哲学与纳粹政治有关系。

什么样的关系？

必须彻底思考哲学与政治的关系，才能回答这样的问

---

[1] 参见法里亚斯，《海德格尔与纳粹主义》，郑永慧等译，北京：时事出版社，2000。

题。但要彻底思考哲学与政治的关系，就得回到柏拉图——重新理解柏拉图式的政治哲学。施特劳斯的"路标"指向柏拉图式的政治哲学，就是要回答这样的问题：在洞穴生存中"为什么要哲学"。

中世纪的岔路口

现代哲学不断提出新的政治方案（各种"主义"）或现代性解决方案，无异于打造出"第二洞穴"。但哲学的本分不是提出具体的政治方案，而是盘诘何谓"真正的政治"——这就是"政治哲学"（die Politische Philosophie）的基本含义（迈尔，"施特劳斯"词条，前揭，页763－764）。如果现代性的根本问题就是哲学丧失了盘诘何谓"真正的政治"的本分，就得通过思考哲学丧失自身的开端来寻回哲学生活的本分。

哲学探究政治－神学问题才成为"政治的"哲学，正如柏拉图哲学探究苏格拉底在阿里斯托芬那里遭遇的政治－神学批判才成为政治的哲学。施特劳斯的柏拉图研究辨明了哲学向政治哲学的转向——从前苏格拉底的苏格拉底向柏拉图－色诺芬的苏格拉底的转向，从而回答了作为一种生活方式的政治哲学何时、何以、为何开始成为一种思想传统。

施特劳斯在二十世纪四十年代后期以来的研究，都没有离开苏格拉底－柏拉图－色诺芬的政治哲学问题。既然卢梭、尼采、海德格尔抵制现代性的返回行动都导致现代性浪潮的进一步高涨，施特劳斯的返回行动会不会也如此？

无数前辈都说柏拉图哲学是"相"论,施特劳斯怎么知道其实是政治哲学?施特劳斯怎么知道作为一种生活方式的政治哲学何时、何以、为何成了一种思想传统,这一传统又何时、何以、为何被中断?

施特劳斯的政治哲学研究要修复柏拉图和色诺芬建立的苏格拉底墓园,先得找到苏格拉底的墓园。施特劳斯的"路标"文集中,涉及迈蒙尼德的论文有三篇,与前一组中论柏拉图作品的论文数目相同。显然,在施特劳斯的"路标"文集中,迈蒙尼德具有与柏拉图相同的地位。可以说,中世纪人迈蒙尼德乃施特劳斯重新找到柏拉图和色诺芬的苏格拉底墓园的路标。

由此可以理解,施特劳斯为什么偏偏在中世纪哲学史研究中提出"为什么要哲学"的问题,为什么非得通过哲学史研究来搞清哲学和哲人生活的正当性问题。如果在中世纪哲学中还可以看到通向被尼采-海德格尔捣毁了的苏格拉底墓园的路标,为什么那么多的西方哲学史家没有看到?因为启蒙哲学已经埋葬了中世纪哲学?浪漫主义不是也讴歌中世纪吗?看来,问题还在于分辨:哪个中世纪哲学。

施特劳斯所谓的"中世纪哲学",指的不是通常说的基督教经院哲学,而是伊斯兰教和犹太教中的哲学——早在二十世纪三十年代,施特劳斯便通过中世纪中期的阿尔法拉比(Alfarabis,伊斯兰教哲人)和迈蒙尼德(Maimonides,犹太教哲人)找到了苏格拉底的墓园,并进而找到了作为一种生活方式的政治哲学何时、何以、为何被中断的原因。① 施特劳斯的中世纪哲学史研究，使得西方中世纪哲学曾经走过的一个岔路口重新呈现出来。

迈蒙尼德是中世纪的犹太教思想家，一个犹太教思想家何以成了柏拉图传人？按权威哲学史的描述，中世纪哲学的伟大成就不是亚里士多德哲学的复兴及其与基督教神学的综合吗？施特劳斯的"路标"文集中论马基雅维利的文章，紧接在三篇论迈蒙尼德的文章之后。难道西方哲学在中世纪所走过的岔路口可以通过迈蒙尼德与马基雅维利的不同呈现出来？马基雅维利不是中世纪人，何以可能将马基雅维利与迈蒙尼德对峙？

马基雅维利把政治哲学置于战争艺术名目之下，把政治哲学改造成了政治科学，从而彻底抛弃了古典的政治哲学。但政治科学并非马基雅维利的创新，而是对亚里士多德的"模仿"。亚里士多德说过，"吾爱吾师，但吾更爱真理"。亚里士多德哲学出于柏拉图却又在某些关键问题上背离柏拉图，提出了作为实践科学的哲学，将政治知识变成自主的知识领域。正是从这一哲学的政治科学出发，西方哲学"穿着历史的七里靴迈向了马基雅维利的大胆行动，在哲学的彻底政治化道路上重新获得了哲学的自由"（迈尔，《为什么要政治哲学》，页 33-34）。然而，如果说在

---

① 施特劳斯专论犹太教哲学的论著相对来说不多，却非常重要。除《哲学与律法》外，参见施特劳斯，《犹太哲人与启蒙》，刘小枫编，张缨等译，北京：华夏出版社，2010。关于施特劳斯与犹太教哲学传统的关系，可参看 Kenneth Hart Green, *Jew and Philosopher: The Return to Maimonides in the Jewish Thought of Leo Strauss*, Suny Press, 1993; Kenneth L. Deutsch / Walter Nicgorski 编, *Leo Strauss: Political Philosopher and Jewish Thinker*, Rowman & Littlefield, 1994; David Novak 编, *Leo Strauss and Judaism: Jerusalem and Athens Critically Revisited*, Rowman & Littlefield, 1996。

马基雅维利那里仍然有一种哲学,① 与亚里士多德有什么关系?

在马基雅维利研究中,施特劳斯提到,马基雅维利将启示宗教变成"人为的"宗教时,"沿袭了阿威洛伊主义的思想方法,即中世纪亚里士多德派的思想方法。正是这些哲人拒绝对启示宗教作出任何让步"(《马基雅维利》,页357)。什么是所谓"亚里士多德派的思想方法"?"亚里士多德派"不等于亚里士多德本人,"亚里士多德派的思想方法"也不等于亚里士多德本人的思想方法。施特劳斯所说的"亚里士多德派"诞生于中世纪晚期,其方法可以说是:

> 将亚里士多德的原理(那些献身于最高贵的实践活动的人凭其自身的资格就应当进行统治)同基督教原理(僧侣教士的活动比绅士的活动更高贵)加以调和。②

从哲学上讲,这就是所谓中世纪的亚里士多德主义或者圣托马斯主义;从政治上讲,所谓中世纪的亚里士多德主义表明了这样的情形:由于罗马教宗不断扩大世俗权力,神圣罗马帝国的政治理想(经院教士)逐渐取代了

---

① 即便反对施特劳斯的马基雅维利解释的学者也承认,发现马基雅维利思想中的哲学,乃施特劳斯的马基雅维利研究的重大功绩。参见捷米诺,《施特劳斯的马基雅维利再思索》,贺志刚译,见刘小枫编,《施特劳斯与现代性危机》,上海:华东师范大学出版社,2009。

② 参见施特劳斯,《帕都阿的马西利乌斯》(Marsilius of Padua),见施特劳斯、克罗波西编,《政治哲学史》,李天然等译,前揭,上卷,页312(以下简称《马西利乌斯》并随文注页码)。

古代希腊的政治理想（有思辨德性的人应该占据统治的位置）。

如果将中世纪的亚里士多德主义理解成雅典（亚里士多德）与耶路撒冷（罗马基督教）的综合，显然说不通，因为，不能将罗马天主教等同于耶路撒冷，否则无异于将基督宗教等同于犹太教。犹太教的神法是启示，是人民当绝对服从的律法；基督教的新律尽管也是启示性的，但新律宣告的是属灵的自由和人人在上帝面前的平等。如果亚里士多德主义是一种综合，那么，调和雅典（亚里士多德原理）与基督教（而非耶路撒冷）就可能导致背叛耶路撒冷。

希伯莱圣经早在希腊化时代就有著名的"七十士译本"，换句话说，早在中世纪的亚里士多德主义的综合之前，就已经有耶路撒冷与雅典的综合。在施特劳斯看来，这种综合的含义是：苏格拉底－柏拉图的政治哲学与希伯莱圣经一样，都注重政治生活中律法的神圣性和首要性。政治秩序的立法者是转向政治哲学之后的哲人（雅典）和传达容易动怒、施赏罚的上帝之言的先知（耶路撒冷），但在中世纪的亚里士多德主义那里，立法者成了关心属灵的自由和人人在上帝面前平等的基督教经院教士。

这一立法者的身份转变的结果是：终有一天，立法者将是人民——贵族政体将变成人民民主政体。施特劳斯的"魔眼"看到，卢梭的人民主权论在逻辑上已经由中世纪的"亚里士多德派"准备好了：中世纪的亚里士多德主义者"马西利乌斯断言，唯一合法的主权者是人民，但这一主权者得同政府区别开来。他因此而成功地使基督教僧侣教士服从于基督教俗人，使基督教贵族服从基督教民众或人民"

(《马西利乌斯》，页312）。

与后来马基雅维利"隐瞒了"色诺芬关于好政治的思想一样，对"亚里士多德关于反民主政治的辩论，马西利乌斯竟完全沉默"。不过，马西利乌斯毕竟还保留了某些亚里士多德关于贵族［优良］政治的观点。他主张，教会虽然是民众的，但"教会需要由俗人中最理想的那部分人来加以校正"。于是，马西利乌斯显得"在人民主义和绝对君主政体之间摇摆不定"（《马西利乌斯》，页320）。

在哲学上，"亚里士多德派"的含义是，亚里士多德哲学与基督教神学的结合。基督教在义理上与犹太教、伊斯兰教一样，是启示性的一神宗教。然而，由于基督教宣告了基督的新律，以福音取代（正统的说法是"成全"）了旧律（律法），基督教虽仍然是启示宗教，却不再是律法宗教，从而脱离了与犹太教和伊斯兰教的共同性。[①] "对犹太人和穆斯林来说，宗教首先是律法，是出自神的密码，并非如基督徒以为的那样，首先是体现于教义的信仰"（《如何着手研究中世纪哲学》，页137）。

既然"政治哲学同古典传统彻底决裂，尤其是与亚里士多德分道扬镳"，是马西利乌斯开的头（参见《马西利乌斯》，页329），现代性浪潮的始作俑者就是中世纪的基督教"亚里士多德派"——马基雅维利不过是把隐藏或者说暗藏在基督教"亚里士多德派"中的推论张扬开来而已。

[①] 参见 Jacob Taubes 的 *Die Politische Theologie des Paulus*（München，1993）对《罗马书》与《塔木德》的对勘解读以及对形形色色的现代思想家如尼采、弗洛伊德、施米特、巴特、本雅明、阿多诺与《罗马书》的关系的分析。施特劳斯提到过，巴特的《罗马书释义》的再版前言对于非神学人士也很重要，参见 Leo Strauss / John Klein, "A Giving of Accounts"，前揭。

说到底，基督教的福音传言与亚里士多德哲学的综合彻底打断了雅典与耶路撒冷保持张力的原始综合。

中世纪的经院神学收编了亚里士多德的哲学，也连带取消了雅典与耶路撒冷之间原始综合的内在一致性——对律法的倚重。托马斯·阿奎那发展出一套基督教哲学，中世纪的伊斯兰教和犹太教也发展出一套伊斯兰教-犹太教哲学（阿尔法拉比-迈蒙尼德）。这两种类型的中世纪哲学的根本差异在于哲学与律法的关系：在基督教哲学中，通过传承并重新解释罗马自然法，僧侣哲人消除了哲学与律法之间的冲突和紧张。与此相反，在伊斯兰教哲人和犹太教哲人那里，哲学与律法之间始终保持着张力。

由于阿尔法拉比、迈蒙尼德这样的哲人身为教徒、圣典律法学家（而非神学家）要坚持哲学，就不得不持守"双重真理"和两种教诲。对于基督教哲人而言，哲学既然已经是对自然法的解释，"双重真理"和两种教诲就都没有必要了。结果，正像马西利乌斯"在人民主义和绝对君主政体之间摇摆不定"，托马斯·阿奎那在理性与信仰之间摇摆不定。理性与信仰的关系，从此成了基督教哲学和神学关注的基本问题，取代了哲学与律法这一雅典与耶路撒冷的核心问题。

施特劳斯的中世纪哲学研究力图表明，通过中世纪的亚里士多德主义，人们可以找到亚里士多德的目的论学说和宇宙论，再由此找到所谓柏拉图的"相"论；通过阿尔法拉比和迈蒙尼德的哲学，却可以发现"显白的"柏拉图——关注"多数人"的法律的柏拉图：《法义》是"柏拉图最虔敬""也最具反讽意味的著作"。中世纪的亚里士多德主义与阿里法拉比和迈蒙尼德传承的柏拉图教诲的差异，就是信理－哲学与律法－哲学的差异：

> 圣托马斯在哲学议庭前为神学辩护。相反，迈蒙尼德的《迷途指津》则专心致志于律法学，致力于律法的真知实学。（《如何着手研究中世纪哲学》，页138）

施特劳斯进一步发现，早在启示宗教闯入哲学之前，柏拉图已经学会了一种抵制政治与宗教结盟的方法，中世纪的"异教"哲人正是采用这种方法来应付自己面对的政治处境：把上帝的律法、神圣的预定和先知精神理解为政治，然后以哲学的言辞与城邦保持张力。源于中世纪亚里士多德主义的现代理性主义把启示宗教变成了哲学，而柏拉图式的理性主义对启示宗教作出让步，但暗中又与启示宗教保持紧张关系。[1]

柏拉图式的哲学试图理解律法的必要性，理解共同体生活的政治和宗教统一秩序的必要性，因为，只有在这样的秩序中，共同体的道德生活才是可能的。政治－神学秩序的必要性是对公众生活而言的，但哲学本身不能变成启示宗教一类的神学，哲人需要的是"言辞中的城邦"——哲学在与政治－神学的冲突中才充分显出自身的正当性。

早在二十世纪三十年代中期，施特劳斯已经用《哲学与律法》一书的副标题 Beiträge zum Verständis Maimunis und

---

[1] 参 Heinrich Meier, *Die Denkbewegung von Leo Strauss: Die Geschichte der Philosophie und die Intention des Philosophen*, Stuttgart/Weimar, 1996, 页26（中译《施特劳斯的思想运动》[丁耘译]，见迈尔，《古今之争中的核心问题》，前揭）。

seiner Vorläufer（论迈蒙尼德及其先行者）挑明了上述主题——中世纪的岔路口。从这一意义上说，《哲学与律法》是施特劳斯思想的真正起点：通过对神学－政治问题（"洞穴生存"）的哲学思考，哲学才回忆起自己的"自然含义"：哲学是一种生活方式。[①] 神学－政治问题之所以成为柏拉图式政治哲学的"核心部分"，关键在于，经阿里斯托芬提醒，柏拉图懂得，只有面对城邦的政治－神学（"洞穴生存"）才能通达哲学。

哲人回到"洞穴"，不是要皈依"大地"的真理，进而把这种皈依变成一种哲学信仰，打造出一个第二洞穴，而是置身自然的"洞穴"——置身人民的政治－宗教之中，像苏格拉底临终前那样认真对待"多数人"的法律（《克力同》），甚至最终成为一个潜在的立法者（《法义》）。然而，转向政治以后的柏拉图式哲人尽管"不可避免地要尽一切可能影响政治生活，趋于自己的理想，却从未把自己真正看成社会的奠基人或法律的制定者"（布鲁姆，《走向封闭的美国精神》，页305）。

换言之，柏拉图式的哲人不是帝王师，尽管他看起来如此，因为哲人本质上既不信奉"大地"的真理也不顺服人民的宗教，而是质疑"洞穴生存"本身。亚里士多德主义的哲人才真的要当帝王师，以便实现这个世界的目的理性。所有识理知天的帝王都懂得顺从民众的意愿，让生活繁荣到看似放任自流（如《道德经》所教诲的那样）；成

[①] 参见 Heinrich Meier 为 Leo Strauss, *Gesammelte Schriften Band II: Philosophie und Gesetz: Fruhe Schriften* (J. B. Metzler Stuttgart / Weimar, 1997) 写的编者导言，页 ix – xxxiv（中译见迈尔，《古今之争中的核心问题》，朱雁冰译，北京：华夏出版社，2007）

为真正的帝王之师同样需要懂得顺从民众的意愿（如孟子的现身说法）。

但如果哲人真的成了帝王之师，哲学也就自杀了，因为，顺从民众的意愿意味着生活"没有问题了"——或者反过来说也可以，生活的意义问题不可解决，也不需要解决。启蒙以后的哲学最终成了文化哲学，而所谓"文化"的含义不外乎就是顺从民众意愿——哲学成了"洞穴"中的政治知识（第二洞穴），应该如何生活的问题被切割成诸如经济自由、民族自决、性别差异、文化自主一类的言谈。

在施特劳斯看来，启蒙运动以来的哲学的根本问题在于，哲学以为自己可以解决所有现世问题。可是，启蒙的后现代来临之后，不仅现世问题没有解决（犹太人问题不过是这些问题中的一个样板），哲学也不再是一种精神的自由高贵的生活方式，而是种种"主义"式的"学问"。面对哲学生活的瓦解，尼采－海德格尔决意彻底清算启蒙运动以来的哲学蜕变。通过对哲学的历史还原，尼采－海德格尔断定，哲学蜕变的根源就在柏拉图的"太阳"（"相"论）；真正"自然的哲学"不是理性形而上学，而是自然哲人的自然"信仰"。海德格尔既攻击亚里士多德主义的神学，也攻击柏拉图的形而上学，而他的新形而上学却是一种政治的神学——"大地"信仰的哲学，苏格拉底的政治理性主义传统就在这种"信仰"哲学中被彻底消解了。

施特劳斯在 1932 年对施米特《政治的概念》的评注中提出，施米特批判现代的文化哲学之所以失败，关键在于他在传统的政治神学与现代政治神学（文化哲学）之间摇摆。这是托马斯·阿奎那－马西利乌斯－马基雅维利的亚里士多德主义的结果：以理性与信仰的冲突取代哲学与律法的冲突，政治秩序问题最终会变成私人信仰问题。尼采－海德格尔回到前苏格拉底的精神，虽然攻击形而上学不遗余力，仍然基于某种信仰（诸神信仰）与形而上学的冲突，并没有摆脱中世纪基督教哲学划定的思想视域——甚至施米特也看出，海德格尔哲学具有"信仰"性质。①

哲学成了一种"信仰"，就不再是一种走出自然洞穴然后再回到自然洞穴的生活方式，不再是对美好生活的"盘根究底"。哲学成了"信仰"，应该如何生活的问题便得到这样的解答：顺从诸神规定的"存在命运"。尼采－海德格尔没有政治哲学（尽管仍然是一种政治的神学），乃是哲学成为"诸神信仰"的结果。海德格尔的"诸神信仰"哲学迷倒了无数启蒙后的哲人，引出另一种文化哲学——当今支配文化知识界的所谓文化研究，不过是其最新的表现而已。这种文化哲学看起来与作为政治方案的文化哲学截然对立，实质上都是在对民众施以催眠术：值得过的生活问题成了个人的欲望想象。

知识分子式的哲人在自己打造的"洞穴生存"中成了卡夫卡笔下的"女歌手约瑟芬"，以为自己的歌声可以迷倒民众，却不晓得民众不过以为她在吹口哨。

施特劳斯捍卫哲学，最终目的显得是为了捍卫传统的律法宗教。在他笔下，哲人显得像律法的卫士，以至于有

---

① 海德格尔的《关于人道主义的书信》（注意此文最初与《柏拉图的真理学说》一起作为单行本刊印）发表后，施米特在日记中写到，从海德格尔的"重新本体论化"（Re‑Ontologisierungen）那里可以看到，德国的 Christlichem Epimetheus［基督教的厄庇米修斯］如何根深柢固。参见 Carl Schmitt, *Glossarium: Aufzeichnungen der Jahre 1947–1951*（《语汇：1947–1951 笔记》），Berlin 1993, 页 83。

人会认为，施特劳斯捍卫哲学可以理解成为了挽救犹太教律法传统而施展的深谋远虑的计谋。毕竟，人们不可以无视施特劳斯的犹太人身份及其犹太教经学家的素养。

然而，关注中世纪的犹太教哲学，并非施特劳斯的先见之明。早在十九世纪末，对西方哲学的历史有深入了解而且在当时的主流哲学中占有宗师地位的犹太裔哲人、新康德主义大师柯亨（Hermann Cohen）终身相当关注中世纪的犹太教哲学。施特劳斯的"路标"文集以他为柯亨的《出自犹太教渊源的理性宗教》英译本写的导言收尾，不是没有用意的——施特劳斯在诸多地方批评柯亨，[①] 又是怎么回事？

提起柯亨，难免让人想到新儒家的哲学大师牟宗三。他们的心智终身奉献给了康德哲学（牟宗三临终前完成了康德三大批判的汉译），却心系本民族的思想传统。牟宗三并不像柯亨那样想要调和犹太教与西方哲学传统的冲突，而是要彰显儒家心学论对存在论问题的解决比西方理性哲学传统高明，但他重新解释儒家心性传统仍然以他对西方近代理性哲学传统的理解为视域。施特劳斯盛赞柯亨能一手精研西方理性主义哲学，一手写诠解犹太教哲学的文章——有如后来的列维纳。[②]

[①] 参见 Leo Strauss, *Spinoza's Critique of Religion*，前揭，页19-27；施特劳斯，《耶路撒冷与雅典：一些初步的反思》（何子建译），载《道风：基督教文化评论》，14（2001），页90-93（亦见施特劳斯/沃格林，《信仰与政治哲学》，张新樟等译，上海：华东师范大学出版社，2007）。

[②] 列维纳（又译勒维纳斯）在当今西方哲学界的形象，颇像当年的柯亨，差别在于，一个是现象学大师、一个是康德大师。像柯亨一样，列维纳也力图提供一个综合希腊哲学传统的犹太教哲学（参见勒维纳斯，《上帝、死亡和时间》，余中先译，北京：三联书店，1997），而且也诠解犹太教法典（参见勒维纳斯，《塔木德四讲》，关宝艳译，香港：道风书社，2001）。

然而，可以通过西方理性主义哲学赢回民族文化传统的信仰吗？柯亨用康德式理性主义哲学解释犹太教，会不会根本看错了雅典与耶路撒冷的关系？柯亨综合犹太教与希腊哲学传统的努力，会不会重蹈中世纪亚里士多德主义的覆辙？

施特劳斯对自己的这位前辈的批评显得十分温和：柯亨没有经历过二十世纪中期的两场更大的人类政治灾难（《耶路撒冷与雅典》，页92）。但施特劳斯并没有讳言，虽然柯亨引导他认识柏拉图和迈蒙尼德，给出的却是根本错误的理解方向。虽然柯亨"常常引证迈蒙尼德的论述"，却是用他的新康德主义来理解迈蒙尼德，而非从迈蒙尼德自己的视域来理解迈蒙尼德（参见《如何着手研究中世纪哲学》，页122）。

这样一来，柯亨也就不可能通过迈蒙尼德认清柏拉图与苏格拉底的关系，而是依从亚里士多德的见解，将柏拉图与苏格拉底明确划分开来，看不到柏拉图哲学的起点就是面对苏格拉底的政治命运（《耶路撒冷与雅典》，页93）。显然，施特劳斯关心的并非是如何通过深入西方哲学传统赢回耶路撒冷传统，而是"为什么要哲学"。

即便就赢回耶路撒冷传统而言，在施特劳斯看来，采取理性主义哲学的论证方式也行不通，反倒不如直接诉诸犹太教的神秘主义更有力。正如二十世纪的新儒家不仅有牟宗三这样的理性主义哲学大师，也有熊十力这样直承陆王心学传统的大师；二十世纪的犹太裔思想大家，不仅有柯亨，也有着意发掘犹太教思想中的神秘主义传统的大师罗森茨维格、索勒姆（又译肖勒姆）。① 对于罗森茨维格和索勒姆的思想努力，施特劳斯虽然赞赏有加，却并没有追随罗森茨维格从犹太教正统神学的立场出发来批判现代性或西方的现代哲学传统，尽管这样的做法简洁有力，看起来很有吸引力。

对于这样的民族性思想反应，施特劳斯保持了哲人式的距离：不能"以为神秘主义的特殊体验足以打消科学或哲学提出的疑问"，否则就把犹太人的律法宗教变成了与基督教一样的信仰宗教（《如何着手研究中世纪哲学》，页130）。从为《斯宾诺莎的宗教批判》写的英译本前言中可以看到，施特劳斯对罗森茨维格的批评远甚于对柯亨的批评。相当值得注意的是，施特劳斯在说到罗森茨维格时，突然插入了一大段对海德格尔和尼采的论述（参见《斯宾诺莎的宗教批判》，页 9 - 12）。施特劳斯在这里以少见的长段篇幅分析了尼采-海德格尔哲学的圣经宗教性质，似乎罗森茨维格（包括布伯）的神秘主义走到头不过就是尼采-海德格尔式的"信仰"哲学，而且就哲学本身而言，还远不及海德格尔深刻。犹太教神秘主义在现代性处境中想通过与理性主义哲学划清界限来赢回犹太教传统，反而丢失了犹太教的法宝——律法，最终也成了一种"信仰"的哲学。

在犹太教思想传统中，施特劳斯显得着意传承犹太教哲学而非犹太教的神秘主义，理由看起来全然是为了保全犹太教的律法宗教性质。然而，鉴于哲学对于犹太教来说

---

① 罗森茨维格的代表作《救赎之星》中译本 2013 年由山东大学出版社出版；索勒姆的论著相当多，主要代表作已经有中译：肖勒姆，《犹太教神秘主义主流》，涂笑非译，成都：四川人民出版社，2000。

根本就是"异教"的东西——犹太教哲学的名称本身就是自相矛盾（施特劳斯断然主张：一个人不可能既是神学家同时又是哲人），捍卫律法宗教的意图就绝非民族性的，而是政治哲学性的。正如不能用犹太教神秘主义来打发掉西方的理性主义传统，也不可用犹太人的特殊宗教经验（选民体验）来解释犹太人在古往今来的历史中所遭受的特殊灾难（参见《斯宾诺莎的宗教批判》，页13）。

施特劳斯关心的首先不是犹太教传统的现代命运，而是整个西方文明传统的现代命运。在施特劳斯看来，犹太人以及犹太教传统的问题是西方现代性问题的一个"样板"，而非反过来，就像对于不少新儒家论者来说，西方现代性问题是中国人以及儒教文化传统问题的一个"样板"。

> 毕竟，我们的所有内心疑虑，归根到底不是传统犹太教信仰与亚里士多德形而上学的冲突，而是与现代自然科学和现代历史批判的冲突。（《如何着手研究中世纪哲学》，页131）

施特劳斯追随迈蒙尼德乃因为他是柏拉图的传人，而非因为他是犹太教思想大师。

在施特劳斯眼中，耶路撒冷早就与雅典结合（哲学与律法结合）在一起，所谓西方传统乃是雅典与耶路撒冷共有或一荣俱荣的西方传统，犹太人的命运与西方文明传统的命运不可分割。固然，雅典与耶路撒冷或者说哲学与律法不可能调和，只会有永不可消解的冲突。然而，哲学与律法的冲突，恰恰是西方文明的生命力之所在。我们始终不可忘记，施特劳斯并非仅仅强调神学与哲学或者耶路撒冷与雅典的冲突，也以相同的分量一再强调两者有根本上的一致。

马基雅维利与古典政治哲学的决裂，是同时与耶路撒冷和雅典的决裂（参见《现代性的三次浪潮》，页86）。对于施特劳斯来说，保持哲学与律法之间的"根本性张力"，对于人类生活具有不可估量的意义——当然是政治哲学的意义。要搞清这一"根本性张力"的意义，就必须深入透彻地理解阿里斯托芬-柏拉图-色诺芬笔下的苏格拉底。

为了彻底抑制"马基雅维利的速度"，阻挡现代性浪潮的回卷式推进，施特劳斯从中世纪的柏拉图传人阿尔法拉比和迈蒙尼德那里寻回柏拉图式政治理性主义哲学的坠绪，力图在神学与政治之间维护哲学的自由，而非让哲学要么成了政治方案，要么成了女妖般迷人的歌声。施特劳斯的榜样说到底是柏拉图本人：像柏拉图那样在民主城邦面前为了询问何为正确的生活和真正的政治而为哲学辩护。因此，施特劳斯追随中世纪的柏拉图传人并非意味着他的政治理想是要回到中世纪。

施特劳斯当然清楚，现代的处境不是中世纪，而是马基雅维利以后的现代。问题在于，无论人类生活处于什么样的时代，人类生活的经济条件发生了什么样的变迁，政治和宗教都依然是人类生活的"原初事实"。施特劳斯的"路标"文集的起头文章虽然主要谈的是海德格尔，篇名却没有用海德格尔的哲学标志——"实存主义哲学"，而是用的现象学哲学的标志——"作为严格科学的哲学"。

这意味着，施特劳斯的思想方向从哲学上讲是现象学式的——回到"实事本身"。问题在于：何为"实事本身"？不是纯粹的意识，不是此在及其存在命运，也不是感觉呈现的生活世界，而是政治和宗教的"原初事实"。哲人的思索不可在"洞穴生存"中再挖出一个人为的"第二洞穴"。

从迈蒙尼德那里，施特劳斯得到的启发首先是：迈蒙尼德虽然将犹太教律法理性化——《迷途指津》是关于律法的书，却并没有因此就综合了耶路撒冷与雅典，而是看到，哲学在律法的政治共同体中仍然有其不可取代的位置。迈蒙尼德的"秘传哲学"或者"隐微"写作都服务于这样一个目的：在一个必须肯定律法的神圣性及其政治法权的政体中，如何可能做一个哲人——在犹太教传统中如何做一个哲人（或者对于阿尔法拉比来说，如何在伊斯兰教传统中做一个哲人）。

这个问题与苏格拉底在一个信奉城邦神的城邦中如何做一个哲人是相同性质的问题：做一个犹太教中的哲人，与在雅典城邦做一个哲人，同样具有双重危险（害人害己）。由此可以理解，柏拉图的写作方式和政治哲学对于迈蒙尼德有特别的吸引力。说到底，施特劳斯与迈蒙尼德一样，在耶路撒冷与雅典的关系上，他所考虑的不是如今所谓的民族文化冲突问题，而是何为真正的政治和真正的哲学。

在理解施特劳斯复兴柏拉图式政治哲学的含义时，最终便得面对一个根本问题：为什么哲人尽管内心不顺从律法却要公开肯定律法。这一问题较为学究性的表述就是：政治哲学与政治神学的关系究竟是怎样的。

施特劳斯与启蒙哲学

—— 读施特劳斯早期文稿《柯亨与迈蒙尼德》

施特劳斯是个启蒙哲人——这听起来颇为荒唐,因为,施特劳斯对启蒙哲学的批判彰明较著,坚毅且一以贯之。然而,如果我们考虑到如下情形,说施特劳斯是个启蒙哲人就并不荒唐了:哲学就其本质而言就是启蒙性质的,或者说,哲学天生就是要祛除人的蒙昧状态。如果施特劳斯的确是个哲人,那么他在本质上就是个启蒙者或者首先是个被启蒙者。

倘若如此,施特劳斯何以既是启蒙哲人又是坚毅的启蒙哲学的批判者?

解决这一矛盾的推论是:西方哲学思想史上出现过两种启蒙,一种是真的启蒙,一种是假的启蒙,假的启蒙的真实名称应该是"蛊惑人心"——在《关于马基雅维利的思考》第三章的结尾,施特劳斯的确说过,现代哲学启蒙的真实名称应该是"蛊惑人心"。通过细读施特劳斯的早期文稿,可以发现,早在修习时期,施特劳斯就已经注意到两种启蒙的品质差异。1931年5月4日,施特劳斯在柏林的犹太学研究院礼堂作了题为"柯亨与迈蒙尼德"的学术报告,时年三十二岁。从这篇学术报告中,我们可以清楚地看到施特劳斯一生所致力的哲学方向和基本意图所在(施特劳斯临终前亲自编订的自选文集的最后一篇是为柯亨的《源于犹太教的理性宗教》一书英译本写的导言),也可以看到我们已经熟悉的一些施特劳斯的著名主张的来历。[①] 通过悉心研读这篇早期讲稿,笔者得以澄清自己因受现代启蒙教育而一直盘踞在头脑中的一些重大且基本的糊涂哲学观念。

"柯亨与迈蒙尼德"这个标题向我们揭示了两个东西:首先,这是两位犹太教的哲人,我国学界对他们迄今仍然比较陌生(但我们可以联想到儒家哲人)。此外,柯亨是现代哲人,迈蒙尼德是中古哲人,把这样两个哲人摆在一起来谈,已经使得思想跨越了历史语境的制约——设想如果我们要写"牟宗三与朱熹"的话,将会怎样写。

换言之,有些思想问题是基本的,不会随时代变迁而改变,哲学思考必须追索这样的基本问题,因为哲人思考的就是恒在的问题。问题在于,什么是基本的、恒在的问题,哲人之间难免会有分歧。作为历史上的大哲的学生,我们首先需要把握:什么是恒在的问题。

做这个学术报告时,施特劳斯与我们一样尚年轻,但他已经在努力把握这样的问题。让我们感兴趣的是:为什么施特劳斯要通过比较柯亨与迈蒙尼德来实现这种努力

---

① 原稿分为报告手稿和笔记手稿,经 Heinrich Meier 整理、编辑,收在《施特劳斯文集》卷二,中译(李秋零译)见施特劳斯《犹太哲人与启蒙》,刘小枫编,张缨等译,北京:华夏出版社,2010。

——不用说,可以选取的前辈大哲实在很多。

这个题目超逾了历史的时空,把两个相隔如此遥远的哲人拉到一起,但另一方面,这个题目也隐含了现代与古代的分野,甚至古今的对比。报告一开始,施特劳斯就提到,标题带有一种"比较史学的旨趣",但施特劳斯在这里给自己提出的任务是理解古人迈蒙尼德。我们置身于现代,迈蒙尼德却是古人,我们要理解迈蒙尼德定然会有困难,需要前人指引,于是找到柯亨,因为他深入思考过迈蒙尼德所想的事情。但柯亨这个前人是现代人,他会不会有自己的局限。施特劳斯说,"重要的是跟随柯亨的正确途径,同时不让自己因他的失误而离开这种正确途径"——他没有这样说迈蒙尼德。这话明确表明,施特劳斯认为,现代哲人柯亨可能会有失误。

已经清楚,施特劳斯作为学生的任务是要搞清楚古代大哲迈蒙尼德如何看待一些哲学上的基本问题,但走近迈蒙尼德必须借道柯亨。由于柯亨是现代人,施特劳斯对他抱持疑虑——似乎施特劳斯天生对现代品质抱持疑虑。我们会吗?多半不会。不仅我们不会,当时在座的听施特劳斯作报告的学者们恐怕多半也不会。施特劳斯为什么会如此?我想,这多半是他的天性使然。

无论如何,这篇报告实际上不仅对当时的学者的视野提出了挑战,也对我们的视野提出了挑战:由于我们都是现代人,我们已经很难理解古代大哲对一些基本问题的理解——从本质上讲,所谓古今之别其实就是现代哲人与古代哲人对某些基本的、恒在的问题的理解有根本差异。

因此,细读这篇文章难免会触及与我们切身相关的两个问题:1. 已经有了那么多的现代思想大师,我们是否还有必要认识古人的思想；2. 如果有必要的话，我们如何对待自己所接受的启蒙教育和所处的现代启蒙之后的文化思想处境。

我带着这两个切身的问题来读施特劳斯的这篇报告——施特劳斯也是现代人，甚至可以说与我们是同时代人，这绝非比喻性说法。施特劳斯做这个报告时在1931年，我们知道，海德格尔的《存在与时间》在1927年出版，随即引发哲学思想界的巨大震动。即便没有出版这本书，海德格尔的讲课魅力以及他对古人（柏拉图、亚里士多德）的解读已经吸引了不少当时最具思考热忱的德意志青年，这样的思想态势与我国在1980年代以来的思想态势非常相似。施特劳斯亲身感受过海德格尔的魅力，然而，这个德意志的犹太青年没有被海德格尔的思想漩涡卷走。

不仅如此，三十年后，施特劳斯通过自己的努力，成功地在思想界和教育界建立起一道防护墙，从根本上扭转了西方学术思想的走向。施特劳斯为什么能做到这一点，他的思想立足点何在，这篇报告给出了答案。不错，这篇报告里没有出现海德格尔的名字，但可以肯定，报告的语境与海德格尔相关，因为，当时强劲崛起的现象学正在取代新康德派在学界的领导地位，而柯亨正是新康德派的殿军人物之一……1980年代的我同样经历过海德格尔取代康德的时刻，施特劳斯为什么没有被海德格尔风潮卷走，的确是身处海德格尔漩涡中的我值得认识的事情。我今天细读这篇文章，目的仅在于挽救自己。

现在我跟随施特劳斯"进入正题"。

施特劳斯找柯亨当接近迈蒙尼德的向导，是因为柯亨写过论述迈蒙尼德的文章。按照柯亨的描述，在迈蒙尼德的哲学中，伦理学处于中心位置。伦理学是关于人的学说，它需要逻辑学垫底，还需要美学殿后——施特劳斯复述柯亨的这一描述有两点值得注意：1. 当特别提到伦理学是关于人的学说时说，给它垫底的是逻辑学，言下之意，逻辑学不是"关于人的学问"；2. 伦理学还需要美学来补充，但迈蒙尼德有"美学"吗？显然没有，"美学"是康德创建的哲学分支，从而可以看出，柯亨是按康德的哲学体系来描述迈蒙尼德这个古人的，逻辑学-伦理学-美学恰好对应于康德的知、情、意三大知识划分。

然而，我们不是也可以说，按柯亨的描述，迈蒙尼德的哲学显得是一个有如亚里士多德哲学那样的体系吗？在亚里士多德哲学那里，我们看到，有作为第一哲学的形而上学（含逻辑学），有作为实践哲学的伦理学和政治学，还有诗学和修辞学，从而显得是一个体系，美学替换的似乎是诗学和修辞学。

对柏拉图哲学，我们就没法说有这样的体系。但是，我们很难说，伦理学是亚里士多德哲学的中心，因此，当柯亨说迈蒙尼德哲学的中心是伦理学，无异于说，迈蒙尼德哲学看起来像亚里士多德的哲学，但实质上又不像。施特劳斯没有挑明柯亨的描述带有康德哲学观的色彩，而是盯住柯亨眼中的迈蒙尼德与亚里士多德的关系：如果说形而上学在亚里士多德哲学中处于中心位置，那么，迈蒙尼德把哲学的中心挪到伦理学是什么意思？

无论形而上学还是伦理学，都仅仅是哲学的一个部分而非全部。以形而上学为中心，意味着从形而上学的角度来看待整个哲学，以伦理学为中心，意味着从伦理的角度来看待整个哲学。"哲学的伦理意义也就是哲学的属人意义，哲学的本来意义"——我们必须想起康德的说法：哲学最终是要把握"人是什么"这一基本问题。

什么叫"哲学的属人意义（den menschlichen Sinn）"？施特劳斯随后给出了同义的说法："属人的意义"就是"实际的、活生生的意义"，更进一步的同义说法是"政治的意义"——反过来说，当我们从形而上学的角度来看待整个哲学，就是从非属人的——非实际的——非政治的意义来看待哲学。

让我们记住两点：首先，迈蒙尼德的哲学看起来像亚里士多德哲学，但实质上不是；其次，形而上学式的哲学与伦理学式的哲学有根本区别，前者是非属人的 – 非政治的，后者是属人的 – 政治的。属人的等于政治的，这一点很重要。然而，两者的差异意味着什么？施特劳斯宣称，这是他要试图搞清楚的事情。

我们作为现代人要理解迈蒙尼德需要引导，"因为我们生活在一个完全不同的世界"——怎样不同？这个"不同"不同于比如说迈蒙尼德与柏拉图所生活的世界不同，因为我们生活的世界是"现代文化"的世界，也就是经过现代启蒙的世界。这里提出了古今之别的根本差异：现代式的启蒙。

施特劳斯强调，我们生活在这样的世界已经习以为常，启蒙精神已经深入到我们的血液中。然而，对于我们理解迈蒙尼德这样的古人或者说所有古人来说，"已被启蒙"恰恰是"真正的障碍"。既然如此，怎么可以让柯亨来引导我们，他也是现代人，"也已被启蒙"。

但施特劳斯又说，柯亨与我们不同：我们对现代启蒙早已没有戒心，柯亨对此却有戒心："对他来说，启蒙就并非不言而喻的"——这话听起来多少有些似是而非的味道，因为，至少听报告的人都知道柯亨是个康德派，而康德是现代启蒙旗手，施特劳斯说康德的信徒对启蒙有戒心，岂非自相矛盾？难道施特劳斯刻意要把自己批判柯亨的锋芒隐藏起来？

施特劳斯马上就说，柯亨已经是个被启蒙者，但与我们不同，柯亨是个自觉的被启蒙者，这无异于说，我们是稀里糊涂的被启蒙者。所谓柯亨"原初地理解启蒙"，指他尚处于现代启蒙的原初形式中，通过柯亨，我们可以把握现代启蒙的原初含义。

换言之，施特劳斯对柯亨的说法没有自相矛盾：让柯亨来引导我们，旨在透彻把握现代启蒙——对海德格尔，我们同样可以提出这样的问题：如果让海德格尔来引导我们，我们就必须搞清楚他与现代启蒙的关系。可以说，施特劳斯审查一个现代思想家的尺度，首先看的就是他与现代启蒙的关系。海德格尔非常反现代性、反技术理性，但海德格尔对现代启蒙有过自觉的反省吗？

在启蒙的自觉性中，"柯亨努力要稳固自己思想的源头"，也就是要巩固启蒙的信念，这时，柯亨发现了迈蒙尼德。施特劳斯明确指出，柯亨"在启蒙的视域里"向我们展示迈蒙尼德的哲学。由此问题来了："在启蒙的视域里"可能展示一个古人的思想吗？

柯亨说迈蒙尼德是个理性主义大师，"理性主义"是现代启蒙的标志性提法，我们对这个提法并不陌生，但要让我们简明扼要地说，什么叫"理性主义"，恐怕会让我们犯难。现在我们看施特劳斯怎么表述——施特劳斯从哲学与神学的传统冲突来理解"理性主义"：所谓理性主义指的是，信靠理性而非信靠宗教启示对生活的引导，理性而非启示才有权威，启示被理性判为"迷信"（或说得好听些，"神话"）。柯亨说迈蒙尼德是"犹太教的理性主义者"，无异于把迈蒙尼德理解为一个跟柯亨自己一样已被启蒙的犹太人。施特劳斯再次强调，"柯亨是个受到现代启蒙规定的思想家"，现在，柯亨把现代启蒙的规定挪到了迈蒙尼德头上。

如果我们说自己是个理性主义者，我们不会感到有什么问题或者困难，但要说迈蒙尼德是个理性主义者就会有问题，因为他是犹太教徒——这样的问题在柯亨身上同样有效，因为，柯亨也是个犹太教徒。一个信奉圣经启示的犹太教徒何以可能是个理性主义者？反过来说，一个犹太人成了理性主义者，何以可能还是犹太教徒？因此可以理解，施特劳斯接下来说："已被启蒙的犹太教"这一提法成问题，因为，"启蒙"理性虽然是犹太教所需要的东西，但毕竟"这种东西不是犹太教的"。施特劳斯问了一个让我们感到奇怪的问题："启蒙具有什么样的属人方式和来历？"换言之，启蒙最早是什么样的人发起的？

施特劳斯说，启蒙的起源就在希腊哲学，但让我们感到意外的是，施特劳斯说，他指的不是通常所谓的古希腊智术师派的启蒙，而是柏拉图式的启蒙，也就是柏拉图式的哲学（Platonische Philosophie）。这里我们得到了两个新东西：首先，古希腊启蒙哲学（智术师派）的敌人柏拉图的哲学也是一种启蒙哲学；其次，柯亨正是从这种启蒙哲学观来理解迈蒙尼德的。

对第一点我们感到好奇：柏拉图哲学在什么意义上可以被理解为一种启蒙哲学；对于第二点，我们感到困惑，因为，施特劳斯曾说柯亨接受的是现代启蒙，难道柏拉图的启蒙与现代启蒙是一回事？施特劳斯提到柯亨的论著《柏拉图和先知们的社会观念》，仅仅书名就让我们感到好奇：何以把柏拉图与先知相提并论？说柏拉图是理性主义者不会错到哪里去，但先知并非理性主义啊……

现在需要了解柯亨如何理解柏拉图："对于柯亨来说，柏拉图绝不是所有哲学的始祖，而仅仅是真正的（wahren）哲学的始祖。"这无异于说，此世的哲学何其多，但都不是"真正的哲学"，与此相对的非真正的哲学以亚里士多德为代表。

这里我们碰到了一个非常重要的提法：按照柯亨的理解，"柏拉图和亚里士多德代表着一种永恒的对立，不仅是正确的哲学思想与错误的哲学思想的永恒对立，而且这种对立所处的位置在于：哲学思想忠于还是背叛人们最为关切的事情"。柯亨为此提供的证据是：亚里士多德的哲学"敌视观念、敌视好的观念"。

柯亨得出的看法是，迈蒙尼德表面上看起来像亚里士多德的传人，骨子里却是柏拉图的传人。这个观点对我们来说相当重要，因为，柏拉图与亚里士多德这对师徒之间的分歧是思想史上众所周知的事情，但分歧的要害究竟何在，我们一直不清楚——亚里士多德在我国学界受到重视的程度远远高于柏拉图，按照柯亨的说法，我们岂不是在追随非真正的哲学？

迈蒙尼德更接近柏拉图而非亚里士多德，这与迈蒙尼德是个理性主义的犹太教徒的悖谬身份难题有什么关系吗？的确有关系，而且大有关系，因为，接受柏拉图的哲学，迈蒙尼德可以同时是个理性主义者和犹太教徒，如果接受亚里士多德的哲学，迈蒙尼德就不可能如此。施特劳斯承认，对迈蒙尼德来说，"也许［唯一］最重要的问题是问：世界是恒在的还是被创造的"——倘若主张世界是恒在的，就是理性主义的哲学观；倘若主张世界是被创造的，就是启示宗教的创世观。既然迈蒙尼德主张启示宗教的创世观（因为他是个犹太教徒），他就不可能接受亚里士多德的世界恒在学说，接受柏拉图关于世界由神匠塑造的学说，就不会出现这种矛盾。但施特劳斯说，"柯亨并未想到这种柏拉图主义"。于是，施特劳斯表明，柯亨关于迈蒙尼德是柏拉图学派的说法，其实隐含着自相矛盾。

围绕理解迈蒙尼德这一目的，施特劳斯在报告引言中提出的根本问题是：是否可能同时是理性主义者和犹太教徒。由此提到了两种启蒙，启蒙的核心问题是哲学与宗教、理性与启示的关系：1. 从现代启蒙的视野来看，不可能同时是理性主义者和犹太教徒，因为理性排斥启示；2. 从柏拉图式的启蒙来看则有可能——柯亨提出了柏拉图与亚里士多德的对立，倘若如此，现代启蒙的源头就在亚里士多德那里。

因此，施特劳斯说，关键在于搞清楚柯亨如何理解柏拉图与亚里士多德的对立，这涉及何谓"真正的哲学"的大问题。施特劳斯后来把自己的学问命名为"柏拉图式的政治哲学"，我们由此可以看到，如此学问方向来自柯亨的指引，其出发点是：犹太教哲人是否可能。答案是：做柏拉图式的理性主义者就可能，做亚里士多德式的理性主义者就不可能。

犹太教是民族-国家性宗教，而非普适性宗教（比如佛教），哲学与任何宗教都有冲突，犹太教与希腊哲学的冲突已经有两千多年的历史，如今犹太教哲人还在思考这一冲突，这对我们思考儒教与西方哲学的关系有什么启发？

接下来是手稿笔记本中的正文起始，施特劳斯用我们在前面已经读过的正式的报告引言取代了这段文字。这段笔记的内容与正式的引言虽然实质上相同，仍然值得我们重视，因为在这里对柯亨的批评更为直白，也更为深入；换言之，正式宣读的引言没有把话挑得太明。但我们的困惑在于：既然施特劳斯的"柏拉图式的政治哲学"来自柯亨的指引，他怎么又批判柯亨？

手稿笔记中的开头表明，施特劳斯本来一开始是要对"柯亨崇敬迈蒙尼德"这个说法表示质疑——就比如我们对牟宗三崇敬宋明诸子表示质疑——为什么柯亨的崇敬并非不言而喻？因为，有不少古代的犹太思想家，迈蒙尼德仅是其中之一，柯亨为什么偏偏选择崇敬迈蒙尼德——就好像说，中国古代的思想家很多，为什么我们要偏偏选择比如说廖平、苏东坡、扬雄……因为，"选择迈蒙尼德就意味着选择一种哲学得以理解的犹太教，选择用哲学照亮犹太教，选择一种已被启蒙的犹太教"。

这里我们得以理解所谓"已被启蒙的犹太教"的含义：哲学与犹太教的关系变得和睦，甚至融合无间。然而，这种融合并不等于哲学与犹太教的平等，而仅是"犹太教需要哲学，但并非哲学也需要犹太教"。哲学（或者说理性）处于一种优越地位，不是"哲学应该从犹太教的学说中学习"东西，而是相反（如果把犹太教换成儒教，就成了我们的问题）。

面对这一问题，偏向哲学的一方会以如下理由拒斥两者的融合："让哲学与启示有某种联系就只会损害哲学"

(斯宾诺莎),站在犹太教一方则会以如下理由拒斥两者的融合:让哲学与犹太教结合,犹太教会被哲学毁掉。

紧接着施特劳斯就提出,"被启蒙的犹太教"(犹太教的哲学化)之所以成问题,乃因为这触及做人与做犹太人不可兼得的问题:"做人"意味着遵循哲学的自然原则,做犹太人意味着遵循民族性宗教的礼法。"被启蒙的犹太教"的提法因此根本是矛盾的:"启蒙反对一种属人的可能性"——这是什么意思?现代启蒙不是追求所有人的可能性吗?

我们需要回想起前面说到"属人的"这个形容词时,含义是伦理的甚至政治的。看这里的"做人和做犹太人"的对举:"做人"不等于"属人",因为,实际的"做人"都是具体地做犹太人、中国人、阿拉伯人,这种具体的"做中国人"才是"属人的可能性",这种可能性无不与具体的宗法(伦理)相关,因而也是政治的人。

现代启蒙如何"反对一种属人的可能性"?这就是把宗教启示这一"属人"的根基判为"迷信",温和一些的说法则不过是把宗教启示判为神话而已,如果谁(比如我们)已经接受了这一批判立场,当然就没有什么好说的:"做人"是不言而喻的。但施特劳斯在这里强硬地表示:理性贬低宗教启示"绝非不言而喻的事情",从而,"做人""绝对是个问题"。于是问题就来了:柯亨和迈蒙尼德都接受了哲学的立场("做人"),他们何以可能还是犹太教徒。施特劳斯随之具体说明为何理性贬低宗教启示"绝非不言而喻的事情"。

这段读起来比较费解的辨析,意思说的其实就是引言中说的:一个信奉圣经启示的犹太教徒怎么可能是个理性主义者。成为哲人的犹太教徒如果以理性来批判"神话",必然摧毁自己圣经信仰的根基。然而,如果从圣经信仰出发来批判神话,或者说"用哲学来替代神话就必须是犹太教意义上的[替代]",情形就不同了。

> 因此,不可以说用哲学替代神话并不触及犹太教,而应当说用哲学替代神话是一种犹太教的必然性;犹太人对哲学有一种义务。

迈蒙尼德的做法就是如此,他"把认识上帝理解为哲学的认识"。与此相反,柯亨则是从理性出发来批判神话。就犹太教与哲学的融合而言,柯亨与迈蒙尼德显得一致,但是,关键差异在于:对柯亨来说,这是因为犹太教需要哲学,对迈蒙尼德来说,这是因为哲学需要犹太教。结果便是:柯亨的立场必然导致现代启蒙式的理性决定宗教,或者说,这是他接受了现代启蒙的结果。

接下来施特劳斯通过辨析三种圣经解经的方式来进一步具体说明这种差异,对我们了解二十世纪西方思想的变化非常重要,因为这涉及所谓解释学问题,值得我特别用心搞懂。

迈蒙尼德从犹太教出发"把《圣经》的真正教诲从神话视域引渡到哲学视域",这无异于认可了哲学反对神话的正当性,但不等于认可了哲学反对"《圣经》的真正教诲"的正当性。这里的关键在于,要把《圣经》的真正教诲与神话区别开来,哲学化的圣经解释就得让《圣经》的真正教诲从其神话形式中摆脱出来。

迈蒙尼德是怎样做的呢?他采用寓意(Allegorese)的

解经方式来解释圣经经文，这种方式预设经文有两层含义：字面的含义即外在含义和内在的含义。字面含义带有形象性，是神话式的说法，因此往往与哲学理性相违，但内在含义则与哲学理性并不相违。

> 这种理解预设：圣经教师自己是拥有哲学的，但出自某种理由和为了某种目的，他们用形象的形式来表述哲学。因此，圣经教师们，尤其先知们，必须也是哲人，当然不仅仅是哲人，因为他们除了有哲学洞识之外，也有力量去形象性地、明白易懂地、有效地展示这种洞识。

可以说，所谓"寓意"指的是，认定经文有字面含义和内在含义，前者仅是后者的一种"形象描述"，如果你是个哲人，就当在解经时透过字面含义看出和说出其内在含义。"寓意解经"的双层含义说得以成立基于一个假定：经文作者（=圣经教师、先知）懂哲学。因为内在含义就是哲学洞识，"但出自某种理由和为了某种目的"，他们又不可直白地说出哲学洞识——出自什么理由和为了什么目的？仅仅是为了保护民人们的信仰？不一定，这里重要的是：先知也是哲人，懂哲学。

由此得出寓意解经（die allegorische Auslegung）的一条重要原则：要像作者理解自己那样理解作者——我们知道，这是施特劳斯一再重申的读经原则。懂得经文有字面和内在两层含义，不等于解经者能够识读出经文的内在含义。除非解经者自己精通这种内在含义。这就需要解经者也是哲人，但这个哲人只是学徒，对他来说，解经就是向经文作者学习，因此必须像作者理解自己那样理解作者。

接下来，施特劳斯说到后来出现的两种解经原则——近代的和现代的解经原则，它们与迈蒙尼德所理解的寓意解经原则有所不同。近代的解经原则被称为"史家的抱负"，也就是具有"历史意识"的解经原则，具体说就是历史-考据的解经（die historisch-kritische Auslegung）。这种原则与寓意解经一样，主张"像作者理解自己那样理解作者"，但否定经文有双层含义，因为这种原则假定，经文作者不可能是个哲人，当然也不可能会有把哲学洞识放在字面含义下面这回事，从而攻击寓意解经为"强暴文本"。

这种假定的理由何在？理由在于，圣经和哲学毫不相干，"属于完全不同的世界：哲学是少数智者的事情，《圣经》面向的是大众"。历史-考据的解经最终走向了《圣经》批判，恰恰基于这样的预设：圣经教师不懂哲学、没有哲学洞识，他们"理解自己的方式"与哲学洞识相矛盾。这就是哲学批判圣经的前提，如此前提虽然也主张"像作者理解自己那样理解作者"，却很可能把作者（先知）的心界看低了（没有哲学洞识）。

现代的解经原则即柯亨提倡的解经原则——柯亨吸取了历史-考据的解经对寓意解经的批评，"尤其吸取了斯宾诺莎对迈蒙尼德的寓意解经的批评"，这意味着他也承认，圣经作者不懂哲学、没有哲学洞识。但施特劳斯怎么又说"柯亨拥护寓意解经的原则"呢？历史-考据的解经否定寓意解经的要害在于否认双层文本，理由是经文不可能有哲学洞识（也就没有内在含义），柯亨认同近代解经关于经文没有内在含义、经文中没有哲学洞识的看法，但不认同近代解经关于经文没有双层含义的看法。这就让我们感到奇怪了：既然柯亨已经与历史-考据的解经一样认为经文没有哲学洞识，同时又承认有双重含义，那么，文本的内在含义作为哲学洞识又从何而来？来自解经者自己。由此我们可以读懂下面的说法：

> 柯亨从康德的洞识出发——即有可能比作者理解自己更好地理解作者。这种"比作者理解自己更好地理解作者"，柯亨称之为观念化的解经（idealisierende Auslegung）。

换言之，经文中有双层含义，但内在含义不是经文作者原有的，而是解经者赋予的，因为，解经者（Ausleger）"自己比作者优越"。如果比较观念化的解经和迈蒙尼德的寓意解经，那么我们可以看到两者的异同如下：两者都承认经文有双重含义（与历史考据的解经不同）。差异在于，观念化的解经不认为内在含义是经文中的作者原有的，因而无需"像作者自己理解自己那样理解作者"（与寓意解经和历史考据的解经都不同）。柯亨的观念化解经与迈蒙尼德的寓意解经的出发点是一致的，这就是为了挽救《圣经》，"以骨子里认同《圣经》的真正含义的方式让《圣经》摆脱神话"。但由于接受了近代解经的原则，柯亨觉得：

> 寓意解经不是对文本的一种朴素理解，而是对文本的新解（Umdeutung），就此而言，寓意解经侵犯了文本。但是，这种新解不是一种强暴，而是"转换"（Verwandlung）：把过去的、神话的东西转换成后来的

东西。

这里值得引起我们的极度关注,因为,海德格尔在《存在与时间》中已经理直气壮地说,新解就是一种对文本的"强暴",如此对古典文本的强暴是合法且正当的。可以说,海德格尔的解释原则是这种"观念化解经"原则的推进,从而也是寓意解经的极端化:1. 认同经文有双层文本;2. 自己比作者优越;3. 经文的内在含义需要解释者的前理解灌注进去——最后的结局就是德里达的解构。

但这一原则根本上来自康德的洞识——"有可能比作者理解自己更好地理解作者",从而是"更具反思形式的观念化解经"。柯亨的观念化解经是康德信念的结果,从而表明柯亨接受了现代启蒙的原则,海德格尔的解构-解释同样如此。

回到我们的文本:柯亨由此认为,近代的历史解经对迈蒙尼德的寓意解经的批判其实有些过分,因为迈蒙尼德的寓意解经并非意在要让《圣经》适合亚里士多德哲学,而是在推进先知们的努力。因此,柯亨认为,迈蒙尼德其实更接近柏拉图。

迈蒙尼德的寓意解经和柯亨的观念化解经都认可经文的双层含义,从而使得"无需与古人决裂而批判古人"成为可能,与此相比,历史-考据的解经不承认经文的双层含义,批判古人就得与古人决裂。这没有问题,很清楚,但让我们感到困惑的是:难道迈蒙尼德也批判自己的古人,尽管没有因此而与古人决裂?毕竟,"批判是启蒙的要素",所谓批判意味着合乎理性地讲理,不认可既定的东西,"而是追问:究竟为什么是这样的"。

因此说到底,"批判也是哲学的要素",就此而言,哲学之思"必然与诫命的目的相违,搞哲学思考必然抵触诫命(=宗教)"。在这种情况下,如果还想要给诫命留下地盘,就只有置换诫命的地基——神话,也就是"以启蒙的方式来论证律法:询问和论证都围绕着一个非神话的中心……而神话这个中心本来恰恰是《圣经》的真正教诲。祛除神话以后,圣经中的诫命的基础不再是律法,而是道德"。

这样一来,"重要的不是献祭,而仅仅是纯粹的上帝崇敬,是对惟一的上帝的崇敬"。施特劳斯这里说的是柯亨对迈蒙尼德的献祭新解的理解,然而,这一理解是否恰切,也就是刚才我们提出的疑问:迈蒙尼德是否已经是个现代式的启蒙者。施特劳斯在解析柯亨对迈蒙尼德的献祭新解的理解时,采用的是归谬法:把柯亨的解释推向极点。那样的话,迈蒙尼德必然最终否弃律法,从而使得律法宗教变成道德宗教——现代式启蒙的结果就是如此,因此我们读到施特劳斯对"人道"这一现代启蒙的实践目的的说明(值得联想的是,废除死刑也成了我们当今自由主义法学家的诉求)。这里插入的这一说明为的是表明:柯亨自己是个现代启蒙的信奉者,但他把自己的启蒙信念挪到迈蒙尼德身上去了——"正是基于这个[启蒙]领域,柯亨才能够为我们展示对迈蒙尼德的理解"。

施特劳斯接下来说,柯亨相信,他在自己的时代凭借康德哲学试图做的事情与迈蒙尼德在当时凭借亚里士多德哲学试图做的事情是一样的,但这里出现了矛盾(施特劳斯非常注意简单的思想矛盾):既然柯亨认为亚里士多德哲学是非真正的哲学的代表,而他所凭靠的康德哲学则是真正的哲学的继承人（柏拉图才是始祖），亚里士多德哲学与康德哲学必然"体现着一种永恒的对立"，那么，他又怎么可能认为自己做的事情与迈蒙尼德做的事情是一样的呢？这就是引言中说的柏拉图哲学与亚里士多德哲学的对立：

> 这种对立不仅是错误的哲学思想与正确的哲学思想的永恒对立，而且这种对立所处的位置在于：哲学思想背叛还是忠诚于人们最为关切的事情。

施特劳斯抓住这一矛盾，把它置于放大镜下来审视，发现"只要迈蒙尼德追随亚里士多德而柯亨追随康德"，柯亨说自己崇敬迈蒙尼德就是自相矛盾——值得注意的是，在这里施特劳斯提到了柯亨"作为哲人的激情"与"他作为犹太人的激情"的关系：柯亨想要两者兼得。

柯亨意识到这种自相矛盾吗？很可能意识到了，因为他又说，迈蒙尼德凭靠亚里士多德是假，凭靠柏拉图才是真，这样，柯亨就摆脱了自己的自相矛盾。然而，精于思辨的施特劳斯揪住柯亨的自相矛盾不放，进一步追问：如果柯亨可以把迈蒙尼德说成是柏拉图传人，从而与柯亨自己信奉的康德哲学相一致，那么可以问：康德哲学与柏拉图哲学一致吗？认为两者一致的看法在施特劳斯看来显然荒唐，但他的修辞却是"这根本不像最初听来那么荒唐"。

为了澄清康德哲学与柏拉图哲学是否一致，施特劳斯把问题引向直接面对柏拉图和亚里士多德的对立本身。耐人寻味的是，施特劳斯给审查这一问题的章节定的标题并非"柏拉图和亚里士多德的对立"，而是"柏拉图与启蒙"——"启蒙"这个语词代替了亚里士多德，这意味着什么？

承接引言，施特劳斯首先挑明：如果要了解所谓柏拉图和亚里士多德的对立是什么意思，首先要搞清楚，我们是否"在其原初的、古代的视域中"来理解这种对立，因为我们已经不自觉地处于现代启蒙的视域，因而会像柯亨那样，以"跨越了"古典视域的眼光来看待古代的论争。

柯亨从自己的康德主义出发把柏拉图纳入康德的怀抱，从而拒绝康德的革新者黑格尔，既然柏拉图与亚里士多德对立，康德与黑格尔对立，那么，柯亨自然把亚里士多德归入黑格尔的怀抱。施特劳斯指出，无论对于柏拉图还是亚里士多德，柯亨都是从现代启蒙哲学的集大成者康德和黑格尔的眼光来理解的。

但接下来让我们困惑的是，柯亨说黑格尔哲学"与基础哲学、数学的自然哲学没有任何内在联系"，从而是形而上学家，"并且是政治上反动的哲人"——所谓"反动"指的是反法国大革命，在康德与黑格尔之间，柯亨作出了进步与反动的政治划分。康德哲学以数学的自然哲学为基础，既完成了牛顿的自然学事业，又完成了"法国革命之父卢梭的事业"，这无异于说，康德哲学既是自然哲学又是政治哲学，如此特征让我们不得不想到海德格尔致力复兴的前苏格拉底哲人的基本品质。

施特劳斯在这里提醒我们，应该充分注意柯亨提出的柏拉图与亚里士多德对立或者康德与黑格尔对立的"政治方面"，因为柯亨自觉且明确地具有政治意识。施特劳斯告诫听众，不可把这里说的"政治"与"政党政治的可鄙"联系起来。这一告诫对今天的我们具有特别的意义，因为，我们的知识分子特别喜欢这样联系，并且在这种紧密联系中思考哲学问题。何谓"政治"？政治是"人类的重大对象"：

> 政治是一个场地，哲学的、道德的、内在的对立在其上得到**决定性的表达**，在这里，就这些对立而言**牵一发动全身**，在这里，这些对立的根根底底昭然若揭。昭然若揭的不是什么外在的东西、事后的东西，而是内在的东西、哲学自身的东西不可抑制地非要表达、非要作为、非要实现不可。

可以见到，施特劳斯后来提倡的"政治哲学"取向的基本特征，在柯亨的伦理学中已经得到明确表述。反过来看，在柯亨那里，伦理学就是政治哲学，而且是哲学的整体特征，这对校正我们的伦理学理解非常重要。

现在来看柯亨对亚里士多德的认识——施特劳斯首先不无嘲讽地提到学界对亚里士多德的一些常见误解，比如把亚里士多德的"中道原则视为颂扬中庸"，这样的误解在我们这里长期以来都是常识性的正解。柯亨没有这样的常识性误解，所谓"中庸"不过是"市侩习气"的温床，反对这种习气，是"青年德意志"兴起的原因，柯亨与"青年德意志"为伍，把实际的政治判断与对亚里士多德的解释结合起来。

施特劳斯为什么插入这么一段？这里似乎也有似是而非的意味，因为，前面刚刚说过，不可把柯亨所理解的"政治"与"政党政治的可鄙"联系起来，而这里说的却恰恰是柯亨与"政党政治的可鄙"不无瓜葛——联想到报告结尾时的最后一句话，我们当意识到，这话绝非随便说说，而是与何谓哲学本身这一基本问题相关。

接下来，施特劳斯让我们看到柯亨对《尼各马可伦理学》的整体性轻蔑评价：完全不成体统，啰啰嗦嗦不成条贯。施特劳斯与此对比的是尼采的《善恶的彼岸》的最后一章"什么是高贵？"——尼采在这里不过是对《尼各马可伦理学》卷四第三章的改写。

通过这一对比，施特劳斯抬高了对《尼各马可伦理学》的评价，或者说严词评价了柯亨的亚里士多德解释，其严厉程度让人咋舌：柯亨的解释不仅是对亚里士多德的"漫画化"，而且"上升为妖魔化"。为了缓和严厉，施特劳斯接下来的两个自然段又抬高柯亨，然而，这种抬高不过是彰显柯亨的内在矛盾的方式而已：毕竟，柯亨可不是二流哲人，因此必须问："这样一种显得是在嘲弄所有真理、公正和所有宽容的举措究竟怎么可能"，背后一定有某种隐藏的情绪。

柯亨对亚里士多德的态度看似有失公允，或者用我们的说法，有失厚道。然而，施特劳斯让我们看到，在柯亨看来，对于哲人来说，厚道不是值得赞赏的品格。柯亨对厚道的如此看法恰恰来自他的宗教信仰：《圣经》尤其先知们对待偶像崇拜绝不厚道，因为哲学上的厚道与偶像崇拜一样，结果只会是放纵"怪异的、扰乱人心的观点"。施特劳斯这里揭示的是什么呢？绝非仅仅是柯亨对亚里士多德不厚道的底蕴，而是这位哲人背后的宗教认信。

这意味着，宗教认信的情绪取代了哲学的冷静：理性与信仰没有融合，而是信仰取代了理性——用柯亨自己的康德式术语来说，就是意志取代了认识。哲学上的不宽容得到的道义支撑不是来自哲学的求真意志本身，而是来自一神论的宗教信仰。施特劳斯援引的长段柯亨引文最值得注意的地方并非在于一神论信仰，而在于柯亨将基于这种信仰的不宽容原则上升为思想的"世界史"原则，或者说思想的"历史原则"。这样一来，对偶像崇拜不可宽容这一作为民族性宗教的犹太教的精神原则就上升为哲学式的普遍原则。

在这里我们有必要停下来问一下："柏拉图与启蒙"这个题目开始以后已经长达三页，施特劳斯为何一直在谈柯亨对亚里士多德的态度问题，而且最终揭示的是哲人柯亨的哲学论断背后的圣经宗教情绪？这是否意味着：柯亨这个哲人其实本质上是个狂热的圣经宗教信徒，说得更直白些：是个还没有被启蒙甚至需要哲学启蒙的信徒？

施特劳斯接下来说：其实，哲学本身也容不得宽容德性，就不宽容而言，"柯亨恰好不仅仅是认信的犹太人、圣经神学家，而且也是哲人"。在这里，施特劳斯没有因为柯亨的论断带有圣经信徒的义愤就放他一马，反倒从哲学自身的要求和义务——"在哲学的意义上，不赞成、抵制错误的观点绝对是义务"——出发，就柯亨对亚里士多德的"不公正"提出指控，表示要对柯亨说对不起。哲学理性与宗教认信在这里奇妙地相遇，但施特劳斯却显得站在哲学一边。

更为奇妙的是，施特劳斯指出，柯亨自己就曾经依据哲学的义务对当时正在走红的现象学不宽容：柯亨把现象学当作经院哲学来拒斥——"柯亨预感到，现象学与经院哲学的导师亚里士多德有深刻联系"。施特劳斯在这里的修辞耐人寻味："谁对现象学的学术概念不熟悉呢"。显然，当时现象学具有广泛的吸引力，施特劳斯提到罗森茨威格并不是随便举的例子，因为他是当时犹太教思想的代表人物，施特劳斯后来曾说他"将犹太神学从沉睡中唤醒"。

随后一句值得留意——施特劳斯说，"现象学便意味着重建亚里士多德主义的一个决定性步骤"——这话是在转述，并非柯亨的看法，而是施特劳斯的判断。我们记得，施特劳斯的临终自选文集是以一篇关于现象学的文章打头的。

此外，施特劳斯晚年在一个场合还曾这样说到海德格尔与亚里士多德的关系：海德格尔的出身有天主教背景，而且受到的是经院学式的训练，他的哲学起步的地方与亚里士多德有一种"前现代的亲缘"（premodern familiarity with Aristotle），这使他没有惹上将亚里士多德现代化的危险。不过，海德格尔并非基督徒，也并未从托马斯·阿奎那的眼光来看亚里士多德，而是企图连根拔除亚里士多德（uproot Aristotle）。为此，海德格尔不得不深入亚里士多德，以便把亚里士多德哲学的根子挖出来暴露在光天化日之下。这让施特劳斯的同学和终生挚友克莱因非常兴奋，因为，克莱因觉得，海德格尔虽然意在拔除亚里士多德，却为看到原原本本的亚里士多德提供了可能。[①]

柯亨把亚里士多德主义称为已经"被克服了的过去"，为什么被克服？并非因为它是古老的东西（柏拉图也是古老的东西），而是因为它是错误的哲学——如今这种哲学重新兴起，柯亨感到自己的毕生事业受到严重威胁。注意施特劳斯在这里说的并非现代的亚里士多德主义对柯亨来说是一种威胁，而是即便"未被观念化、未被现代化的希腊哲学"也是"一种威胁"。从而，柯亨重新强调柏拉图与

---

① 参见施特劳斯，《犹太哲人与启蒙》，刘小枫编，张缨等译，北京：华夏出版社，2010，页378；亦见施特劳斯，《苏格拉底问题与现代性》，刘小枫编，彭磊、丁耘等译，北京：华夏出版社，2008，页272。

亚里士多德的对立就具有现代意义,这一意义恰恰针对的是"绝对有约束力的现代前提条件"。施特劳斯在结束对柯亨的亚里士多德观的考察时说:

> 如果未被观念化、未被现代化的希腊哲学给我们指出一条走出现代无序的道路,我们也许会感到高兴。

这话听起来仍然带有似是而非的意味,因为柯亨认定柏拉图与亚里士多德对立的看法恰恰以"绝对有约束力的现代"为"前提条件",最后提到柯亨眼中的现象学与亚里士多德的关系,无异于在举例说明之。

因此,施特劳斯在直接审视柏拉图和亚里士多德的对立时,特别强调要"以未被观念化的对立为依据,并且不考虑柯亨对希腊视域的逾越"——这意味着要对"未被观念化的"和已经被观念化的柏拉图和亚里士多德的对立做一番对照。这里我们有必要预先提出一个问题:施特劳斯何以得到"未被观念化的"柏拉图和亚里士多德的对立?带着这个问题来读接下来的对照,我们兴许会比较容易抓住这里的内在理路。

施特劳斯首先从柯亨对柏拉图和亚里士多德的对立的理解出发:柯亨并不认为亚里士多德懂了自己的老师,尽管亚里士多德在柏拉图学园待了20年。但"最近的研究指明了柏拉图和亚里士多德之间的深刻联系"——语焉不详的是,这里所谓"最近的研究"是在何种视野中展开的;施特劳斯抛开这场现代的争执(柯亨也是现代人,与"最近的研究"是同时代),无异于撇开现代的古典研究争执(我们往往会跟着这些争执的问题走),把问题作了决定性的调整——值得注意的是，如此调整依循的是柯亨的说法——这一调整便是：把柏拉图与亚里士多德的对立转换为苏格拉底与亚里士多德的对立。

如此调整带来了一个根本性变化：让亚里士多德直接面对苏格拉底问题——我们知道，亚里士多德与苏格拉底没有亲身接触，施特劳斯明确说，"我们把苏格拉底理解为柏拉图对话中的苏格拉底"，而对话中的苏格拉底就是苏格拉底问题的写照，因为，有一种古老的说法：柏拉图的所有作品都是在为苏格拉底辩护。

然而，让亚里士多德直接面对苏格拉底问题意味着什么？如果我们回想起这一节的标题是"柏拉图与启蒙"，那么，我们可以有把握说，柏拉图对话中呈现的苏格拉底问题就是柏拉图式的启蒙。这样一来，让亚里士多德直接面对苏格拉底问题，无异于让柏拉图的第一位伟大的学生直面柏拉图式的启蒙；不仅如此，此后凡柏拉图的学生——当然包括柯亨——都得直接面对柏拉图式的启蒙。

接下来施特劳斯概述了柏拉图对话中呈现的苏格拉底的基本面貌——我们对这样的面貌并不陌生，因为我们通过施特劳斯后来的著述已经熟悉这样的面貌。尽管如此，施特劳斯在这里概述之清晰、扼要，即便在他后来的著述中也少见，从而可以说，早在三十岁出头时，施特劳斯已经对"何谓苏格拉底问题"了然于心。

让我们来试着把握施特劳斯在这里如此清晰、扼要地陈述的柏拉图对话中的苏格拉底。

首先，"不存在任何苏格拉底的学说"——苏格拉底与智术师有别，他"不能教人；他只能提问"，提问的目的不外乎帮助别人获得苏格拉底自己已经获得的哲学洞识：知道自己一无所知。即便如此,"这种对无知的知也不是学说",从而"苏格拉底也不是怀疑论者"。这一点很重要,因为怀疑论已经预设有所知,从而已经是一种对问题的回答,即便是怀疑论式的回答——说到底,怀疑论是"一种哲学学说"。

第二,如此提问并非无所关注的提问,恰恰相反,苏格拉底使得提问成为自己的毕生事业,意味着他的提问倾注了自己生命的全部关注。与此相应的是,苏格拉底问而不答,表明他的所问不涉及一般的日常性知识,而是涉及生命的根本问题。从而,如此根本性的提问与自己的生活方式成为一回事情:"一种不是提问的生活不是一种配得上人的生活。"就此而言,哲人的生活就是提问的人生,对此哲人们不会有太大的分歧。那么,苏格拉底与此前的哲人有什么差别?差别在于:

> 如果苏格拉底的提问是一种关键所在的提问,就不可能是一种随意的提问。不是问冥府中、地下、天上的事物,而仅仅是针对值得问的东西提问,它是生活的必需,关涉人们应当以什么方式生活的问题,关涉正确生活的问题。

哲人的提问都不是"随意的提问",但施特劳斯在这里对比的是"问冥府中、地下、天上的事物"与询问正确生活的问题。值得注意的是,前者显得是形而上学的提问,后者是伦理学式的提问,按照施特劳斯的表述,前者是不值得的提问,甚至是"随便的提问",后者才是"值得问的东西"。这样一来,苏格拉底哲学的基本或整体特征就成了伦理学式的,而非形而上学式的。"问冥府中、地下、天上的事物"这样的提问与一个人或者说提问者"自己是否正确生活过"的问题无关,形而上学之问与形而上学家"自己为自己的生活负责"这一问题无关。

我们必须注意施特劳斯陈述时的言辞,不难看到,施特劳斯在这里重笔强调的是如此提问与哲人自己的生存相关性:"提问和审视是孤独的思想者自己问自己和自己审视自己;是一种自己针对自己的提问和自己针对自己的审视,是原初意义上的自己负责"——如此强调的含义是什么?难道这一点不是不言而喻的吗?

我想,如此强调的含义可能在于突显苏格拉底式提问与形而上学式提问的差异,换言之,"问冥府中、地下、天上的事物"并非"自己针对自己的提问和自己针对自己的审视",由此突显出苏格拉底式哲学的启蒙意蕴。由此引出苏格拉底式哲学的第三个特征:如此"自己针对自己的""关于正确生活的提问是一种共同提问",这里的"共同"我们可以理解为"政治的"提问。施特劳斯随之就说道:

> 苏格拉底追求理解和一致,乃是因为,只有从理解和一致出发、从公民的同心同德出发,国家才能真正是国家。真正的国家乃是真正的共同生活;人的生活就其本质而言,那是共同生活。因此,正确的生活[意味着]:正确的共同生活,真正的国家;因此,惟有从国家出发,单个人的所有德性才有可能和可理解。

这样的顺序让我们想起《礼记·大学》章中的名言:欲明明德于天下者必先治国,但要治国,必先修身。差异在于，在苏格拉底身上，"修身"首先是为己，而《大学》章所言一开始就是"从国家出发"。但我们注意到，施特劳斯在这里的表述是："惟有从国家出发，单个人的所有德性才有可能和可理解"，从而苏格拉底的修身——"自己针对自己的提问和自己针对自己的审视"——得到新的表述。有如《大学》章接下来所言："物有本末，事有终始。知所先后，则近道矣。"

苏格拉底式哲学的第一个特征是一般哲学意义上的提问，第二个特征是伦理性的，亦即提问首先关涉的是提问者自己的"正确生活"，第三个特征是政治的，因为，所谓"正确生活"的问题仅仅在共同体中才成其为问题。然而，恰恰是哲学的这个"政治的"本质特征导致歧义和纷争——我们可以说，恰恰是哲学的这个"政治的"本质特征具有启蒙的性质。

果然，这时施特劳斯重新提到了柯亨，而且特别指的是他的"政治热情"和"他对哲学－历史的政治把握"。那么，具体说来，所谓政治的"歧义性"是什么意思呢？施特劳斯的说明有两点值得注意：首先，这里所谓政治的"歧义性"并非现实政治歧见（比如我们所谓的左派、右派、自由派之争）。其次，施特劳斯提到了柏拉图的《普罗塔戈拉》，这篇作品的主题可以毫不夸张地说恰恰涉及的是哲学的启蒙问题。智术师的政治技艺"就内容而言"与现代启蒙"推荐给我们的东西若合符节"。这两点说明不仅挑明了苏格拉底式提问的启蒙性质，而且挑明了苏格拉底式启蒙与智术师式的启蒙的根本差异。

在澄清苏格拉底之问的自然性质时，施特劳斯将它与形而上学式的提问区别开来：不是"问冥府中、地下、天上的事物"，因为形而上学家会强调哲人的自然之问。在澄清苏格拉底之问的政治性质时，施特劳斯将它与智术师式的"政治技艺"区别开来，因为，新派智术师哲人会强调哲人的政治热情和"对哲学－历史的政治把握"（参见柏拉图《普罗塔戈拉》316c5 - e5，普罗塔戈拉对智术史的概括）。

施特劳斯说，苏格拉底之问的政治性质所呈现的歧义性要更为根本。为什么？因为苏格拉底之问的政治性质在于"人的生活乃是共同生活，并且因此而是政治的生活"？是的，但这样的表述还不够，因为，如此表述并不能与智术师派彻底区别开来。政治的歧义性更在于：与共同生活打交道时是否"负责任"，"这就是歧义性"——注意在这里施特劳斯让我们参看柏拉图的《高尔吉亚》。

换言之，智术师派也主张哲学要与共同生活打交道，正如现代的智术师主张，哲学的使命在于改造共同生活。因此问题就来了：苏格拉底哲学的政治性质与智术师式的"政治技艺"区别何在？

于是，我们看到，施特劳斯对苏格拉底哲学的陈述又回到了开头的第一特征：苏格拉底为什么仅仅待在提问中。无论古希腊还是现代的智术师都不询问什么是好，什么是坏，而是认为自己已经知道什么是好或坏。按苏格拉底的看法，他们所有的不过是意见而已，但他们却"拿它教人，公开教"；与此相反，苏格拉底不认为自己"拥有任何关于好的知识"，因此他"不能教人，不能公开教，不能写作"——面向大众公开教人，可以说是古今智术师式的启蒙的基本特征。与此相反，

> 苏格拉底知道自己一无所知，所有的理解都只会是同意而已，所以他并不面向大众，而是仅仅面向单个的人。

我们都知道，"苏格拉底与他人的谈话是对话"，"他只是说而不写"，因为这是柏拉图对话中的苏格拉底的生活方式，但我们未必清楚，他为何如此搞哲学。

现在我们不仅清楚了苏格拉底为何如此，而且清楚了，所谓政治的"歧义性"就是共同体生活关于何谓根本性的好或坏，仍然是问题。由于这个问题一直悬而未决，苏格拉底需要待在提问中——智术师派则把生活共同体中的某种意见当作根本性的好或坏这一问题的解答，从而以为政治的"歧义性"已经彻底解决（如今无论左派、右派、自由派都如此）。由此带来的结果是两种哲学启蒙的差异：智术师派面向大众公开教，我们不妨称为对外的启蒙，苏格拉底则"仅仅面向单个的人"，不妨称为对内的启蒙。

亚里士多德是"单个的人"，然而他理解了自己的老师（柏拉图）的老师（苏格拉底）吗？柯亨是"单个的人"，当他认为康德是柏拉图的传人时，他理解了柏拉图的老师吗？施特劳斯让亚里士多德和柯亨直面苏格拉底的启蒙——我们自己切莫站在一边闲看，对每一"单个的"哲学爱好者来说，都得过苏格拉底的启蒙这一关，成为被启蒙的人。

施特劳斯说，柯亨懂得柏拉图的老师——懂到什么程度？柯亨懂得苏格拉底哲学的第一个特征："只有一种询问：询问正确的生活。"柯亨甚至把苏格拉底与耶稣相提并论，"苏格拉底……像一个拿撒勒人一样谈论自然"，从而彻底摒除了苏格拉底身上的形而上学品质。柯亨也懂得了苏格拉底哲学的第二个特征:"关于好的询问必定待在询问中",也懂得了第三个特征:"问题和问题的对象自身本己地是政治的"。

既然如此,柯亨为什么还会是现代启蒙大师康德的信徒?施特劳斯没有这样问,而是更为根本性地问:"在什么条件下苏格拉底的问题会不是最高和最迫切的。"施特劳斯给出了两个条件:

1. 如果正确的生活不是成问题的,如果我们知道什么是好;
2. 如果人及其生活根本就不是如此重要。

满足第一个条件有两种可能:要么在启示宗教的条件下,我们知道什么是好;要么在哲学的条件下,我们知道什么是好。满足第二个条件则只有一种可能:有比"人及其生活"更为重要的东西,但这种可能同样可以呈现为哲学的和宗教的两种形式,因为,有的宗教把超逾人的状态(比如神人、至人、成佛)视为更重要的事情。

施特劳斯说,亚里士多德哲学满足这两个条件,这无异于说,苏格拉底的启蒙对这一个"单个的人"是无效的。

首先,"道德的东西"——也就是何谓根本性的好或坏,对亚里士多德来说"不是一个问题",伦理学"根本不是为了我们知道什么是美德,而是为了我们成为好人"。这话听起来像是智术师的话,因为,什么是美德的问题似乎已经不是问题。然而,如果亚里士多德的为伦理学垫底的形而上学彻彻底底询问过什么是生活共同体的根本性的好，也就罢了，但亚里士多德的形而上学恰恰不关心这一问题，而是关心"冥府中、地下、天上的事物"。

苏格拉底的学生柏拉图刚刚通过自己的对话写作形象而又稳妥地呈现了苏格拉底的启蒙，马上就被自己的学生亚里士多德抹掉了。与苏格拉底的提问生活方式相反，亚里士多德推崇的是"在纯粹的观察和认知中、在理论（静观）中的生活"，从而退回到苏格拉底启蒙之前的自然哲人的立场。让我们在这里稍多停留一会儿，仔细想想亚里士多德带来的是怎样的转变。

值得注意的是，亚里士多德推崇的是"在理论（静观）中的生活"显然也是针对"单个的人"，而非面对大众公开地教，从而在性质上显得与苏格拉底的启蒙一样，是*对内的启蒙*。然而，亚里士多德式的对内的启蒙把哲学生活引向了与苏格拉底的启蒙相反的方向，从而使得对内的启蒙出现了歧义。

此外，无论在自然哲人那里还是亚里士多德那里，形而上学同时是一种神学——自然神学；在苏格拉底的启蒙哲学中，我们可以看到，神学问题同样是个核心问题。由于同样都是对内的启蒙，亚里士多德的转向必然使得理性与宗教的关系变得更为复杂。现在，我们的注意力就得从对外的启蒙与对内的启蒙的差异转向两种对内的启蒙的差异。施特劳斯本来打算插入的一段话（脚注）说的恰恰是"*启蒙概念中的一种歧义性*"，为我们确认这一问题提供了指引。把握这一点，对我们把握施特劳斯在这里的思考线索相当重要。

施特劳斯说，柯亨以迈蒙尼德为例让我们注意"*启蒙概念中的一种歧义性*"：迈蒙尼德接受亚里士多德的启蒙究竟到了何种程度。换言之，似乎在柯亨看来，迈蒙尼德自己面对着两种对内的启蒙，柯亨想要搞清楚的是，迈蒙尼德接受的究竟是哪种对内的启蒙。通过考察迈蒙尼德对律法立法的解释，柯亨发现，迈蒙尼德接受的启蒙更多像是苏格拉底式的，而非亚里士多德式的，尽管在理性与宗教的关系上，两种对内的启蒙都持有理性主义的态度，但毕竟有根本的差异。现在我们还没法来搞清楚这段施特劳斯本来打算插入的话，但已经为我们把握随后一节的问题所在提供了重要指引。

回到正文，我们看到，施特劳斯已经挑明了亚里士多德哲学的启蒙品质。我们记得，施特劳斯在引言结尾时宣称，这一节要审理的是柏拉图与亚里士多德的对立，然而，这一节的标题却是"柏拉图与启蒙"，亚里士多德的名字被"启蒙"取代了，或者说亚里士多德代表着一种启蒙。从而，"柏拉图与启蒙"这个标题的含义是两种对内的启蒙的对立。

不过，亚里士多德的对内的启蒙与对外的启蒙没有关系吗？施特劳斯已经提出了这样的问题："这种对立跟神话与启蒙的对立"并非不相干。两种对内的启蒙的歧义性问题本来就是从对外的启蒙这一问题而来的。"就已被启蒙这个语词的最高含义而言"，亚里士多德已经是个启蒙哲人——何谓"已被启蒙这个语词的最高含义"？

按一般的理解，这个含义就是理性要解除宗教的最高治权，这是对外的启蒙的根本。但是，施特劳斯说，在柯亨看来，亚里士多德的"启蒙""同时针对纯粹的理论"，也就是我们在前面提到的对内的启蒙。

然而，"针对纯粹的理论"启蒙是什么意思？意思是把对纯粹理论的热情变成一种类似宗教的热情，或者说把"在理论（静观）中的生活"变成类似宗教的生活。宗教总是让人超出自身的视域，把人引向更高的神，但在亚里士多德那里，这个更高的神是自然及其目的，如柯亨所说，"在人类世界的目的中，关于自然的目的问题成了人类认识的首要问题"。如此转变带来的结果是：此时此在的实际存在成为理性精神的全部关注所在。

读到这里，我们必须想起海德格尔的《存在与时间》带来的哲学启蒙，更切近地说，必须想起施特劳斯在前面说的，"现象学便意味着重建亚里士多德主义的一个决定性步骤"。由此才能理解施特劳斯在援引柯亨之后说的一句让人颇为费解的话："亚里士多德的思想方式也就是神话式的（mythisch）。"与此相关，我们也当能更好地理解，为何后来施特劳斯说，海德格尔哲学本质上是一种宗教。

现在我们已经进到问题的最深处，也就是施特劳斯的报告在一开始提出的要追究的根本性问题：何谓哲学。因此他在这里说，"这并非仅仅是一种哲学内部的对立，而是一种规定着哲学自身的构成的对立"。

亚里士多德的对内的启蒙显得是一种反向的启蒙：把纯粹的理性变成宗教性的热情，因为通常我们所理解的启蒙方向是：通过纯粹理性清除宗教迷狂。施特劳斯虽然没有直说，但这里我们已经可以看到，为什么施特劳斯在前面说，柯亨反对厚道德性不仅出于圣经宗教的情绪，其实也出于哲学的理由。

如果我们进一步比较亚里士多德的启蒙与苏格拉底的启蒙就可以看到：两者都旨在人的真正完善，差异在于：苏格拉底主张的人的真正完善基于询问何谓"正确的生活",从而是政治的哲学之问,亚里士多德主张的人的真正完善基于"观察和认知",从而是自然的哲学之问。

然而,在自然的观察和认知中,最高的认识对象——最高的存在者——是"神"。"θεωρεῖν [静观] 的观念成了认识上帝的观念",在亚里士多德那里,"最高的哲学是神学"。一个犹太教徒或者基督教徒如果遇到亚里士多德哲学,难免会感到巨大的吸引力,但也会引出一个问题:亚里士多德的最高存在者"神"与启示宗教的独一"上帝"是否可以等同。

柯亨正是从这里发现了迈蒙尼德的真实面目——他发现,犹太教徒迈蒙尼德认识到,圣经的上帝与亚里士多德的目的神不是同一个神。于是柯亨认为,迈蒙尼德的亚里士多德色彩仅仅是装样子。然而,从另一方面来看,亚里士多德的哲学启蒙又可以说已经深入迈蒙尼德的骨髓,因为,《圣经》的上帝本来是敬拜的对象,如今在迈蒙尼德那里成了"理论的对象",从而宗教信仰发生了质的变化(或者说损害了宗教信仰)。

这还仅是一方面,另一方面,迈蒙尼德的"理论的对象"又仍然是《圣经》的一神论上帝,这样一来,亚里士多德的哲学启蒙就必然会发生质的变化(或者说损害形而上学的自然认识)——"通往爱上帝和敬畏上帝的道路"成了认识世界的道路,"自然学在这里被理解为通往爱上帝和敬畏上帝的道路"——倘若亚里士多德本人知道了这种说法,只怕绝对不会同意。

现在我们陷入了困境:自然学与敬畏上帝的同一要么损害到敬拜的品质,要么损害到形而上学的品质——柯亨甚至觉得:把对自然的认识"理解为对《圣经》的上帝的认识,理论将被连根拔除"。这是亚里士多德的启蒙带来的困难,如此困难的严重性在于,启蒙最终不仅会消弭宗教,也会消弭形而上学(近代以来,形而上学越来越不具静观生活的品质)。

情形是否如此?下面一节便是通过进入具体例证的辨析来澄清这一问题。

这个具体的例证是迈蒙尼德的上帝属性论,施特劳斯考察的是柯亨对此论说的解释。

就上帝属性论这个论题而言,就体现了上述问题:这里的"上帝"是犹太教的上帝,而非亚里士多德的"神",但属性论则是典型的亚里士多德形而上学的术语。

只有当把上帝作为理论认识对象时,才会有上帝属性论这样的论题,这意味着要"对上帝的本质作出陈述",也就是要"给上帝一些确定的属性(Attribute)"。但迈蒙尼德认为,要给出上帝的"肯定性属性(positiver Attribute)"是不可能的,因为有违上帝的单一性(Einheit)和惟一性(Einzigkeit)。可是,没有对上帝的属性的肯定性认识和陈述,何以谈得上对上帝的认识?

摆脱这一困境的出路是采用否定性陈述:否定上帝属性中所缺乏(Privationen)的属性,以此间接达至肯定陈述。但迈蒙尼德对缺乏属性的否定又并非仅仅是在间接建立肯定陈述,而是超越甚至取代了肯定属性。肯定陈述是内在性的(immanent)陈述,这意味着它涉及的是上帝的自性,或者说上帝的形而上的本质;否定性陈述是超越性的(transitives),"只是在上帝与世界的关系中言说上帝"。既然肯定属性内含形而上学属性,抛弃肯定属性就"暗含着抛弃形而上学"。

可是，上帝的启示本身又的确显明了上帝的肯定性属性，这是不可抛弃的，为了补救因否定陈述导致的对上帝的形而上学属性的抛弃，迈蒙尼德提出了上帝的"*行动的属性*"，也就是"*一个具有道德性的存在者的那些属性*"。这样一来，就重新获得了上帝的肯定性属性，但这种肯定性属性不是形而上学性质的（或者说内在的），而是道德性的（或者说外在行为性的）属性（比如仁慈和怜悯的行为）。于是，形而上学的上帝便成了道德性（Sittlichkeit）的上帝。

> 这就意味着：关于上帝的陈述，惟有作为在上帝与世界的关系中关于上帝的陈述，才有可能；但如果行动的陈述与对缺乏的否定是同一种东西，而"行动的属性"与人类行动的榜样的意思一样，那么结果就是：关于上帝的陈述，惟有作为在上帝与人类世界的关系中关于作为人的道德榜样的上帝的陈述，才有可能；上帝存在于与作为一个道德存在者的人的关系中。

这是柯亨对迈蒙尼德属性论的解释（Interpretation），施特劳斯说，这"与柯亨自己的神学完全一致"。换言之，仅仅从道德的属性来建立对上帝的肯定属性，本来是柯亨自己的观念，而且是现代的上帝观念，柯亨却把这种观念说成迈蒙尼德的上帝属性论中所持有的观点。对此，柯亨本人并非没有意识到，他承认这里依循的是"我自己的系统逻辑学的基本思想"，以至于他对迈蒙尼德的解释的"客观性受到了一种严格的考验"。柯亨用哲学的理由来安慰自己的不安："思辨有自己独立的旨趣，从而，哲学的整个历史不可避免地受偏爱个别问题这种危险的拖累,或者像人们也许可以说的那样,应当受其拖累。"

施特劳斯揪住这一点不放,对此展开辨析。柯亨的解释建立起了三个论点,施特劳斯对勘《迷途指津》原文,发现这三点都与迈蒙尼德自己的说法相违:1. 迈蒙尼德并没有等同而是区分了行动的属性和对缺乏的否定。2. "绝不是所有对缺乏的否定"都能建立起与行动属性的关联。3. 柯亨把迈蒙尼德关于上帝的行动属性仅仅规定为对上帝的道德性规定;在施特劳斯看来,这完全是柯亨自己的"意图",迈蒙尼德绝没有这样的意思,柯亨不过"借此安慰自己"而已。

换言之,上帝的道德性是现代启蒙的上帝观的表征,柯亨"热情地接受"了这种上帝观,然后以为自己也在迈蒙尼德那里发现了类似的上帝观而感到心安理得。可问题是,迈蒙尼德在说到"《圣经》满足于、局限于提到上帝的道德性的自性"时,并没有得出超越或抛弃上帝的形而上学属性:"上帝有一些属性,涉及他对外在于人的世界、对宇宙的作用"。这里的要害是:按柯亨的解释,迈蒙尼德的上帝属性论抛弃了作为形而上学的哲学,施特劳斯在迈蒙尼德那里看到的情形却是,作为形而上学的哲学仍然葆有自己的地盘和位置。

施特劳斯揭示出,柯亨的解释不过是要从"迈蒙尼德那里能够再找到自己的主张":上帝的存在属性是道德性。柯亨没有意识到,这种主张其实来自现代启蒙观念:"人的道德性乃是世界的目的"。柯亨所谓的柏拉图和亚里士多德之间的对立,同样基于这样的现代启蒙观念:把道德性的观念放到柏拉图身上,然后说这种观念——关于好的观念

——不仅与亚里士多德的形而上学观念相对立，而且高于亚里士多德的自然观念。但实际上，在迈蒙尼德那里并没有这样的对立，更谈不上因此贬低亚里士多德的形而上学观念——

> 迈蒙尼德指责这样的观点：除了上帝的自由意志或者智慧之外，世界的实存没有别的目的。而且，迈蒙尼德完全在亚里士多德的意义上指出，与宇宙相比（与天宇和一个智性存在相比），人是多么渺小（《迷途指津》卷三第13章）。

换言之，迈蒙尼德从形而上学的角度出发，清楚看到天学高于人学。通过柯亨的指引，我们得到的不是迈蒙尼德的真实看法，而是柯亨自己的看法。现在需要进一步问：既然柯亨在亚里士多德的立场上承认"世界上有比人更伟大的东西"（形而上学就研究这样的东西），他又怎么可能同时强调上帝的"行动的属性"？就迈蒙尼德对这些"行动的属性"的描述来看，根本上是政治的属性，因为这涉及的是"对于领导一个国家来说必不可少"的东西——施特劳斯说得非常直白，倘若迈蒙尼德如此，"政治学就不可能是最高、最重要的哲学"，形而上学才是。

现在我们进入对迈蒙尼德的理解——理解他如何理解柏拉图与亚里士多德的对立，重要的是，如今我们的理解摆脱了柯亨受现代条件制约的解释，试图从古人迈蒙尼德自己的理解来理解迈蒙尼德。

区分思辨德性和伦理德性是亚里士多德的著名观点，这种观点的要害是：纯粹的观察和认知高于且优先于"一切道德行动"。据施特劳斯的看法,"迈蒙尼德完全接受了这种区分",也就是认可理智高于道德——晚年施特劳斯曾经对学生们说,他的老同学克莱因比他更看重道德,言下之意,他自己似乎更追求理智的完善,从而像迈蒙尼德那样,接受了亚里士多德的区分。

理智的完善为什么高于或优先于道德的完善?因为,道德的完善依赖于他人,理智的完善则"属于自为(für sich)的单个人",用我们古人的说法,道德的完善是为人,理智的完善是为己。恰恰在这里,施特劳斯提到迈蒙尼德关于"智者(Weisen)与大众的区分",这种区分的"根本性"在于,智者追求自己个人的理智上的完善。

由此我们也可以理解,在老子或庄子那里,所谓超道德、超社会是什么意思——施特劳斯说,就此而言,"迈蒙尼德的实存-观念就明显地是超道德的(transmoralisch)"。注意施特劳斯这里说的是"实存-观念(das Existenz-Ideal)",如此"实存"的品质是"纯粹的认知"(im reinen Verstehen)。

既然如此,迈蒙尼德怎么还可能宣称"亚里士多德的神要崇敬,但这神不是以色列的上帝"?如果迈蒙尼德的这一宣称是真实的,而非装样子,他的"实存"的品质就不可能是"纯粹的认知"——反过来也一样。这时,施特劳斯重新引回柯亨的"基本洞识":迈蒙尼德与柏拉图一致甚于与亚里士多德一致。柯亨的如此洞识没有错,但他的理解是错的。现在施特劳斯试图重新来理解柯亨的这一"基本洞识"。

施特劳斯从这样一个事实出发:迈蒙尼德接受了亚里士多德的"静观"生活方式高于道德生活的观念,联系到前面柏拉图的苏格拉底与亚里士多德的对比,我们也可以说,在迈蒙尼德那里,亚里士多德的哲学启蒙比苏格拉底的哲学启蒙要更为彻底。

关于亚里士多德的如此观点,施特劳斯引征的是《尼各马可伦理学》卷十第7章,顺便提到,按施特劳斯的学生克罗波西的说法,亚里士多德在这一章的说辞带有似是而非的意味。然而,似是而非的并不在于亚里士多德的如下说法是装样子:成为道德的人总需要他人,而智者的生活则是完全自足的。那么,似是而非在什么地方呢?

这一问题不能在这里来展开讨论,我们还是先记住,智性的生活才有真正的自足性,这一点没有疑问。但施特劳斯的叙述方式让我们回想到前面他对苏格拉底的哲学特征的描述:苏格拉底"只能提问",如此提问就性质来讲是智性的,实际上我们可以看到,"只能提问"已经体现了某种真正的自足性——苏格拉底的提问需要在对话中实现,也就是说需要他人的参与,这并没有改变苏格拉底的提问本身具有自为、自在和自足的性质。

接下来施特劳斯说,在亚里士多德看来,"虽然认知本己地是非社会的,但毕竟偶尔能够经历由共同-认知而来的促进"。这一说法非常重要,甚至可以说是一个关键性的枢纽:爱智者的个人认知本身是自足的,但"共同-认知"未尝不是好事。我们可以问,对谁来说是好事,对单个的认知者自己还是对别人?

施特劳斯没有说亚里士多德究竟如何看,而是径直说迈蒙尼德怎么看。施特劳斯说,在迈蒙尼德看来,"共同-认知"对单个的认知者自己来说是好事,因为,迈蒙尼德区分了"认知上的优势和劣势":"共同-认知"或者说

"能够帮助他人认知"优于"只是自为地自己认知"。这样一来,迈蒙尼德的看法似乎就在滑向苏格拉底哲学:"关于正确生活的提问是一种共同提问。"

当然,我们可以说,在迈蒙尼德这里,"共同-认知"优于为己的认知,毕竟基于认知本身的自足性,但我们不同样可以说,苏格拉底的"共同提问"基于提问本身的自足性?倘若如此,差异究竟在哪里?显然在于"问冥府中、地下、天上的事物"还是"针对值得问的东西提问",正是这一差异才决定了苏格拉底的智性与亚里士多德的智性的差异。

施特劳斯明确点明,区分"认知上的优势和劣势"是迈蒙尼德与亚里士多德的差异所在,换言之,在亚里士多德那里,没有"共同-认知"(或者说政治性的认知)优于"只是自为地自己认知"这回事情。那么,迈蒙尼德的这一看法是哪里来的,其依据是什么?

施特劳斯再次强调:"纯粹的认知高于道德行动"在迈蒙尼德那里是毫不含糊的;但施特劳斯马上提出了一个与此截然对立的观点:同样在迈蒙尼德看来,哲人并非人的最高可能性,因为他宣称,"先知高于哲人"。不用说,这是再明显不过的矛盾,怎么可能这样脚踩两条船?

让我们仔细看施特劳斯的说法:迈蒙尼德在承认"纯粹的认知高于道德行动"这一亚里士多德的观点的同时,对这种观点施加了"限制、质疑、根除"(Einschränkung, Infragestellung, Entwurzelung)。其实,说"限制"还可以理解,要说"质疑、根除"就绝对不通了。无论如何,我们现在正经历着哲学最为内在的启蒙,而且重要的是,如此启蒙来自宗教:哲学需要向宗教学习。

我们必然会提出两个问题：首先，"先知高于哲人"的理由何在；其次，如果这一理由成立，又该如何为"纯粹的认知高于道德行动"这一观点保留地盘，而且保留在哪里。

施特劳斯先回答第一个问题。首先，先知有比哲人更高的"哲学洞识"——注意这里说的是先知的"哲学洞识"，而非宗教感悟。这种哲学洞识体现为"预感"未来事件的能力——倘若如此，我们就得说，我国历史上的纬书家就是先知类的人物了。为什么说"预感"是一种哲学的能力？因为"预感"也是一种"认知"。显然，哲人可能很难同意这一点，换句话说，如果没有站在宗教的立场，你不可能这样宣称。这就表明，迈蒙尼德的这种看法是站在宗教自身的立场说话。

先知高于哲人的第二个理由是："他能够形象地阐述哲学洞识"，这一点不难理解——但值得我们对比的是，就形象的表述能力而言，古希腊的诗人同样瞧不起哲人。"这种形象阐述的能力使先知能够面向没有能力达到哲学洞识的大众，并领导他们"——古希腊的诗人同样如此。由此引出先知高于哲人的第三个理由是：先知比哲人更有能力领导大众——古希腊诗人如此宣称的话，古希腊哲人甚至柏拉图的苏格拉底绝不会同意。

最后一个但不等于不重要的理由是："先知多于哲人"。换言之，哲人为数太少，先知则很多，而且"五光十色：政治家、立法者、占卜者、巫术师"——我们难免会感到有些离谱，这难道也可以成为一种理由？但施特劳斯不仅说得很认真，而且花的笔墨还不少。

为了哲学的启蒙，让我们驻足好好想一下，"先知多于哲人"的最后一个理由的含义是什么。

政治家、立法者、占卜者、巫术师都是为共同生活而实存的人,这些人也有高低之分,最高的是立法者,因为他拥有的预言学知识最高——显然,这样的定位来自前面一条理由:先知比哲人更有能力领导大众。我们知道,第三个理由是由前两个理由推导而来的,这样一来,第四个理由的最终根据其实在于第一个理由。因此,施特劳斯回到这样一个问题:"什么是预言学的最终目的?真正说来,人到底为什么需要预言?"

在看施特劳斯回答这一问题之前,我们不妨把这个问题的中心语词换一下,这样来问:"什么是哲学的最终目的?真正说来,人到底为什么需要哲学?"

施特劳斯说,迈蒙尼德的回答是他找出来的——换言之,迈蒙尼德没有直接提出和回答这样的问题,但这显然并非因为这样的问题不重要,而是因为这样的问题是不言而喻的,无需特别提出来,而是直接阐述。施特劳斯如今提出"什么是预言学的最终目的?真正说来,人到底为什么需要预言?"这样的问题,仅仅因为我们已经是在现代文化的处境中,我们已经经过了现代启蒙,"什么是预言学的最终目的?真正说来,人到底为什么需要预言?"才成了值得提出的问题。

事实上,这种情况一般而言存在于我们与所有古代经典的关系之中。由于我们已经经过现代启蒙,我们才需要对古代经典提出一些特别的问题,才能进入古典文本,这些问题实际上是接近古人原义的一种必要途径。

按施特劳斯的归纳,迈蒙尼德的回答是:人的生存的独特性在于,既必须过社会化的共同生活,又因为"个体的差异甚至对立"而很难过共同生活。因此：

> 人们需要一个领导者，他使得一种基于章程的一致取代了自然的对立性，以此方式来规范个体们的行动。

这里我们马上得想到这样一类"个体差异"：把纯粹的静观视为最高的生活方式的人就与众不同。因此，这种人必须考虑与众人生活的关系。

领导人有两种方式：立法和统治（Regierung）——这个 Regierung 如今经常被译作"治理"，以便降低统领的意味，因为民主已经是现代的常识价值观念，说"统治"总让人觉得不好听。但古人觉得，"国王强制人们遵守规范"是常识，但如此统治基于立法者事先确立规范，立法的正当性先于统治的正当性。

接下来需要问立法者的目的或者意图——大致来说，目的要么是"人的肉体完善"，要么是"灵魂完善"；但还有一个作为选择的目的：立法虽着力于肉体的完善，但却着眼于灵魂完善，"努力使肉体完善为灵魂完善服务"。我们可以停下来想一想、看一看，古今中西历史上的立法者应该归为这三类中的哪一类人，因为我们自己在前面附带提了一个问题："人到底为什么需要哲学"——或者问，人类生活到底为什么需要形而上学。

"人到底为什么需要预言"这一问题已经回答了，先知属于这样一类立法者：目的是要实现灵魂的完善，但以实现肉体的完善"为必要的前提条件"。施特劳斯没有说，但我们也许可以想到，何种立法者以实现灵魂的完善为目的，却以排除肉体完善的可能性为前提。

先知"是一种旨在人的真正完善的律法的宣布者"——这一定义必须始终与哲人的定义作比较,尤其是前面对比过的两种哲人观念:苏格拉底式的哲人和亚里士多德式的哲人。

施特劳斯接下来说的看起来不难理解:为了成全一种完善的共同生活,"先知必须集哲人、政治家、预言家和行奇迹者于一身"。但实际上这里仍然隐含着一个属于我们的问题:为何先知的品质也包含哲人的品质。严格来讲,这是一种新鲜说法,而且对我们来说的确是个问题,因为,我们知道,先知与哲人是两种对立的品质——施特劳斯马上就进入了这一问题。

迈蒙尼德的预言学说是从"一种经过改进的预言学理论"(eine ausgebildete Theorie der Prophetie)那里承继而来的,这里的所谓"经过改进",我们可以恰当地说,就是让哲人品质归属于先知品质,或者说先知当具有哲人品质。反过来说,一种没有"经过改进"的预言学就不会说"先知必须集哲人、政治家、预言家和行奇迹者于一身"。

现在我们需要进一步了解,第一,谁做的如此"改进";第二,如何"改进";第三,为什么要如此改进。第一个问题可以很简单地回答:伊斯兰教哲人。施特劳斯提到阿维森纳(Avicenna),而且给出了文献证据——我们知道,后来施特劳斯指明,最早应该追溯到阿尔法拉比,总之,"追溯到伊斯兰教的源泉"。

接下来施特劳斯通过阿维森纳的《论学问的各个分支》来回答第二个问题——顺便说,阿维森纳的《论灵魂》早有中译本,但迄今未见我们的哲学史研究关注这本书。在

《论学问的各个分支》中,阿维森纳把预言学与政治学这门学问联系起来——我们马上联想到,如今我们的政治学讲的是什么。

按阿维森纳的表述,政治学与我们如今的政治学差别太大,因为,阿维森纳的政治学"进一步还教人,哪些品格是所有宗教律法共有的,哪些品格依民族和时代而不同,如何区分属神的预言和骗人的预言"。

从我们今天的学科划分来看,这应当是宗教学的内容,但我们的宗教学不仅不讲政治问题,对政治还惟恐避之不及。这里有两个问题值得我们考虑:首先,如今的宗教学不讲宗教律法,意味着宗教不再是律法性质的,而是单纯信仰的宗教。换言之,在西方后来的思想史上曾出现过从律法宗教向信仰宗教的转变。其次,我们还得考虑:如今的政治学不涉宗教,这意味着政治生活的基础已经没有宗教这一很高的预设。进一步问,如此政治学是怎么出来的?更值得一想的是:韦伯重新把宗教学与政治学结合起来,但结合的工具是社会学,这意味着什么?社会学与预言学的品质差异在哪里?搞清这些问题,对我们理解这篇报告绝非无关宏旨。

回到文本,我们继续关注如何"改进"预言学这一问题。预言学与政治学的联系看来并非对预言学的改进,因为"预言的目的无疑是政治的"——这有助于我们理解自己的易学,因为,在易学中,我们似乎同样可以说,"除哲学之外必须区分三个要素,即政治学、巫术和占卜术,其中政治学拥有优先地位"。

接下来就说到哲学:阿维森纳是在自己的形而上学的结尾处说到政治学的,并且是在政治学中来讨论他的预言学的。兴许这就是"改进",让我们注意这一关联:形而上学－政治学－预言学,这样的顺序在形式上像谁的学问统绪?我们马上会想到亚里士多德:难道阿维森纳依据亚里士多德的哲学来改进传统的预言学?

可是,施特劳斯接下来说的是,阿维森纳依据的是柏拉图:阿维森纳模仿柏拉图在《王制》中的规定,"在立法时,立法者的首要目的就是把城邦划分为三个部分:领导者、手工业者和守卫者"。现在我们可以知道,阿维森纳对预言学的"改进"就在于,"按照柏拉图给予国家的指导来理解先知的作为",阿维森纳甚至"把自己理解为柏拉图的学生"。现在情形倒过来了:宗教的预言学家要向哲人学习,哲学成为先知学的一个部分——必须注意,尽管如此,哲学仍然从属于先知学,或者用迈蒙尼德的表述,先知的品质也包括哲人的品质。

阿维森纳的学问统绪从外表看像是模仿亚里士多德,实质上是在模仿柏拉图,我们因此就得问,为什么要模仿柏拉图哲学,而非模仿亚里士多德哲学,这里体现出的两者的差异究竟是什么?这就进到第三个问题:为什么要如此改进?

阿维森纳清楚知道,柏拉图和亚里士多德的政治学著作都涉及预言的政治品格,但为什么没有翻译和注疏亚里士多德的《政治学》?《政治学》一直没有被译成阿拉伯文,这是思想史上的常识,施特劳斯却从这个很少有人会多想的常识认定,这恐怕不是偶然。后来施特劳斯不止一次提到这个看法,这里我们看到,施特劳斯很年轻的时候就有这样的看法,由此可以看到施特劳斯的一个思考特色:追究常识性细节——在解读经典作品时,施特劳斯的这一思考特色体现得非常充分。

阿威罗伊凭靠柏拉图来注疏穆罕默德的律法，这就把哲学引入了先知学，从而"改进"了先知学。然而，为什么是柏拉图而非亚里士多德？既然柏拉图与亚里士多德的对立体现为关于好的问题与关于在静观中生活的问题的对立，我们也可以问，为什么是作为伦理学而非作为形而上学的哲学被引入了先知学。

因为在柏拉图那里，作为伦理学（政治哲学）的哲学已经包含了形而上学。下面这段话相当关键：

> 询问好乃是询问好之为好的东西本身，是询问好的观念。为了能够正确地对此询问，一种准备是必要的。询问需要绕一段弯路，在这段弯路上，例如必须问什么是灵魂，灵魂的各部分是什么，什么是学问，什么是存在者，什么是那唯一的（das Eine），等等。因此，也必须问后来亚里士多德将问的一切，但亚里士多德不再面对关于好的问题。

这段话表明，柏拉图笔下的苏格拉底哲学并非没有形而上学，毋宁说，与亚里士多德哲学不同，形而上学在苏格拉底哲学中的位置不在最高处，而在去向伦理学的"弯路"上。柏拉图绝非不知道静观生活和纯粹的认知对哲人这类好智者的意义，对这类人来说，"人的幸福在于纯粹的观察和认知"。下面这段话同样非常重要：

> 与对于亚里士多德来说完全一样，对于柏拉图来说，认知是人的最高可能性。决定性的区别在于，他

们对待这种可能性的方式。亚里士多德让这种可能性放任自流（völlig frei）；毋宁说：他让可能性保持其自然的自由（natürliche Freiheit）。与此相反，柏拉图不允许哲人们做"现在允许他们做的事情"，亦即不允许把在哲学思想中生活当作在哲学思想中、在对真理的直观中打坐（Verharren）。

用我们今天的话说，柏拉图与亚里士多德的差异是个人心性的差异：柏拉图有更多的承担，为了共同体的好生活，他"强迫"哲人们"为其他人操劳，看护他们"（《王制》，519d – 520a）。即便哲人在直观纯粹的真理时体会到在纯粹中生活的纯粹之美和幸福——柏拉图或者说苏格拉底无疑体验过这种纯粹之美和幸福，他们仍然主张，应该把"哲人绑回（zurückgebunden）到国家身上"。注意这里说的是按照立法者的命令，在伊斯兰教的语境中就是按照先知的命令。

换言之，先知与哲人的本质差异在于：先知作为立法者首先考虑的是共同体生活整体的秩序和幸福，"而非各个部分的幸福"。哲人的品质从本质上讲是个人自由主义的，正是这种品质受到苏格拉底的限制、质疑甚至连根拔除，形而上学的追问则仅仅是受到限制甚至质疑，但绝没有被连根拔除。"哲学自己必须对国家、对法律负责：哲学并非绝对独立自主的"，这是一项道德要求——施特劳斯临终前对本科学生们说克莱因比他更看重道德，是反讽言辞。在临终文集中，施特劳斯把柏拉图的《苏格拉底的申辩》与《克里同》放在一起作为平行文本来解读，绝非偶然。

这里我们可以看到现代自由主义的根本问题：在启示

宗教的时代,"认识时无论怎样自由,这个时代的哲人们每时每刻都意识到自己对维持合法秩序的责任、对律法的责任"。哲人必须在国家法庭面前为自己从事哲学申辩,这显然说的是苏格拉底事件,柏拉图一生都在思考这一事件。苏格拉底的哲学转向的意义就在于:懂得了自己从事哲学的权限和"守法的义务",进而改变了对自己的自由的理解。

哲人的"自由"并非是在纯粹的静观生活中,而是"符合理性地解释启示文献",为先知的使命服务。哲人"实际上置身于律法之下"意味着,亚里士多德意义上的哲人的"自由"被取消了。反过来我们可以设想,倘若亚里士多德式的哲人自由成为人类共同体的支配原则,这类哲人成为立法者,情形将会怎样——所有人都过上上午打猎、下午钓鱼、晚上读书的生活?

就人类生活的本质而言,形而上学的旨趣与人类生活的目的是不相干的;人类生活的本质是政治的,先知就立足于此。苏格拉底的转向之所以意味着政治哲学的转向,或者苏格拉底-柏拉图式的哲学之所以本身是政治的,就因为哲人的立足点挪了过来,由此可以理解为何柏拉图最后的大作是《法义》。这说的是哲人的转变,但这篇报告的主题说的是置身于先知传统中的哲人——比如阿威罗伊或迈蒙尼德。我们要寻求的是对第三个问题的回答:为什么要如此改进先知学,或者说,为什么先知学要把哲学纳入其中。

在启示宗教的处境中,如果谁一旦得知静观生活的幸福,并因此而爱恋上哲学,那么,他们无需像柏拉图那样通过《法义》去"寻找律法、寻找国家",先知传统已经为共同生活秩序立法。这样一来,在希腊哲学传统中需要通过苏格拉底的转变来获得的东西,对启示宗教传统中爱恋上纯粹认知的人来说,是现存就有的东西:"亚里士多德式的自由中的认知"(das Verstehen in Aristotelischer Freiheit)并非他们的天生品质。

在这一处境中,或者说在这一前提下,先知传统中的爱智者接受"亚里士多德式的哲学思考"(aristotelisieren)时,自然会把这种哲学思考放置在"弯路"上,而非置于顶点。下面这句话让我们可以看到形而上学在先知学中的明确位置:

> 由于律法对这些哲人来说是给定的,他们的哲学思想首要的和第一的命题就不是律法:他们不需要询问律法。从而,在他们的著作中,形而上学问题获得的空间就比询问人类共同生活的正确秩序问题的空间实在要大得多。

关于为什么要如此改进先知学,我们在这里得到的回答有两点:首先,在启示宗教的处境中,天生喜爱静观生活的人有了自己的立足之地甚至用武之地,他们无需与自己的宗教传统决裂而从事哲学;第二,形而上学对先知学的政治目的是有益的,但是否也是必要的呢?施特劳斯没有说。"询问好乃是询问好之为好的东西本身,是询问好的观念。为了能够正确地对此询问,一种准备是必要的",这种准备就是形而上学的准备。然而,在启示宗教的处境中,这岂不是说,先知学所依凭的启示还不自足吗?

无论如何,形而上学即便处于"弯路"上,也与先知所依凭的启示构成了张力。因此可以说,这里的问题实际上并没有完——由此会引出自然的好与启示的好之间的对立和冲突。这显然是一个大问题,我们知道,施特劳斯后来的著名说法是:哲学(形而上学)与神学的冲突是永恒的,但这种冲突本身对人类共同生活的好是有益的甚至必需的。然而,为什么?

施特劳斯在这里进一步解释的是,何以阿维森纳或迈蒙尼德更接近柏拉图哲学而非亚里士多德哲学。柏拉图哲学看到,"政治权力和哲学必须合流",这与先知学与政治权力的合流在形式上一致。我们可以说,借助这种形式上的一致,阿维森纳或迈蒙尼德就把形而上学偷运进先知学中,这种改变的结果就是提出:"先知乃是集哲人、政治家、预言家和行奇迹者于一身"。

最后,施特劳斯对柯亨做了评价:柯亨不可忽视的贡献在于,他看到"迈蒙尼德与柏拉图的一致比与亚里士多德的一致更深刻"。柯亨看到这一点,是"通过阿维森纳或者阿尔法拉比"——我们知道,施特劳斯承接了柯亨的这一贡献,并把这一洞见发扬光大。但柯亨的这一发现受到他所接受的现代启蒙视野的限制。柯亨虽然对现代启蒙有戒心,仍然不自觉地向现代启蒙妥协,证据就是:把以色列的上帝解释为道德性(Sittlichkeit)的上帝,"用道德性的思想替代了律法的思想"。这里施特劳斯表述了后来成为其思想史洞识的原则性观点:

> 律法亦即*νόμος*的思想,乃是把犹太人和希腊人联合起来的思想:具体的有约束力的生活秩序的思想,由于基督教传统和自然法传统,我们才看不到这种思

> 想,至少我们的哲学思想就是在这两种传统的轨道上运动的。由于**基督教传统**[乃是因为]:这一传统始于使徒保罗激进的律法批判。由于**自然法传统**[乃是因为]:这一传统确立了一种抽象的规范体系,这个体系必须由**实定法**来充填,并变成可用的。

但柯亨毕竟让我们重新认识到律法而非道德性才是"人类的基本概念",因为他用行动的观点替代信念(Gesinnung)的观点,使自己的伦理学取向于法学,否认"不考虑国家并且不被关于国家的思想引导就能够获得"的自我意识,从而是柏拉图式的"一个政治哲人"。

柯亨是个"柏拉图主义"者,这使他能"把迈蒙尼德理解为一个柏拉图传人(Platonikers)",但柯亨的现代启蒙立场使得他的柏拉图主义立场受到"局限"。怎样的局限?

> 柯亨把现代的个体思想与柏拉图对立起来;这种现代的个体思想的结果便是,使得柯亨确定了自己的政治立场,站在"人类的伟大左翼"热情地涉身政治,步入进步政治;这种思想决定了他对柏拉图的理解有所局限,因而也对迈蒙尼德的理解有所局限。

我们可以进一步说,如果"现代的个体思想"的源头至少应该算上"亚里士多德式的自由中的认知",那么,这无异于说,柯亨不自觉地站在亚里士多德的立场与柏拉图对立。施特劳斯在此回到报告开头提出的论点:我们唯有超逾现代启蒙的视野,才能"完全理解柏拉图,因而也完全理解迈蒙尼德"。

我们获得了一个视域，这个视域超然于（jenseits）进步与保守、左派与右派、启蒙运动与浪漫派的对立——或者无论人们怎样称谓这种对立；与其这样说，倒不如说，我们摆脱了所有对进步或者退步的考虑，重新理解永恒的好、永恒的秩序的思想。

由此可以理解，为什么施特劳斯没有把自己的政治哲学命名为亚里士多德式的，而是命名为柏拉图式的：因为，柏拉图式的哲学才是真正的哲学启蒙。施特劳斯在这里说的最后一句话值得深思：为什么不是说"重新理解唯一上帝的永恒的启示"？

显然，最后的这一诉求是哲人式的诉求——在现代语境中，"重新理解永恒的好、永恒的秩序的思想"而非"重新理解唯一上帝的永恒的启示"意味着什么？如前面提到的：形而上学即便处于"弯路"上，也与先知所依凭的启示构成了张力。

施特劳斯在这里的最后宣称，无异于把弯路上的形而上学挪到了一个更高的地方。为什么如此，挪到了哪里，回答这样的问题，需要我们细读施特劳斯后来的三部要著：《思索马基雅维利》《自然权利与历史》《城邦与人》……

马基雅维利与现代哲人的品质

文艺复兴时期——西方所开创的"现代文明"的开端——的标志之一是：这一时期产生了一批新哲人。权威哲学史家克利斯特勒在其名著《意大利文艺复兴时期的八个哲学家》中列举了八位意大利新哲人（从彼特拉克到布鲁诺），奇怪的是，其中并没有马基雅维利（Niccolò Machiavelli, 1469—1527）。① 作者评述的最后一位文艺复兴时期的哲人布鲁诺出生于1548年，比马基雅维利晚出生差不多整整80年！

这并不奇怪，通常的西方哲学史教科书大都不会提到马基雅维利，原因很可能是：马基雅维利没有写过理论性的哲学论著。马基雅维利在修学年代虽然受过当时的理论性哲学训练，但他被迫离开政坛之后赋闲时写的是政书，甚至小说剧本之类的文学作品。于是，马基雅维利不被视

---

① 克利斯特勒，《意大利文艺复兴时期的八个哲学家》，姚鹏、陶建平译，上海译文出版社，1987。

为哲学家似乎理所当然。

可是，后世的新派哲人如培根、霍布斯、卢梭，与马基雅维利一样都写政书，不把马基雅维利算作哲学家似乎也说不过去。鉴于真正启发后世诸多新派哲人的其实是马基雅维利，而非克利斯特勒列举的那八位意大利哲人，我们至少得说，马基雅维利身上定然有着文艺复兴时期新哲人的某种品质。鉴于马基雅维利（而非其他八位同时代哲人）直到二十一世纪的今天仍然在发挥现实影响，我们甚至有理由说，现代哲人的某种根本品质在马基雅维利身上彰显得远比其他同时代哲人更为突出或鲜明。

认识西方现代新派哲人的一般品质对我们相当重要，因为，如果我们不搞清西方哲人品质在近代开端发生的嬗变，就不可能清楚我们自己可能会被教育成什么品质的学人。毕竟，现代中国学人几乎无不是西方现代哲人的学生，是由近代以来的新派哲人的思想养育起来的。倘若如此，认识马基雅维利身上所体现出来的新哲人品质，就具有重大的理论意义。

要认识马基雅维利的新派哲人品质，就得从他写下的作品入手。可是，无论策论式的小书《君主论》还是学究性的大著《李维史论》，都非常难以读懂。这种难不是像读康德的《纯粹理性批判》那样纯粹思辨地难以读懂，因为这两部书讲的都是西方历史上远近过去的涉及政体的世事，并没有抽象的思辨。然而，《君主论》尤其《李维史论》远比《纯粹理性批判》难以读懂。毕竟，西方学界如今并没有因如何理解康德而争执不休，相反，如何理解比康德早两个半世纪的马基雅维利，西方学界迄今仍然争执不休。无独有偶的是，马基雅维利所引发的争执，又恰恰与理解西方近代自文艺复兴以来的新派哲人的品质有关。从根本上讲,围绕马基雅维利的争执涉及的问题是:应该如何看待哲人的德性——或者说,应该如何看待新派哲人所带来的哲人品质的嬗变。

西方学界研究马基雅维利的专家不可谓不多,但真正关注马基雅维利身上的新派哲人品质的却并不多。严格来讲,真正关注这一问题的西方大思想家,唯有施特劳斯。他在二十世纪五十年代末发表的《关于马基雅维利的思考》一书,如今已成为二十世纪为数不多的哲学经典。①

由于这部大作所思考的绝非仅仅是马基雅维利问题,而是通过识读马基雅维利挑明西方哲人的品质嬗变问题,其理论意义已经远远超出一般的思想史研究范围,以至于有业内人士说,《关于马基雅维利的思考》本身就堪称哲学经典。②可以设想,如果我国学界有更多研究哲学的人像研读《存在与时间》或《逻辑研究》那样认真研读《关于马基雅维利的思考》,我们对问学品质的自我理解也会大为不同。

《关于马基雅维利的思考》共分四章,施特劳斯开篇就说到,要理解《君主论》尤其《李维史论》,非常艰难。在第一章里,施特劳斯集中辨析了理解马基雅维利的艰难,或者说阅读《君主论》和《李维史论》的艰难。在接下来的第二章和第三章中,施特劳斯分别解析了《君主论》和《李维史论》中所有重要的晦涩段落。

然而,在题为"马基雅维利的教诲(teaching)"的第

---

① 施特劳斯,《关于马基雅维利的思考》,申彤译,南京:译林出版社,2003(以下随文注页码),译文据英文版有所改动,不一一注明。
② 参见迈尔,《政治哲学与启示宗教的挑战》,余明锋译,北京:华夏出版社,2014。

四章一开始，施特劳斯又提出，前两章直凑单微的解析仍然不足以透彻解释其每段"晦涩段落"（obscure passage）的含义，还必须从马基雅维利与古典传统的关系来理解马基雅维利的写作。《关于马基雅维利的思考》一书共300页，前三章加在一起约160页，单单第四章就有约125页（按英文版计算），占近半篇幅，由此可见第四章的分量。正是在第四章的开始，施特劳斯提出了马基雅维利的身份问题：马基雅维利究竟是不是一个哲人——如果是，又是怎样的一个哲人。

第四章开场是如何提出这个问题的呢？施特劳斯首先对马基雅维利的读者亦即我们提出要求——严格来讲，是再次提出要求，因为在该书第一章的最后一个自然段，施特劳斯已经对作为马基雅维利的读者的我们提出了要求：《君主论》和《李维史论》两书之间的关系"隐秘叵测，难以把握。两部书中的每一部，都着眼于某个特定的读者群……"（页65段2行2）。

通过第二章和第三章分别对《君主论》和《李维史论》的识读，施特劳斯已经表明，读者在研读马基雅维利著作的时候，"必须遵循"作者自己提供的途径，因为，"像《李维史论》和《君主论》这样的书"不会直白地展露作者要说的东西，需要读者"夜以继日地"ponder over［反复思考］很长一段时间（页266行7）。因此，马基雅维利的著作要求 the reader who is properly prepared［读者已经恰切地有所准备］（页266行8）。所谓"有所准备"指的绝非仅仅是对马基雅维利著作中的各种"拒不直接说出来的提示"（suggestions which refuse to be stated）"有所准备"，施特劳斯强调，"有所准备"的含义是懂得"这样一个真理"(the truth):"不应该说的就不能说"(what ought not to be said cannot be said)。

如今的我们作为马基雅维利的读者知道"这样一个真理"吗?知道"不应该说的就不能说"不仅是西方传统哲人的德性,也是中国传统哲人的德性吗?如果不知道或者尽管知道却不能理解"这样一个真理",我们能够理解历史上的伟大思想家吗?

施特劳斯接下来说,"拒不直接说出"自己想要说的东西的"这种书"在思想史上为数并"不多"(not many)①——这无异于说,并非对于历史上的所有书籍都需要"有所准备",并非对任何古书都需要尖起眼睛看"拒不直接说出"的东西。然而,鉴于今人普遍认为古人的智慧与自己一般齐平,甚至于还认为古人的智商不如自己,施特劳斯随即说,这种"拒不直接说出"自己想要说的东西的书还是不少,至少比"人们会容易相信"(one would easily believe)的要多。

施特劳斯相信,历史上的"伟大人物"(great men)比我们今人"容易相信的"要多,这些"伟大人物"甚至会与"未来[的时代]不合拍"(out of step with the future),或者说与我们今天所处的时代不合拍。可以设想,由于历史上的"伟大人物"与我们今天所处的时代不合拍,我们很容易认为,他们不如我们有智慧。

"伟大人物"总是"少数"(the few)——无论过去还是现在,都如此。施特劳斯借歌德诗剧中的人物之口给出

---

① 原话是:"这样的书,为数并不多,这对于思想史家们来说(for the historians of ideas)是件幸事(fortunate)"——中译本将"思想史家"误译为"思想家"。

了"少数人"的界定：第一，他们"对于世界、对于人们的心肠和思想有所理解"（understood something of the world and of men's heart and mind）；第二，他们并不愚蠢地"把自己的情感和所见"（their feeling and their vision）① 对俗众（the vulgar）和盘托出，否则，就会落得被钉上十字架烧死的结局（页266倒4行以下）。

施特劳斯之所以说到这样的"少数人"，与他紧接着要讨论的马基雅维利是什么样的人有关。"不应该说的就不能说"并非意味着，马基雅维利在自己的书中没有说"不应该说的"，否则他就不会写书了。毋宁说，马基雅维利仍然在自己的书中说了"不应该说的"，只不过他说得十分晦涩难懂而已。马基雅维利的书之所以有不少"晦涩段落"，是因为他想要说而且的确说了"不应该说的"。

其实，施特劳斯在第一章开始不久就说到马基雅维利属于这样一类"少数人"：第一，他们"有能力洞悉"（are able to discern）涉及实际的统治者的"严酷真理"（the harsh truth）；第二，他们"不会敢于对抗那些无力发现这个真理的多数人的意见"（do not dare to oppose the opinion of the many who are unable to discern that truth；页19倒3行）。

这段关于"少数人"与"多数人"的关系的说法，直接与马基雅维利的具体言辞相关。换言之，马基雅维利对于自己属于"有能力洞悉"涉及实际的统治者的"严酷真理"的"少数人"有明确的自我意识。② 不过，与这些地方不同，第四章开篇说到"少数人"时，指的是"对于世

---

① 值得注意，vision这个语词在基督教中指凭信仰所见到的"异象"。
② 可以比较第三章注释157（页231注释）中的一个说法："占据狭窄的、只有少数人可以留居的地带也是不审慎的。"

界、对于人们的心肠和思想有所理解"的那些人,而且并没有与马基雅维利的具体言辞联系起来。

显然,"对于世界、对于人们的心肠和思想有所理解"与"有能力洞悉"涉及实际的统治者的"严酷真理"不是一回事。我们可以说,前者属于哲人式的"少数人",后者则可能仅仅是政治家式的"少数人"。同样,在政治主张方面慎言与在哲学观点方面慎言是两回事。

在引用过歌德笔下人物的话之后,施特劳斯用自己的话说了两件事情:第一,在属于哲人式的少数人中间,并不是每一个人都没有能够做到"守口如瓶"(restrain his full heart)——这话反过来理解更好:并不是每一个哲人式的少数人都能够做到"守口如瓶";第二,歌德是记得哲人式的少数人应该做到"守口如瓶"的"最后一位伟人"(the last great man)。在歌德之后,"社会的理性、情绪和决断"(social reason, sentiment and decision)已经结成一股巨大力量,毁灭了"对哲学原初所意味着的东西最后残存的记忆"(the last vestiges of the recollection of what philosophy originally meant;页267,行4)。

第四章的这段开场白把如何理解马基雅维利的著述变成了如何理解"哲学原初所意味着的东西",或者说把如何理解马基雅维利的著述这一问题变成了如何理解哲人的问题。从而,在施特劳斯看来,马基雅维利当然是哲人,问题仅在于他是怎样的哲人。

可是,为什么施特劳斯在这里引用的是歌德的话?要找到与歌德这句话类似的其他同时代作家的话不难(莱辛就是一个现存的例子)——为什么偏偏引用歌德?这个问题不难回答:因为歌德是一个伟大时代——启蒙时代——

的伟大标志：歌德处于启蒙运动搞得非常热闹的顶峰时期。所以施特劳斯说，在歌德之后，"社会的理性、情绪和决断"已经结成一股巨大的力量，毁灭了原初意义上的哲学。

由此看来，马基雅维利是一个怎样的哲人这个问题，在施特劳斯那里与后来的启蒙运动联系起来了。我们都知道，启蒙运动思想与文艺复兴思想有内在关联，但我们未必清楚，这种内在关联究竟是怎样——至少不会是所谓"张扬人文主义"之类的大而无当的关联。不仅如此，施特劳斯在这里所下的一个注释让我们感觉到，歌德与近三百年前的马基雅维利似乎有某种隐秘的内在关系。

这个注释大有看头，因为其形式就让人觉得蹊跷。首先，正文引歌德作品中的话时没有下注，句号之后礼赞歌德一番才下注。不仅如此，这个注释其实并未给出浮士德对瓦格纳说的那句带引号的话的出处，而是另外引了歌德评价《拿破仑》一书的作者斯考特（Walter Scott）的一句话。① 歌德在给友人的信中说：斯考特颇为审慎，他"刻意防止自己受到整个马基雅维利式观点的影响"。

可见，启蒙运动时代曾流行"马基雅维利式观点（Machiavellian view）"，亦即关注"此世的历史"（the history of the world）的观点——我们知道，全心全意关注"此世"的真理恰是马基雅维利的思想特色。"此世的历史"

---

① 这段话见于《浮士德》第一部分"学者剧"中浮士德与助手瓦格纳第一次对话的结尾部分（行588 – 593）："嗨，什么叫作认识！谁又可以直言不讳（das Kind beim rechten Namen nennen）？少数人（die wenigen）诚然从中认识到一点什么，却十足愚蠢没有保管好全部内心（ihr volles Herz nicht wahrten），竟然向庸众（Poebel）泄露自己的洞察（Schauen）和情绪。这些人自古以来都没好下场，不是被钉十字架就是被烧死。"

这个提法后来因黑格尔的《此世历史讲演录》（旧译"世界历史讲演录"未必准确）而变得非常著名，而且成为现代性普世－普适论的标识之一：人类历史具有一个普遍的演进目的——对此我们还可以想起黑格尔的一句名言：此世历史的精神就在拿破仑征战的马背上。然而，这与马基雅维利是否是个能做到"守口如瓶"的哲人式少数人有什么关系呢？

这个注释还没有完，事实上，这个注释有三段内容。施特劳斯随即又提到歌德责备费希特的话："关于上帝和神圣的东西"（about God and divine things），费希特没有做到"保持一种深奥的沉默"（preserve a profound silence），而是"口无遮拦"（unguarded utterances）。鉴于费希特是受康德启发的观念论哲人，而且是德意志观念论从康德到黑格尔的发展所经历过的中介阶段，费希特就属于未能做到"守口如瓶"的那类哲人式的少数人。

不仅如此，费希特也是著名的政治人，德意志的国家主义者或民族主义者，他像马基雅维利一样关注"此世的历史"，与在德意志学界流行的"马基雅维利主义"有深刻的关联。① "马基雅维利式的观点"是"少数人"也不再懂得约束自己内心真实见解的原因，从而可以说，"马基雅

---

① 在早年的一次学术报告中，施特劳斯让费希特充当过启蒙精神成熟的标识："一旦我们不得不与费希特一起嘲笑尼柯莱（Nicolai）时，我们便已被启蒙。"参见施特劳斯，《柯亨与迈蒙尼德》，见施特劳斯，《犹太哲人与启蒙》，刘小枫编，张缨等译，北京：华夏出版社，2009。迈内克写道："在德意志，马基雅维里现在终于找到了理解他的人们"——这指的首先是费希特，他"对马基雅维里的普罗米修斯式态度和现代异端主义另有种种美言和深刻评论。"见迈内克，《马基雅维里主义》，时殷弘译，北京：商务印书馆，2008，页517、519。

维利式的观点"是启蒙的肇因。

在援引歌德批评费希特的话之后,施特劳斯又说到歌德自己对"马基雅维利主义"(Machiavellianism)的理解:"诗的创作要素中的每一种斯宾诺莎主义者的东西(Everything which is Spinozist),在反思的要素中(in the element of reflection)都成了马基雅维利式的(Machiavellian)。"最后这段注释蕴含着两个要点。首先,鉴于斯宾诺莎既是近代欧洲观念论的重要倡导者,又是近代自由民主政治论的重要先驱,歌德把斯宾诺莎主义理解为"马基雅维利主义"便意味着,所谓"马基雅维利主义"既是一种观念论哲学,也是一种自由民主政治论。其次,"反思的要素"与"马基雅维利式的"对举意味着,马基雅维利的思想绝非仅仅涉及实际的统治者的"严酷真理",也具有观念论的哲学品质。

但蹊跷的是,施特劳斯在这里引用的歌德的书名是 Maximen und Reflexionen(《格言与反思》)。如果诗人歌德也搞思辨的"反思",他自己是否也是个"马基雅维利式的"诗人呢?难道施特劳斯在正文中赞美歌德,同时又在注释中隐晦地揭示歌德有可能是个隐藏的马基雅维利分子?毕竟,"毁灭对哲学原初所意味着的东西最后残存的记忆"的能动力量恰恰源于"马基雅维利式"的"反思"。

无论如何,施特劳斯的这个精心构拟的注释让我们看到:第一,歌德对"马基雅维利式的观点"并非持旗帜鲜明的否定态度,从而,他在正文中对歌德的赞美得大打折扣——毋宁说,歌德顺应了启蒙的时代潮流。第二,如果与正文中的那句"在歌德之后,社会性的理性、情绪和决断……已经共同联合起来去毁灭对哲学原初所意味着的东西最后残存的记忆"联系起来看,马基雅维利是这样一个哲人:他开启了"毁灭对哲学原初所意味着的东西"的能动力量——开启了启蒙哲学的品质。

倘若如此我们就可以问:马基雅维利的书是"不应该说的就不说"的书吗?回答是否定的。马基雅维利以暗示的方式说了"不应该说的",马基雅维利主义就成了哲学的一种时代特征——启蒙哲学作为新哲学就是说"不应该说的"哲学。如果我们再回头看正文中的那句话就会别有一番体味:马基雅维利的"这种书"在历史上不多,对思想史家们是幸事,"更不用说对其他人"!因为,马基雅维利没有持守"不应该说的就不说"这一古来的哲人德性原则,尽管他用大量"晦涩段落"来传达持守"不应该说的"东西。

不仅如此,通过注释我们还已经得知,所谓"不应该说的"东西就是"关于上帝和神圣的东西"——在整个第四章,施特劳斯都在揭示马基雅维利如何用种种"晦涩段落"来传达"不应该说的"东西。马基雅维利固然属于历史上的少数"伟大人物"之一,但这位"伟大人物"与在他之前的那些伟大人物在品质上截然不同,而且与"未来"的时代也并非不合拍——毕竟,他造就了"未来"的启蒙哲学。

接下来施特劳斯就进入了这个问题:马基雅维利是一个什么样的新哲人。施特劳斯进入这个问题的方式是,审查一个在启蒙时代就流行的关于马基雅维利的观点:马基雅维利是个"异教徒"。① 施特劳斯说的是"许多作家"（many writers）② 将马基雅维利视为"异教徒"，但在这里下注时他仅仅引用了费希特的话：马基雅维利是个伪装的基督徒。

前一个注释里已经出现过费希特，现在紧接着又出现费希特，可以确定，两个注释将分开的两个自然段紧紧黏在一起。不仅如此，这两个分别属于两个自然段的注释之间有着某种内在关联——然而，怎样的内在关联？

我们不妨先注意施特劳斯不惜笔墨引用费希特的方式（或者说施特劳斯的言辞表面）：施特劳斯共引了三句费希特的话（前一个关于歌德的注释同样引了三句话），前后两句是直接引语，中间一句是间接引语。不仅如此，第一句直接引语说马基雅维利是"公开立誓的异教徒"（a professed pagan），后一句直接引语则说马基雅维利把自己伪装成一个虔敬的基督徒。两相对照，费希特无异于揭开了马基雅维利的真实面目。中间一句间接引语则说：无需为马基雅维利辩护，没必要非把他说成是个基督徒不可。直到二十世纪甚至二十一世纪的今天，仍然有不少思想史家们为马基雅维利辩护，说他是个正派的思想家、坦诚的学者。相比之下，费希特更接近马基雅维利的真实面目吗？

施特劳斯引用费希特的方式为什么是这样的呢？直接引语有如一种公开宣称，中间夹着一段转述。如果直接对

---

① 对比第一章开头5段，我们可以发现，施特劳斯在这里又从意见开始：第一章开头针对的流俗意见是关于马基雅维利意图的说法，这里针对的意见是关于马基雅维利是个异教徒的说法。

② 可以对比前段用到的"少数人"。此外，中译本将"作家"（writers）译作"论者"不妥。

比两句直接引语,我们可以发现一个对比:"公开立誓"与伪装。换言之,既然马基雅维利会伪装成一个基督徒,难道他不可能也伪装成一个异教徒?毕竟,"公开立誓"(professed)这个语词也有"伪称"含义。

由此来看,鉴于这个注释与前一个注释不仅形式上大致一样,而且很可能有内在关联,我们就应该想到:歌德也被叫做异教徒。换言之,歌德也有可能是一个伪装的异教徒。无论如何,启蒙哲学的确凸显了这样一个问题:基督教与异教的关系变得越来越紧张。在启蒙运动之后的尼采那里,基督教与异教绷在一起的那根弦终于断裂了。可以推想,基督教与异教的关系,将是施特劳斯审理马基雅维利究竟是什么样的新哲人这一问题时的着眼点。

何谓"异教徒"?施特劳斯用了颇长的一段间接陈述来展示"许多作家"的看法,① 仅有一句话加了引号:马基雅维利"爱(loving)自己的祖国甚于爱自己的灵魂"。但施特劳斯并没有给出这话的出处。施特劳斯转述"大多数作家"的观点说,他们责备马基雅维利"忘了或否弃效法基督"(forget or rejected the imitation of Christ),忘了去"思考"(think)不属于狭义的政治的任何东西,狂热反叛"基督教道德"(Christian morality),不去"冷静思索"(dispassionate thought)基督教道德的神学前提。因此,他们把马基雅维利"想像成"(imagine)一个美迪奇式的人物。

这一观点包含着两个性质并不完全相同的要点:首先,离弃基督转而崇拜世俗政治权力,用"异教罗马的此世性

---

① 页 267 倒 5 行至 268 页行 2。

荣耀"（worldly glory）取代基督，这无异于渎神——毕竟，"荣耀"这个语词只能用在基督身上。其次，马基雅维利虽然善于思考，却没有把自己的思考用于神学。施特劳斯的转述两次用到"思考"这个语词，似乎意在突显马基雅维利的哲人品质，可是，马基雅维利并没有被"大多数作家"视为哲人，而是被视为科西莫·美迪奇那样的现代僭主。

施特劳斯对"大多数作家"的看法既否定又肯定。由于他通过间接陈述实际上区分了这个看法中的两个不同要点，他的既否定又肯定就不仅不自相矛盾，反倒直凑单微。首先，施特劳斯否定马基雅维利是"异教徒"，理由在于"异教主义是一种虔敬"（Paganism is a kind of piety，页268行3），而在马基雅维利那里找不到丝毫"虔敬"。

所谓"异教"当然指的是古希腊宗教，但施特劳斯说异教徒必须有piety[虔敬]，指的是古希腊哲人苏格拉底式的"虔敬"。因为，施特劳斯用不无反讽的口吻说：马基雅维利"并没有从敬拜基督改宗为敬拜阿波罗"（268页行5）。在柏拉图的《会饮》《斐多》中我们都可以看到，苏格拉底是个虔敬的阿波罗神敬拜者。

接下来施特劳斯用"另一方面……"将话头一转，说将马基雅维利视为"此世的智者"（the wise of the world）"并非误导"（not misleading），肯定了"大多数作家"的看法中的第二个要点，即肯定马基雅维利忘了去"思考"非政治的事物。不过，在为这一肯定提供理由时，施特劳斯提供的是萨沃纳罗拉修士在讲道时对"此世的智者"之类的人的痛斥，而且借用的是马基雅维利的说法。

换言之，谴责马基雅维利这样的"此世的智者"，是"按照萨沃纳罗拉"（according to Savonarola）的说法，而萨沃纳罗拉的说法又出自马基雅维利的说法（页268行7以下）。这样一来，马基雅维利与萨沃纳罗拉修士的说法就搅在了一起。首先，施特劳斯提到马基雅维利说萨沃纳罗拉痛斥"此世的智者"，然后说"按照萨沃纳罗拉"，"此世的智者"是这样一类人：他们认为，治理国家不能靠基督教主祷文，必须"仅仅相信"（believe anything except）"理性的论说所证明的东西"（what rational discourse proves）。

这个说法表明"此世的智者"是一帮哲人，因为，哲人才"仅仅相信理性的论说所证明的东西"。施特劳斯随即引证了萨沃纳罗拉曾经亲耳"听见"（has heard）"此世的智者""彼此争论时"（in their disputations）的情形：这帮人"谈得很哲学，而且蔑视超自然的东西"（speaking philosophically and disregarding the supernatural），说什么"此世是恒在的"，"信仰不过是意见"云云。这时施特劳斯下注，同时给出马基雅维利和萨沃纳罗拉的原著，似乎上述说法是两人共同的说法，不加区分。

下注之后，施特劳斯才说了自己要说的话：马基雅维利是这样一类"此世的智者"或哲人，他们"拒绝了异教徒的种种神话"（the myths of the pagans），① 拒绝了"启示和启示的具有鲜明特征的教诲"，转而崇拜单纯世俗的"政治上的聪明"（political cleverness；页268倒5行），② 无视这种聪明的"限度"（the limis）。

施特劳斯最后总结性地说，这帮"此世的智者"就是falasifa［哲人］或者阿威罗伊主义者（Averroists）——

---

① 原文没有中译本的"荒诞"两字。
② 中译本把"政治上的聪明"译作"政治权术"不对。

Falasifa是阿拉伯语的"哲人"一词的拉丁化写法,"阿威罗伊主义者"对这个语词作了进一步界定,毕竟,在伊斯兰教宗法国家中,并非所有falasifa都是阿威罗伊主义者。

然而,为什么施特劳斯在这里要用阿拉伯语的"哲人"一词的拉丁化写法,而非用希腊语的"哲人"一词的拉丁化写法?尤其需要思考一下的是:善于辨析入微的施特劳斯为什么要把马基雅维利与萨沃纳罗拉的说法搅在一起?这样做难道有什么用意?

实际上,施特劳斯说萨沃纳罗拉曾经亲耳"听见"的"此世的智者"们的"彼此争论"出自《李维史论》卷二12章戏仿过的经院论争——在那里,马基雅维利嘲笑了讨论"超自然的东西"的经院哲人。① 施特劳斯很可能是在戏仿马基雅维利自己的笔法,因为,《李维史论》卷三30章明文提到萨沃纳罗拉谴责"此世的智者"时,其实是在赞美萨沃纳罗拉(《李维史论》,前揭,页541)。

在《关于马基雅维利的思考》第一章,施特劳斯曾分析过《李维史论》卷二12章"戏仿经院学派的论争"(a parody of scholastic disputations),以及马基雅维利如何用哲学的智识取代诗的寓言(异教神话)和圣经(启示教诲)。在那里所下的注释中,施特劳斯提到马基雅维利对萨沃纳罗拉的赞美:"他的著述表现了他的博学,他的审慎以及他的头脑的德性"(his learning, his prudence, and the virtue of his mind;页62注释倒5行)。

不仅如此,施特劳斯在那里还展示了亚里士多德著作

---

① 参见马基雅维利,《君主论·李维史论》,潘汉典、薛军译,长春:吉林出版集团,2011,页358(以下随文注页码)。

与圣经的对峙。由此看来，施特劳斯在这里要把马基雅维利的说法与萨沃纳罗拉的说法搅在一起，而且在注释中对两者的说法不加以区分，意在暗示马基雅维利与基督教修士萨沃纳罗拉是一伙，甚至可以说是萨沃纳罗拉的学生。①

萨沃纳罗拉这个历史人物在《关于马基雅维利的思考》中累计出场18次，出场之频繁仅次于李维和亚里士多德，比柏拉图出场还多。② 萨沃纳罗拉（Girolamo Savonarola, 1452–1498）虽然是多米尼克会修士，但实际上是个热爱亚里士多德哲学的异端分子，而且是立志献身于实现共和政体的政治家。他在29岁那年（1481年）到佛罗伦萨布道，吸引了一批追随者，1494年在佛罗伦萨建立共和政权，主持制订宪法，以至于在46岁那年被教皇（亚历山大六世）定为异端，绑在树桩上烧死——马基雅维利在《君主论》第六章中曾这样总结萨沃纳罗拉的失败教训：

> 一旦杂众（la moltitudine）开始不再相信他，他就同自己的新秩序（sua ordini）一起毁灭了，毕竟，他没有一种模式（modo）使信仰他的人们坚定信仰和使不信仰他的人们信仰他。像这样的人物，在行动中有着巨大的困难。他们在前进道路上的所有危险，他们必须运用力量（la virtú）加以克服。一旦克服了这些危险，他们就会开始受到人们的尊敬，当他们消灭了嫉妒他们的品质（sua qualità）的那些人之后，他们就

---

① 比较第一章35段（页59以下），施特劳斯说马基雅维利的思考以神学为前提。
② 第一次出场是在第一章第六自然段（12页倒2行），那里的说法与这里的说法完全一样。

会保有权势、安全、尊荣和幸福。①

可见，在马基雅维利看来，萨沃纳罗拉失败的教训在于，他在实践政治品格上有欠缺，还不善于创制出一种"模式"来掌握"大众"——而掌握"大众"的唯一方式是"运用力量"消灭嫉妒自己的"品质"的人。对于萨沃纳罗拉的失败，马基雅维利充满惋惜之情，即便在责备萨沃纳罗拉仍然想要使佛罗伦萨的大众相信自己"与上帝交谈"时还说："我不想评判他是否真的如此，因为对一个如此伟大的人，应怀着敬畏谈论。"（《李维史论》，卷一，11章，中译本页184）过去的"许多作家"把马基雅维利视为科西莫·美迪奇那样的现代僭主，看来没错，至少，他推荐的是现代僭主"模式"和"品质"。

在《关于马基雅维利的思考》第一章中，萨沃纳罗拉出场两次，在第二章中仅出场一次（页72行5），在第三章中出场5次（两次见于正文，三次见于注释），②在第四章中则出场9次（3次见于正文，6次见于注释）。在第三章正文中的两次出场，施特劳斯为我们展示了他在马基雅维利笔下的形象以及他与马基雅维利的关系：在马基雅维利笔下，萨沃纳罗拉"以新阿摩司或新摩西的面目出现"，"沿袭仿效圣经的先知们曾经从事过的事业"（页93段2行6）。当时的读书人并非都追随古典主义者，也有追随萨沃

---

① 《君主论·李维史论》，第六章，潘汉典、薛军译，长春：吉林出版集团，2011，页23（凡有改动均依据1995年意大利文Einaudi版）。
② 页234注释161倒5行，与这里的引文第二篇相同；页249注释181倒7行，与这里的引文第36篇很接近，第37篇；页261注释189，与这里的引文第36篇相同。

纳罗拉的（页124倒10行）——这话暗示的是马基雅维利也追随萨沃纳罗拉。① 毕竟，凭靠亚里士多德哲学来释读《圣经》，是经院僧侣学人开的头，萨沃纳罗拉正是这样的人。

我们再回头看那句"他们是 falasifa［哲人］或者阿威罗伊主义者"，就别有一番味道了：萨沃纳罗拉和马基雅维利都是新哲人，尽管前者是教士。施特劳斯在否定马基雅维利是"异教徒"的同时，肯定了他是个哲人——否认马基雅维利是异教徒，不等于否认他是个哲人！但在肯定他是哲人时，又把他与萨沃纳罗拉绑在一起，这意味着与阿威罗伊主义者绑在一起。

这样一来，施特劳斯就不仅指明了文艺复兴时期新哲人的本质特征（拒绝启示宗教的教诲，信赖单纯世俗的"政治上的聪明"）——马基雅维利不敬拜基督不等于是异教徒，② 而且指明了这种新哲人的来源："阿威罗伊主义者"。萨沃纳罗拉尽管写过 De contemptu mundi（《论逃避尘世》，未完成）这样的书，但很少有人把他视为哲人。

按照教科书上的一般说法，文艺复兴时期的基本特征是复兴古希腊文化，反对基督教，施特劳斯让我们看到，文艺复兴时期的新哲人不仅反对启示宗教，也反对异教神话（柏拉图）。③ 因此，施特劳斯通过"虔敬"把古希腊异

---

① 在随后的页261注释189中，施特劳斯说，"马基雅维利可能会同意萨沃纳罗拉"。

② 比较尼采从一个牧师之子变成狄俄尼索斯信徒（异教徒）；在第四章（页306的注释）中，施特劳斯比较了尼采与马基雅维利攻击基督教时的差异。

③ 对观第三章，页247行4。

教与基督教摆在了一起，两者毕竟都是宗教（这个语词的原义就是"虔敬之事"）——新哲人的基本特征是反对宗教。

最后值得提到，施特劳斯这段关于马基雅维利的哲人品质的论述框架采用了倒叙法：从歌德和费希特到阿威罗伊主义者——或者说从启蒙哲学的巅峰到启蒙哲学的源头。甚至再往前看关于少数人是懂得"不应该说的就不能说"的人的说法，现在我们也许能明白施特劳斯的笔法：在正文中，施特劳斯礼赞歌德，在注释中却提到歌德与马基雅维利的关联。

从马基雅维利到歌德（以及注释中的拿破仑），施特劳斯在短短的篇幅里展示的不仅是启蒙哲学从其历史开端到顶峰的全幅场景，而且是启蒙哲学的品质。这就为第三章的最后一句话做了很好的脚注：

> 马基雅维利与大传统彻底决裂，发起了启蒙运动。我们必须要考虑的是，这场启蒙运动是否名副其实，或者，它的真实名称是蒙昧蛊惑。（页265）

双重写作与启蒙

—— 施特劳斯与托兰德问题

> 你要当心,勿让这些话传到没有教养的人们那里。
> ——柏拉图,《书简二》(彭磊译文)

在二十世纪的西方学界,施特劳斯引发了诸多重大学术争议,比如重提双重写作——显白/隐微写作——所引发的争议。众所周知,双重写作(the two‐fold Writing)这一古典传统与所谓双重教诲问题相关。施特劳斯基于自己的研究重新表述了这个传统,最集中的表述见于专著《迫害与写作艺术》。① 然而,施特劳斯在表述这一古典传统时,对十七世纪末十八世纪初出现在英伦群岛上的一批擅

---

① 施特劳斯,《迫害与写作艺术》,刘锋译,北京:华夏出版社,2012(凡下引此著,仅随文注页码)。此外还有两篇文章:《注意一种被遗忘的写作艺术》(收入施特劳斯,《什么是政治哲学》,李世祥等译,北京:华夏出版社,2011/2019)和《显白的教诲》(收入施特劳斯,《古典政治理性的重生》,郭振华等译,北京:华夏出版社,2011/2017)。

用双重写作的哲学家一笔带过，甚至对其代表人物托兰德只字未提。

十七世纪中叶以来，英格兰和爱尔兰出现了一批被称为"自然神论者"（Deists）或"自由思想者"（Freethinkers）的智识人。他们的著述和文章直接启发并激励了十八世纪的法国启蒙智识人，被称为启蒙运动的精神教父。托兰德（John Toland，1670—1722）就是其中的代表人物。[1]

简单来讲，自然神论指凭靠自然理性来解释宗教，暗中否定在当时具有政治法权的基督宗教所具有的启示权威。由于这种新派哲学在当时有违基督教君主政体的政制基础，从而面临政治危险，自然神论者们不得不采用"在神学上撒谎的技艺"（the art of theological lying）——亦即掩饰（dissembling）或伪装（dissimulation）的"显白/隐微"双重写作手法来表达自己的哲学思想。[2]

我们不能设想，施特劳斯不知道这一思想史的情形，尤其不能设想他会不知道托兰德。毕竟，托兰德是西方文史上最早就双重写作手法与双重真理的问题写过专论的哲学家。他与斯威夫特是同时代人，自称洛克的学生，而且

---

[1] 关于托兰德思想最好的导论，参见 Stephen H. Daniel, *John Toland: His Methods, Manners, and Mind*, McGill - Queen's University Press。

[2] 参见 D. Berman,《自然神论，不朽与神学上撒谎的艺术》（"Deism, Immorrtality, and the Art of Theological Lying"），刊于 J. A. L. Lemay 编，《自然神论、共济会与启蒙》（*Deism, Masonry, and the Enlightenment*），Newark，1987，页 65 - 71。自然神论的中译文献，参见休谟，《自然宗教对话录》，陈修斋、曹棉之译，北京：商务印书馆，1962；休谟，《人类理解研究》，关文运译，北京：商务印书馆，1962，页 97 - 145。赵林主编"自然神论译丛"（武汉大学出版社，2006 以降）：洛克，《基督教的合理性》（王爱菊译）；赫伯特，《论真理》（周旋毅译）；廷得尔，《基督教与创世同龄》（李斯译）等。

与莱布尼茨相熟(两人曾有过书信往来)。倘若如此,施特劳斯在表述西方古典文史中的双重写作传统时为何闭口不提托兰德,就是一个值得追究的问题——不妨称之为托兰德问题。① 这个问题与其说涉及的是施特劳斯与托兰德的关系,不如说涉及的是启蒙与双重写作的关系。毕竟,十七至十八世纪的启蒙思想家非常自觉地用双重写作搞启蒙。

一 "自由思想"与双重写作

我国学界对托兰德并不陌生,由于他主张唯物论和无神论,史称启蒙思想的先驱。自二十世纪八十年代以来,他的三种要著陆续被收入商务印书馆的"汉译世界学术名著丛书":《基督教并不神秘》《泛神论要义》《给塞伦娜的信》。② 不过,尽管这位"自由思想家"以《基督教并不神秘》一书闻名欧洲甚至闻名华夏学界,但他所引发的思想史事件迄今仍然笼罩在"神秘"的面纱后面:基督教并不

---

① 施特劳斯如何注意到双重写作传统,曾是学界感兴趣的一个问题。按施特劳斯自己的说法,这是得自阅读色诺芬的著作。朗佩特对此表示怀疑,他认为施特劳斯更可能从近代作家尤其是莱辛那里得到启发。朗佩特甚至暗示,托兰德的《掌管钥匙的人》一文也启发了施特劳斯,因为《迫害与写作艺术》与这篇文章"类似"。参见朗佩特,《施特劳斯与尼采》,田立年、贺志刚译,上海三联书店,2005,页140注3。
② 《基督教并不神秘》,张继安译,北京:商务印书馆,1982/2012;《泛神论要义》,陈启伟译,北京:商务印书馆,1997;《给塞伦娜的信》,陈启伟译,北京:商务印书馆,2010。下引托兰德这三部作品,均随文注页码。

神秘，托兰德却颇为神秘。① 至少，我国学界迄今尚未注意到其论著的写作手法与其所要表达的哲学思想之间的关系。

托兰德出生在爱尔兰北部的港口城市伦敦德里（Londonderry）的一个天主教家庭，16岁那年改信新教。17岁时，托兰德东渡北海峡到苏格兰上格拉斯哥大学，随后转到爱丁堡大学继续学习。19岁大学毕业后不久，托兰德在一位牧师的资助下到荷兰莱顿大学念了两年研究生。24岁那年，托兰德回到牛津大学继续念研究生，在此期间动笔写《基督教并不神秘》。这本小册子正式出版那年（1696），托兰德年方26岁，其才学让欧洲学界惊讶。

《基督教并不神秘》（Chritianity not Mysterious）说，《圣经》的教诲并没有包含什么难以理解的启示奥秘，凭靠经过适当训练的理性，所有的信仰教条不仅都可以理解，而且可以按自然原理对启示作出合乎理性的解释。用自然理性来解释基督教信仰，在今天看来似乎自然而然，在当时却是严重的政治事件。因为，这种解释实际上否定了基督教信仰的启示来源，从而彻底抽掉了基督教信仰的根基。

《基督教并不神秘》出版的前一年，哲学家洛克在伦敦出版的《基督教的合理性》就已经用自然理性来解释基督教信仰。由于担心会招致宗教罪，洛克在出版这本书时用了匿名。洛克的《基督教的合理性》至少从书名来看并不

---

① 二十世纪二十年代，托兰德就随着我国学界对"思想自由"的引介而进入中国。参见柏雷，《思想自由史》，罗志希译，上海：商务印书馆，1927/1934（此书晚近被收入"汉译世界学术名著丛书"：伯里，《思想自由史》，周颖如译，北京：商务印书馆，2012）；樊炳清编，《哲学辞典》，上海：商务印书馆，1926/1935；海斯，《近代欧洲政治社会史》，曹绍濂译，上海：商务印书馆，1934。托兰德生平参见《基督教并不神秘》中译本（2012）所附"托兰德生平和著作年表"。

惹祸，因为，说基督教的信仰合乎理性，不等于否认基督信仰具有启示性质。由于《基督教的合理性》实际上否认了基督信仰的启示性质，我们就可以说，洛克采用的是显白/隐微写作手法来否定基督教信义的启示来源：表面上说基督教信仰合乎理性，是显白（可以公开）的说辞，实际上说基督教信仰不合乎理性，则是隐微（不可以公开）的说辞。

事实上，通过阐发人的自然理性，洛克已经把自然理性确立为衡量宗教真理是否为真的依据，从而用自然理性的权威取代了启示宗教的权威。在《人类理解论》中，洛克提出了著名的符合抑或不符合理性的宗教真理的区分，尽管这种区分承认不符合理性的宗教真理属于宗教的启示奥秘部分，实际上已经建立起用自然理性来评判宗教奥秘的思想法权。① 既然用于认识自然界的科学方法对于认识存在的一切领域都具有绝对的合理性，科学的自然知识是衡量一切的尺度，或者说，可以被感觉观察的东西，才是实在的或者可信赖并可证明的东西，那么，哲学家的自然理性才是判定世上所有真理的最终权威。

托兰德的《基督教并不神秘》的书名看起来与洛克的书名相似："不神秘"的意思似乎就是合乎理性。然而，读过此书的读者都会看到，托兰德的意思与洛克一样：基督教信义并不符合理性。托兰德知道自己的书会惹祸，因此出版时用的是匿名，以至于有人猜测是洛克写的。

《基督教并不神秘》出版后的第二年（1697），爱尔兰

---

① 参见洛克，《人类理解论》，关文运译，第四卷，第 18 章 "信仰和理性以及其各自的范围"，北京：商务印书馆，1962，页 688–696。

议会即宣布此书为坏书,下令焚毁并追究作者的刑事责任。托兰德逃往伦敦,索性用本名再版《基督教并不神秘》,随即爆得大名——当时有读书人因此称他为 Freethinker。于是,托兰德成为欧洲文化史上第一个被称为"自由思想者"的学人。可以说,"自由思想者"这个语词是因托兰德而发明的。

这一思想史事件对于我们认识启蒙运动的精神起源具有重大意义。首先,我们由此得知,与今天的一般含义或用法不同,所谓"自由思想"这个语词起初是"异端思想"的代名词,而所谓"异端"是相对于基督教信仰的正统教义而言的。其次,所谓"自由思想者"特指信奉唯物观念的自然哲学家,由于唯物论主张无神论,"自由地思想"等于不受任何正统宗教信义约束"无神"地思考自然哲学之理。再次,在当时,只有极少数人能够如此思想,因为,要这样思想就得具备思考自然哲理的思辨能力。即便在今天,能看懂洛克《人类理解论》的大学生,在西方也并不多。

按沃格林的看法,洛克心里对启示的真理并无敬意,但毕竟还装得有敬意。托兰德在"根本之处"与洛克一致,但"思想更激进",对基督宗教"更缺乏敬意"。他发展了洛克的思想,而且结论更直截了当,用哲学的理性来反对所有宗教。托兰德所"迈出的关键性一步"就"内在于洛克的观点所具有的逻辑中",这一步就是:真正地开始"自由思想"。①

---

① 沃格林,《革命与新科学》,谢育华译,上海:华东师范大学出版社,2009,页 211-215。

总之，所谓"自由思想"在当时特指新派哲学家的"思想"不受基督教会法权管辖，而"思想"（think）的具体含义则是指唯物论式的哲学思考。这种思考并非近代哲人的发明，而是来自古希腊的自然哲人——尤其德谟克利特以及随后的伊壁鸠鲁学派。因此，所谓"自然神论者"其实就是现代的自然哲人。唯物论与无神论几乎就是同义词：既然相信物质才是世界的本源，就不会相信上帝的创世论。

在当时的欧洲，君主政体与基督教会在政制上一体，唯物论者攻击基督教会的信仰根基，自然也就是政治事件。《基督教并不神秘》出版后的第三年（1698），英国政府颁布 Blasphemy Act［渎神法案］，禁止违背《圣经》和诋毁基督教三位一体教义的论说，违者逮捕法办——这个法案与 1662 年的出版法案（Press Licensing Act）相呼应，构成了对所谓"思想自由"的"钳制"。

如今，我们对"思想自由"的理解已经非常之宽泛，以至于会忽略这样一个思想史上的重大问题：政治共同体中的每个个人是否都能够通过哲学教育变得爱好自然哲学的思辨、进而获得这种思辨能力？要求每个人都具有自然哲学的世界观，就需要推行普遍的自然哲学教育——这就是启蒙的原初含义。

如果少数具有自然哲学观念的人的这一愿望能够实现，就会出现一个普遍理性的政治社会，亦即用自然理性取代宗教信仰施行统治的社会。然而，如果实际上政治共同体中的大多数人受自己的天性所限不能够获得自然哲学的思辨能力，那么，社会秩序尤其道德秩序的失序就不可避免，因为，宗教对人心的道德秩序的统治法权已经被哲学启蒙废除。

由此来看，自然哲人的"自由思想"的反面是受到禁锢或"钳制"的思想。我们必须问：受到谁的禁锢或"钳制"？从教科书上可以找到的答案是：受到教会的政治法权的禁锢或"钳制"。然而，这个答案事实上并不充分。严格来讲，"自由思想"更多受到的是人民大众的禁锢或"钳制"。因为，人民大众并不"信"自然哲学，而是"信"宗教。托兰德关于双重写作手法的著名论述证明了这一点。

在50岁那年，托兰德出版了《四论集》（*Tetradymus*，1720，迄今尚无中译本）。这部书由四篇文章构成，题为《掌管钥匙的人》（Clidophorus）的第二篇，专论显白与隐微教诲的区分。① 文章标题很长：

Clidophorus, or Of the Exoteric and Esoteric Philosophy; that is, Of the External and Internal Doctrine of the Ancients: The one open and public, accommodated to popular prejudices and the Religions established by Law; the other private and secret, wherin, to the few capable and discrete, was taught the real Truth stript of all disguises [掌管钥匙的人，或关于显白与隐微哲学；亦即关

---

① John Toland, *Tetradymus*, London 1720/Kessinger Publishing 2009（影印版）。全书由一篇序言（Preface）和四篇文章构成，文章均有双重标题（拉丁文标题和英文标题）。第一篇题为 Hodegus. Or, the Pillar of Cloud and Fire, that Guided the Israelites in the Wilderness, not Miraculous: but as faithfully related in Exodus, a Thing equally practis'd by other nations, and in those places not onely useful but necessary；第三篇题为 Hypatia: Or, the History of a Most beautiful, most virtuous, most learned, and every way accomplish'd Lady；第四篇为 Mangoneutes: Being a Defense of Nazarenus。

于古人的对外和对内教义:对外教义是公开、公共的,适应俗众偏见和靠法律建立起来的宗教;对内的教义是私下且秘密的,适应极少数有能力且低调的人,教给他们褪去了所有掩饰的实在的真理]。①

可见,"极少数"自然哲人的思想的对立面是"俗众偏见",而"俗众偏见"与"靠法律建立起来的宗教"是一回事。这无异于说,"俗众偏见"具有政治法权,从而具有禁锢或"钳制""极少数"自然哲人的"思想自由"的力量。正是由于担心受到"俗众偏见和靠法律建立起来的宗教"的迫害,托兰德在这篇文章一开始就说:

> 知道真理是一回事,告诉他人真理是另一回事:所有的人都承认自己钦慕真理,同时则很少有人能做到这一点,即,他本可以告诉别人真理,却没有告诉。(《掌管钥匙的人》,页63,冯庆译文,下同)

按托兰德的说法,"知道真理"的人是少数"天性热爱真理之人"(to be naturally fond of Truth),他们热爱真理胜于热爱财富或名声,不懒惰却不忙碌于俗事,而且不畏权威贵胄……这类"知道真理"的人指的就是自然神论者,因为他们知道的"真理"是关于自然本相的"真理"。比如,世界是由物质构成的,而非上帝造出来的。这种人并不把自己知道的"真理"告诉别人。为什么呢?因为,托

---

① 中译见刘小枫编,《托兰德与激进启蒙》,冯庆等译,北京:华夏出版社,2014。《掌管钥匙的人》全文共分11节,凡下引该文一律随文注 *Tetradymus* (2009影印版) 页码。

兰德随之就说，还有另一类"知道真理"的人，他们是些"谲诈之徒"（cunning persons），宣称自己"可以将真理透露给其他人"，其实这不过是他们"统治他人的最好方式"。

> 他们自吹自擂，声称自己具有某种超凡脱俗的超自然知识，不受［理性］批判的规则（rules of criticism）约束，也不是可以被理解的对象。不但如此，他们还走得更远，公然宣称为了公共利益（public good）而撒谎是合法的；因为普通人（如他们所言）并不具备反思的能力，应被谎言所治，被动听的神话故事（Fables）诓骗，进而顺从他们的统治者（Governors）。（《掌管钥匙的人》，页64）

显然，这指的是各种宗教的教士，他们知道的"真理"与自然哲人所知道的"真理"不是同一个"真理"。自然哲人所知道的"真理"是凭靠自然理性的批判规则得来的，宗教的教士所宣扬的"真理"是所谓"超凡脱俗的超自然知识"，也就是一般意义上的宗教知识，这种"真理"经不起理性的批判规则的检验。

然而，托兰德说，各种宗教的教士都不过是些"诡计多端的江湖骗子（Empirics）"，因为他们清楚自己的"所言不实、所论非理，早晚将被有识之士揭发（detected by men of penetration）"。可是，托兰德也知道，这类"江湖骗子"之所以要用"至高的超自然的知识"骗人民大众，是因为他们认为，"普通人（the common people）并不具备反思能力（being incapable of reflection）"。从而，他们自认为用"谎言"统治人民不仅"合法"(lawful),而且是"为了公共利益"(for public good)。

换言之,作为现代的自然哲人,托兰德认为,"普通人并不具备反思能力"并非自然现象,而是作为教士的"江湖骗子"施行统治的结果。既然如此,自然哲人作为"有识之士揭发""江湖骗子"的谎言,推行哲学的启蒙教育让普通人具备反思能力,才是真正的"合法"和"为了公共利益"——这就是自然哲人推行哲学启蒙的理据。

托兰德在文中所说的"江湖骗子"首先指的不是一般的教士阶层,而是人类史上各种文明宗教的创制者。他首先提到"一位名叫姆内维斯(Mnevis)的埃及国王",他"通过佯装具有与上天沟通的至高权力来使其臣民服从"。然后,托兰德罗列了古波斯的琐罗亚斯特(Zoroaster),古希腊的毕达哥拉斯、米诺斯(Minos),古罗马的努马(Numa),古中国的伏羲(Fohi),古印度的佛陀,一直罗列到穆罕默德和成吉思汗……(同上,页65)。

这样一来,所有传统文明的宗教创制人都成了自然哲人的天然敌人。在基督教政制的语境中,托兰德把所有这些古典文明宗教的创制者说成"骗子"不会惹来政治麻烦,因为他们都是所谓"异教"的创制者。托兰德并没有提到耶稣,显然,如果他说拿撒勒人耶稣也是这样的人,就会招致政治罪。然而,在这段列举的最后,托兰德说:

> 西西里的狄奥多儒斯(Diodorus Siculus)以及其他古典作家并不畏惧将摩西与这些人相提并论,尽管摩西的律法是真正神圣的,其中未含半点缺陷与愚昧。(《掌管钥匙的人》,页64)

托兰德巧妙地假托古史家狄奥多儒斯之口说，摩西就是这样的人，无异于暗示耶稣也是这样的"骗子"——这就是托兰德的隐微笔法。

接下来托兰德就说到自然哲人与人类史上所有文明宗教的创制者们在生存论上的紧张关系。文明宗教的创制者们为了凭靠"谎言"来统治人民，就必须建立专制统治——在这种具有神性外衣的专制统治下，自然哲人要宣传自然的真理就得搭上自己的性命：

> 有人觉察到，建立在谎言之上的东西只能用暴力来支撑，进而要把质疑他们教诲的人判以重罪，极尽污蔑之能事来对待那些仅仅只是验证、更不用说怀疑他们观点的人。教士们（Priests）出于自身利益，总是在推行这种惩戒的法律；地方官员们〔一方面由于其无知造成的迷信，一方面由于其在教士阶层的煽动下想要通过制度（Policy）来攫取更多的法律允许范围之外的权力〕则总是期待着以所谓"健康的严刑峻法"的名义来让那些法律生效。因此，对真理的宣传变得毫无立锥之地，除非牺牲一个人的性命，或至少他的荣誉和职位。这样的例子数不胜数。（同上，页65）

这样一来，追求自然真理的自然哲人们的生存处境自然而然就非常危险。由此托兰德引出了双重写作的必要性：

> 因此，大多数民族的哲人和其他对人类有美好憧

憬之人都受到这种神圣专制（holy tyranny）的钳制，不得不采用一种双重教谕；其中一层是通俗的，与俗众的偏见和既有的习俗或宗教相协调；另一种则是哲学的，与事物的本性一致，进而与真理相符。他们将大门紧紧关闭，在层层安全措施之下，只同公认正直、审慎且贤能的朋友交流。他们一般称这种双重教谕为"显白"和"隐微"，抑或"对外的学说"和"对内的学说"。他们采用的这一区分，以及他们通过这一区分采取的实践行动，正是我现在即将阐明的东西（亦即本文的主题）……（《掌管钥匙的人》，页65–66）

用今天的表达式来说，双重教谕是自然哲人应对政治迫害的双重写作"技艺"。如今所说的"专制"，托兰德用的是 tyranny［僭政］，这无异于说，文明宗教的创制者们建立的政制是非法统治。在这种政制治下，凡用理性质疑、验证"他们的教诲的人都被判以重罪"，"对真理的宣传变得毫无立锥之地"。既然"大多数民族的哲人和其他对人类有美好憧憬之人都受到这种神圣专制的钳制"，除非牺牲自己的"性命"，否则他们无法坚持自己的哲学"真理"，他们就只有关起门来探究自然的真理，只与"正直、审慎且贤能的朋友交流"。在《掌管钥匙的人》的随后十节中，托兰德以令人赞叹的古典学功夫，引述大量古典作家关于双重教谕的说法来证明自己关于双重写作艺术的观点。

按托兰德的论述，古典作家们采用双重写作仅仅是因为：如果他们公开讲出自己知道的关于自然真相的哲学真理，就会招致政治迫害，甚至丢掉性命。托兰德的说法是否符合古典作家有关双重教谕的说法本身，后文再来讨论，这里仅需进一步理解托兰德的主张。

不妨设想，如果能够彻底改变古典文明宗教的政制，建立起一个以"自由"和"宽容"为原则的政治社会，就可以从政制上废除"神圣的专制"对哲学的思想自由的钳制，宣传自然哲学的真理就不再会受到迫害，"显白"［对外］教诲与"隐微"［对内］教诲的区分也就没有必要了。托兰德是否曾这样设想呢？如果他曾这样设想，那么，他就已经与古典哲人的教诲相违——因为，古典哲人认为，关于自然的哲学真理只能关起门来与"正直、审慎且贤能的朋友交流"。

二 双重写作与启蒙

在托兰德的时代还谈不上自然哲学思考的"思想自由"的表达，但在任何时代，无论如何严厉的政制其实都无法"钳制"一个哲人自由地沉思自然的本相。关键在于，自然哲人是否能自由地公开表达自己的沉思结果。在《掌管钥匙的人》一文中，托兰德告诫自己的同仁，必须采用隐微写作手法来表达自然哲学的自由思想。

然而，就在写下《掌管钥匙的人》的同一年（1720），托兰德还写了《泛神论要义》。这本小册子堪称一份政治文件，从中我们可以清楚看到，托兰德并不认为，关于自然的哲学真理应该关起门来仅仅与"正直、审慎且贤能的朋友交流"。自然哲人应该建立一个秘密组织——他把这个组织命名为 Socratic‑Society［苏格拉底协会］，对外公开宣传自然哲学，以便最终建立起一个理性化的"公民社会"。

《泛神论要义》（*Pantheisticon*）的副题是 The Form of Celebrating the Socratic – Society［祝颂苏格拉底协会的形式］，这本小册子包含三个部分："协会"的思想纲领和政治纲领，以及一篇扼要阐述"显白"与"隐微"写作手法的短文——可以看作是协会的政治实践纲领。①

由于这本小册子清晰地表达了当时最为激进的政治主张，托兰德一直没敢出版，而是让它在地下流传，直到去世那年（1751）才正式面世。托兰德早年受洗时获得的教名是 Janus Junius。Janus［雅努斯］是古罗马宗教的门神，有两张面孔。出版《泛神论要义》时，托兰德特意署名为"雅努斯·尤尼乌斯·厄俄甘涅修斯"（Janus Junius Eoganesius），似乎暗示作者具有雅努斯式的两张面孔。

在简短的序言"雅努斯致博学聪敏的读者"中，这位泛神论者雅努斯写道：

> 我们还是用西塞罗的话说，哲学以只有少数明断者（a few Judges）而感到满足；由于知道杂众（the Multitude）对它怀有嫉妒和憎恨，哲学有意避开他们；因此，如果有人要诽谤哲学，对哲学表示憎恶，那末他这样做会博得民人（the People）的赞许；如果他要极力攻击我们所坚持的哲学，那末，他在其他哲学家的体系里可以找到大量资料。
>
> 至于您，读者，如果您乐于追随理性而不是依从习俗，乐于以理性作为自己的向导，您就会认为人类

---

① 下引托兰德《泛神论要义》，均随文注中译本页码，引文凡有改动依据 *Pantheisticon*，1751 年版。

的一切变故都不足道;您就会耐心忍受自己无论怎样的命运;您就会远拒愚蠢的野心和令人苦恼的嫉妒心;您就会蔑视那使您转瞬即逝的变灭无常的荣誉;您就会过一种安谧快乐的生活,既不羡慕也不畏惧任何事物;……(《泛神论要义》,页2)

托兰德懂得,"乐于追随理性"(chuse to follow Reason)的人总是少数,乐于"依从习俗"(Custom)的多数"杂众""嫉妒和憎恨"哲学。初看起来,这个小册子仅仅是要秘密地传播自然哲学思想,吸引各个民族中总是少数的天生热爱哲学的人进入"苏格拉底协会"。小册子的主体是一篇题为"论古今学术团体并论无限而永恒的宇宙"的论文,全文共17个小节。

第一小节一开始就提出,人世间的城邦或共同体有两类,一类是自愿结成的共同体,一类是不自愿地结成的共同体。"希腊人和罗马人为了求得精神的愉快或教益而常常建立的那些团体"属于自愿结成的共同体,由于这类共同体其实就是"学术团体",在古希腊-罗马,它们"很少或从未""受到法律的限制和禁止"(同上,页4-5)。

言下之意,在古希腊-罗马的异教时代,搞哲学都有思想的自由。这类学人共同体最为著名的形式是 Symposia [会饮],由于苏格拉底的"两个最杰出的学生柏拉图和色诺芬"的著述中都记载过苏格拉底的"会饮",托兰德说,当今的泛神论者们也模仿伟大的古希腊哲人建立起了"苏格拉底协会":

我们的时代也有不少的人愿在饮席之上自由而无

拘束地讨论任何问题，他们组织了与苏格拉底聚餐无异的聚餐会，而且并无不当地把它们称为苏格拉底协会。他们大都是哲学家，或者至少是在某种程度上近乎哲学家的人；他们不盲从任何人的意见，不为教育或习俗所误引，亦不屈从本国的宗教和法律；他们摒弃一切成见，心灵极其沉静，自由而公平地讨论和深究细察世俗的和所谓神圣的一切事物。他们对于上帝和宇宙持一种独特的观点，因而他们大都被称为泛神论者……（同上，页6）

这是对少数天生"乐于追随理性"的人说的。如果对乐于"依从习俗"的多数"杂众"这样说，号召他们"不盲从任何人的意见，不为教育或习俗所误引，亦不屈从本国的宗教和法律"，天下必然会大乱。除非有可能通过普遍的哲学教育成功改造"杂众"的天性，让他们变得"心灵极其沉静"，有思辨能力"自由而公平地讨论和深究细察世俗的和所谓神圣的一切事物"。

在这篇论文中，托兰德用15小节篇幅阐述了"泛神论"的要义。"泛神论"这个名称听起来陌生，其实，它不过就是我们所说的"朴素"唯物主义世界观的隐微表达式。字面上看，"泛神论"表面上承认"神"的存在，其实就是否认任何神的存在的无神论。

尽管运动的系列和万物的系列是永恒的，然而，没有一种运动、没有一种事物是永恒的，一切事物都被更新，一切事物都是真正被创造的。（同上，页25）

这句话堪称隐微/显白修辞的典型例句：物质的运动是自然永恒的，这是隐微教诲——"一切事物都是真正被创造的"则是显白教诲，与基督教信义相符。然而，"苏格拉底协会"相信的是世界万物的物质运动，而非"一切事物都是真正被创造的"。接下来托兰德就写道：

> 由于泛神论者和古代其他智者一样把哲学分为外部的或通俗而低劣的和内部的或纯粹而真正的……他们中间也没有发生什么不和。……但是，如果从先辈得来或由法律强迫信奉的宗教完全是或在某些方面是不道德的、邪恶的、卑污的、残暴的或剥夺人的自由的，那么在这种情况下，泛神论团体的会友们就可以完全合法地皈依一个更宽厚、更纯正、更自由的宗教。他们不仅坚决肯定和坚持思想自由，而且坚决肯定和坚持行动自由，同时他们憎恨一切无法无天的特权，是一切暴君（不论是专制君王、跋扈贵族，还是暴民领袖）不共戴天的仇敌。（同上，页 25-26）

可以看到，托兰德的哲学家协会不仅要求协会内部的思想自由，而且要求外在的政治自由，因为，凡"从先辈得来或由法律强迫信奉的宗教"都是"不道德的、邪恶的、卑污的、残暴的或剥夺人的自由的"——这是依据自然哲人的思想自由权利得出的推论。

这样一来，托兰德的"泛神论团体"就有了自己的政治使命。由此可以理解，紧接这篇陈述泛神论者协会的教义原理之后的是这个协会的政治宣言——"著名苏格拉底协会的诵文"，由协会"主席"和协会成员宣示性地共同诵读。

不过，仅从"诵文"各部分（"诵文"共分三个部分）的标题来看，"诵文"涉及的似乎仅仅是协会自身这个哲人共同体的立法原则，而非政治共同体的立法原则，从而并不具有社会政治纲领的性质。然而，托兰德在这篇诵文中要表达的恰恰并非是哲人共同体的立法原则，而是政治共同体的立法原则。换言之，托兰德采用双重笔法把自然哲人的自然真理和思想自由权利拿来作为建立一个自由的社会所凭据的自然法：表面上（即言辞的显白层面）托兰德谈的是"苏格拉底协会"的立法原则，实际上（即言辞的隐微层面）谈的是自然哲人要打造的"公民社会"的立法原则。

托兰德在这里的显白/隐微双重笔法凭靠的是 Society 这个语词，它既可以指"苏格拉底协会"的"协会"，也可以指"公民社会"的 Society。第一部分的标题 the Morals and Axioms of the Society 显然得译成"协会的道德和公理"，因为，这一部分的内容明确涉及协会成员的"道德和公理"。比如：追求真理、自由和健康的三大愿望，互称同志和兄弟，"摆脱专制和迷信"等等（同上，页 29–30）。第二部分的标题 the Deity and Philosophy of the Society 中的 Society 该译作"协会"还是"社会"就难讲了，因为，这一部分明确谈到要用"哲学"改造"社会"：

> **主席**：哲学啊，你是生活的指南！你是美德的探求者！你是恶行的驱除剂！没有你，我们会变成什么样子？人类生活会变成什么样子？你建立了城邦，把离散的人类聚集成共同生活的社会（[引按]不可能

译作"协会")。你首先让人们同居共处,然后让人们发生婚媾,最后让人们有语言文字的交流,从而使人们互相结合起来。你是立法者,是礼仪风纪的教导者。我们依靠你,恳求你的帮助,我们完全专心致力于对你的研究。按照你的教导好好地过上一天也胜于背离真理而获得的永生。有什么财富比你的财富对我们更为有用?是你应许给我们一个完全的生命的宁静,把我们从死的恐惧中解脱出来。(同上,页35)

第三部分的标题同样如此: the Liberty of the Society; and a Law, neither deceiving, nor to be deceived, 这里的 Society 应该译成"协会"还是"社会"呢?如果不看这一部分的内容,恐怕就应该译成"协会",毕竟,这里谈的是"苏格拉底协会"。如果细看内容,又让人觉得应该译成"社会"。实际上,Society 具有双重含义: the Liberty of the Society 既应该译作"协会的自由"又应该译作"社会的自由"。因为,自然哲人的"协会"中已经有"自由",但这个"自由"应该成为"社会的自由";自然哲人的"协会"中已经有"既不欺骗人亦不被欺骗的法律",但这个"法律"应该成为"社会的法律"。

所谓"自由"指摆脱了种种宗教"迷信"的束缚,这是"协会"已经有的"自由"。但协会成员还应该"传播自然知识","必须铲掉和排除迷信的一切根源"(同上,页43),这就已经是要让"社会"也获得"自由"。所谓"法律"就是第二部分中提到的自然哲学的"理性":"理性是真正的第一法律,是生命的灿烂光华"(同上,页35)。让"社会"获得"自由",就是用自然哲学的"理性"取代传统宗教的治权。

然而,对托兰德来说,眼下还是一个传统宗教施行统治的"社会"。换言之,"协会"内部已经有了"自由",已经是自然哲学的"理性"在施行统治,但"社会"还没有"自由",仍然是传统宗教的"迷信"在施行统治。因此,在"诵文"之后,托兰德补充了一篇短文,题为"论泛神论者应当遵循的两重哲学"。从这篇短文可以看到,遵循"两重哲学"或双重写作原则,仅仅是权宜之计,或者说是自然哲人协会成员为实现"社会的自由"的社会实践准则——托兰德写道:

> 在这个协会看来,不仅对谦虚、自制、公正及一切美德本身的培养,而且通过言行榜样去激励他人实践这些美德,都不如自由更珍贵。(同上,页48)

这句话堪称现代自由主义的经典表述:"谦虚、自制、公正及一切美德本身""都不如自由更珍贵"。换言之,"自由"不仅成了一种"美德",而且比传统的"谦虚、自制、公正"等美德"更珍贵",以至于可以而且应该取代"谦虚、自制、公正及一切美德本身"。

> 但是,他们对所有这些人类的东西都是从人的角度来讨论的。在这个协会里,你会有不带恶意的读者,会有不在清晨受到恐吓的自由,而且不会有任何禁戒限制你的言论。你会感到,他们的宗教是单纯的,明白的,平易的……它不屈从任何家族或别的私利去反对公共利益,他不用羞辱和咒骂去使人诚实和顺,更

不会使任何人烦恼或折磨他来使他成为诚实和顺的人。不过这里没有机会对改进心灵的问题做较长的论述。（同上，页48–49）

可见，托兰德心里清楚，"自由"之所以对于协会成员来说比传统的"谦虚、自制、公正"等美德"更珍贵"，乃因为协会成员是少数人，他们才具有"谦虚、自制、公正"等美德。然而，如果要让"谦虚、自制、公正及一切美德本身""都不如自由更珍贵"成为一种社会原则，首先得"改进〔世人的〕心灵"，清除"迷信"，否则，后果难以设想。

托兰德相信能改进多数"杂众"的"心灵"吗？他的说法颇为含混：

> 这种秘密的哲学只有在秘室深处对极端诚实谨慎的人们才能用完全坦白无隐的语言来讲。除非对人类本性和历史同样浅薄无知的人，有谁会怀疑泛神论者这样做是明智的呢？……任何贤者要把迷信从一切人的心中加以根除的企图都是不错的，虽然彻底根除无论如何达不到。然而，他将努力去做自己所能做的一切，即把迷信这个最坏最邪恶怪物的牙齿拔掉，爪子削去，这样他就不会再受迷信到处肆意为害之苦了。（同上，页50）

托兰德既相信"杂众"的"心灵"无法彻底改进，又要求协会成员尽一切努力去改进"杂众"的"心灵"。这一表述明显自相矛盾：既然相信"杂众"的"心灵"无法彻底改进，何以可能要求协会成员尽一切努力去改进？实际上，不相信可以彻底改进"杂众"的"心灵"是托兰德从古书中读到的古人见解，他自己则相信，只要自然哲学家"努力去做自己所能做的一切"，就能"把迷信这个最坏最邪恶怪物的牙齿拔掉"。他接下来说：

> 因此，必然发生下面这种情况：心中所想和在秘密聚会上所说的东西是一回事，在外面、在公开会议上所说的东西则是另一回事。这条准则常常受到极大欢迎，而且不独为古人所实践；因为，说实在的，它在现代人中间更为有用，尽管现代人宣称，这种做法更不可容许（it is more in Use among the Moderns, although they profess it is less allowed）。（同上，页51）

托兰德会不会对古人也玩起了双重修辞？因为这段话在字面上说，"现代"哲人与"古代"哲人一样要践行双重教诲（这是符合古人观念的显白说辞），但实际上说，现代哲人"在现代更不可容许"践行双重教诲（这是对协会成员的隐微说辞）。托兰德随后的说法可以证实，这样识读是对的：现代哲人不会再像古人那样仅仅停留在"心中所想和在秘密聚会上"说出自己所掌握的自然真理，而是要用这一真理来建立一个不受"任何有限疆域"限制的普世城邦。

> ……当他［泛神论者］考察了天空、大地、海洋、万物的性质，懂得了万物从何处而来，又复归于何处，万物何时和如何消解，其中什么是生灭易逝的，什么

是神圣永恒的，当他已几乎把握了统治和支配万物的那个存在，当他已发现自己不是被封闭在一道围墙之内，不是任何有限疆域之内的居民，而是作为一个城邦的整个世界的公民（but a Citizen of the whole World, as one City），那末，置身于事物的这种宏伟景象中，对自然、不朽的神灵们具有这样的观察和认识，按照德尔斐的阿波罗的神谕，他将会多么充分地认识自己啊！他对民众奉为至宝的东西会如何地藐视、轻蔑、视若无物啊！他要以坚实的论证、辨别真伪的知识和懂得每个论断有何正反结果的技术作为一种堡垒来巩固这一切。（同上，页53）

这段话不仅是自由主义"普世价值"观念的最初表达（"不是任何有限疆域之内的居民，而是作为一个城邦的整个世界的公民"），而且堪称原汁原味的启蒙精神的表达：藐视和轻蔑"民众奉为至宝的东西"，"以坚实的论证、辨别真伪的知识和懂得每个论断有何正反结果的技术"来巩固这种"藐视和轻蔑"。自然哲人协会成员"明白自己是为公民社会而生的"（is born for civil Society），他"不仅必须使用通常巧妙的争论方法，而且要使用连绵不绝的更雄辩的方式，考虑如何治理人民，制订法律"（同上，页53-54）。可见，托兰德的确希望以"苏格拉底协会"为原模来打造出一个"公民社会"。因此，

> ……凡是泛神论者能够确实可靠地加以揭示的真理，诸如政治学、天文学、力学、经济学等等，他都不仅不会有所顾忌而不肯示人，而且甚至自愿地传授

于人，虽然不无应有的谨慎，因为民众对大部分事物都是根据舆论来衡量，而极少根据真理来衡量。最后，泛神论者对关于上帝或灵魂本性的那些更神圣的教条将给以确切的评价，并在自己心中默然加以沉思；而且除了自己的会友，或其他聪敏、正直、有学问的人之外，泛神论者不会让邪恶的人或无知的人或任何别的人分享秘学。我知道，这种沉默和心灵的审慎并非所有的人都觉得适意，但是无论如何，泛神论者在能够有充分的自由按其意愿进行思维并按其思想去说话之前，是不会更坦白无隐的。(《泛神论要义》，页54－55)

临近结尾的这段话表明，作为现代哲人的托兰德仅仅把古人不让"任何别的人分享秘学"的遗训视为权宜之计，因为，泛神论者对自然哲学的真理"不仅不会有所顾忌而不肯示人，而且甚至自愿地传授于人"……只要有思想表达的充分自由，就可以"坦白无隐"。

如今，人类的好些地方已经实现了托兰德的社会构想。回顾这段十七至十八世纪的思想史历程，我们不得不感叹：最初的启蒙哲人为清除"俗众的偏见"付出了何等巨大的艰辛！我们应该对启蒙哲人付出的努力心存感激，毕竟，人类因此而取得了巨大的进步。当然，连托兰德也没有想到，哲人自己为人类社会的进步付出的代价还包括：哲学变成了"伪哲学"甚至烂哲学。因为，并不"聪敏、正直、有学问的人"也成了哲学家，甚至并不具有"谦虚、自制、公正"德性的人也有了"自由思想"的权利。

三 施特劳斯对托兰德未明言的批判

按照托兰德的设想,一旦从政制上取消了"神圣专制"对思想自由的钳制,"显白"[对外]教诲与"隐微"[对内]教诲的区分也就没有必要了。正是基于这一托兰德式的结论,二十世纪八十年代以来,美国学界的自由主义哲学家们对施特劳斯提出政治指控:既然美国已经是一个基于"自由"和"宽容"原则的民主社会,施特劳斯还为"显白"[对外]教诲与"隐微"[对内]教诲的区分辩护,显然是政治上别有用心。①

然而,这种观点遭遇到明显的困难。施特劳斯对双重教诲的辩护,其实并非基于哲人受到政治迫害,而是基于哲学与社会的天然紧张。古典哲人采用隐微写作艺术不公开说出某种哲学的"真理",其动机并非仅仅是由于政治迫害(persecution)而不能说出某种哲学的"真理",更是出于"审慎"(prudence)不应该说出某种哲学的"真理"。由于托兰德强调的仅仅是隐微写作艺术与政治迫害的关系,

---

① 最著名的批评见于德鲁里(Shadia Drury),《施特劳斯的思想》,赵琦译,北京:新星出版社,2007。按照德鲁里的观点,施特劳斯支持古典的隐微论是他反民主政制的铁证,因为,隐微论只有作为一种反抗钳制"思想自由"的工具才是正当的。施特劳斯的学生对此指控的反驳,参见扎科特,《施特劳斯的真相:政治哲学与美国民主》,宋菲菲译,北京:商务印书馆,2013,页144-169。

因此可以被称为现代启蒙式的隐微论。①

自由主义学人们在对施特劳斯搞大批判时，恰恰无视施特劳斯强调古典哲人的政治德性："审慎"。自由主义学人们最终搬出托兰德来攻击施特劳斯反倒让我们注意到，施特劳斯当年写作《迫害与写作艺术》恰恰很有可能是针对托兰德的现代启蒙式隐微论。②

《迫害与写作艺术》一书的简短序言开宗明义：收入该书的论文"全都探讨同一个问题，即哲学与政治的关系"。我们在前面已经看到，托兰德的全部宗教-哲学论著无不是在探讨哲学与政治的关系。《迫害与写作艺术》的简短序言还对该书的篇章结构作了如下说明：首先"从本世纪的一些众所周知的政治现象出发来阐明这个问题"，然后通过对四位中世纪哲学家的研究来探讨"这个问题"，即"哲学与政治的关系"问题。于是我们看到，施特劳斯留下的

---

① 参见巴格莱（Paul J. Bagley），《论隐微论的实践》（"On the Practice of Esotericism，"见 Journal of the History of Ideas 53：2［1992］，中译见刘小枫编，《古希腊修辞学与民主政制》，冯庆、朱琦等译，上海：华东师范大学出版社，2015）；以及弗拉泽（Michael L. Frazer），《古今隐微论》（"Esotericism Ancient and Modern"，见 Political Theory 43：1［2006］，中译见刘小枫编，《古希腊修辞学与民主政制》，前揭）。巴格莱把为了规避政治迫害的隐微写作称为"有条件"的隐微论，把出于"审慎"的隐微写作称为"无条件"的隐微论；弗拉泽则把前者称为现代隐微论，称后者为古典隐微论。

② 继德鲁里之后，帕特逊（Annabel Patterson）在其《阅读字里行间》（Reading Between the Lines，The University of Wisconsin Press，1993）一书中热情赞扬托兰德式的隐微论，因为这种现代启蒙式的隐微论乃是一种反抗思想压迫、推进思想自由的工具。帕特逊据此抨击施特劳斯持有的古典隐微论，因为这种隐微论隐藏的是"反平等主义"的思想——书名 Reading Between the Lines 针对的是施特劳斯在《迫害与写作艺术》中的说法："'采取字里行间的写作方式'（writing between the lines）——这一表达式标明了本文的论题，因为迫害对著述活动的影响恰恰在于，它迫使所有持异端观点的作家运用一种独特的写作技巧。"（《迫害与写作艺术》，页18）

思想史空白,恰好是自近代文艺复兴和启蒙运动以来的时段。

为何如此?施特劳斯为何不提曾明显直接论及"哲学与政治的关系"问题的托兰德?

《迫害与写作艺术》有一篇不长的"导言",施特劳斯首先以表面恭维实际上否弃的言辞排除了时髦的"知识社会学"(其代表人物是施特劳斯早就熟悉的德国学者曼海姆),因为,这种新兴的社会科学据称能彻底搞清楚哲学与政治的关系问题。施特劳斯随之提到他自己要研究的中世纪伊斯兰哲学和犹太哲学与政治的关系问题。言下之意,"知识社会学"根本无法理解——遑论解释——中世纪伊斯兰哲学和犹太哲学与社会秩序的关系。因为,

> 伊斯兰和犹太哲人在反思启示时首先注意到的不是一个信条或一系列教义,而是一个社会秩序(虽然是一个包罗万象的秩序),这个秩序不仅规制行为,而且规制思想或意见。(《迫害与写作艺术》,页3)

所谓"规制"(regulates)在启蒙哲人那里就得说成"钳制"或"压制"。换言之,伊斯兰哲人和犹太哲人已经遇到"思想自由"的问题,但他们对待这个问题的态度明显与十七至十八世纪的自然神论者不同。这是为什么呢?施特劳斯的解释是:因为他们对柏拉图和亚里士多德哲学的理解与基督教哲人的理解不同。由此施特劳斯引出了伊斯兰哲人法拉比及其后继者们对"真正哲人的方法"即"显白教诲与隐微教诲的哲学上的区分"的观点。

> 哲学和哲人"处于严峻的危险中"。社会不认可哲学，不认可哲学探究的权利。哲学与社会之间不存在谐和关系。哲人远远不是社会或党派的拥护者，他们仅仅捍卫哲学的利益，而在这样做时，他们确实相信自己是在捍卫人类的最高利益（法拉比：《柏拉图》，§17）。为了保护哲学，就需要有显白教诲，哲学必须披挂显白教诲的盔甲才能出场。之所以需要显白教诲，是出于政治上的原因。显白教诲是哲学藉以显现给政治共同体的形式，是哲学的政治层面，是"政治的"哲学。（《迫害与写作艺术》，页11）

施特劳斯看到，古典哲人关于两种教诲的区分，既是为了"保护哲学"，也是为了维护社会利益……而在托兰德那里，两种教诲只是躲避政治迫害的临时手段，目的是为了政治自由（言论自由，即表达自由），而非哲学自由（思想自由）。紧接着这段表述，施特劳斯就说：

> 在目前对哲学和社会的关系的大多数反思中，人们理所当然地认为，哲学从来都享有政治或社会地位。然而，在法拉比看来，哲学在柏拉图时代的城邦和国家里不受认可。他透过自己的整个研究步骤表明，在他自己时代的城邦和国家里，即"在哲学被弄得模糊不清或遭到毁灭后"，哲学探究的自由甚至更少了。在伊斯兰世界里，"哲学"和"哲人"开始意指一种可疑的活动和一群可疑的人，甚至干脆意指无信仰和无信仰的人。这个事实充分表明，哲学的地位多么不安稳：哲学的正当性没有受到认可。（《迫害与写作艺

术》，页12）

换言之，在伊斯兰教和犹太教的神权政制中，"哲学探究的自由"（freedom of philosophizing）比在基督教神权政制中"甚至更少"（even less）。然而，伊斯兰教和犹太教神权政制中的哲人并没有像基督教神权政制中的哲人们那样要求"思想自由"。其结果是：伊斯兰教和犹太教神权政制中的哲人由于让搞哲学始终具有"私人性质"（private character），"将哲学生活比作隐士的生活"，从而确保哲学具有了"不受监控的内在自由"（inner freedom from supervision；《迫害与写作艺术》，页14–15）。

这无异于说，在伊斯兰教和犹太教的神权政制中，"私人性质"的哲学思考不会受到"迫害"。反过来说，让哲学思考保持在"私人性质"的范围内，反倒能够保护哲学思考的自由。然而，伊斯兰哲人和犹太哲人在神权政制中搞哲学，模仿的是古希腊城邦中的哲人搞哲学——与伊斯兰教和犹太教的神权政制相似，"希腊城邦是一个全控社会"（a totalitarian society），它"规制"城邦的道德、宗教乃至文艺，唯有哲学活动"本质上是私人的（essentially private）、超越政治的"（同上，页14）。

与《泛神论要义》对照，我们可以看到，托兰德把苏格拉底式的哲人也说成一个"秘密团体"。然而，这个团体并非如苏格拉底所说的那样，要让哲学活动"本质上是私人的、超越政治的"，反倒要让哲学成为公共的和政治的。

除"导言"外，《迫害与写作艺术》与托兰德的《四论集》一样，由四篇论文组成，其中第一篇的标题与书名相同："迫害与写作艺术"。这篇于1941年底初次发表的论文堪称与托兰德的《掌管钥匙的人：论显白和隐微哲学》针锋相对，尽管这篇文章讨论的是二十世纪的"一些众所周知的政治现象"。事实上，"迫害与写作艺术"这个标题就可以看作是对托兰德的《掌管钥匙的人：论显白和隐微哲学》一文的精炼概括。

施特劳斯从二十世纪的"一些众所周知的政治现象"说起：

> 大约一个世纪以来，众多的国家实际上一直享有公开讨论的充分自由。不过，在这些国家，这种自由现在受到了压制，取而代之的是一种强制：人们的言论必须与政府认为合宜的或政府严肃持有的观点相一致。（《迫害与写作艺术》，页16）

施特劳斯似乎在说，随着"冷战"时代的到来，美国这样的自由国家也出现了压制"思想自由"的现象。然而，在文章的第二节，施特劳斯告诉读者：

> 在过去，独立思想遭到压制的情况屡见不鲜。有理由假定，在以往的各个时期，能够独立思考的人从比例上说与今日一样多，其中至少有一些人既有领悟力，又十分谨慎。于是，我们就会问，昔日某些最伟大的作家是否仅仅透过字里行间来表达他们对当时最重要的问题的看法，从而利用文学技巧使自己免遭迫害？（同上，页20）

显然，施特劳斯要讨论的并非一时甚至一世的思想自由受到"迫害"的现象,而是从古至今的思想自由都会受到"迫害"的现象。施特劳斯的笔端把读者引向了法国大革命前后的欧洲思想界的状况,然后在第三节一开始才提到:

> 在公元前五世纪和四世纪的雅典、中世纪早期的某些穆斯林国家、十七世纪的荷兰和英国、十八世纪的法国和德国,就出现过这样的迫害——尽管这些时期都相对比较自由。(同上,页26)。

如此行文脉络把读者从当今"冷战"时代的压制"思想自由"的现象引回到从希腊哲学的开端(阿那克萨哥拉)到法国大革命之前(莱辛和康德)压制"思想自由"的现象。① 在随后列举的历史人物中,洛克之后是培尔,没有提到托兰德(同上)。最值得注意的是,施特劳斯的列举以康德结尾,并下注借一位思想史家的话说,即便是康德这样胆儿大的哲学家,为了表达自己"对[法国]大革命怀有一种隐秘的同情",也不得不"戏弄他的读者"(同上,注一)。

托兰德的《掌管钥匙的人:论显白和隐微哲学》一文旁征博引,论证的不外乎是,古人都懂得隐微写作,因为他们害怕政治"迫害"。今人会被"自然神论者"托兰德的博学吸引,甚至禁不住会赞叹他的古学功夫,进而会觉得,施特劳斯竟然对托兰德只字不提,未免不地道。其实,

---

① 比较托兰德关于阿那克萨戈拉的说法,见《给塞伦娜的信》页35以下,以及页97:"自从阿那克萨戈拉以后,大多数哲学家都把下面这种看法定为律则,即认为物质本身没有能动性……"

施特劳斯有理由轻蔑托兰德的古学功夫,毕竟,托兰德的文章没有提到最负盛名的中古伊斯兰哲人法拉比和"两位最负盛名的中世纪犹太思想家(哈列维和迈蒙尼德)"关于双重教诲的论述。就此而言,比托兰德晚两百多年的施特劳斯已经在古学功夫上胜过托兰德。

不过,在笔者看来,施特劳斯没有提到托兰德的大名,并非出于古学功夫的理由,而是出于思想上的理由:托兰德是个肤浅的哲学家。在列举了从阿那克萨哥拉到康德的"迫害"史之后,施特劳斯写道:

> 我们也不能忽略了一个事实:宗教迫害与对自由研究的迫害不是一回事。在有的时期、有的国家,一切类型或至少是多种类型的崇拜活动都受到许可,但自由研究却遭到禁止。(同上,页27)

施特劳斯在这里下注提供了一篇看起来未必直接相关的文献:与莱辛打笔战的赖马鲁斯的文章《论对自然神论者的容忍》。这里的"自然神论者"是全文最直接涉及托兰德的语词,然而,这个看似文献性的注释指向的却是莱辛。我们有理由说,在这个注释背后,是施特劳斯写于1939年的《显白的教诲》一文。换言之,关于"自然神论"之争,在康德之前的莱辛那里就已经有过深入的探究。[①] 随之,施特劳斯再次更为明确地把笔端指向了"十七世纪中叶以后",亦即托兰德的时代:

---

① 参见施特劳斯,《门德尔松与莱辛》,卢白羽译,北京:华夏出版社,2012,页177-222。

人们对公开讨论的自由持什么样的态度，关键取决于他们如何看待大众教育及其限度。一般说来，前现代哲人在这一点上要比现代哲人更为谨慎。大约十七世纪中叶以后，越来越多曾受过迫害的异端哲人出版自己的著作，不仅是为了传达个人的思想，而且是因为他们想要促成迫害现象的消灭。他们相信，压制自由研究，压制自由研究成果的发表，这只是一个偶然现象，是政治体结构不健全的结果，普遍黑暗的王国将被普遍光明的共和国取而代之。他们期待着有那么一天，随着大众教育的发达，完全的言论自由有可能得到实现——为了更好地说明问题，不妨夸张一点说：他们期待着有那么一天，任何人都不会因为听到真理而受到伤害。（同上，页27）

如果与《泛神论要义》对观，这段话就显得是直接针对作为政治文件的《泛神论要义》。

四 托兰德与斯宾诺莎

《迫害与写作艺术》仅仅在"导言"部分提到中古伊斯兰哲人法拉比，三篇专论分别讨论三位犹太哲人：哈列维、迈蒙尼德和"被不无道理地称为'最后一个中世纪人'的斯宾诺莎"。换言之，《迫害与写作艺术》实际上集中关注的是犹太哲人与"思想自由"的关系。

然而，为什么在"迫害与写作艺术"这个题目下施特劳斯特别关注犹太哲人？因为，在犹太哲人与"思想自由"的关系问题上，同样身为犹太哲人的迈蒙尼德与斯宾诺莎判然有别。施特劳斯并没有按年代顺序来安排三篇专论三位犹太哲人的论文：哈列维（Yehuda Halevi，1075—1140）早于迈蒙尼德（Moses Maimonides，1135—1204），施特劳斯却把论迈蒙尼德的论文《〈迷途指津〉的文学特性》放在前面，中间隔着论哈列维的论文《〈卡扎尔人书〉中的理性之法》，最后是关于斯宾诺莎的论文《如何研读斯宾诺莎的〈神学－政治论〉》。如果我们读过这三篇论文就不难发现：迈蒙尼德与斯宾诺莎处于对峙的位置。

斯宾诺莎（Baruch de Spinoza，1632—1677）差不多比迈蒙尼德晚出五百年，他出生在阿姆斯特丹的一个犹太家庭，其祖籍应该说与迈蒙尼德是同乡，因为斯宾诺莎的父辈是从西班牙逃往荷兰的犹太人。不仅如此，斯宾诺莎与迈蒙尼德还算得上是天性上的"同乡"，他们都天生热爱自然哲学。可是，与迈蒙尼德不同，斯宾诺莎由于热爱自然哲学而渐渐脱离犹太教正统教义，以至于在24岁那年，斯宾诺莎由于异端言论受到阿姆斯特丹犹太公会审判，并被革出教门。

为何迈蒙尼德没有因沉思哲学而受到自己身处的政治体的审判呢？这个问题似乎不难回答：因为，迈蒙尼德把自己隐藏得很好。斯宾诺莎并不愿意偷偷摸摸研究哲学，因异端言论受到犹太公会审判后，他从容接受判决，毅然搬出犹太人社区，以磨镜片为生，同时自由地思考哲学。可是，如果斯宾诺莎从此仅仅如此生活也还罢了，但他并非仅仅自由地思考哲学，他用自己的名字出版了《笛卡尔哲学原理》（1663），还匿名出版了《神学－政治论》

(*Tractatus Theologico‑Politicus*, 1670）——这部书实际上是对犹太人《圣经》的批判，其目的是为了自由地研究哲学。

要透彻理解《迫害与写作技艺》中的论斯宾诺莎一文以及它与论迈蒙尼德一文之间的关系，就必须了解施特劳斯早年写的斯宾诺莎研究论文，更不用说《斯宾诺莎的宗教批判》（1930）这部专著。① 然而，《迫害与写作艺术》出版时，施特劳斯早年的斯宾诺莎研究论著尚未有英译，恐怕不会有读者为了读这本书去查找作者早年用德文发表的论著。在早年的斯宾诺莎研究论文中，施特劳斯明确提出，斯宾诺莎的圣经研究为的是要争取哲学探究的思想自由——斯宾诺莎在《神学‑政治论》的序言中写道：

> 如今，我们拥有罕见的好运，生活于一个共和国，在这个国家，每个公民的判断自由都得到保障，他可以随自己的心意崇拜上帝，在这个国家，自由比任何事物都更得尊崇且更为珍贵，有鉴于此，我认为我在做一件吃力不讨好的工作，要证明这种自由不但不会危害此共和国的虔敬和安定，而且该共和国的安定和虔敬同时也依赖这种自由。（转引自《斯宾诺莎的宗教批判》，页400注释12）

依据斯宾诺莎自己的这段话，青年施特劳斯解释了斯

---

① 施特劳斯早年的两篇斯宾诺莎研究论文：《柯亨对斯宾诺莎圣经学的分析》（1924）和《论斯宾诺莎及其先驱们的圣经学》（1926），见施特劳斯，《斯宾诺莎的宗教批判》，李永晶译，北京：华夏出版社，2013（以下凡引此书皆随文注页码）。

宾诺莎为什么要把他批判圣经的书题名为《神学－政治论》：

> 这部著作是为了证明"不仅在无损于国家内部的虔敬和安定的前提下可以准许从事哲学活动的自由，而且哲学的废除必然会带来国家内部虔敬和安定的丧失"，那么随即就会出现将政治问题与语文学问题关联起来的必要性。探究的自由要受到保护，以免受公权力摆布——而公权力包含两种形式：世俗的与灵性的。……也就是说：对于国家而言——因为这里指的是自由的统治（liberale Regierung），理性的建构就足够了。
>
> 然而，教会的权利要求更依赖于圣经而不是理性。因此，仅仅证明理性不承认这种教会的监护还不够，还要表明教会并不能依赖于圣经。但是，这一证明要以成功地反驳教会解释圣经的权利为前提。既然教会的权力要求的基础在于圣经，那么，根据圣经自身的更深含义，它不可能成为限制自由探究的权威。（《斯宾诺莎的宗教批判》，页 399 – 401）

施特劳斯让我们看到，斯宾诺莎对犹太公会革除他的教籍耿耿于怀。为了反驳教会拥有限制自由研究哲学的法权，就必须批判圣经，推翻教会立论的基础，即圣经的权威与教会对圣经的解释。于是，为了自己能过上热爱哲学的生活，斯宾诺莎把自己的哲学"变成了一系列的叛教行为"。斯宾诺莎的圣经研究得出了这样的结论：神学家们的偏见阻碍了人们的思想通往哲学，因此要揭露这些偏见，进而肃清所有的偏见。说到底，斯宾诺莎想要得到"哲学思考的自由，以及我们想什么就说什么的自由"（《斯宾诺莎书信集》，第 30 封信，转引自《斯宾诺莎的宗教批判》，页 400）。

斯宾诺莎的圣经研究是"现代"圣经研究即所谓"圣经学"（Bible science）的奠基者，这种圣经研究的品质是：通过文字考据和义理疏证否定圣经教诲具有启示性质和启示权威。斯宾诺莎的圣经研究得出的结论是：圣经只不过是一种历史文献记录，与所有其他民族的历史文献记录并无不同。言下之意，圣经不是上帝的启示，而是人的写作。一旦取消了《圣经》的启示来源，《圣经》就成了人文科学的研究对象，而非政制法权的权威来源。可以设想，这种圣经研究的去启示化对犹太教和基督教都是极为致命的打击。

斯宾诺莎凭靠什么做到这一点呢？唯有凭靠哲学的自然理性，斯宾诺莎才能批驳启示宗教的预设，进而批驳《圣经》的启示来源。于是，斯宾诺莎的圣经学就为后来的启蒙运动的宗教批判开启了先河："《神学－政治论》成了'理性主义'或'世俗论'抨击启示信仰的一部真正的经典文献"（《迫害与写作艺术》，页 135）。

在《笛卡尔哲学原理》尤其《伦理学》中，斯宾诺莎展示了他对西方形而上学传统尤其是近代自然哲学的透彻理解。从而，斯宾诺莎的哲学著作（尤其是《伦理学》）是斯宾诺莎的圣经批判的基础，或者说，《神学－政治论》是《伦理学》中所展开的体系的结果。

> 严格说来，[斯宾诺莎的] 宗教批判与这一体系难以区分开来……这一体系的实定构建驳斥了宗教，并

且证明宗教的各种主张的错误。因此,斯宾诺莎宗教批判的最终前提与《伦理学》的各种定义和公理是同一的。(《斯宾诺莎的宗教批判》,页455)。

在《泛神论要义》中托兰德写道,"苏格拉底协会"的成员有许多"可在巴黎、威尼斯、荷兰的一切城市尤其是阿姆斯特丹遇到"(《泛神论要义》,页26)。在阿姆斯特丹可以遇到"苏格拉底协会"成员指的就是遇到斯宾诺莎,"尤其"这个表示强调的语词则表明,斯宾诺莎是这个"协会"的重要成员。

34岁那年,托兰德出版了《给塞伦娜的信》(*Letters to Serena*, 1704),这部作品比《基督教并不神秘》更为大胆地表达了托兰德对宗教问题的激进看法,早在霍尔巴赫于1768年将此书译成法文出版(名为 *Letters Philosophiques* [哲学书简])之前,就对在法国兴起的启蒙文化有直接的强烈影响。正是在这部作品中,我们可以看到托兰德与斯宾诺莎的师承关系。

《给塞伦娜的信》是文学书信体作品,由一篇"前言"和五封书信构成。第一封书信题为《偏见的起源和力量》,带有导言性质。在这封书信的结尾处,作者宣称,自己的写作目的是要与每个人生下来所接受的种种习俗和宗教"偏见"作斗争,要让我们每个人从此

> 不是像牛马牲畜那样被权威或情欲牵着走,而是作为一个自由而有理性的人为自己的行为立法自律,磨炼发展自己的理性将成为自己毕生致力的主要目标。(《给塞伦娜的信》,页32)

这话听起来像是康德在说，但的确是比康德早半个多世纪的托兰德说的。托兰德曾告诉自己的朋友，这封文学性书信是理解他的其他作品的一把钥匙。中译者对这把"钥匙"的性质有十分准确的概括：

> 纵观托兰德的全部学术活动和著作，我们可以说，揭露和批判"偏见"乃是其一以贯之的一条基线和主旨，而这正是他作为自由思想家的特质，而且代表了十八世纪启蒙时代的基本精神。（《给塞伦娜的信》，中译本序，页 vi）

在第一封书信中，托兰德写道：

> 你可能经过自己的理智思考而接受一种你所喜欢的宗教，但是，请问，什么宗教会容许你违背它去自行推理思考呢？我知道有的宗教宣称允许有研究考察的自由，但是，他们的行动却往往表明他们并无诚意。（《给塞伦娜的信》，页30）。

这话听起来就像是斯宾诺莎在说，或者是在说斯宾诺莎。《给塞伦娜的信》这部作品本身就是模仿斯宾诺莎的作品，用显白/隐微手法写成的，即在同一部作品中提供两种不同的教诲：对内传达哲学的自由探究精神（隐微层面），显白层面则并不公开有违基督教君主政体的意识形态——托兰德在书中把他要革除的种种"偏见"都说成是埃及、迦勒底、印度"异教"的观念。

在题为《异教徒之灵魂不朽观念的历史》的第二封书信中,托兰德说,古希腊最早的自然哲人本来都相信"宇宙是无限的,物质是永恒的",可是,

> 之后来了阿那克萨戈拉,正如所有异教和基督教作家一致承认的,他在物质之外又加了另一个他称之为心灵的本原作为物质的推动者和安排者。(《给塞伦娜的信》,页35)

实际上,托兰德的隐微教诲是:自阿那克萨戈拉以后,哲学家们都不得不把对"宇宙是无限的,物质是永恒的"这一哲学真理隐藏在各种稀奇古怪的神话说法之下。

在接下来的第三封书信《偶像崇拜的起源和异教产生的原因》中,托兰德以文学的笔法"使用各种风格手段,尤其是引喻性、省略性的语言"来展示哲学的真理与各种传统宗教"偏见"的对立,凭据哲学家的自然理性对所有宗教偏见施予摧毁性批判。

《给塞伦娜的信》中的最后两封信看起来是在批判性地讨论斯宾诺莎的自然哲学,其实是在展示他的激进宗教-政治论的哲学依据:第四封书信假托写给荷兰的一位斯宾诺莎信徒,批评斯宾诺莎的哲学"缺乏任何原理或根据"。作者自称"驳斯宾诺莎",实际上这封书信是在阐发斯宾诺莎《伦理学》的要义。

第五封书信假托回复"一位尊贵的朋友"对"驳斯宾诺莎"的信的评论,进一步阐发斯宾诺莎的自然哲学。我们如果不是按托兰德所说的显白/隐微写作笔法来理解他的"驳斯宾诺莎",就会上当,煞费苦心地动脑筋去分辨托兰

德与斯宾诺莎在自然哲学上的分歧。托兰德从斯宾诺莎遭受犹太公会审判之后的写作方式体会到，为了逃避政治迫害，必须采用显白/隐微写作。如他所总结的：

> 总而言之，日常经验足以证明，在大多数情况下，除非一个人甘冒名誉、职业或生命方面的危险，否则真理不会被发现，至少不会被公开。（《掌管钥匙的人》，页67）

如果"钥匙"在托兰德那里的含义是用哲学理性清除世上的所有习俗和宗教偏见，所谓"掌管钥匙的人"指谁，也就不难理解了：斯宾诺莎就是这类人的杰出代表。

斯宾诺莎不仅是托兰德心中的楷模，而且是他的精神导师。在托兰德心目中，斯宾诺莎不仅是因热爱哲学而受到政治迫害的典型——因服膺西方的形而上学而被自己的祖传宗教革除教籍，甚至受到教区的迫害——而且是践行隐微写作的典范。由于当时托兰德不能公开赞扬斯宾诺莎，他只能用批驳斯宾诺莎的方式来宣扬斯宾诺莎的哲学真理。

如果我们能按斯宾诺莎的隐微写作方式来阅读他的《神学-政治论》，那么，我们就可以看到，《给塞伦娜的信》中的前三封书简不过是用显白/隐微写作手法来表达斯宾诺莎用相同写作手法表达的思想而已。可以说，托兰德把斯宾诺莎秘密的叛教哲学变成了通俗易懂的反教哲学。

不仅如此，正如《给塞伦娜的信》的中译者所言：

> 托兰德在这里无情地揭露了宗教迷信和谬见与反动政治统治的密切联系，把宗教批判提升为现实的政

治批判。这也是托兰德高于同时代的英国其他自由思想家的地方。(《给塞伦娜的信》,中译本序,页 xii)

然而,值得注意的是,在托兰德的宗教-哲学政治论著中,对犹太政制的批判是他的重点论题——《四论集》中的第一篇 Hodegus(《向导》,这个语词是用拉丁文转写的古希腊文)就以犹太政制为题:"论以色列人的火柱和云柱"。

用今天的话来说,犹太政制就是"反动政治统治":托兰德曾先后写下《犹太人的起源》(*Origines Judaicae*,1709)、《归化犹太人的诸理由》(*Reasons for Naturalising the Jews*, 1713)、《拿撒勒人,或犹太人、非犹太人和穆罕默德的基督教》(*Nazarenus, or Jewish, Gentile and Mahometan Christianity*, 1718) 等小册子,主张犹太社区也应该转变为"公民社会",让信仰自由成为犹太社区的制度要素——这无异于是在为斯宾诺莎争取公开表达自己的无神论思想的自由权利。

严格来讲,无论在哲学上还是在启示宗教的批判方面,托兰德都是斯宾诺莎的学生("泛神论"即指斯宾诺莎哲学)。换言之,托兰德的思想深度远不及斯宾诺莎,却远比斯宾诺莎激进和大胆。霍布斯写作时已经够胆大,但他读过斯宾诺莎的《神学-政治论》后说,他还从来没敢如此大胆写作。(参见《迫害与写作艺术》,页 178)——托兰德却比斯宾诺莎肆意百倍。柏克在《法国大革命的反思》中曾说,托兰德和他的同伴们比赛谁的思想更为自由——这种比赛说到底比的是谁更能肆意写作。因此,洛克、休谟以及法国启蒙思想家如孟德斯鸠都非常赞赏托兰德的才学和思想，也就不奇怪了。

托兰德去世前，欧洲智识界开始在地下流传一本名为《论三个冒名顶替者》（*De tribus impostoribus*，1719，共9章，第五章题为"论摩西"）的小册子，作者不详。① impostoribus 一词也可译作"骗子"，所谓三个 impostoribus 分别指三大一神教的创制者：摩西、耶稣和穆罕默德。作者认为，这三位创制者其实都是"骗子"，他们创立宗教，不过是为了建立神权政制，以便更容易统治人民大众。

在基督教的欧洲，这样的观点不仅惊世骇俗，而且会招来死罪。因此，作者不仅匿名，而且谎称是一本中世纪传下来的秘本。即便在十八世纪的启蒙时代，这本书也一直是禁书。人们一直在猜测，作者究竟是谁。大名鼎鼎的伏尔泰一度被怀疑是《论三个冒名顶替者》的作者，为此，已经75岁高龄的伏尔泰写了《致〈论三个冒名顶替者〉一书作者的信》（Epître à l'autuer du livre des trois imposteurs）为自己辩白。信中的一句话后来成为名言：

> Si Diue n'existant pas, il faudrait l'intenter. ［如果上帝不存在，也应该发明出来。］②

可见，即便胆儿大的伏尔泰也不敢冒天下之大不韪，

---

① 《论三个冒名顶替者》有多个抄本，版本复杂。笔者所见最好的英译本有两种：Alcoeribas Nasier 译注的 *The Three Impostors*（依据1716年法文抄本迻译，私印本，1904）和 Abraham Andersen 的译注本：*The Treatise of the Three Impostors and the Problem of Enlightenment*（London，1996）。

② 参见伏尔泰，《路易十四时代》，吴模信等译，"附录：伏尔泰生平和著作年表"，北京：商务印书馆，1997，页643。

尽管这话与《论三个冒名顶替者》的主旨差不多。古罗马史家李维在他的《罗马建城以来史》的"序言"中说,罗马的早期缔造者懂得,宗教对于稳固的政治共同体来说是必不可少的制度要素。

> 人们容许古代把人间事情与神明活动相混,以使城的起源变得更加神圣,并且如若可以允许某个民族把自己的起源神圣化,尊奉它们的缔造者为神灵,那么罗马人民的战争荣威更是如此巨大,以至于当罗马人民称无比强大的马尔斯是他们自己和他们的奠基者的父亲时,各个民族也都怀着与承认罗马统治同样顺从的心境承认它。①

在李维之前,帕奈提俄斯(Panaitios,前180—前110)、珀律比俄斯(Polybios,前205—前120)和西塞罗(Cicero,前106—前43)都已经表达过类似的看法,这种看法隐含着一个哲人式的观点:宗教是一个政治共同体的创制者出于政制建设的目的人为建立的。

在多神教的语境中,这样的说法并不具有政治危险,何况当时能读书的人并非大众。但在基督教政制或犹太教政制或伊斯兰教政制的语境中,谁这样说谁就是渎神。因为,这三大一神教都是启示宗教。先知作为创制者秉承的是上帝的启示,如果谁说基督教或犹太教或伊斯兰教不过是为了施行统治而人为建构出来的,无异于说上帝的启示

---

① 李维,《罗马建城以来史》,序言7,王焕生译,北京:中国政法大学出版社,2009,页3。

是骗人的。

在基督教政制语境中,马基雅维利率先发挥了李维的观点。他说,与罗慕路斯相比,努玛对罗马共和国的创立贡献更大,因为,罗慕路斯创立的是政制和军队,努玛创立的是宗教——宗教不仅可以为政制提供稳定的基础,而且可以号令军队。① 言下之意,宗教是政治上非常有用的骗术。马基雅维利虽然说的是古罗马的宗教,其实已经暗指基督教或犹太教或伊斯兰教,因为他把耶稣、摩西和穆罕默德都视为立法者。

然而,马基雅维利还不至于明目张胆地这样说,而是隐微地说。《论三个冒名顶替者》的作者敢于公然如此宣称,在当时引起的震荡可想而知。在《社会契约论》第二卷题为"立法者"的第七章后半部分,卢梭接过马基雅维利的话题,并在结尾时如此谴责当时流传的手抄本《论三个冒名顶替者[骗子]》:

> 虚骄的哲学或瞎眼的宗派精神把这些人看成不过是些侥幸的江湖骗子(d'heureux imposteurs),真正的政治家则会赞美他们的制度所展现出的伟大而强有力的天才,正是这种天才主导着持久的功业。②

---

① 参见马基雅维利,《君主论·李维史论》,潘汉典、薛军译,长春:吉林出版集团,2011,页182-183。
② 卢梭,《社会契约论》,何兆武译,北京:商务印书馆,1980,页58。一般认为,所谓"虚骄的哲学或瞎眼的宗派精神"指的是伏尔泰,因为伏尔泰在剧作《穆罕默德》中称穆罕默德是"骗子"。但卢梭在这里提到的是犹太人的立法者和阿拉伯人的立法者,将摩西与穆罕默德并举,而非仅仅提到穆罕默德。比较伏尔泰,《风俗伦》,梁守锵译,北京:商务印书馆,2013,页227-228、631。

对卢梭来说，即便启示宗教都是人为构造的，也是伟大的功业。与《论三个冒名顶替者》的作者相比，卢梭还算不上一个激进的自由思想者——甚至马基雅维利也算不上。毕竟，马基雅维利和卢梭都认为，宗教对于政制来说必不可少。《论三个冒名顶替者》的作者则认为，任何宗教都只会带来偏见和专制。

不过，与后来的激进自由思想者相比，《论三个冒名顶替者》的作者还不算勇敢，他毕竟没有公开自己的身份。这样一来，《论三个冒名顶替者》的作者究竟是谁，长期以来都是一个谜。直到二十世纪，经过多位政治学史家的考索，西方学界基本上一致认定，作者就是托兰德。由此我们可以看到托兰德在西方近代思想史上的位置：他把马基雅维利的隐微论说变成了显白论说，使得秘密启蒙变成了公开启蒙。① 对我们来说，认识托兰德既有助于理解马基雅维利的宗教政治论的激进性质，也有助于理解后来十八世纪启蒙思想的激进性质——就此而言，托兰德堪称西方启蒙文学形成史上的枢纽。

《论三个冒名顶替者》尽管激进，与《给塞伦娜的信》相比其实也算不上更激进。事实上，《论三个冒名顶替者》的基本观点已经见于《给塞伦娜的信》。不妨说，《论三个冒名顶替者》是《给塞伦娜的信》中的第三封书信的极端推衍。就其思想根源来说，《论三个冒名顶替者》不过是斯

---

① 托兰德的很多著作和文章都用匿名形式发表，还往往冒充中世纪的文章。这样一来，要判断托兰德究竟写过和发表过哪些著作或文章，就成了西方近代思想史和文学史上的一大公案。

宾诺莎的《神学-政治论》结出的一个果实。①

为了获得自由表达自己的哲学探究，斯宾诺莎把启蒙世人、改造现有政治制度视为自己的目标，这意味着要用自然哲学的真理作为社会的道德秩序的基础——托兰德的《泛神论要义》让我们看到，他已经把斯宾诺莎的目标变成了政治纲领。

从篇章结构上看，施特劳斯的《迫害与写作艺术》与《给塞伦娜的信》颇为相似，两者均由一个"前言"和五个章节构成。这也许仅是巧合，因为，《给塞伦娜的信》的最后两封信都是在讨论斯宾诺莎的自然哲学，《迫害与写作艺术》最后一章是论"如何研读斯宾诺莎的《神学-政治论》"。

然而，两书篇章结构的相似可以启发我们回答这个问题：为什么施特劳斯在《迫害与写作艺术》这篇论文中对托兰德只字不提。因为，托兰德把斯宾诺莎的自由思想推向了极致，他不过是激进的斯宾诺莎分子而已。与《给塞伦娜的信》对照，《迫害与写作艺术》的最后一章"如何研读斯宾诺莎的《神学-政治论》"无异于揭示了托兰德的激进"自由思想"的来源，或者说揭示了托兰德提倡隐微写作的意图。

托兰德不知道或刻意隐瞒的是，斯宾诺莎所遇到的困境是几百年前的犹太哲人已经遇到过的困境。施特劳斯让迈蒙尼德出来与斯宾诺莎对质：迈蒙尼德没有放弃自己研

---

① 关于《论三个冒名顶替者》与斯宾诺莎的关系，参见 S. Berti / F. Charles-Daubert / R. H. Popkin 编，*Heterodoxy, Spinozism, and Freethought in early eighteenth century Europe*（《十八世纪早期欧洲的异端、斯宾诺莎主义和自由思想》），Dortrecht, 1996。

究哲学的内在自由，但他放弃了研究哲学所要求的政治自由。与此相反，斯宾诺莎放弃了研究哲学的内在自由，转而寻求实现研究哲学所要求的外在自由即政治的自由，并由此提出了新的政制构想。在《〈迷途指津〉的文学特性》一文题为"道德困境"的第四节中，施特劳斯提出：

> 当时的人们普遍相信《律法书》的神启性质，相信永恒不变的律法的存在，这一信念主宰了公共舆论，而今日的情形则完全不同，公共舆论主要受历史意识支配。《塔木德》禁止人们通过写作讨论圣经的隐微教义，迈蒙尼德违反了这一禁令，他自己提出的辩护理由是，必须挽救律法。同样，尽管迈蒙尼德恳求大家不要解释《迷途指津》的隐秘教诲，但我们可以诉诸历史研究的要求来证明漠视这种恳求的正当性，因为如果不把迈蒙尼德的隐秘教诲揭示出来，那么，无论犹太教的历史，还是中世纪哲学的历史都有欠完整，而这种状况将十分可悲。
>
> 若考虑到历史研究的基本条件，即思想自由，这一论证就显得更为有力。只要我们认可不得解释某种学说的禁令的正当性，思想自由看来就同样是不完全的。在我们这个时代，思想自由所受到的威胁远甚于过去几个世纪，有鉴于此，我们不仅有权而且有义务解释迈蒙尼德的教诲，以促成对如下问题的更好理解：思想自由究竟意味着什么？它预设了怎样的态度，要求作出怎样的牺牲？（《迫害与写作艺术》，页49）

这段话是针对二十世纪的学人说的，但"思想自由究竟意味着什么？它预设了怎样的态度，要求作出怎样的牺牲？"这样的问题首先是针对斯宾诺莎（更不用说针对托兰德）提出来的。斯宾诺莎搞隐微写作，仅仅是为了"能尽量保护自己免遭迫害就足够了"，但为了达到"启迪那些不具哲人潜质的人的目的"，他的隐微写作尽可能让人读起来容易。

通过对比迈蒙尼德与斯宾诺莎，施特劳斯已经让迈蒙尼德反驳了托兰德的老师斯宾诺莎。不仅如此，《迫害与写作艺术》这个书名本身就是一个显白/隐微的表达，因为，将显白/隐微写作仅仅归因于政治迫害是托兰德的显白/隐微论的关键论点，这种主张已经成为现代启蒙学说的基础，或者说，哲学探究的思想自由已经是现代民主政制的基础。从而，《迫害与写作艺术》这个书名符合现代民主政制的政治正确。

然而，在这个书名之下，施特劳斯向有心人传达的是古典的隐微论教诲：隐微写作的必要性并非仅仅由于政治迫害，更多是由于哲学与社会的天然对立。如果隐微写作的必要性仅仅是由于政治迫害，结论必然是：一旦实现了自由的社会，隐微写作就再也没有必要。如果隐微写作的必要性是由于人性的天然差异，那么，结论必然是：只要人性的差异是不可能人为抹去的自然事实，隐微写作就有必要。

施特劳斯的《迫害与写作艺术》这个书名（或篇名）看起来支持的是现代启蒙式的隐微论，实际上是要恢复古典的隐微论。奇妙的是，在自由和宽容已经成了道德原则的美国的民主社会，向不具备哲学潜质的大多数人传授自然哲学的道理已经成了民主事业，质疑这种事业反倒需要采用隐微写作——于是,在哲学的内部法庭向斯宾诺莎提出道德检控的施特劳斯,在民主的美国遭到民主社会的哲学家提出的道德检控。

余论:斯威夫特与托兰德

如今,十七世纪的哲学家们所追求的少数无神论者的"思想自由",已经变成了随便什么思想都能享有自由。在我们享有这一"思想自由"的今天——尤其大众传媒具有"全控"权力的今天,我们有了更多的经验来思考思想史家沃格林针对洛克的《基督教的合理性》说过的一句话:

> 那些幸运地具有[哲学]天赋的人们沉迷于不负责任的怪念头中,他们会造成相当多的混乱和痛苦,但是,当这些恶果呈现在面前的时候,他们又会辩称自己的意图被误解了。(《革命与新科学》,前揭,页211)。

在《政治思想史稿》中评论托兰德时,沃格林以斯威夫特(Jonathan Swift,1667—1745)《驳在英格兰废除基督教》一文中的一句话作结:斯威夫特的这句话深刻地嘲讽了比自己仅小三岁的同乡"哲学家托兰德"(《革命与新科学》,前揭,页215)。沃格林没有提到《格列佛游记》,其实,斯威夫特的这部传世名作很可能与托兰德有关。在《给塞伦娜的信》的"前言"中,托兰德写过这样一段话:

> 这些信不过是对悠久的古代遗迹的单纯研究，或者是对哲学的简略论说，无意伤害任何人，倒是想要使所有的人感到愉悦，即使它们不能给读者以教益，总可以使人们得到消遣。至于对一切都怀有猜忌之心的那些人，他们的意见根本不为人所重，这已经使他们受到了足够的惩罚。这些心有怨气的游侠骑士们总在寻求新的冒险奇遇，把他碰到的每一个人都当成一个巨人或者一个侏儒。(《给塞伦娜的信》，页19)

《格列佛游记》写于《给塞伦娜的信》之后约十五年，难道不可能设想，《格列佛游记》的写作灵感来自这段话？

在《迫害与写作艺术》这篇论文中，施特劳斯本来应该提到托兰德的名字却只字未提，本来无需提到斯威夫特，却在文章开头不久就提到《格列佛游记》（参见《迫害与写作艺术》，页17）。是否可以设想，施特劳斯以隐微笔法暗示，《格列佛游记》针对的正是托兰德？倘若如此，这种暗示意味着什么？在《如何研读斯宾诺莎的〈神学－政治论〉》一文中，施特劳斯写道：

> 伪哲学的类型数不胜数，因为每一位后起的伪哲人都试图对前人的成就做出某些改进，或避免他们的某些错误。因此，就连最有远见的人也不可能预见到会出现什么样的伪哲学，从而无法控制未来人们的心灵。……可以想象，有时候会出现一种特定的伪哲学，要想破除这种伪哲学的威力，就只能靠集中全力，精读老书。只要伪哲学占了上风，就需要有精细的历史研究，而在更幸运的时代，这种历史研究原本是多余

甚至有害的。(《迫害与写作艺术》,页 148–149)

斯威夫特不仅自己"精读老书"(intensive reading of old books),而且提倡"精读老书",很可能因为他注意到,"一种特定的伪哲学"(a particular pseudo-philosophy)恰恰以谈论"老书"的面目出现——托兰德的诸多论著就具有这种面目,比如著名的《掌管钥匙的人:论显白和隐微哲学》。施特劳斯还写道:

> 在哲学研究中,斯宾诺莎根本不知道什么是权威。有两类完全不同的作者:一类作者认为他们只是某一古老传统链条上的一环,正因为如此,他们就使用引喻性、省略性语言,而这种语言只有在该传统的基础上才能为人所理解;另一类作者认为传统没有任何价值可言,于是他们就使用各种风格手段,尤其是引喻性、省略性语言,以期把传统从他们最理想的读者脑子中连根拔除。(《迫害与写作艺术》,页 183)

斯威夫特和托兰德都是善于"使用各种风格手段,尤其是引喻性、省略性语言"的作家。然而,斯威夫特把自己视为"古老传统链条上的一环",托兰德则"认为传统没有任何价值可言"。他的写作为的是让未来的一代又一代年轻人的脑子中再也没有"古老传统",只有单纯的批判理性。

可是,托兰德的写作又让自己显得博古通今。他这样做的目的,恰恰是为了"连根拔除"古典传统。古典的隐微论基于"审慎"这一哲人的德性原则:不让哲学的自由探究危及大多数人赖以为生的宗教信念。① 托兰德并非不知道这一古典隐微论的要义，毕竟，古人对此有明确的论述。托兰德自己就说过：

> 徐内修斯（Synesius）频繁地表示，有时撒谎是一种权宜之计，以便做好事；真正的哲学真理对于俗众来说并无必要，他们获得知识之后反而可能受到伤害。（《掌管钥匙的人》，页99）

但是，在托兰德关于显白和隐微哲学的整个论述中，他恰恰抛弃了古典隐微论的这一要义。在托兰德那里，显白/隐微写作仅仅是促进自由思想的手段，这种写作手法仅仅是为了对付审查制度。虽然托兰德引证大量"古人"来证明自己的观点，实际上是用一个"自由思想者"的诉求来篡改古人的观点。除非我们熟悉苏格拉底关于"秘密哲学"的教诲（参见柏拉图，《普罗塔戈拉》，342a6 - 343b3），否则我们不可能知道托兰德的"苏格拉底协会"政纲是彻头彻尾的反苏格拉底纲领。

笔者可以有把握地说，施特劳斯在《迫害与写作艺术》

---

① 《格列佛游记》记叙了一个有极高智力欲求天性的人的自我认识过程——与慧骃族人的相遇，是格列佛的自我认识最为关键的一环。他发现，慧骃族人不仅在好奇心方面与他旗鼓相当，而且追求智性知识的献身精神比他还要强烈，因为，慧骃族人献身智性知识的热情受一个伟大的理想支配：打造一个"理性的社会"。由于这个理想，慧骃族人自己先组成了一个社会，这个社会的美德是友谊和仁慈。然而，这两种美德的根基却在自然理性："他们遵循大自然的教导，热爱自己的所有同类；区别彼此时，唯理性是凭，以高超的美德为准。"参见伯柔，《〈格列佛游记〉与矮化哲人》，刘小枫编，《古典诗文绎读：西学卷·现代编》，上册，北京：华夏出版社，2009，页478 - 480。

一文中说的下面这段话,恰恰来自柏拉图笔下的苏格拉底关于"秘密哲学"的教诲:

> "智者"与"俗众"之间有一道鸿沟,这是人类本性的一个根本事实,不管大众教育取得怎样的进展,都不会对它有丝毫影响:哲学或科学根本上是"少数人"的特权。这些作家还确信,哲学本身受到大多数人的怀疑和敌视。即便并没有什么特定的政治势力让他们感到惧怕,那些从这一假定出发的人还是会被迫得出一个结论:公开传播哲学真理或科学真理是不可能的,也是不可欲的,不仅暂时如此,而且永远如此。(《迫害与写作艺术》,页28)

《如何研读斯宾诺莎的〈神学-政治论〉》一文正是依据苏格拉底关于"秘密哲学"的教诲来拷问斯宾诺莎。与此相反,启蒙哲人认为,通过普遍推行的哲学教育,人人都可以成为有理性的"智者",倒像是希琵阿斯的主张(参见柏拉图《普罗塔戈拉》,337c6 - 337e3;比较托兰德《掌握钥匙的人》一文的开头)。

换言之,托兰德的"苏格拉底协会"其实应该是"希琵阿斯协会"。自由主义学人德鲁里自认为了不起地发现:施特劳斯持有的是精英主义立场,古典的隐微论预设的是极端的反平等主义,以为大多数人不具备哲学潜质,都是不可开花的"庸众"。这充分表明,德鲁里是托兰德最理想的读者,在她的头脑中,苏格拉底关于"秘密哲学"的教诲已经被"连根拔除"。吊诡的是,在《普罗塔戈拉》中,最具有精英主义立场的恰恰是希琵阿斯。由此可见,在我们这个时代,要具有辨识伪哲学的眼力,的确得像斯威夫特那样"精读老书"。

学人的德性

—— 施特劳斯与莱辛

1939年,施特劳斯结束在英伦的访学研究后,去了美国。那个时候,施特劳斯已经没有可能返回德国。不过,施特劳斯自己当时也没有想到,这次离别德国竟然就是永别。二战结束以后,不少流亡美国的德裔学者返回德国任教,施特劳斯也曾得到来自德国名牌大学的邀请,但他决定留在美国,直到去世,仅短暂回过德国一次。

离别德国不仅是地域上的,也是思想上的。在1941年做的一次学术报告中,施特劳斯说,虚无主义是德意志的思想特产。[1] 离别德国,意味着离别虚无主义的思想土壤。

在英伦研究霍布斯的时候,施特劳斯仍然没有放弃自己十年前承接的编辑校勘德国启蒙时代的犹太裔哲人门德尔松全集中的一卷的工作。按德语学界的规矩,编者要为

---

[1] 参见《德意志虚无主义》,丁耘译,见施特劳斯,《苏格拉底问题与现代性》,刘小枫编,彭磊、丁耘等译,北京:华夏出版社,2008,页101-130。

编辑的文本撰写内容提要。门德尔松与雅克比当年就莱辛是否是个斯宾诺莎主义者发生的论争，让施特劳斯看到莱辛在西方思想史上的独特性。离开英伦去美国前夕，施特劳斯刚刚编完门德尔松的两篇涉及莱辛的文献《清晨时分》和《致莱辛的朋友们》，他为这两篇文献写的提要是这样结尾的：

> 作者没有忘记自己的民族对德意志民族的伟大儿子理应表达的感激之情［Dankespflicht, die seiner Nation gegenüber jenem grossen Sohn der deutschen Nation obliegt］，尤其在这分离的时刻。①

后来，施特劳斯把"分离的时刻"［Augenblick der Trennung］改为"告别的时刻"［Augenblick des Abschieds］。在施特劳斯眼中，"德意志民族的伟大儿子"不是歌德、席勒，不是康德、黑格尔，或者荷尔德林，更不会是尼采、海德格尔，而是莱辛。② 通过某个思想家所喜欢的人物——比如尼采喜欢赫拉克利特、海德格尔喜欢荷尔德林，我们也许会对这位思想家多几分认识。

所谓"自己的民族"当指施特劳斯身属的犹太民族，在这里，施特劳斯以一个犹太人的身份向"德意志民族的伟大儿子"莱辛表达了"感激之情"。如果我们读过莱辛

---

① 参见迈尔，《隐匿的对话：施米特与施特劳斯》，朱雁冰等译，北京：华夏出版社，2002/2007/2008，页146–148。

② 现代西方学界对莱辛的关注，参见 Edward P. Harris / Richard E. Schade 编，《从今天的观点看莱辛》（*Lessing in heutiger Sicht*），编者前言，Bremen, 1977。

的剧作《智者纳坦》和对话作品《恩斯特与法尔克》，也许就不难理解犹太人施特劳斯为什么说"理应表达"对莱辛的感激之情。然而，"理应表达感激"之理其实并非仅在于此。施特劳斯不仅是犹太人，还是一个哲人。哲人施特劳斯也"理应表达"对莱辛的感激之情吗？

二战结束以后，定居美国的施特劳斯计划将自己近十年来写的文章结集成书（预定 1948 年出版），并为这部将以英文出版的文集取名为 Philosophy and The Law：Historical Essays，共收 12 篇文章，最后两篇专论莱辛（其中一篇解读《智者纳坦》）。

这个书名与 1935 年施特劳斯在德国出版的《哲学与律法》一书同名，论题仍然是阿尔法拉比－迈蒙尼德所传承的柏拉图式政治哲学传统，但篇幅大为扩充（德文版的《哲学与律法》仅三篇文章）——最为引人注目的是，莱辛被置于与阿尔法拉比－迈蒙尼德的哲学传统一脉相承的位置。按照这部论集所勾勒的柏拉图式政治哲学传统的线索，阿尔法拉比－迈蒙尼德之后的标志性哲人非莱辛莫属。

"哲学与律法"这个书名值得思考：为什么施特劳斯要思考哲学与律法，并以此作为西方思想史的首要问题？所谓"律法"不能按英文原文（Law）译作"法律"，因为我们所理解的法律是人为的东西，这里的 Law 用了定冠词，意指犹太教的律法（或我国儒家的礼法）一类的法。从而，哲学与律法无异于哲学与宗教的关系，如果律法也意味着政治共同体的生活秩序，那么，哲学与律法也意味着哲学与政治共同体的关系。

现在值得我们问的是：为什么哲学与政治共同体的关系问题至关重要，甚至堪称首要的哲学问题？——眼下这篇"显白的教诲"会为我们作出解答。

　　施特劳斯后来并没有按原计划出版这部篇幅颇大的论集（预计约350页），取而代之的是著名的小书《迫害与写作艺术》（1952年版，连同长篇导言共5篇论文，仅两百页篇幅），其中题为《迫害与写作艺术》的文章，本来是计划出版的英文版《哲学与律法》中的第十篇（位于最后论莱辛的两篇文章之前）。施特劳斯为什么改变计划，我们不得而知。如果对比英文版的《哲学与律法》构想与实际出版的《迫害与写作艺术》，我们可以推测，改变计划很可能因为时间紧迫，来不及完成预定构想——关于莱辛的两篇文章实际尚未完成。

　　支持这一推测的证据是，晚年施特劳斯仍然惦记着尚未完成的论莱辛的写作计划。在给朋友的一封信中，施特劳斯提到，早在1937年，他就计划专门写一篇文章谈莱辛，"表述莱辛关于上帝和世界的中心思想，其中的关键之点今天还像当时一样清清楚楚"。施特拉斯深感遗憾，"计划订了多次"，都未能如愿。他也许预感到自己在有生之年没可能实现早年的计划，因为他对朋友说：

> 我还可能做的唯一一件事［das Einzige, was ich tun konnte］，是对我的好学生强调莱辛，在适当的场合说出我受益于莱辛的东西。①

　　果然，在和老同学克莱因（Jacob Klein）一起与本科生们座谈时，施特劳斯说了下面这番话：

---

① 参见迈尔，《隐匿的对话》，前揭，页148。

> 为了获得独立的见解,我开始重新研习［斯宾诺莎的］《神学政治论》;在这方面,莱辛对我很有帮助,尤其他的神学著作,其中一些著作的标题便令人生畏。顺便说一句,就我所知,莱辛也是就某个哲学主题写过仅有的即兴生动的对话的作家［the author of the only improvised live dialogue on a philosophic subject known to me］。那时,莱辛的著作我常不离身,我从莱辛那里学到的,多于我当时所知道的。①

哲人施特劳斯在此表达了对德意志民族的伟大儿子莱辛"理应表达的感激之情":首先,莱辛与施特劳斯年轻时倾力研究的斯宾诺莎问题相关;其次,哲人莱辛"是就某个哲学主题写过仅有的即兴生动的对话的作家"。前一个理由听起来仅有个别意义,似乎如果谁要研究斯宾诺莎,莱辛是绕不过的。后一个理由则不同,显得带有一般意义,因为施特劳斯说,莱辛能就"某个哲学主题"写生动的对话——我们知道,就哲学主题写作对话的第一人是柏拉图,莱辛也能就"某个哲学主题"写对话,表明莱辛在模仿柏拉图。反过来讲,莱辛之所以被施特劳斯看作"德意志民族的伟大儿子",根本理由在于,莱辛模仿柏拉图——在施特劳斯眼里,似乎唯有莱辛才是懂得柏拉图真传的德语哲人。

施特劳斯看似轻描淡写说的这段话,背后有着深远的

---

① 施特劳斯,《剖白》,何子建译,见《苏格拉底问题与现代性》,前揭,页272。

学理来由。1939年，施特劳斯刚到美国不久，就写下了专论莱辛的《显白的教诲》（Exoteric Teaching）一文。此文与发表于1941年的《迫害与写作艺术》一文的论题其实相同，但篇名不同："显白的教诲"并未强调"迫害"。尽管《显白的教诲》看起来并非未竟稿，结构完整，言辞精审，施特劳斯生前却没有发表。①

据我推测，没有发表的理由是，施特劳斯原计划写两篇专论莱辛的文章——即英文版《哲学与律法》中的最后两篇，如果论《智者纳坦》是其中一篇，那么《显白的教诲》就很可能是其中的另一篇关于莱辛的长文，但我们现在看到的仅是这篇长文的引言部分。既然论《智者纳坦》的长文尚未下笔，《显白的教诲》未竟，英文版《哲学与律法》的出版计划也就取消了。

倘若如此，《显白的教诲》虽然是我们如今能看到的施特劳斯唯一一篇以莱辛为主题的文章，但其唯一性恰好凸显了它的重要性：如果阿尔法拉比－迈蒙尼德传统是柏拉图式政治哲学的真传，莱辛的独特性就在于：通过莱辛，我们可以搞清楚这一传统在何时以及怎样开始湮没无闻。

这就是我们如今尤其值得细读《显白的教诲》一文的理由。

---

① 《显白的教诲》（"Exoteric Teaching"）初次发表于《解释》学刊（*Interpretation: A Journal of Political Philosophy*）卷14，1986，页51-59；后收入 Leo Strauss, *The Rebirth of the Classical Political Rationalism*, Thomas Pangle 编，University of Chicago Press, 1989，页63-71（中译本《古典政治理性主义的重生》，郭振华等译，叶然校，北京：华夏出版社，2011/2017）。本文所引该文为便于读者核对英文原文，仅随文注英文版页码。

引　子

翻开这篇文章，进入眼帘的首先是一段题辞，出自大名鼎鼎的法国启蒙思想家伏尔泰：

> 勇者生而能自由表达自己的思想，不敢正视人生的两极——宗教和统治——的人，只不过是懦夫。（页63）

这话表彰的是一种美德——勇敢。从古至今，勇敢都是人类的基本美德之一。但勇敢也有类别之分：士兵的勇敢和航海家的勇敢有所不同。这里把勇敢界定为敢于不顾宗教和统治，自由地表达自己的思想，可见说的是智识人的勇敢。

我们知道，自由地表达自己的思想是现代启蒙所标识的智识人品德。直到今天，谁敢于无视宗教和统治想什么就说什么，谁就是智识界的文化名人、精英甚至英雄。在这位启蒙思想家笔下，所谓宗教和统治是"人生的两极"（les deux pêles de la vie humaine），意指任何宗教和任何形式的统治都是压制人性的极端形式，因此，知识分子的所谓勇敢，就是敢于与宗教和统治者作对。从伏尔泰的这句关于勇敢的话中，我们甚至可以直接感受到启蒙精神的勇气。

施特劳斯用这句话作题辞是什么意思，现在还不清楚，也许，我们读完整篇文章就会明白。无论如何，我们不要忘掉这段题辞与整篇文章的内在关联。

文章开门见山地提出：懂得显白教诲与隐微教诲之分是理解"过去的思想"的前提，然而，如今连权威的古典学百科全书也不再提到这种区分。Pauly 和 Wissowa 编的《古典古学百科全书》以详尽、周全见称，在整个西方学界非常著名。如果这样的古典百科全书都不再有关于显白教诲和隐微教诲的词条，无疑表明如今的古典学家们认为，对现代学界来说，古代关于两种说辞的区分已经不值一提。

"显白教诲"的所谓"显白"，原文 exoteric 由希腊语转写而来（通常叫做ἐξωτερικοί λόγοι［对外的说辞］），施特劳斯用括号给出的同义词是 public［公开的］；与此相对的"隐微"教诲的所谓"隐微"，原文 esoteric 同样由希腊语转写而来，施特劳斯用括号给出的同义词是 secret［秘密的］。exoteric – esoteric 这两个语词的汉译比较棘手，exoteric 也可译作"对外的、外传的、可告之于人的"，esoteric 则可译作"对内的、内传的、不可告人的"。我国改革开放之前经常听见一个说法叫"内外有别"，就是这个意思。"隐微""显白"的译法比较含蓄，这种译法本身就是 exoteric［对外的］，而且与我国古代的相关表达一致；"内传""外传"的译法比较直白，可以说是 esoteric［对内的］译法。

对内与对外两种说辞的区分，首先指针对不同的受众，讲述方式应该有所不同。用今天的话来讲，这是一个教育方式问题：由于人的资质天生有差异，对不同的人就得采用不同的教育方式——所谓因材施教。"对外"的教诲针对的是多数平常人，"对内"的教诲针对的是少数喜欢抽象思辨、崇尚学理的心性特异者。如果少数心性特异者与多数平常人的分别首先在于是否喜欢思辨、崇尚学理，所谓 exoteric［对外的］与 esoteric［对内的］说辞之分，首先在于表达形式：exoteric［对外的］说法言辞浅俗，尽量避免学理术语，以便众人明白易晓；esoteric［对内的］说辞的对象是喜欢思辨和懂得学理的少数人，因此无需避免言辞晦涩难懂。

对内的说辞预设听者熟悉圈内人都懂的学理术语，使用概念时往往不加解释，必要时至多辅以口头解释。因此，esoteric［对内的］说辞带有口传性质，但这不等于 esoteric［对内的］说辞是未成文的。流传至今的亚里士多德的"著述"几乎都是 esoteric［对内的］，这些"著述"本是亚里士多德在学园讲课时念给门徒听的 ἀκροαματικά［讲稿］（原意为"老师讲授给学生听的文稿"），也就是"不对外"的讲义。由此可见，esoteric［对内的］说辞也多是成文的。

这样看来，两种说辞的区分似乎首先在于表达的形式，而非表达的内容。亚里士多德在《论诗术》中论及当注意必然属于诗术的感知方面时说："在已出版的论述中（ἐν τοῖς ἐκδεδομένοις λόγοις），对此已说得足够多了。"（《论诗术》1454b17）这里提到的"已出版的论述"，指亚里士多德写的《论诗人》。由此可见，内传的《论诗术》和外传的《论诗人》会说到相同的内容。

在《政治学》1278b31，亚里士多德说：

> 关于我们提到的各种统治方式，实际上容易区分；在非专业的讨论（ἐν τοῖς ἐξωτερικοῖς λόγοις）中，对此也屡屡作过规定。

再比如在《政治学》1323a22 处，亚里士多德说：

> 在学院外的那些讨论中（ἐν τοῖς ἐξωτερικοῖς λόγοις），可以认为我们关于最优良的生活已经说得够多了……

凡此皆表明，内传教诲与外传教诲在话题方面没有不同。两者的差异我们可以理解为：内传教诲属于探究性质，比较艰深，外传教诲属于训导性质，即便深入也必须浅出。在亚里士多德那里，甚至关于数学对象究竟存在还是不存在，以及与数理相关的相当抽象的理念问题，也"在公开的著作中（ὑπὸ τῶν ἐξωτερικῶν λόγων）已说过多次了"（《形而上学》，1076a28）。

尽管如此，即便是相同的内容，对内的与对外的说法仍然会有所不同，亚里士多德的如下说法就是证明："关于灵魂，在外面有很多流行说法（ἐν τοῖς ἐξωτερικοῖς λόγοις），不应忽略。"（《尼各马可伦理学》，1102a26）① 这意味着，即便说的都是灵魂，但对内的与对外的说法会有所不同，如此不同绝非仅仅言辞表达有艰涩与通俗之别，关于灵魂的说法也有实质性的差别。

我们不妨以柏拉图的《斐多》为例，来看对内的和对外的说法如何并非仅在于言辞形式上有别，更为重要的是言说实质有别。当斐多带着几个爱好哲学的青年进到苏格拉底的囚室，苏格拉底知道免不了要与他们讨论灵魂和死亡的问题乃至抽象的哲学问题时，他"给克力同递了个眼

---

① 以上亚里士多德引文均出自苗力田先生主编的《亚里士多德全集》，虽然译法不同，但所谓"非专业的讨论""学院外的那些讨论""公开的著作""外面的流行说法"的希腊语原文，都是同一个语词。

色",然后说,"行行好,让人送她回去吧"。于是,与克里同一起的几个人就把女人和孩子带出囚室(《斐多》,60a)。

苏格拉底身处的囚室即将成为谈论灵魂和死亡问题的场所,女人和孩子被带出囚室,意味着她们被带离即将要谈论抽象的形而上学问题的场所,从而可以说,抽象的形而上学问题就是 esoteric [内传] 内容。

苏格拉底的女人离开时虽然又哭又闹,但她说:"苏格拉底,今天朋友和你说话,你和朋友说话,这是最后一次了。"看来,苏格拉底的女人虽然喜欢吵吵闹闹,却知情达理。不用说,她对形而上学问题没有丝毫兴趣,也一窍不通,但她理解苏格拉底天生喜欢与好学的人谈这类问题,对这样的场合她早已经习以为常。

苏格拉底把自己的女人和孩子们送走,似乎刻意不让自己最亲近的人听到哲学——为什么不让她们听到哲学,可能有两个原因:要么因为自己的女人和孩子们对哲学问题天生没兴趣,在一旁听会哈欠连天;要么女人和孩子在这里寓指某些脆弱的灵魂类型,他们天生不适宜听到哲学思辨。

苏格拉底与哲学青年谈灵魂不死的哲学证明谈了一整天(仿佛谈了整整一生),傍晚时分,苏格拉底饮鸩服刑的时刻到了,他被迫中止尚未有最后定论的哲学论辩,让人把自己的两个孩子以及亲属中的几位女人带进囚室。她们进来后,苏格拉底当着克力同的面同她们说了些嘱咐的话,随即又让人把她们送走(《斐多》,115b–116b)。

苏格拉底饮鸩服刑时,在场的是斐多等哲学青年和自己唯一的老友克力同,而非自己的女人、孩子和亲属。可以看到，苏格拉底同爱好哲学的青年们的关系与他同自己家人的关系明显不同，可以说内外有别：哲学青年属于内人，自己的家人甚至女人反倒是外人。

苏格拉底为什么要让自己的亲人（女人和孩子）离开？原因很可能是，女人和孩子面对真实的死亡会难以承受，苏格拉底不愿意让她们亲眼看着自己赴死，哭得呼天喊地。哲学青年不同，通过长期的哲学训练，他们已经多少懂得或能够节制自己的感情。何况，他们平时讨论的哲学问题，经常涉及死啊生的，总之，在精神上与死亡打照面已经很久了，不必担心他们在亲眼见到死亡时难以承受。由此可以确定，在开场时苏格拉底让人把女人和孩子带走，是因为他们的天性不适宜听哲学：天底下的平常人大多是女人和孩子类型的人。

不过，柏拉图在《斐多》中让女人和孩子离开后，他仍然写下了涉及数学对象究竟存在还是不存在以及相关理念的抽象问题。换言之，《斐多》是对外的（显白的）作品，但其中同样有内传的（隐微的）内容——因讨论灵魂不死而不得不牵涉数理问题。由此我们可以看到，对内与对外的说法之别尽管首先关乎怎样说，但绝非不关乎说什么——苏格拉底绝不会对女人和孩子们谈牵涉数理论证的灵魂问题。

内外有别看来就是区分对内与对外的教诲的基本依据——柏拉图-亚里士多德哲学传统的中古传人阿尔法拉比在解读柏拉图的《法义》时，一上来就讲到内外有别：

> 聪颖的柏拉图在向所有人启发和揭引每一种知识时，并未感到自由。所以，柏拉图采用了象征、谜语、

含糊和纠结之类的写法，好让知识不会落入那些不配享有反而会使知识变形的人手中，或者不会落入那些不识货或不会恰当运用的人手中。在这方面，柏拉图是对的。①

这段话清楚说明了柏拉图的显白写作的意图，由此我们也得以理解：显白教诲绝非等于说"假话"，而是"用了象征、谜语、含糊和纠结之类的写法"而已。同样，显白教诲也绝非意味着不说重要的东西。恰恰相反，阿尔法拉比紧接着说：

> 一旦柏拉图晓得并肯定自己已由这样的做法而变得有名，而且人们都晓得他随便想说什么都会通过象征来表达，那么他有时就会转向他想讨论的问题，公开而又直面地对其进行陈述。但任谁读了或听了他的讨论，都会假定他的说法是象征性的，而他的意图与他公开陈述的东西大异其趣。这种观念就是柏拉图著作的秘密之一。（前揭，页56）

这段话用在《斐多》这样的作品上，可以说非常恰切——对我们来说，最值得深思的是阿尔法拉比说，"聪颖的柏拉图在向所有人启发和揭引每一种知识时，并未感到自由"。如果与开篇前施特劳斯引用的伏尔泰的话"勇者生而能自由表达自己的思想"加以对照，古典哲人与现代启蒙哲

---

① 阿尔法拉比，《柏拉图的哲学》，程志敏译，上海：华东师范大学出版社，2006，页55-56；译文有所改动，以下随文注页码。

人的品质差异或者说德性差异岂不判若云泥。

我们如今的知识分子绝对不会认为伏尔泰的主张有问题，言论自由已经是普世价值。既然如此，古典哲人的主张就是错的——尽管如此，我们仍然有必要把这一历史性的对错问题搞清楚。施特劳斯在七十多年前写下的《显白的教诲》一文，为我们搞清楚这一问题提供了契机。

既然古代哲人都懂得区分显白教诲与隐微教诲的道理，那么，我们今人懂得这种区分就对我们读懂古代文本非常重要。然而，我们现代学人为什么会记住许多古代常识，却偏偏忘记这一常识？对此施特劳斯直言不讳地说："必定是由于现代哲学对古典学术的影响。"（页63）的确，如今我们已经有一种近乎常识性的看法：哲学观念只要是现代的，就当然是正确的，因为后人必定比前人（古人）知道得更多、方法更科学。即便现代哲学观点不一定正确，数量巨大的出版物也能使得不正确的观点变得似乎正确。

古代作家何时开始区分显白教诲与隐微教诲，施特劳斯说，搞清这件事情是古典学家的事情，他关心的是：这种区分对现代学人来说是否还重要。施特劳斯在这里区分了古典学者（classical scholars）和哲人（philosophers）：哲人应该懂得区别公开的教诲与内传的教诲非常重要。换言之，懂得区别这两种教诲堪称哲人的标志，如果不懂得这个区分，哲人就不再是哲人。施特劳斯的说法言辞很平和，骨子里却相当尖锐——如果现代学界已经不再有人懂得教诲有内外之分，现代还有真正的哲人吗？

施特劳斯的说法不仅在冒犯现代的哲人，也在冒犯现代的"古典学者"——既然古代作家因区分显白教诲与隐微教诲而是哲人，除非现代的古典学者自己就是哲人，否则，他不可能真正理解古代哲人的作品——事实上，尼采已经提出过类似质疑：现代的古典学家大多已经不懂古典（KSA 8，7［7］，页 127）。

施特劳斯在这里点了大名鼎鼎的德国古典学学者策勒（Eduard Zeller）的名，在不少人看来实在张狂，或者该当不敬重前辈的罪名，因为，策勒在古典学界名气实在太大，他那部长达近五千页的三卷本皇皇巨著《古希腊哲学发展史》（*Die Philosophie der Griechen in ihrer geschichtlichen Entwicklung*）不断重印（笔者所有的是 Darmstadt 1963 版）——十多年前，该书的简写本《古希腊哲学简史》也译成了中文（翁绍军译，山东人民出版社，1992/2007）。策勒在书中曾批评亚里士多德"有意为［其所发表的科学著作］选择一种对于平常的心智来说晦涩难懂的风格"，施特劳斯引述这一说法，以此表明策勒完全不懂亚里士多德的笔法。

按照前面所言，我们可以理解，施特劳斯在这里的意思是：策勒并非哲人，尽管他是古典学大家，写了三大卷《古希腊哲学发展史》，因为，他竟然把亚里士多德的隐微教诲说成"故弄玄虚的幼稚做法"，而且"完全没有任何合情合理的动机"。施特劳斯的措辞值得体味："古典学者策勒或许已然相信自己有充分理由（may have believed himself to have cogent reasons）……"（页 63）——这话无异于说，策勒不仅不懂，还自以为是。施特劳斯明明已经暗示策勒不是哲人，但接下来却说，"如果哲人策勒（the philosopher Zeller）……"——这个所谓"哲人策勒"的说法显然是反讽。

施特劳斯在此举的两个例子（权威的古典百科全书和

古典学权威人士）提醒我们，不可迷信西方现代的古典学专业。事实上，直到如今，这门专业是否真的理解古代作家，仍如尼采所言，大可怀疑。施特劳斯的意思是，古典学家首先应该是哲人（热爱智慧的人），否则不可能懂得古代哲人的智慧。如今，勇于写哲学史书的学人并不少见，这类书一旦成为教材，就会让人以为，这些书可以让热爱智慧的人懂得古代哲学，实际上，如果你还有点儿哲学天分，那你的天分可能会这些书被搞得荡然无存。

《显白的教诲》的第一自然段可以看作全文的引言，尽管简短，却向我们提出了一个严峻的问题：是否懂得区分对外与对内的教诲是哲人的标志。如此来界定哲人，我们的确还是头一次听到。我们难免会问：区分两种教诲真的那么重要？凭什么说，懂得这种区分才堪称哲人，而非已经会思考比如说存在与存在者的区分就可以算哲人？

一 莱辛的独特性

施特劳斯告诉我们，直到"十八世纪最后三十余年"，学界人士依然都知道，"所有古代哲人"都懂得区分显白教诲和隐微教诲（页64）——施特劳斯用了全称说法，以便突显这样的事实：仅仅一百多年前，懂得区分两种教诲还是学人族的常识。

不过，施特劳斯这句话的意思远不止于此。毕竟，"十八世纪最后三十余年"，恰是法国大革命爆发前后的年代。此外，施特劳斯当然清楚，十九世纪末的尼采还在大谈两种教诲的区分。既然如此，施特劳斯为什么没有以更晚的尼采作为例子来突显区分两种教诲的重要性?

答案很简单:区分两种教诲变得不再重要,与现代启蒙运动有直接关联,在尼采身处的后启蒙时代,懂得区分两种教诲已经不再是学人族的常识。换言之,施特劳斯选择莱辛而非尼采为例来讨论显白教诲,乃因为莱辛身处启蒙运动的巅峰时期。就切入现代意识与古代意识的分野而言,莱辛的时代比尼采的时代更能突显显白教诲的意义。

在施特劳斯看来,莱辛"以一种独一无二的方式集哲人和学者迥然相异的品质于一身"(页64)——哲人与学者的品质真的"迥然相异"?两种品质在莱辛身上结合的方式真的独一无二?如果古代作家都懂得区分两种教诲,那么,施特劳斯说,集哲人和学者迥然相异的品质于一身就不是莱辛的独特性,结合这两种品质的方式也不是莱辛的独特性。

毋宁说,这话实际上表明:哲人与学者的品质"迥然相异"是现代才有的现象,在古代并非如此。如果我们再来回味施特劳斯在第一自然段说到策勒时曾交替使用"古典学者"和"哲人"这两个称谓,便可以体会到那里的意思是:在古代本来没有"学者"和"哲人"之分,在现代却有了这样的分别。因此,莱辛的独特性其实在于:"他依然认为,显白论不只是过去的一个奇怪事实,而且是所有时代的一种可理解的必需(an intelligible necessity for all times)。"(页64)

"所有时代"的全称说法进一步强化了前面的"所有古代哲人"的全称说法:两种教诲的区分不仅对过去的时代来说是"一种可理解的必需",对未来的时代同样如此。小品词"依然"在这里恰到好处,因为在莱辛身处的启蒙时代,显白论已经被视为"一个奇怪的事实"。现代启蒙显得是超越以前所有时代的全新开端,其标志之一便是:显白教诲不再是"一种可理解的必需"——文章篇首引用的伏尔泰题辞证实了这一点。莱辛的独特性恰恰在于:虽然身处启蒙时代,却没有跟随时代精神跑,而是认定显白论对于人类生活来说永远不会过时,从而"依然"把显白论作为"一项原则",以此指导"自己的写作"。

事实上,直到施特劳斯写下这篇文章的时代,莱辛面临的处境依然没有改变,他本人就曾因为强调显白论而受到包括伽达默尔和萨拜因这样的大牌学者批评,甚至被有的学者讥为"一个怪人":在自由民主的美国,竟然还不怀好意地讲什么。不仅如此,在二十一世纪的今天,依然有不少学者坚持,古人主张的两种教诲的区分早已过时。说到底,我们自己实际上与莱辛一样,必须面对现代启蒙作出决断:是否认为显白论乃"所有时代的一种可理解的必需"。

施特劳斯在这里下注说,即便有人注意到莱辛关于显白论的看法,如果"立足于对哲学之意义的康德式或后康德式看法"来解释莱辛,也不会引起重视(页274)。这条注释看似文献性质,其实不然,毋宁说,它更为确切地挑明了划时代的分水岭:康德对"哲学的意义"提出了新的理解,正是基于这种与古人完全不同的理解,显白论才被说成不再是"一种可理解的必需",从而指明了显白教诲确切来讲何时开始不再有效。

不仅如此,这条注释实际还包含着更为大胆的意思:如果按施特劳斯在第一自然段提出的不懂得两种教诲的区分就算不上哲人的观点,康德就算不上哲人,尽管可以算学者。显然，这样的意思我们很难接受，因为康德是伟大的哲人，这对我们来说是常识。很可能正因为考虑到我们难以接受，施特劳斯才让自己的说法仅仅具有暗示性，而且放在不显眼的脚注中，似乎他并没有主张，康德因无视两种教诲的区分而不能算是哲人。

施特劳斯对莱辛的概括介绍在结尾还提到：莱辛也是既揭示又隐藏"那些迫使智慧之人隐藏真理的理由"的"最后一个作家"（the last writer）。"作家"这个词是新出现的，似乎莱辛"集哲人和学者迥然相异的品质于一身"的"独一无二的方式"在于他的"写作艺术"。

现在我们得以清楚知道，施特劳斯所说的莱辛的独特性其实在于：莱辛以"字里行间"的写作方式透露出字里行间的写作艺术（he wrote between the lines about the art of writing between the lines；页64）。但我们难免觉得奇怪：搞哲学并不需要什么"写作艺术"啊，遑论"字里行间"。在我们这里或者说在现代，写作与搞哲学分得很清楚。搞哲学要学会思辨、想哲学命题、懂方法，写作意味着会编故事、会操控语文、懂得民情（知道百姓喜欢看什么）。

按施特劳斯在这里的说法，搞哲学应该会写作，懂得某种"写作"艺术，才算得上真正的哲人，会写作成了哲人的标志性特征——康德不懂写作，因此才算不上真的哲人。我们禁不住要问："写作艺术"对哲人来说为什么重要？

回答是：因为某种"写作艺术"可以让哲人"既揭示又隐藏"（who revealed, while hiding）真理。莱辛在揭示"迫使智慧之人隐藏真理的种种理由"（the reasons compelling wise men to hide the truth；页64）时，用的就是这种写作艺术。"智慧之人"这个表达式从文脉看很清楚，指的是哲人，但施特劳斯没有用"哲人"，表明"智慧之人"与"哲人"仍然有所差别，因为哲人的古今含义已经不同：自康德以后，直到后现代的今天，既然不少著名哲学家恐怕算不上"智慧之人"，用"智慧之人"来指代真正的"哲人"就是必需的。

我们的阅读又遇到了障碍：揭示真理难道不是哲人的天命，何以"隐藏真理"也成了哲人的天命？谁"迫使智慧之人隐藏真理"？"隐藏真理"的表达式用了定冠词来限定"真理"，明显指的是特定的真理，我们当然会好奇：隐藏什么"真理"，或者什么"真理"需要隐藏起来？

凡此种种对我们来说都是困惑。看来，施特劳斯说莱辛而非尼采是"最后一个"这样的"作家"，理由可能更在于，莱辛不仅向我们揭示了谁"迫使智慧之人隐藏真理"，为什么要隐藏真理，隐藏什么真理——同时他也隐藏了这真理。

施特劳斯接下来以莱辛的三篇短作①为例向我们展示莱辛如何做到"既揭示又隐藏"真理，并带领我们去看莱辛揭示的真理。我们仅看标题就知道，《莱布尼茨论永罚》和《维索瓦蒂对三位一体说的异议》两文与神学问题相关，而且是学术性文章，尽管形式不乏生动，可以说体现了莱辛的学者品质。

《恩斯特与法尔克》从标题上看不出要讲什么，倒是可能会让我们想起《罗密欧与朱丽叶》一类标题，从而显得

---

① 《莱布尼茨论永罚》（1773）、《维索瓦蒂对三位一体说的异议》（1773）和《恩斯特与法尔克》（1777及1780），中译均见莱辛，《论人类的教育：莱辛政治哲学文选》，刘小枫编，朱雁冰译，北京：华夏出版社，2008。

是文学作品。的确，《恩斯特与法尔克》的文体与《莱布尼茨论永罚》和《维索瓦蒂对三位一体说的异议》不同，不是学术文章，而是戏剧性对话——莱辛写了这样的对话作品，才算得上哲人。

既然《恩斯特与法尔克》已经体现了莱辛集哲人和学者品质于一身，施特劳斯为什么还要提到他的两篇学术文章？把莱辛的两种不同文体的作品放在一起相提并论，多少有些让我们感到奇怪：难道学术文章是内传的教诲，《恩斯特与法尔克》是对外的教诲？

我们已经有了很多困惑，需要把种种疑问揣在心头，慢慢细看施特劳斯怎样给我们解惑。

施特劳斯先说到《恩斯特与法尔克》，但仅提到其中一个角色——法尔克，他是这部对话作品中的教育者，恩斯特看起来更像个积极要求上进的青年。施特劳斯说，法尔克表达的看法"有点难以捉摸，有时候甚至神秘莫测"（页64）。

然而，以躲闪、含糊的表达方式，法尔克毕竟还是转弯抹角地传达出了自己的看法。我们需要注意，施特劳斯现在谈的是莱辛笔下人物表达的看法，而非莱辛自己直接表达的看法。哲人借笔下人物来表达某种看法，就是在"既揭示又隐藏"某种看法。由此可见，倘若哲人想要"既揭示又隐藏"某种看法，就得学会文学性写作。反过来说，如果认为哲人表达某种看法时根本没必要遮遮掩掩，学会文学性写作或成为作家就完全没必要——除非为了宣传普及，但这样一来，文学性写作的目的就成了张扬，而非"既揭示又隐藏"。

施特劳斯以高度凝练的概述能力和笔法归纳了法尔克

的看法。施特劳斯用的大多并非自己的话,而是莱辛笔下的法尔克的话。这些话散见于对话作品(参见中译本,页141、152、156 - 157、176),施特劳斯从让人眼花缭乱的交谈中把它们拣出来,收集在一起(尤其第一点),还清理出其中的理路。我们能看到这些要害词句,拣出来并归纳吗?不能,但我们无需惭愧,与我们一样做不到的大方之家多的是,真正的大师毕竟是智慧之人。

首先,"每一政制——甚至最好的政制——都必然不完美(necessarily imperfect)"(页64)——对于法尔克的第一个观点,我们至少从字面上不难理解,但恐怕很难同意。毕竟,按照我们自小接受的现代启蒙教育,完美的政制不仅是可欲的、应该的,而且值得不怕流血牺牲去争取——我们甚至可能会想起这样的说法:民主政制是所有政制中最不坏的政制。如此说法其实已经无异于说,民主政制是最好的政制。

第二,正因为如此,共济会有必要存在,而且这个必要的共济会"过去一直存在,并将永远存在"——对于这一观点,即便要理解字面上的意思,对我们来说也比较困难。难理解的并非"共济会"这个语词,而是为何如果世上不可能有完美的政制,共济会就"有必要存在"。

何为共济会,查一下百科全书就知道,它是近代西方历史上出现的一个非常著名的(用今天的说法)"非政府组织",以做善事为业,其中不乏大名人:音乐家莫扎特、李斯特,哲学家赫尔德……共济会最早在英国启蒙运动中崭露头角,其成员煽动起了德国启蒙运动。莱辛年轻时也是热情的启蒙追慕者,如果他曾向往成为共济会员,甚至最终加入了共济会,也情理中的事情。

[附释] 关于莱辛与共济会的关系，施奈德（Heinrich Schneider）在《莱辛：十二篇传记研究》（Lessing: Zwölf biographische Studien, Bern, 1951）中有详细描述（参见页 166–197）。大致来讲，莱辛年轻时对共济会没有好感，曾写诗讽刺共济会的"秘密"。后来，莱辛对共济会的"秘密"产生了强烈的好奇心，原因之一很可能是，他身边有不少朋友（比如出版商 Christian Friedrich Voβ 和一些戏剧演员）是共济会员。在 Wolfenbüttel 图书馆工作时，莱辛有机会读到一些共济会的出版物，比如安德森（Dr. James Anderson）写得非常著名的共济会宪章（The Constitutions of the Ancient and Honourable Fraternity of Free and Accepted Masons），斯塔尔克（Johann August Starck）的《为共济会建规辩护》（Apologie des Ordens der Frey-Maurer, 1770，最初匿名出版）。莱辛也看反共济会的东西，比如伦敦出版的小册子《共济会：通向地狱之途》（Masonry the Way to Hell；当时随即有了针锋相对的小册子：Masonry the Turnpike Road to Happiness in this Life and Eternal Happiness hereafter。1768 年至 1769 年间，这两个小册子都有了德译本）。

共济会汉堡分会师傅博德（Johann Joachim Christoph Bode）在共济会中颇有名望，通过与他交往，莱辛了解到不少共济会思想。据施奈德考订，莱辛与博德的一些私人交谈很可能被莱辛用作了《恩斯特与法尔克》的素材。1771 年，莱辛终于向博德提出申请加入共济会，并把自己写的关于共济会秘密的文章给博德看，问是否可以出版——博德回绝了莱辛的入会申请，也不同意他发表关于共济会的文章（据说莱辛还收到匿名威胁：如果泄露共济会的秘密，他会被下毒谋杀）。莱辛去世七年之后，博德在一次回忆中说，他当时拒绝莱辛的入会申请，是因为莱辛的"年龄和火爆性格"（Alter und feurigen Charakter），思想上很难有进步。不过，博德领导的汉堡分会没有接纳莱辛入会，莱辛却在另一城市加入了共济会。但加入共济会后，莱辛十分失望，后来他曾想自己在 Wolfenbüttel 建一个共济会分会，不清楚什么原因，这一计划没能实现。

早在1767年,莱辛就已经打算写篇文章谈共济会葆有的"秘密",这篇文章应该就是《恩斯特与法尔克》的最初构想。起初,莱辛研究共济会似乎仅仅是出于文史考证上的兴趣,想要搞清"共济会"这个语词的词源(die Freimaurerei ist Massony nicht Masonry)。加入共济会后,莱辛对共济会内部有了切身的认识,才改变了写作构想。就在写作《恩斯特与法尔克》的同时,莱辛退出了共济会。1777年底,《恩斯特与法尔克》基本完成,莱辛首先把手稿抄件寄给了好友门德尔松;1778年4月,又寄给了博德和其他共济会朋友,明显没有打算发表。但随后不久(仍在1778年),莱辛即以假名发表了前三篇对话——当时,莱辛的出版物已经要受到审查。最终是什么因素促使莱辛发表,不得而知。莱辛自己认为,这三篇对话是"关于共济会所写过的最严肃、最值得赞誉、最真实的东西"。

前三篇对话发表后反响很好,莱辛决定发表两个续篇。在此之前,当时的年轻哲学家哈曼和赫尔德通过李希滕伯格(Lichtenberg)得到了两个续篇的抄件,都非常感兴趣。莱辛本来还打算写第六篇对话,但没有下笔。参见 Karl S. Guthke,《莱辛的〈第六篇共济会员谈话〉》("Lessings 'Sechstes Freimaurergespräch'"),刊于 *Deutsche Philologie*, B. 85、H. 4,页 576–597。

第三,要成为共济会士,就必须知道那些"最好应该秘而不宣的真理"(truths which ought better to be concealed)——对这一观点,我们多少会感到惊讶。因为,施特劳斯在前面说过,懂得有些真理应该被隐藏起来的人才堪称哲人,如果成为共济会士就是懂得有些真理应该被隐藏起来,岂不意味着成为共济会士就是成为哲人。

我们甚至可以推想,共济会就是哲人族。施特劳斯在注释中引用了一段《恩斯特与法尔克》中的对话,为了更好地理解这段对话,我们不妨把对话原文中的"共济会士"

改写为"哲人":

> 法尔克　你是否知道,朋友,你已经是半个哲人了?……因为你已经认识到了人们最好三缄其口的真理。
> 恩斯特　但却不妨说出来。
> 法尔克　智慧之人不可以说他最好三缄其口的事。
> (《恩斯特与法尔克》二)

"认识到人们最好三缄其口的真理"是成为哲人的必要条件——莱辛笔下的共济会士暗指哲人,可以从莱辛笔下的法尔克的如下说法中得到证实:共济会"过去一直存在,并将永远存在"(was always in existence and will always be)。莱辛明明知道,共济会是十七世纪末才出现的非政府组织,说它"将永远存在"并不错,但说它"过去一直存在"明显是错——要么是莱辛的笔误,要么是故意出错。施特劳斯在随后的一个脚注中断定:这两个说法之间的矛盾"使我们明白共济会是一个暧昧说法"(an ambiguous term;页275)。

施特劳斯说,法尔克本人是"共济会士"——这等于说他是哲人,但施特劳斯又说法尔克"是个偏离正统的共济会士"(a heretical "free-masonry";页64)——这是什么意思?借笔下人物来表达,是"既揭示又隐藏"的文学手法之一。换言之,共济会士的"暧昧"用法本身就是"既揭示又隐藏"的手法:法尔克这个人物"既揭示又隐藏"共济会,"共济会"这个语词又进一步"既揭示又隐藏"某种东西。从而,这里出现了两层"隐藏"。共济会士的寓意是哲人，但"共济会士"的字面意思毕竟不是"哲人"。

在"共济会士"与"哲人"的如此是与不是之间，隐藏着某种秘密，或者说隐藏着法尔克要传递的真理。这个真理就是：世上不可能有完美的政制。用法尔克的说法，共济会的任务是自相矛盾的：一方面，共济会的存在为的是要根除世间的恶，另一方面，正因为世间的恶无法根除，共济会才有存在的理由。或者说，共济会的道德行动既基于国家不可避免的恶，又旨在消除国家不可避免的恶。康德不是哲人而是学者，与其说是因为他不懂得隐藏某种真理，不如说首先是因为他不懂得世上不可能有完美的政制。

施特劳斯适时地问道：

> 一切政治生活都必然不完美这一观点，有何秘而不宣的理由？（which is then the concealed reason；页64）

尽管这明显是修辞性提问，施特劳斯仍然在这个提问之后下注说：《恩斯特与法尔克》之三清楚表明，即使最短视的眼睛也会看到，最好的政体也有缺点（页64）。修辞性提问和脚注中的话无疑加强了法尔克的这一观点的分量：目光短浅者都能看到啊！

值得注意的是，接下来的一个注释说的就是前面提到的莱辛关于共济会的暧昧说法，也就是共济会士与哲人的含混语义关系；它与前面那条说到对哲学意义的康德式或后康德式观点的注释构成了一个有内在关联的注释序列。

如果我们依次连读这四个注释，就会看到这个注释群在说：康德改变了对哲学意义的理解，哲人从此成了共济会士。在这一含义上讲,康德是共济会士式的哲人,成为这样的哲人的条件是,看不到最短视的人也会看到的东西。

倘若如此,我们就可以设想,施特劳斯在践行双重写作:正文有一条论述线索,注释也有一条论述线索,两条线索相互照应,而且方式多样(如此双重写作手法,在《关于马基雅维利的思考》中发挥得最为淋漓尽致)。在这里,正文的论述线索是陈述性的,注释的论述线索是推论性的。我们可以发现,施特劳斯在这条注释中其实对莱辛的说法作了补充:

> 这意味着,政治生活本身还有对于"目光短浅者"来说并非明摆着(not evident)的其他缺点。(页274)

应该说,施特劳斯的这个脚注实际上用自己的说法补充了莱辛的说法:人类政治生活的缺点其实有两类,一类显而易见,另一类则非有特别的目光才能看见。所谓目光深邃,指的当是智慧之人的目光。康德算不上智慧之人,是否因为他属于"目光短浅者"一类,虽然能看到最好的政体明显的缺点,但看不到"并非明摆着的其他缺点"。

为什么施特劳斯不在正文中说脚注中说的话?既然施特劳斯说,莱辛在揭示某种真理的同时也在隐藏它,那么,我们有理由设想,施特劳斯在揭示莱辛的做法时,很可能同样如此:既然施特劳斯强调,莱辛的独特性在于通过暗示性的写作来传达暗示的写作艺术,施特劳斯就很有可能同样以暗示性的写作来介绍莱辛的写作艺术。倘若如此,我们就得通过学习阅读字里行间的艺术来阅读施特劳斯(更不用说莱辛)。

现在,我们的疑惑会集中到这样一点:应该被隐藏起来的"真理"如果就是世上"不可能有完美的政制",为何这就是共济会(哲人族)"过去一直存在,并将永远存在"的理由?解开这一困惑的关键首先在于搞清,世上不可能有完美的政制这一观点究竟有没有道理。

施特劳斯是怎样进入这一论题的呢?他把法尔克持有的"不可能有完美的政制"的看法与"共济会"的目的加以对照。共济会以行善为业,其目的是使善行变得多余(参见《恩斯特与法尔克》之一、三)。

使善行变得多余,表达的是共济会正统的自我理解,意思是:靠共济会(哲人族)努力从事的"善行",总有一天会实现最好的政制。到了那时,所有善行都将"变得多余"——这岂不是在说,让乌托邦变成现实是共济会的目的。

接下来的两句话非常凝练,让我们一字一句来读。先读第一句:

> 如果某个人原本设计过一个愿意令玄思性(speculative)真理对实践的、政治的生活有用的科学社会(a scientific society),此时这人又构想一个"愿意从市民生活实践上升(raise)到玄思的社会",那么共济会才会出现。(页64)

"某个人"显然指的某个哲人,因为,能够设计一个"科学社会"的人,除了哲人,不可能是别人,何况这种设计出来的社会要以玄思性真理来指导和支配实践的、政治的生活。"从市民生活实践上升到玄思的社会"这一说法中的"上升",难免会让我们想起柏拉图《王制》中的"上升",那里说的正是哲人的政制理想——有这样的某人,"共济会才会出现"。这无异于说,自世上有哲人那天起,就有了共济会。由此我们得以明白,为何法尔克认为,共济会(哲人族)"过去一直存在"。

> 政治生活本身之不完美,其隐秘理由在于如下事实:所有实践生活或曰政治生活本质上低于沉思生活(contemplative),或者说,当达至自足的(self-sufficient)理论生活这一层次时,所有事功(因此也包括所有善行)都是"多余的"。较低生活的各种要求必定不断与较高生活的各种要求相冲突,并实际上取而代之。(页64-65)

亚里士多德在《尼各马可伦理学》中一开始就谈到生活的不同类型,或者对幸福的不同理解。"沉思生活"是最好的生活方式,恰是哲人的看法。在哲人看来,静观的生活(所谓"理论生活"[theoretical life])才是自足的、依自不依他的,实现这一生活方式恰是哲人的理想。问题在于,这一生活方式的各种要求与其他生活方式或对幸福的其他不同理解必然相冲突。

"政治生活之为政治生活(political life as such)不完美"的含义是:政治生活本身由高高低低的不同人性组成,或者说由不同类型的生活方式构成,对幸福的不同理解之间必然会有冲突。如果"沉思生活"取代了其他生活方式,无异于生活之为生活(life as such)本身的灭绝。我们可以设想,能让或要求让所有人都过"沉思生活"吗?谁来给咱们种地、织衣、建屋？

有证据表明，古代哲人已经认识到，尽管"沉思生活"是最好的生活方式，却只能说说而已，不能变成现实，至多可以让天性喜欢这类生活方式的少数人悄悄过上这种生活，不要惊动其他人。为此，古代哲人中的少数人甚至悄悄组成了一个 society［会社］，过上自己的"理论生活"。这一意义上的"会社"不是共济会，因为其目的不是实现全面的沉思社会。

就此而言，说共济会"过去一直存在"，是似是而非的说法。既然法尔克明白"不可能有完美的政制"，他也就不可能是个真正的共济会士。现在我们可以明白，为何施特劳斯说，法尔克是个"有点偏离正统"的共济会员。靠哲人族努力从事的善行，以达成最好的政制，是共济会的正统观念。就此而言，康德才算正统的共济会士。

换言之，十八世纪出现的共济会士的前身的确是哲人。但他们忘记了古代哲人的古训，把古代哲人认为不可为的事情变成可为的事情，哲人就变成了共济会士。一旦共济会士成了哲人（比如说康德），谁是真正的哲人（比如说法尔克）就真的说不清楚了：想把"玄思"生活变成现实的政治生活的人的确就是哲人，但却是背叛了自己的（哲人族）祖先的哲人，或者说是新哲人族——法尔克身在其中，当然只能是异端。这里所谓的"异端"，可以恰切地理解为："依然"持守哲人族元祖的古训。

需要区分两个观点：认定玄思生活是最好的生活方式与让玄思生活成为支配性的政制原则，是不同的两件事情。"不可能有完美的政制"实际包括两个意思：首先，哲人为王的政制才是最好的政制；第二，哲人为王的政制是不可能也不应该实现的。共济会（新哲人族）的目标是实现以玄思生活为主体的政制，这意味着新哲人族（共济会）只得哲人族遗训其一，未得其二。

从柏拉图的《王制》中我们可以看到，想要设计一个"科学社会"，以玄思性真理来指导和支配实践的、政治的生活，这样的想法的确"一直都存在"，至少很早就存在。但柏拉图通过显白的写作已经否决了这种想法。共济会是"在十八世纪初才开始出现"的，这意味着柏拉图的古训遭到现代启蒙哲人的否决。

共济会"一直都存在"与共济会"在十八世纪初才开始出现"这一佯谬说法，向我们暗示了有两类哲人。康德是"十八世纪初才开始出现"的一类哲人，因此他是正统共济会士。法尔克本人"是个偏离正统的共济会士"——如果把法尔克换成莱辛，就可以读作：身在启蒙时代的莱辛本来也是共济会士（新哲人族），但有一天他在图书馆偶然翻看到哲人族元祖的完整遗训，于是醒悟，从共济会中脱身而出，偏离了共济会的正统。

但是，"必须隐藏某些基本真埋"究竟指什么样的真理，仍然不清楚。

施特劳斯对《恩斯特和法尔克》的扼要说明以一个补充论点作结：

> 宗教的多样性（the variety）乃是由于政制的多样性；宗教问题（即历史的、实证的宗教的问题）在他看来是政治问题的内在组成部分。（页65）

施特劳斯为什么突然转向了宗教和政治？《恩斯特与法

尔克》的确谈到宗教的多样性和政制的多样性,但这与"不可能有完美的政制"以及共济会问题有何相干?难道"不可能有完美的政制"与政制的多样性有干系?政制的多样性产生出宗教的多样性是什么意思?宗教问题是政治问题的一部分又是什么意思?

凡此无不令人费解,从逻辑上讲,我们可以推知的是:如果哲人要让自己的生活方式实际成为一种政制,哲人就必须改造现世政制;由于现世政制无不自然地生长于各自的宗教本土,哲人的改造就非得彻底翻耕世界各地的宗教本土,以哲学的普遍性、普世性、普适性理想取代现世宗教的多样性,有如当年我们不顾各地的实际地貌,让全国都得学"大寨"。从我们如今追慕的普世价值背后,最终找到的岂不就是一种哲学的观念和哲人的理想。

文章读到这里,我们可能会产生这样一个感觉:施特劳斯的行文大体上是叙述,至少从字面上看不难理解,但有的时候,施特劳斯的行文会突然出现一两个艰涩、抽象的句子,读起来让我们颇感费力。艰涩、抽象,充满思辨是隐微表达的首要的表面特征,出现这样的句子难免让我们猜测,施特劳斯是在以隐微方式揭示莱辛的显白教诲。隐微表达不仅出于内容的需要,也为了磨练智识之人的思考力。如果你喜欢思考,长久不读这类艰涩文字会感到闷得慌;如果你不喜欢思考,当然会感到烦难,甚至读不下去。

如果把施特劳斯对《恩斯特和法尔克》最后的补充归纳当作锻炼我们的思考力来读,我们不妨推想:施特劳斯在前面归纳的法尔克的三点看法实际挑明了何谓哲人的问题,最后作为补充论点单独提出的是宗教-政治问题,一旦把两个问题对接起来,便成了哲人与宗教 - 政治的关系问题。

我们的推想是否正确,要通过随后的阅读来验证,但目前我们至少可以说,文章开头所引的伏尔泰语录已经证实了我们的推想:"不敢正视人生的两极——宗教和统治——的人,只不过是懦夫"——这段引语向我们表明,新哲人族(启蒙哲人)与宗教 - 政治的关系是对抗性的:如果新哲人族要实现"科学的社会",就必须勇于反抗宗教和统治。

施特劳斯接下来转向莱辛的两篇学术文章。通常,与《恩斯特与法尔克》相提并论的是《论人类的教育》和《智者纳坦》,为什么施特劳斯要将《恩斯特与法尔克》与这两篇文章扯在一起?《恩斯特和法尔克》是对话作品,关于莱布尼茨的两文是学术文章,主题似乎也没有什么关联。但施特劳斯说,在这两篇学术文章中,莱辛用了法尔克的观点来解释"莱布尼茨对宗教的态度"——这意味着,莱辛以显白教诲的方式替莱布尼茨的宗教态度辩护。

这岂不就是在说哲人与宗教 - 政治的关系?

早在莱布尼茨之前,哲人与宗教的关系就存在着紧张,或者说,哲学自出现之日起,就与宗教关系紧张。不同的是,莱布尼茨之后,这一紧张变成了公开对抗(如伏尔泰的话所表明的那样)。施特劳斯可以从思想史上找出来作为例子的哲人很多,为什么偏偏是莱布尼茨?

提出这个问题并非无事生非或多此一举,但回答并不困难:莱布尼茨(1646—1716)比康德(1724—1804)早仅仅一个世纪,然而,与随后的启蒙哲人不同,莱布尼茨以哲人身份维护基督教的正统教义——在此之后,哲人对宗教的态度发生了根本转变。

莱布尼茨的宗教态度为什么需要辩护？因为莱布尼茨是著名哲人，他在形式逻辑、形而上学方面的成就闻名遐迩。不过，在他生活的十八世纪，哲学活动出现了新动向，这就是从纯粹哲学的理据出发质疑基督教的正统教义，通过哲学理性的解释"取消"基督教上帝论中的神圣要素。在这种哲学新风的影响下，新派哲人自然会觉得，身为著名哲人的莱布尼茨竟然还替基督教正统教义辩护，不是落伍，就是懦夫——套用伏尔泰的说法，"不敢正视人生的两极——宗教和统治"。

施特劳斯说，莱辛的"这两篇短论的明确目的是要讨论引发莱布尼茨捍卫某些正统信念"的"动机和理由"（页65）。按施特劳斯的如此说法，莱辛关心的并非莱布尼茨替基督教正统教义作出的辩护本身。换言之，莱布尼茨替基督教正统教义作出的辩护是真是假、是对是错，并不重要，重要的是辩护行为本身所体现的莱布尼茨维护正统教义的态度——这一态度的"动机和理由"（the motives and reasons）才值得哲人族关注。

莱辛的文章指出，莱布尼茨捍卫正统教义的"方式十分独特"（peculiar way），因为他的辩护方式是模仿古代作家的显白（公开）说辞。以"显白（公开）说辞"的方式为正统教义辩护意味着什么，或者问，为什么要用这种方式为正统宗教教义辩护？施特劳斯在这里提到，莱辛"断言所有古代哲人都运用两种教诲方式"，但莱辛在说到莱布尼茨为正统教义辩护时，仅提到公开说辞的方式。莱辛没有说，如果以"隐微（内传）方式"，莱布尼茨的辩护是否会与"公开方式"有所不同——我们可以猜测，很可能有所不同，从而，两种教诲方式说的尽管可能是同一件事情，但看法却可能有实质性差别。

施特劳斯并没有为我们澄清这一点，而是跟随莱辛，解释莱布尼茨以"公开方式"为正统教义或"普遍接受的观点"（received opinion）辩护的动机和理由。

施特劳斯说，"莱辛对这个问题的最初回答"（注意是"最初回答"，从而一定还有最终的回答）是：一种审慎（a sort of prudence；页65）。可能有人会推断，莱布尼茨实际上并不赞同基督教正统教义，但他不公开说出来。倘若如此，我们今人多半会认为，莱布尼茨这样做表明他在人格上有问题，因为他不坦诚。莱辛与我们不同，他从莱布尼茨的这种可能被认为不坦诚的公开说辞中"观察到了一种审慎"。就这里的语境而言，"审慎"显然指不应该随便冒犯正统教义。莱辛进一步说：

> 我们最近的哲人们对于这种审慎，的确已经变得太过聪明了一些。（our most recent philosophers have become much to wise；页65；参莱辛，《莱布尼兹论永罚》，中译见《论人类的教育》，前揭，页25）。

"最近的哲人们"是谁？显然指与莱辛同时代的启蒙哲人。启蒙哲人的标志之一就是，敢于冒犯宗教的正统教义，因为他们"已经太过聪明"。但难道莱布尼茨不聪明？审慎是一种古老的德性，启蒙哲人不是比莱布尼茨更聪明，而是丧失了古老的审慎德性。施特劳斯在给出莱辛引文出处的同时，还提到柏拉图的两篇作品。如果我们不偷懒的话，就应该把柏拉图的这两篇作品找出来，翻到施特劳斯提示的两个位置读一读。①

莱辛声援莱布尼茨为正统宗教辩护的两篇学术文章揭示了一种古老的哲人德性：审慎，但他采用的是隐微（内传）的方式来揭示这种德性。为什么揭示"审慎"这种古老的德性要采用不公开的方式？因为这种德性是针对哲人的，公开地说不仅等于无的放矢，更重要的是，说出来也不好。反过来看，如果有人攻击莱布尼茨的认信表白不诚实，就搞错了，此类攻击表明，攻击者没有明白莱布尼茨公开为正统宗教辩护的"动机和理由"。

施特劳斯总结说：

> 因此，显白言说和隐微言说的区分与任何一种"神秘论"都毫不相干，这样的区分只是出于审慎。（页65）

这话当理解为：公开（显白）说辞是出于审慎，隐微（内传）的说辞也是出于审慎。懂得两种说辞的区分，意味着懂得和具备哲人的审慎德性，启蒙哲人或现代哲人不懂得这一区分，意味着我们已经不具备这一哲人德性。

接下来，施特劳斯说，莱辛随后"揭示了使莱布尼茨捍卫正统永罚教义的隐微理由与他为辩护此教义而表达的显白理由之间的差异"（页65）——看来我们在前面的推

---

① 《泰阿泰德》180c7–d5：苏格拉底说，古人的遗训之一是，隐晦地用民间的、诗歌中的人物来表达自己的思想。《普罗塔戈拉》316c5–317c5：普罗塔戈拉说，古人中的智慧之人因害怕招惹敌意，就为自己设计出一件外套，把自己裹起来，诗就是一种外套。《普罗塔戈拉》343b4–5：古人疯爱智慧的方式是言辞的拉克岱蒙式的简洁谈吐。

测是对的：莱布尼茨对正统教义的看法内外有别。此外，前面说的是莱辛对莱布尼茨公开为正统宗教辩护的"动机和理由"问题的"最初回答"，接下来说的应该就是对这个问题的最后回答。

> 莱辛断言，显白的理由基于，道德存在者的邪恶永恒地增长仅仅是可能性（That exoteric reason, he asserts, is based on the mere possibility of eternally increasing wickedness of moral beings）。（页65）

这话很费解，即便要给原文断句，也不容易（is based on 后面的 the mere possibility of eternally increasing wickedness of moral beings 实际上是名词化的表语句）。施特劳斯紧接着引用了莱辛的原文：

> 人类对这个观念感到惊恐，尽管它只关涉纯粹的可能性。不过，我不应因此理由而提这样一个问题：为什么害怕一种纯粹的可能性？因为，我必会惯期这样一个正相反对的问题：为什么不对此感到害怕，既然此观念只是对从未认真去改善自身的人（who has never been earnest about the betterment of himself）来说才可怕？（页65-66）

这段引文没有帮助我们更好地理解令人费解的"显白的理由"，因为莱辛用的是隐微说法。施特劳斯也没有为我们进一步解释。但我们不能放过这段引文，得竭尽全力去理解，即便理解错了或半途而废，也没关系，五年、十年后再来理解。

显白说辞基于"道德存在者的邪恶永恒地增长仅仅是可能性（the mere possibility）"，无异于说，显白说辞的理由是这样一种观点："道德存在者的邪恶永恒地增长"在哲人看来并非事实，但从哲人的另一种眼光来看，这种增长又的确是事实。"道德存在者"（moral beings）是个哲学术语，用浅俗语言来说，就是"常人"——动物或神都不是"道德存在者"，只有人才是。我们可以说老虎、狮子凶，却没法说它们好或坏，只有人才可能或好或坏，而且可能变得很好或很坏。

同样，动物界不会有政治，人世才会有政治。所谓"道德存在"与政治存在无异于同义词：政治生活必须决断好坏、对错、优劣——自由主义的政治观拒斥的恰恰是人类政治生活的如此道德品质。

既然如此，哲人何以认定，人世间的邪恶或政治生活中的邪恶"永恒地增长仅仅是可能性"？哲人这样认为，基于哲人自己的生活方式：认真改善自己。但从另一种眼光来看，哲人需要把"邪恶永恒地增长"说成"事实"——从什么眼光来看？莱辛的原话说："人类对这个观念感到惊恐（humanity shudders at this conception），尽管它只关涉纯粹的可能性"。"人类"（humanity）这个词也可读作"人性"或者常人，有别于特殊的一类人（哲人）。

换言之，平常人性会对"这种观念"感到"惊恐"，或者说普通人性无法承受"这种观念"。因此，从另一种眼光来看，就是从平常人性的眼光来看。

可是，受过启蒙教育的我们难以理解的是，为何普通人性会对"道德存在者的邪恶永恒地增长仅仅是可能性"

"这种观念"感到惊恐,"尽管它只关涉纯粹的可能性"——莱辛没有对此作出直接解释,而是说:"我不应因此理由而提这样一个问题:为什么害怕一种纯粹的可能性。"

这里的"我"与"人类"形成鲜明的对比:如果"我"意味着哲人,那么,莱辛的意思就是,哲人不应该问,平常人性为何要"害怕一种纯粹的可能性",而是应该认识到,平常人性"害怕"这种纯粹的可能性纯属自然而然的天性。this conception 这个语词用得非常精确:"观念"这种东西对哲人才有效,常人的平常人性没法达到"观念"。你能设想教所有平常人都搞懂"现象学观念"吗?

说到底,莱辛的这段隐微说法无异于在揭示哲人看待道德存在的两种眼光:只有对于有意愿"认真改善自身的人"来说,"邪恶永恒地增长"才"仅仅是可能性",对于常人来说,并非如此。因为,普通人性事实上既无意愿也无能力"认真改善自身"。常人对"邪恶永恒地增长仅仅是可能性"的"观念"感到惊恐,说到底是对"认真改善自身"的"观念"感到惊恐。

倘若如此,如果顾及无力"认真改善自身"的常人天性,哲人就得换一种眼光来看待人类的道德存在或政治生活,从而需要针对平常人性的显白说辞,进而把"邪恶永恒地增长"说成事实。

看来,问题的关键在于哲人天性与平常人性的道德差异:哲人是意愿"认真改善自身的人"——至于是否真的能够改善自身,就每一个别有此意愿的人来说,也还纯粹是可能性。

然而,我们难道不可以设想所有平常人最终都成为有意愿且能够"认真改善自身的人"？如果所有平常人都像哲人那样有此意愿，常人对"邪恶永恒地增长仅仅是可能性"的"观念"就不再会感到惊恐，因为，所有平常人都意愿且能够"认真改善自身"的话，世间的恶就会永恒地消失，"邪恶永恒地增长仅仅是可能性"的"观念"就不仅是正确的，也是普适甚至普世的价值。比如现在的英国人认为，一个贩毒分子不是因为他既无意愿也无能力"认真改善自身"，而是因为他的神经生理有欠缺。共济会士或启蒙哲人的确这样期待，但古代哲人不这么看，所以他们要为"永恒惩罚"的教义辩护。

这里涉及古典智慧与现代启蒙哲学的一个决定性的根本分歧：现代启蒙哲学认为，通过启蒙教育，常人或普通人性者最终都会有意愿和能够"认真改善自身"，或者说，人人都可能最终成为哲人；但在古典智慧看来，人性的差异亘古不移。

我们又面临一个谁对谁错的问题：古典智慧对还是现代启蒙哲学对——我们必须选择自己的立场。不过，这是每个有意愿"认真改善自身的人"自己的事情。眼下我们需要理解的仅仅是：如果接受古典的观点，无论怎样的政制都不可能使得所有平常人有意愿和能够自觉"认真改善自身"，那么，常人的幸福生活就必须以惩罚性的宗教教义为基础。换言之，哲人必须顾及平常人性会对要求所有人"认真改善自身"感到"惊恐"，搅乱他们的生活感觉（不妨想想火红的六十年代），进而必须把惩罚性教义视为人类道德生活的必需。

由此看来，"邪恶永恒地增长"是事实的说法就与"一切政制都必然不完美"的观点勾连起来，或者说解释了

"一切政制都必然不完美"的理由。"永恒地增多的惩罚"（eternally increasing punishments）与邪恶"永恒地增长"刚好对应，或者说"永恒地增长"的邪恶恰恰需要上帝"永恒地增多的惩罚"来抑制。反过来说，倘若有意愿和能够"认真改善自身的人"公开宣称"邪恶永恒地增长仅仅是可能性"，上帝的"永恒惩罚"就完全没有必要了。

在启蒙后的今天，我们看到，上帝的"永恒惩罚"观念已然成了过街老鼠，罪犯被说成"神经有问题"，不应该惩罚他们，而是应该为他们祈祷，至于死刑，当然是残暴的，必须废除……但在哲学成为启蒙之前，"永恒惩罚"是正统宗教的观念，这意味着宗教可以起到抑制世间"邪恶"的作用。我们甚至可以说，正因为有上帝的"永恒惩罚"，"邪恶永恒地增长"才确实"仅仅是可能性"。

"邪恶永恒地增长仅仅是可能性"基于两个不同的条件：要么人们愿意且能够自觉"认真改善自身"，要么人们受到惩罚性教义约束。宗教要能有效地起到抑制世间"邪恶"的作用，就必得与强有力的政制（法律）结合起来。既然现代启蒙哲人认为所有人都能够成为愿意且能够"认真改善自身的人"，政制与宗教就应该分离，以便无论国家还是宗教的作用都受到严格限制，无论哪一个都不得再具有惩罚性的压制人性的性质：国家只限于提供公共福利，宗教只限于提供安慰。

这样一来，无论国家还是宗教对抑制世间"邪恶"都不再有多大效用。伏尔泰鼓励哲人勇于为取消宗教和统治的治权而奋斗，如果不是因为他相信所有平常人性都能够成为自觉"认真改善自身的人"，的确会让我们感到匪夷所思。

"永恒惩罚"的教义若能有效抑制世间"邪恶",还得有个内在条件:施行惩罚的上帝必须是神性的——三位一体教义恰恰保证了这一点。倘若有哲人出来说:根据逻辑推理,三位一体教义说不通,根本就是胡扯,上帝的神性必然随之被勾销,"永恒惩罚"也就不再有效——如伊凡·卡拉马佐夫的著名提法:如果没有上帝,什么都可以做。

可是,"永恒惩罚"毕竟不是哲人的观念,而是宗教的正统教义;相反,"邪恶永恒地增长仅仅是可能性"才是哲人的观念。按逻辑来讲,哲人的观念与"永恒惩罚"的教义相矛盾:既然你认定世间的"邪恶永恒地增长仅仅是可能性",表明你不可能相信"永恒惩罚"教义的必要性。身为逻辑学专家的莱布尼茨为"永恒惩罚"这一正统教义辩护,说明他不顾自己的专业知识和逻辑理性,反倒顾及平常人性的恐惧。莱辛在文章中把莱布尼茨为正统教义所作的显白辩护与柏拉图的《高尔吉亚》中的苏格拉底联系起来。在两段莱辛引文之间,施特劳斯对莱辛的前一段引文作了解释:

> 严格说来,这位哲人并不相信那一陈述的真实性(the truth of that statement)——那一陈述即:存在着像人类的邪恶永恒地增长这回事(there is such a thing as eternally increasing wickedness of human beings),如此邪恶会使得永恒地增多的惩罚正当化(which would justify eternally increasing punishments)。

很清楚,作为哲人,莱布尼茨不相信常人的邪恶永恒地增长是人类事实，因为他自己的生活方式就是在"认真改善自身"。但莱布尼茨把常人的邪恶永恒地增长说成人类的事实，绝不是在说假话。他懂得，就平常人性而言，常人的邪恶永恒地增长的确是人类事实。进而，从逻辑上看，仅当邪恶永恒地增长是事实时，上帝的永恒惩罚才必需。施特劳斯在此点明，古典哲人为何信服古传的双重真理说——哲人自己并不相信（或认定）的说法（邪恶永恒地增长是事实）同样是一种真理，只不过与哲人认定"邪恶永恒地增长"只具有可能性的真理相悖而已。不用说，双重真理的理由就在于平常人性与特殊人性的差异。除非你相信人性无差异的众生平等观，双重真理的说法就始终有必要。

苏格拉底在雅典受到人民法庭审判，罪名之一就是不信城邦敬奉的神。关于这件事柏拉图写了好几篇作品，并非仅仅《苏格拉底的申辩》一篇。莱辛提到的《高尔吉亚》就与苏格拉底被指控和受审有关，他把莱布尼茨与受到指控的苏格拉底联系起来，无异于告诉我们，十七世纪的莱布尼茨仍然从苏格拉底事件中学到了东西、吸取了教训，从而表明，莱布尼茨为永恒惩罚的教义辩护并非自己首创，而是模仿苏格拉底。

莱辛说"苏格拉底本人十分认真地相信如此永恒的惩罚"（Socrates himself believed in such eternal punishments quite seriously），无异于说莱布尼茨同样"十分认真地相信如此永恒的惩罚"，从而，如果认为莱布尼茨替永恒惩罚的教义辩护不诚实就是错的。值得注意的是，莱辛用了"相信"这个语词，这个通常用来表征宗教认信的语词用在哲人身上很奇怪。何谓"十分认真地相信"？莱辛的说法是：

苏格拉底本人十分认真地相信这些永恒的惩罚；他至少在如下程度上相信这些永罚，即他认为，用丝毫不会引起疑义且极为明确的语词来教诲这些惩罚（to teach such punishments in terms which do not in any way arouse suspicion and which are most explicit）是合宜的。

"至少在如下程度上"和"合宜的"（expedient 也有"权宜之计"的意思）的修辞都限制了苏格拉底的"相信"；如此"限制"含蓄地表明，苏格拉底其实不相信永恒惩罚。对"十分认真地相信"的如此解释，实在让我们开眼界。为了让我们注意莱辛在这里说到的哲人的"相信"不是一般意义上的"相信"（believing），施特劳斯在注释中除指明文献外，还提示了莱辛其他谈及"相信"的段落。施特劳斯的如此引用方式，同样让我们领略到何谓思慎绵密。

尽管如此，我们绝不能说，苏格拉底如此"相信"永恒惩罚是假的，或者说他不诚实。莱辛说"苏格拉底本人十分认真地相信如此永恒的惩罚"也绝非是在说高贵的假话，毋宁说，这是高贵的实话。对苏格拉底的"相信"的限制性描述，为的是突显苏格拉底的高贵德性：审慎。即便自己不认同永恒惩罚的教义，仍然"十分认真地相信"这种教义。莱布尼茨为永恒惩罚教义辩护，就是以苏格拉底为榜样。如果我们跟随尼采"打倒"苏格拉底，我们就不会再有审慎这一高贵德性的榜样。

施特劳斯到此结束对莱辛的介绍，转而总结莱辛关于

显白教诲的看法。总结之前,施特劳斯宣称:

> 为避免臆断解释的危险,我将略去莱辛的最肤浅的读者没有一眼就注意到的观点的所有要点,尽管他的观点的浅显部分就其本身而言也有一点隐然难解(enigmatic)。(页66)

这话读来让我们感到话中有话,或者其中有曲笔:为了"避免臆断解释",恰恰不应该"略去"(omit)"最肤浅的读者没有一眼就注意到的观点的所有要点",为何施特劳斯偏偏说要"略去"?何况,第二句的说法明显与前一句矛盾:既然浅显部分"也有一点隐然难解",莱辛的读者即便不肤浅也不一定能一眼就注意到莱辛的观点的所有要点。施特劳斯为什么说这种明显看起来颠三倒四的话?我的推测是,施特劳斯很可能在提醒有心(并非肤浅地阅读施特劳斯)的读者,当尤其注意细看下面的总结(页66)。

让我们按施特劳斯的提示认真细看下面的总结——这里的总结恰好七条,我说"恰好"是因为,施特劳斯很清楚,早在古希腊的时候,"七"就是标志奥秘的数字(比较尼采《敌基督》序言)。从第一条到第七条的顺序,恐怕也不是随意的,其间很可能隐含着某种推论——用我们现在的话说,这里的关键词有三个:哲人、隐微/显白说辞、政制。

> (1)莱辛宣称,所有古代哲人以及莱布尼茨都运用显白方式表达真理,以别于用隐微方式表达真理。(页66,下同)

第一条的主词就显得特别：对古代哲人用了全称指谓，对现代哲人则仅提到莱布尼茨一人。似乎在莱辛眼里，同时代人中唯莱布尼茨与古代哲人站在一起。施特劳斯在莱布尼茨的名字后面下注说，在一次私下谈话中，莱辛对自己的朋友雅可比（F. H. Jacobi）这样谈到莱布尼茨："即便对于最深刻的人们，要发现他的真实意思常常也非常困难。"（页66）

如果与施特劳斯在这段总结前说的那句颠三倒四的话对照起来看，这条注释就显得是一个指路标记，引领细心的读者进入某个思想密室：莱辛与雅克比的一次私下谈话。我们必须想起，《恩斯特与法尔克》就是一次私下谈话。既然被记录下来，说明这次私下谈话的内容非常严肃、重要；但谈话记录下来却没有随即发表，而是等到死后才发表，显然其中有不便公之于世的内容。我们难免会想，这个注释为何加在这里？"所有古代哲人以及莱布尼茨"这个表达式表明，几乎所有现代哲人都不再分别地运用两种"表达真理"（presentation of the truth）的方式，唯有莱布尼茨例外，这个例外是莱辛私下告诉雅可比的。

我们知道，施特劳斯的博士论文研究的就是雅可比，这意味着雅可比的著述私下把莱布尼茨的身份告诉施特劳斯了吗？为什么施特劳斯要以莱辛为例，而非雅可比？这个问题远不如下面这个问题值得关注：施特劳斯在这里把莱辛在"一次私下谈话"中告诉雅可比的事情公之于世。然而，莱辛死后，这次"私下谈话"不是已经发表了吗？既然如此，施特劳斯公之于世的就绝非秘密，但也不能说完全不是秘密。

有人可能会说，施特劳斯的这篇题为《显白的教诲》的文章同样是死后才发表的，看起来像是在模仿莱辛的《一次私下谈话》——但这样的说法毫无道理可言，因为我们知道，《显白的教诲》在施特劳斯死后发表完全是意外，并非刻意所为。

［附释］1937年，施特劳斯为门德尔松的两篇涉及莱辛的文章写了长篇题解，这是他参与编辑《门德尔松全集》时所做的一项严肃认真的工作。在这篇题解中，施特劳斯细致分析了雅可比透露的秘密，但生前未来得及发表。见 Leo Strauss, *Philosophie und Gesetz-Frühe Schriften*, Heinrich Meier 编, Stuttgart, 1997, 页528 – 605；中译见施特劳斯，《门德尔松与莱辛》，卢白羽译，北京：华夏出版社，2012。

在一篇题为《莱辛以后的显白论》(Exotericism after Lessing: The Enduring Influence of F. H. Jacobi on Leo Strauss, 刊于《犹太思想和哲学》［*Journal of Jewish Thought and Philosophy*］, 2008, 卷17/1, 页1 – 46；中译见刘小枫编,《施特劳斯与古今之争》, 华东师范大学出版社, 2010) 的文章中，美国教授阿尔特曼（William H. F. Altman）不无得意地揭发，施特劳斯说自己看重显白与隐微说辞的区分来自莱辛的启发，其实，施特劳斯隐瞒了真正的来源：雅可比。

阿尔特曼自以为了不起的发现只有他自己才会不觉得可笑，因为，施特劳斯这篇被他看作隐瞒雅克比的文章，施特劳斯生前并没有发表，所谓"隐瞒"纯属无稽之谈——我想象不出，一个人何以可能用一篇没有发表的文章来公开隐瞒自己的某种东西。施特劳斯在私人书信中对朋友谈到过自己抱憾未能完成关于莱辛的文章，如果按阿尔特曼的逻辑，施特劳斯在私人书信中对朋友也搞隐瞒。

假设阿尔特曼的说法是对的：施特劳斯隐瞒了雅可比——就值得进一步问：为什么施特劳斯要隐瞒雅克比。可以推想的原因不外乎两种：若往低处想，施特劳斯是个小人，不提自己真正受惠的前辈。这样的推想显然说不通，因为施特劳斯说到自己受惠的前辈很多，没法解释他为何偏偏隐瞒雅可比，阿尔特曼本人也没有作如此低劣的推论。若往高处想，则是阿尔特曼自己推想出来的政治原因：施特劳斯"将自己发现显白教诲归于莱辛的影响"，不过是要"利用莱辛"来反对启蒙运动——恰如雅可比当年利用莱辛反对（德国）启蒙运动。

然而，为何"利用莱辛"反对启蒙运动就成了"隐瞒"雅可比？既然施特劳斯出于反对启蒙运动的需要更看重莱辛而非雅可比，或者说就反对启蒙运动而言，在施特劳斯看来，莱辛比雅可比更重要，所谓"隐瞒"雅可比的说法根本就是无稽之谈。

事实上，阿尔特曼觉得自己了不起的是，他发现施特劳斯是个反启蒙分子——即便如此，阿尔特曼的这一发现也只有他自己才会不觉得可笑，因为，施特劳斯从来没有隐瞒自己反对启蒙运动的思想立场。阿尔特曼自己就从施特劳斯生前公开发表的论著中找出好些反对启蒙的说辞，从而已经证明施特劳斯从未隐瞒自己反对现代启蒙，阿尔特曼却反过来拿施特劳斯生前没有发表的文章来证明施特劳斯在隐瞒自己的反启蒙立场。阿尔特曼的发现最终证明的只是：自由民主精神使得他对一些至关重要的问题视而不见。

隐微说辞和显白说辞都表达真理，显白说辞并非等于说假话。这里强调的是所有古代哲人都用显白说辞来表达真理，而仅有极少数现代哲人如此表达真理。换言之，从古至今都有哲人在用隐微（对内）说辞表达真理，启蒙哲人取消了隐微（对内）与显白（对外）的区分，无异于把隐微（对内）的说辞变成了显白（对外）的说辞。因此，这个注释下在这里，用意在于表明时代的转变，与文章开头引言部分的说法相呼应。

(2) 真理的显白表达所使用的陈述，被哲人自己认为陈述的并非事实，而仅仅是可能性。

施特劳斯的表述非常精确：显白说辞"被哲人自己视为"（which are considered by the philosopher himself）并非在陈述事实——换言之，世间的"邪恶永恒地增长仅仅是可能性"这个哲人自己认定的观点被哲人自己用显白说辞（即"邪恶永恒地增长"是个事实）掩藏起来了。

关于世间恶的两种说法出自一人之口，说明这人说话时自己心里有数，考虑到听者是谁——这种人堪称"哲人"。由此可见，显白（对外）和隐微（对内）说辞的区分不仅在于形式（通俗或艰涩），更关乎内容：尽管说的都是"邪恶永恒地增长"，但对内说"仅仅是可能性"，对外则说是"事实"。

(3) 哲人因审慎或因合宜才作这些显白陈述（即在隐微教诲中不会也不能出现的陈述）。

古代哲人公开教导，世间的"邪恶永恒地增长"是个"事实"，但"在隐微教诲中不会也不能"这样说。似乎哲人对内有言论自由，对外则"因审慎或因合宜"不可也不应有言论自由——启蒙哲人抛弃了显白说辞的需要性，自然会要求取消言论自由的内外有别。

我们必须问，启蒙哲人这样做的动机和理由是什么？可以设想：启蒙哲人已经不认为世间的"邪恶永恒地增长"是个"事实"，因为，通过普遍的启蒙教育，人人都会成为理性的自我完善者，个个都会触摸到自己心中的道德律令。

既然如此,古代哲人的审慎德性就完全过时了。

(4) 一些显白陈述针对的是道德层次较低的众人,他们应当为这些陈述所震慑。

这一条总结显得突兀,听起来就让我们感到震慑。虽然我们已经熟知,显白教诲出于审慎的德性,但显白教诲"针对的是道德层次较低的众人"(are addressed to morally inferior people)的说法,我们还是第一次听到。我们不得不想,何谓"道德层次较低者",他们是谁?为什么"应该"让他们感到"震慑"(ought to be frightened)?

可以肯定的只是:启蒙哲人抛弃显白教诲,无异于取消了人的道德层次的高低之分。的确,在启蒙哲人看来,至少从自然天性上讲,所有人在道德层次上无差别;有的人即便初看起来道德层次较低,但通过启蒙的道德教育,也可以恢复自己的道德本性。

(5) 某些真理必须被隐藏起来。

什么真理"必须被隐藏起来"?会不会是世间的"邪恶永恒地增长仅仅是可能性"?不然的话,何以古代哲人要把这样的观点隐藏在隐微(不公开)的说辞中。或者,会不会是前一条说的人有道德层次的高低之分?然而,这难道会是"必须被隐藏起来"的真理?看起来不大像啊……人有道德层次的高低之分是真理?即便是真理,难道还需要隐藏起来?

(6) 即便最好的政制，也必定不完美。

这一条看来是从世间的"邪恶永恒地增长"是"事实"这一真理推导出来的，但这个真理本身的依据又在于人有道德层次上的高低之分。如果哲人认为人在天性上没有道德层次的高低之分，就会认为"邪恶永恒地增长"不是"事实"，完美的政制就是可欲的。

(7) 理论生活高于实践生活或曰政治生活。

最后一条能够成立，依赖的恰恰是人在天性上有道德层次的高低之分。理论生活或玄思生活高于实践生活，本身就意味着理论或玄思的德性高于实践的德性。在玄思生活中，世间的邪恶才永恒地终止了增长，从而，"邪恶永恒地增长"才不是"事实"。

这七条总结明显有内在的连贯性：第一条显明了哲人的政治态度，第七条显明了哲人的理论态度，如施特劳斯随后说的那样，显白论与"对政治的、实践的生活的一种独特态度"勾连得很紧。倘若如此，施特劳斯的这段总结就是从低（哲人的政治态度）到高（哲人的理论态度）来展开的。不过，总起看来，这七条显得颇为繁复。实际上，第1、4、7条足以构成精炼的总结，第2-3两条和第5-6两条明显重复。

如果我们的感觉不错，就可以问，施特劳斯为何要叠床架屋似的搭建这样一个七层楼台？值得设想的答案是：如此搭建为的是把某个至关重要的论点隐藏在楼台中间——倘若如此，总结之前的那段看起来颠三倒四的话，就无异于一种提示。

[附释]施特劳斯在课堂上曾对学生们谈到自己的一起阅读经验:他觉得,古代作家喜欢把最重要的东西藏在中间位置。比如,当文本中出现三项列举,那么居于中间的往往最为重要。施特劳斯说,他最初阅读柏拉图的《法义》时,在卷一某处遇到列举三项依次下降的东西,他发现,最重要的是第二项,而非第一项。

施特劳斯试着以此方式把握柏拉图其他作品中的类似段落,把握色诺芬、修昔底德和其他古代作家作品中的类似段落,竟然屡试不爽,甚至读某些后世作家的作品也如此。

后来,施特劳斯在关于古代修辞术的书中找到了修辞术的证明:比如,法庭辩护修辞术规定,为人辩护时,当把最弱的辩护项放在辩护词的中间位置,因为,法官们往往仅注意开头和结尾,听到中间的时候经常无精打采。在色诺芬的作品中,施特劳斯甚至得到军事术的证明:一个战斗单位应由三个层次来构成,前面和后面是勇士,中间是胆小鬼,因为他们打仗最靠不住。总之,最弱、最难防卫的东西得放在中间位置:军事术、法庭辩护术的规则都如此。但最弱、最难防卫的,在存在等级上却很可能是最高的东西。

当然,这样的情形一定是奇数,如果碰到偶数列举,就难以断定何者更重要了,除非设想重要的东西是双数。不过,施特劳斯强调说,这纯属他的个人经验,绝非所谓普遍的解释学原则,他要学生们自己在阅读中去尝试体会:当发现放在中间的东西有点儿别样,不妨特别留意——但不可把这一个人经验作为理论原理来普遍化。参见施特劳斯,《〈普罗塔戈拉〉讲疏》(1965年春,芝加哥大学施特劳斯档案讲课记录稿,第四讲)。

现代启蒙哲学抛弃了显白论,无异于抛弃了古代哲人的政治态度。为了更好地理解这一点,我们不妨站在现代启蒙哲学的立场倒过来看整个总结,从第七条(哲人的理论态度)开始,由高到低往前推论:

1. 实践生活高于玄思生活;① 2. 即便我们身处最坏的政制，也可以设计出完美的最佳政制；3. 没有真理需要隐藏起来；4. 没有人"应该被感到震慑"，因为人在道德层次上没有高低之分；5. 哲人的德性不是审慎，而是勇敢；6. 关于真理的显白说辞已经过时；7. 所有古代哲人——尤其苏格拉底不值得效法。

我们再次面临选择：古代哲人的看法对，还是启蒙哲人的看法对——我们总不至于说两种看法没对错之分吧。鉴于有必要搞清楚古代哲人和现代启蒙哲人各自的理由，我们不妨试着按施特劳斯的归纳从第七条往回读，注意看古代哲人与现代启蒙哲人在哪里出现分歧。首先，理论生活是否"高于实践生活或曰政治生活"（第7条），古今哲人已经产生分歧。其次，在是否"即便最好的政制，也必定不完美"（第6条）的问题上，古今哲人必然也产生分歧。现代启蒙哲人会认为，至少可以搞出次好的政制，比如自由民主政制。

基于前面两条，古今哲人对"有些真理必须被隐藏起来"（第5条）必然持不同的看法。到了第4条"显白陈述针对的是道德层次较低的众人"，我们可以看到，这一条与第7条有一种内在的呼应：那里说的是"高于"，这里说的是"较低"——倘若否认有"道德层次较低的众人"，必然否认"理论生活高于实践生活"。

由此来看，古今哲人在第5－7条上出现分歧，可以归结为在第4条上出现的分歧。绝非偶然的是，在全部七条

---

① 哲人提出这样的主张不仅绝非没有可能，而且早已经是新哲人的原则。参见马基雅维利《君主论》第十四章和马克思的《费尔巴哈论纲》。

归纳中，仅这一条是施特劳斯在前面陈述莱辛自己或莱辛笔下人物的观点时没有明确出现的内容："道德层次较低的众人"的提法是第一次出现，尽管其含义已经包含在施特劳斯所引的莱辛的引文中（"此观念只是对从未认真去改善自身的人来说才可怕"）。

无论顺着看还是倒过来看，夹在中间的第 4 条都显得是枢纽，一旦这一条出现变更，前后上下各条都会随之变更。从而，是否认为人在道德层次上有高低之分，是区分古代哲人与现代启蒙哲人的标志，或者说是古典哲学与现代启蒙哲学分歧的焦点：正因为启蒙哲人否认人在道德层次上有高低之分，才否弃了世间的"邪恶永恒地增长"是"事实"这一显白的真理。一旦启蒙哲人不再认为审慎地顾及平常人性是哲人的德性，显白教诲当然再也没有必要。事实上，如今谁还主张人有道德层次上的高低之分，多半会被视为思想反动。倘若如此，在启蒙后的语境中，这一条就是最弱、最难防卫的论点。

如果共济会士就是启蒙哲人，那么，施特劳斯说："知道一些秘密真理"（secret truths）的共济会将自己的存在理由归因于所有政治生活必然不完美，就是反讽说法。在十八世纪，共济会是秘密组织，其秘密理想恰恰是争取实现完美的政制。结束整个第一小节时，施特劳斯说："有些读者也许会立即对莱辛的整个教诲不以为然。"

哪些读者？所有受过现代哲学洗礼的读者都有可能，尤其我们自己有可能是这样的读者。我们会认为，这样的观点基于"明显错误的或仅仅传统的（the obviously erroneous, or merely traditional）假设"。

施特劳斯用选择连词连接"明显错误的"与"仅仅传

统的"两个修辞语,似乎意在表达现代哲学的一个常识性观点:"仅仅传统的"等于"明显错误的"。在"仅仅传统的"这个形容词之后,施特劳斯下注指明,亚历山大的克莱门的《杂集》可以作为"传统的"佐证。从利拉所著《亚历山大的克莱门》中,我们的确可以看到,克莱门也主张显白教诲的必要性。①

但我们会好奇:可以选取的古代例子实在很多,施特劳斯为什么偏偏选取这个例子?值得设想的答案是:因为克莱门是著名基督教教父。在前面,施特劳斯已经提到柏拉图的苏格拉底作为传统的例子,这里再补充早期基督教教父的例子,从而表明,现代启蒙哲学背叛的是整个西方传统。

面对强大的现代启蒙哲学偏见,施特劳斯以满含委婉修辞的语式呼应了文章开头就挑明的论点:莱辛不认为"涉及哲学论题的作家"在"否弃显白论"之后还"配称之为哲人"。但施特劳斯说,莱辛的看法来自柏拉图的作品:"正是智术师们拒绝隐藏真理"(页67;施特劳斯在前面的一条脚注中引到的《普罗塔戈拉》的两个段落,恰好说的是智术师普罗塔戈拉"拒绝隐藏真理")。这么说来,现代启蒙哲人的看法古已有之。

倘若如此,前面的古今之分就没有多大意义了。主张双重真理说的莱布尼茨和莱辛是现代的哲人,拒绝隐藏真理的智术师们则是古代哲人。这样一来,我们没法再按古今哲人之分来划分对显白教诲的态度,只能按哲人的类型

---

① 利拉(Salvatore Lilla),《亚历山大的克莱门》(*Clement of Alexsandria*),范明生等译,北京:华夏出版社,2005,页151及以下。

来划分对显白教诲的态度。施特劳斯在前面不止一次提到的"所有古代哲人"的表达式还有效吗？摆脱这一困境的唯一出路是：智术师们"不配称之为哲人"。于是，话题便转向了这样的问题：哲人的品质究竟是什么。

二 人性的道德层次差异

第二小节从莱辛死后讲起——施特劳斯说，"莱辛死于康德出版其《纯粹理性批判》那一年"（1781）。其实，莱辛去世那年发生的事情很多，施特劳斯仅仅提到《纯粹理性批判》的出版，绝非信笔而至。在第一小节，康德的名字仅出现在脚注中，现在进入了正文，而且是以开启新的哲学时代的姿态进入的，因为，施特劳斯的说法无异于说，就在《纯粹理性批判》出版那年，显白教诲就"似乎完全被忽视了"——"至少在那些有别于小说家的学者和哲人中间如此"的补充说法，明显直接针对康德，因为康德恰恰是"有别于小说家的学者和哲人"。

如果把这一自然段与上一自然段最后一句连起来看，让人隐约觉得康德"不配称之为哲人"，而应被称为智术师。但施特劳斯没有这样说，他仅仅在陈述一个历史时刻。

但施特劳斯接下来并没有谈康德，尽管我们联想到前面提到的那个注释中曾有"对哲学之意义的康德式或康德之后的理解"的说法，觉得这里应该谈康德。施特劳斯为什么不谈康德，难道康德不重要？显然不是。因为康德名气太大、现代门徒太多，施特劳斯惹不起？也不是，因为这篇文章一开始就在质疑康德以后的整个现代哲学。

合理的解释是：不谈康德是因为康德不研究柏拉图。为什么康德不研究柏拉图？因为康德自认为比柏拉图更聪明。不妨回想一下施特劳斯在前面引用过的莱辛的一句话："最近的哲人们"对于古代哲人的审慎"的确已经变得太过聪明了一些"。

施特劳斯谈的是康德之后的柏拉图研究的旗手施莱尔马赫（F. Schleiermacher，1768—1834）——《纯粹理性批判》出版时，他才大约十三岁，换言之，施莱尔马赫是在康德哲学的影响下成为哲人的。我们知道，施莱尔马赫为德语学界"引入的柏拉图研究风格"对整个现代西方的柏拉图研究都有广泛影响。施莱尔马赫的柏拉图研究基于考究柏拉图对话篇目的编排顺序：哪篇在前、哪篇在后颇为讲究，由此引出一种柏拉图学说。

施特劳斯说，由于施莱尔马赫关注柏拉图作品的形式特征，他就"不得不详细讨论"关于柏拉图的传统观点，就会遇到柏拉图的教诲有显白和隐微两种方式的传说。我们由此得知，关注柏拉图作品的形式特征并非施莱尔马赫的首创。施特劳斯用"不得不"来描述施莱尔马赫对柏拉图作品的文学形式的关注，意思恰恰要表明，施莱尔马赫这样做是不得已。因为，施莱尔马赫即便清楚知道柏拉图有两种教诲的传统说法，仍然认为实际上"仅有一种柏拉图的教诲"（only one Platonic teaching）。如果与莱辛对比，我们可以看到，尽管都知道关于柏拉图教诲的传统观点，但两者对待传统观点的态度完全不同。

虽然施莱尔马赫清楚知道关于柏拉图的传统观点，而非像我们这样，因生活在遗忘传统的后启蒙时代而对关于柏拉图的传统观点一无所知，但他又明确提出了与传统看法不同的主张。这样一来，施莱尔马赫如何对待传统观点就是一个问题：要么不予理会，要么重新解释传统观点——施莱尔马赫选择了后一种对待传统观点的方式。按他的解释，柏拉图对话中的教诲其实仅有一种，但对这惟一的一种教诲的理解却要分两种：初学者所理解的教诲和深谙柏拉图之道的弟子所理解的教诲。

说到底，在柏拉图那里仅有同一个教诲，但在程度不同的理解者那里，却有理解得透彻还是不透彻之分。施特劳斯说，施莱尔马赫尽管对柏拉图的"笔法"（literary devices）不乏见识，却没有看到"至关重要的问题"。

什么问题至关重要？施莱尔马赫的观点取消了柏拉图教诲的接受者有道德层次的高低之别：初学者与训练有素者仅有学习进阶上的程度差异，没有道德层次上的品质差异——读到这里，我们不由回想起前面的七条总结中位于中间的第四条："一些显白陈述针对的是道德层次较低的众人。"

看来，检讨施莱尔马赫对柏拉图的理解并非施特劳斯的真正意图，阐明道德层次上的差异这一"至关重要的问题"，才是施特劳斯的真实意图。换言之，施特劳斯把人性有道德层次上的差异这一很难防卫的论点隐藏在对施莱尔马赫的柏拉图观的检讨之中。因此，我们不能离开施特劳斯的文本来讨论道德层次的差异问题，必须跟随施特劳斯的行文往前走。

施特劳斯说，按照古典学问的传统观点，柏拉图区分两种教诲的动机是，他反对"多神论和民众宗教"，但又认为自己"隐藏这个反对"（hiding that opposition）乃属"必然"——哲人与宗教的关系问题更为明确地摆在施莱尔马赫面前，也摆在我们面前：为什么在柏拉图看来"隐藏这个反对"乃属"必然"，这个问题与道德层次的差异有何相干？

施莱尔马赫轻易地撇开了这一问题，他自信地认为，柏拉图根本没有"隐藏这个反对"的动机。所谓柏拉图反对"多神论和民众宗教"，意味着柏拉图没法接受雅典城邦的正统宗教教义。在施莱尔马赫看来，柏拉图的作品表明，柏拉图本人没有隐藏（等于公开展示）自己反对雅典城邦的民众宗教。施莱尔马赫甚至说，《苏格拉底的申辩》有"一个弱点"：苏格拉底遭受不信古老的诸神这项控罪后，柏拉图并未竭力运用苏格拉底事奉阿波罗这个论据去反驳控罪。施莱尔马赫这样说的语气表明，他自认为比柏拉图更聪明。

施莱尔马赫由此得出自己的解释：柏拉图笔下的苏格拉底的确显得信奉"古老的诸神"，但柏拉图本人却并非如此，似乎施莱尔马赫对于柏拉图本人已经有自己的看法。基于这样的看法，施莱尔马赫认为，柏拉图"并未绝对"隐藏自己的"真实探究"，所谓"隐藏"仅仅对"粗心大意的读者"（the inattentive readers）而言才有。

施莱尔马赫的说法让人觉得，他的柏拉图研究非常注重悉心阅读，注重把握作者的"真实探究"。这意味着要区分柏拉图作品的"真实探究"和作品的表层，"随其生长的皮肤"，似乎施莱尔马赫的柏拉图研究非常恪守传统读法。实际上，施莱尔马赫用粗心读者和细心读者的区分取代了读者道德层次高低的区分：对悉心阅读的人来说，这样的表皮并不存在。

柏拉图区分两种教诲基于人性有道德层次的高低之分，

施莱尔马赫对这一点视而不见,因此才主张,只要悉心阅读,不粗心大意,就可以看到柏拉图的"实际探究"。如果我们不是跟从施莱尔马赫学习,而是跟从柏拉图学习,我们就得搞清,柏拉图对热爱哲学的人的看法实际上是怎样的。

通过追究"极粗心的读者"与"极细心的读者"之间的差异究竟是修习程度上的还是品性上的差异,施特劳斯带领我们从跟随施莱尔马赫学习柏拉图转向跟随柏拉图的写作学习柏拉图。

> 从极粗心的读者到极细心的读者之间是有一条延续的道路呢,还是在这两极之间有一道鸿沟?(页68)

施莱尔马赫主张前一种观点,但在柏拉图笔下则是后一种看法:

> 按柏拉图的看法,哲学预设了一种真实的幡然转变(conversion)(《王制》,518c – e,521e 和 619c – d;也参《斐多》,69a – c),亦即预设了与初学者态度的全面决裂(a total break):初学者还没有离开洞穴片刻,甚至从未将眼睛从人造事物的影像转向洞穴的出口,而哲人已经离开洞穴,并生活在洞穴之外,生活在"福人岛"。初学者与哲人(柏拉图的训练有素的门徒正是真正的哲人)之间的差别不在程度上,而在类别上(not of degree but of kind)。(页68)

施特劳斯用"初学者与哲人"的对举取代了初学者与

训练有素者的对举,并明确说道,"柏拉图的训练有素的门徒正是真正的哲人"——这让我们不得不再次想起文章开头提出的问题:何谓哲人。"训练有素者"不等于哲人——正如我们念成哲学博士甚至当上了哲学系某个专业的博导,至多算得上哲学的"训练有素者",仍然不是哲人。成为哲人的条件甚至是与学习哲学时的初学者态度的决裂,说到底:"初学者与哲人"的差异是道德品质上的。

现在,我们对施特劳斯接下来的一段话几乎无需多加解释就能够看得明白了:

> 柏拉图认为,德性是知识或曰科学;因此,不仅在理智上,而且在道德上,初学者都次于柏拉图的训练有素的门徒。也就是说,初学者的道德根基本质上不同于哲人的道德根基:初学者的德性并非真正的德性,而只是俗众的或政治的德性(vulgar or political virtue),这种德性并非立足于洞见,而是立足于习俗或律法(《王制》,430c3-5 和《斐多》,82a10-b8)。(页 68)

既然初学者无论怎样"训练有素",其道德品质仍然依循的是"俗众的或政治的德性",成为哲人意味着彻底背离"俗众的或政治的德性",从而必然反对"习俗或律法"。柏拉图如果是真正的哲人,就不可能不反对雅典城邦敬奉的神。然而,所谓哲人的"真正德性"或"哲人的道德"(the morality of the philosopher)并非仅仅"立足于洞见",还得顾及"初学者的道德"(the morality of the beginners)。

值得注意的是,施特劳斯在这里说到"哲人"时用了单数，说到"初学者"时用的是复数。哲人如何顾及初学者？这就是要让他们"必须相信"（must believe）"高贵的假话"。我们应该回想起前一节中莱辛强调的"苏格拉底十分认真地相信……"的说法，换言之，苏格拉底"相信"永恒惩罚教义的表白很可能是"高贵的假话"，但这样的假话"对政治共同体有用"。这样一来，"哲人的道德"就从彻底反对"俗众的或政治的德性"转而以显白的教诲面对"俗众的或政治的德性"——"柏拉图的显白教诲就等于（is identical with）他的'高贵的假话'"。如此"哲人的道德"表明，哲人离开洞穴之后并没有生活在洞穴之外，而是重新回到洞穴。

更值得注意的是，施特劳斯没有把"初学者"直接等同于民众，而是等同于《王制》中"辅佐者（auxiliaries）"：初学者的道德只是"辅佐者"的道德。初学者的道德依据的是"俗众的或政治的德性"，这清楚表明，初学者不是俗众，但在德性上与俗众属于相同类型——"高贵的假话"是说给初学者听的。可以看到，实际上这里出现了三个道德层次：哲人－辅佐者－俗众（用我国古代的称谓就是：圣人－君子－民人）。

哲人与初学者的区分，呼应了文章开头交替使用的"哲人"和"学者"——可以说，从初学者到成为训练有素者，的确是"一条延续的道路"，但无论多么训练有素，学者最终仍是学者，除非经历过一种"转变"，因为"学者"与哲人之间"有一道鸿沟"。

倘若如此，我们应该把自己摆在哪里？不妨先拿这个问题问问施特劳斯，他把自己摆在哪里？施特劳斯把自己摆在学人族，而非宣称自己是"哲人"。不仅如此，施特劳斯把哲人的位置摆得很高，以至于身处学人位置的我们必须仰望哲人，努力向哲人学习——用中国古代的说法就是追慕圣人遗风。

历史上能够被称之为哲人者，实属稀罕，所谓"所有古代哲人"的全称提法，其实不过屈指可数的几个人而已。这样看来，我们也应该把自己摆在学人位置，即便我们已经成为训练有素者（甚至博导），仍然是学人，不能僭越为哲人。成为哲人所需要经历的"转变"，实际上非常艰难，何况，我们的天性是否适合成为哲人也很难讲。正因为如此，即便我们有意愿"认真改善自身"，能否做到也"仅仅是可能性"。

在二十世纪，哲学协会的成员远远多于以往的世纪，似乎经过哲学启蒙，哲人数量大增，其实完全是市场假象，现代的所谓哲人大多不过是学人（甚至都不够格）僭越为哲人，或者说哲人变质或贬值了。学人的品德首先在于有自知之明——学人自知为学人的自知之明在于：知道在自己的道德层次之上还有高人（圣人、至人、神人），知道还有更高的充满奥秘的知识，知道永远需要向真正的哲人学习。

施莱尔马赫尽管是著名柏拉图专家，说到底是个学人，但他却僭越为哲人，结果是，施莱尔马赫按自己学人的视野来理解哲人柏拉图。施特劳斯提到，施莱尔马赫甚至没有注意到自己的前辈莱辛的对话作品《恩斯特和法尔克》——这些对话"更接近柏拉图对话的神髓及其技巧"（页69），也没有注意到已经出版的莱辛与雅可比的私下谈话（施特劳斯在这里把这次私下谈话与《恩斯特和法尔克》相提并论）。

我们难免会想：既然施莱尔马赫距离莱辛的时代比施特劳斯近得多，为什么他没有注意到莱辛及其与柏拉图传统的关系，施特劳斯反倒注意到了？对此，施特劳斯在这一小节开头其实就已经给出了答案：因为《纯粹理性批判》在莱辛去世那年出版了。

与此呼应的是，在结束讨论施莱尔马赫这一节时，施特劳斯建议我们比较施莱尔马赫的《哲学伦理学》和亚里士多德的《尼各马可伦理学》，并告诉我们，这样就可以找到施莱尔马赫"何以完全没有关注初学者道德与哲人道德之间的差别"的原因。

在脚注中，施特劳斯进一步提示，按施莱尔马赫的说法，伦理学是"关于理性本质（the essence of reason）的知识"（页275）。如果我们亲自读过《尼各马可伦理学》，那么，我们会知道，这部古代伦理学范本讲的是人的道德类型及其差异，所谓"道德"这个语词本身隐含着人的性情的高低层次之分。施莱尔马赫把伦理学界定为"关于理性本质的知识"，意味着他已经用理性的普遍本质抹平了人性道德层次的差异，而这正是康德为哲学重新奠基后的结果——这也恰好是莱辛去世那年《纯粹理性批判》出版的意义。

施特劳斯说的是施莱尔马赫的柏拉图研究，结尾却突然提到亚里士多德的《尼各马可伦理学》。尽管亚里士多德是柏拉图的得意门生，但亚里士多德的学问至少从形式上看与柏拉图不同。按传统说法，亚里士多德流传下来的大都是不公开［隐微］的讲稿，而且显得自成体统。

不过，要说与柏拉图的联系，《王制》这部公开（显白）的作品与《尼各马可伦理学》的确可以关联起来。

《王制》的基本论题之一是灵魂样式与政制样式的对应关系，要探讨政制的样式和品质，得首先搞清灵魂的样式和品质。通过亚里士多德的《尼各马可伦理学》，我们可以看到亚里士多德与自己的老师联系最紧密的地方。为了更好地从施特劳斯那里学到东西，我们不妨按照施特劳斯的提示，去看看亚里士多德《尼各马可伦理学》的开场白。

亚里士多德的《尼各马可伦理学》非常有名，而且看起来并不难读，实际上对我们来说要进入也非常难。因为，"伦理学"如今是现代学问中的显学（在我们的学科体制中还是哲学门类中的二级学科），我们的脑子里已经有一堆关于何谓"伦理学"的含混知识，从而在面对亚里士多德的《尼各马可伦理学》时会有一种前理解，似乎知道它要探讨什么。于是，一旦我们翻开这部古代伦理学要著，就会发现它与我们所理解的伦理学相去甚远。

《尼各马可伦理学》共十卷，下分若干章，每卷篇幅不长，实际相当于我们现在的十章，原文的章相当于我们如今的小节。① 卷一开头包含一段开场白，占卷一头三章篇幅。开场白的第一句话是：

> 所有技艺、所有方法，同样地，所有实践和抉择，据说都以某种善为目的。（1094a1 - 2）

---

① 英文笺注本参见 Alexander Grant 的两卷 The Ethics of Aristotle 中的第二卷，Longmans, 1885 / 1972 重印；J. A. Stewart, Notes on the Nicomachean Ethics of Aristotle, 两卷, Oxford Uni. Press, 1892；John Burnet, The Ethics of Aristotle, Methuen, 1900；Harold Joachim, Nicomachean Ethics, Clarendon, 1951；法文笺注本最好的是 Rene Gauthier & Jean Jolif, L'Ethique A Nicomaque, Publications Universitaires, 1958；德文笺注本 Olof Gigon 译，Rainer Nickel 编, Aristotles, Die Nikomachische Ethik, Darmstadt, 2001（希德对照）。

这句起始句与《形而上学》的起始句"所有人天生就有求知的欲望"（980a21）一样，都以"所有、每一"开头，似乎两者有着某种内在关联：如果把天生有求知欲的"所有人"看作主词，把"所有技艺、所有方法，同样地，所有实践和抉择"看作宾词，就构成了一个陈述。开场白的最后一句是：

> 关于听者以及应当如何听讲（περὶ μὲν ἀκροατοῦ, καὶ πῶς ἀποδεκτέον），还有我们提前交代的东西，作为开场就说这些。（1095a13）

《形而上学》一开始不是说"所有人天生就有求知的欲望"吗？亚里士多德在学园内部讲授伦理学时，却对"听者"（ἀκροατής）提出了要求，似乎也有人不适合听讲授伦理学——所有人似乎变成了有些人。

据说，亚里士多德不仅指导政治家从政的各种方式，使其明白政治生活中的高贵性，还想要教育性格成熟、阅历丰富的人成为政治人（治邦者），因为这类人更容易懂得生活的复杂性和政治理想的局限性。

按照这种说法，亚里士多德的教学与柏拉图有所不同，他不对年轻人谈政治，只对有生活阅历的人谈政治；因为年轻人很少会相信，根本没有完美的政治方案。在《王制》中，苏格拉底的确是在像克法洛斯这样有生活阅历的人起身离开后才与年轻人谈论政治问题，似乎想要劝阻年轻人参与政治生活。然而，在亚里士多德的学园里难道会没有年轻人？亚里士多德在《尼各马可伦理学》开场白中的确

谈道:

> 年轻人并不适合于听政治术;因为年轻人对人生行为缺少经验,而政治术的诸般道理来自人生经验,而且论及人生经验。何况,由于年轻人受种种感情左右,听讲时恐怕会心不在焉,而且听了也没用,毕竟,政治术的目的并非认知,而是践行。(1095a2 - 9)

这段话非常有名,在仿荷马叙事诗的剧作《特洛伊罗斯与克瑞西达》(*Troilos and Crossida*)中,莎士比亚把"年轻人并不适合于听政治术"这句话塞进赫克托嘴里,用来骂特洛伊罗斯,说他"恰恰像亚里士多德所说的那种不适宜听讲道德哲学的年轻人"(not much unlike young men, whom Aristotle thought unfit to hear moral philosophy;第二幕第二场)。

看来,莎士比亚这样的天才也不是从天上掉下来的,而是读古典大书读出来的。不过,亚里士多德用的是"政治术",莎士比亚用的是 moral philosophy [道德哲学],这一差异非同小可:政治术与道德哲学有什么关系?何谓"道德哲学"? 在今天,道德哲学与伦理学几乎可以画等号。让我们多少会感到纳闷的是:《尼各马可伦理学》的开场白实际上主要谈的是政治术。不仅如此,卷一最后一章(13章)又回到政治术的话题,最后一卷的结尾则干脆成了《政治术》的引论。

[附释] πολιτική [政治术] 这个语词是复合词,由 πολίς [城邦] + τική [实践性技艺] 构成,顾名思义,当指治理城邦的技艺,译作"治邦术"最为恰当——既然"政治学"的译法已经约定俗成,继续

用这个名称未尝不可；不过，$πολι-τική$译作"政治学"而非"政治术"则值得考虑，因为，关于政治的学问古今差异太大，用"政治术"的译法使得亚里士多德的$πολιτική$有别于现代的"政治学"，似乎仍有必要。如今我们总是避免谈"术"，似乎这是个不好的语词。其实，"术"是古学的正确名称。

"术"有两个基本字义：1. 通道。《说文》解"术"为"邑中道也，从行，术声"，所谓"邑中道而术，大道之派也"，也就是如今所谓"支路"；2. 技艺、藝、方法。《广韵·术韵》解"术"为"技术"，所谓"观水有术，必观其澜"（《孟子·尽心上》）；所谓"矢人唯恐不伤人，函人唯恐伤人，巫匠亦然，故术不可不慎也"（《孟子·公孙丑上》）。

接下来还有两个引申义：第一个引申义为"学说、主张"。所谓"言有文章，术有条理"（《晏子春秋·内篇杂上二十六》）；所谓"德也者，得于身也，故曰古之学术道者，将以得身也"（《礼记·乡饮酒义》）；甚至也作为动词用于指"学习"：所谓"蛾子时术之"（《礼记·学记》）——意思是，学习有如蚁子（蚂蚁已经很小，其子更小），"时时术学衔土之事而成大垤，犹如学者时时学问而成大道矣"（孔颖达《礼记正义》卷三十六）。

第二个引申义涉及"术"与政治的关系，指"法、法令"。有所谓"君子操权一正以立术"（《商君书·算地》），"术者，因任而授官，循名而责实，操杀生之柄，课群臣之能者也。此人主之所执也"（《韩非子·定法》）；所谓"公族之罪，虽亲不以犯有司，正术也"（《礼记·文王世子》）。反过来，有所谓"惠术也，可以观政矣"（《礼记·祭统》）。

可以说，《尼各马可伦理学》以阐述伦理学与政治术的关系来引导伦理学。在亚里士多德那里，所谓道德哲学与政治术的关系的确粘得很紧。倘若如此我们就得问：为什么如此？或者问，亚里士多德如此开讲伦理学，意图何在？

关于"年轻人并不适合于听政治术"这段话在开场白最后,从语气来看,的确像学园内部的讲稿。政治术在这里被界定为"实践"($πρᾶξις$),而非"认知"($γνῶσις$),这表明亚里士多德把知与行划分开来分别看待。

从亚里士多德概论一类书中我们可以得知,亚里士多德的学问分为三大部分:1. 静观性(纯理)知识,包含数学-自然学-自然之后学(神学);2. 实践性知识,包含伦理学-家政学-政治学;3,制作性知识,包含诗术和修辞术。此外还有工具性知识(由六部著作构成;即《范畴篇》《解释篇》《前分析篇》《后分析篇》《论题篇》和《辩谬篇》,后来的希腊注疏家及其阿拉伯学者把《修辞学》和《论诗术》归在这里)。

通过了解亚里士多德如何看待伦理学与政治学的关系,可以大致得知伦理学在整个亚里士多德学问系统中的位置——我们可以恰当地称之为承上启下的位置:《尼各马可伦理学》与《形而上学》起始句的相似,似乎显明了实践性知识与静观性知识的某种关联。

亚里士多德在别处的确说过,"认知"涉及的对象是"出自必然性的东西"($τὰ\ ἐξ\ ἀνάγκης$)、"不会有变化的东西"($τὰ\ μὴ\ ἐνδεχόμενα\ ἄλλως\ ἔχειν$;直译:"不会变成别样的东西")、"恒在的东西"($τὰ\ ἀΐδια$;亦即无时间性的东西),与此相应的知识是"证明的学问"($ἀποδεικτικὴ\ ἐπιστήμη$)。"实践"涉及的对象是"会发生变化的东西"($τὰ\ ἐνδεχόμενα\ καὶ\ ἄλλως\ ἔχειν$),与"出自必然性的东西"相反,它们往往是"出于偶然或机遇的东西"($τὰ\ ἐκ\ τύχης$ 或 $τὰ\ κατὰ\ τύχην$),相应的知识是关于"行为"($τὰ\ πρακτά$)的"审慎抉择"($προαίρεσις$)的学问。

政治术关涉的是"行",是实践性学问,所要告诉我们的显然就是如何才可能作出审慎抉择的知识。但伦理学关涉的也是"行",同样是实践性的学问,位置却在政治术之前,又是什么意思?"伦理学"这个语词的词干来自 τὸ ἦθος [性情],顾名思义,伦理学是关涉人的性情的学问。如果政治术涉及作出审慎抉择的知识,那么,伦理学涉及的就是何种性情的人适合作出审慎的正确抉择。由此来看,政治术的学问为何以伦理学为前提就有眉目了,伦理学是什么的问题也敞开了。或者说,我们多少可以明白,亚里士多德为何在《尼各马可伦理学》的开场要来谈年轻人不适合听讲政治术。亚里士多德接下来说:

> 年纪轻轻也好,性情稚嫩也罢,其实没什么差别;因为,欠缺并不在于年龄,而是因为受感情支配的生命,追逐个别的东西。在他们身上,认知无异于无知,与没有自制力的人没什么两样。

原来如此!年轻人不适合听政治术,并不在于年龄(从而也不在于缺乏人生阅历),而在于性情上的脆弱:对自己缺乏自我把握能力。所谓"不在于年龄(οὐ γὰρ παρὰ τὸν χρόνον),而是因为受感情支配的生命"(ἀλλὰ διὰ τὸ κατὰ πάθος ζῆν),与"年纪轻轻(νέος τὴν ἡλικίαν)也好,性情稚嫩也罢"(ἢ τὸ ἦθος νεαρός)形成呼应。

年轻人不适合听政治术的理由有了根本变化:并非所有年轻人都不适合听政治术,而是某类性情的年轻人不适合听政治术——这里出现的 τὸ ἦθος[性情]一词正是所谓

"伦理学"（ἠθική）这个词的词干（比较《大伦理学》开篇第一句话［1181a24］的说法：λέγειν ὑπὲρ ἠθικῶν［谈论种种性情］）。① 接下来的最后一句证实了这一点：

> 但对于那些按逻各斯来对待和践行追求的人们来说，知道了这里讲的东西就会大有助益。

"按逻各斯"（κατὰ λόγον），与前文的"受感情支配"（κατὰ πάθος）形成对比。亚里士多德实际上区分了两类年轻人："受感情支配"的和"按逻格斯"生活的，两者的差异是"性情"的差异——如此差异就是道德差异。

性情是"出于偶然或机遇的东西"抑或"出自必然性的东西"呢？赫拉克利特有个非常著名的说法："对人来说，性情就是命相。"倘若如此，性情就既"出于偶然或机遇"又"出自必然性"。从而，伦理学与"证明的学问"（形而上学）便有了内在关联。伦理学虽然不是认知学问，而是践行的学问，但毕竟是一种学问（知识）。《欧太谟伦理学》卷一明确说道：德性是一种知识：关于正义和做正义的人的知

---

① 作为阴性形容词的ἠθική在亚里士多德的著作中经常出现，但亚里士多德自己没有用此来命名讲课稿，如此命名是亚历山大时期学人的做法（最早据说是亚历山大的斐洛）。

汉语的"伦"含义首先是"辈、同类"，然后引申出辈或类的次序，所谓"伦常"指人与人之间尊卑长幼有序，这种次序背后自然隐含着某种道理。因此，汉语所谓"伦理"来自人的尊卑长幼有序的辈分秩序。但亚里士多德的ἠθική［伦理学］显然不是讲的这种人伦秩序，而是心性差异。因此，ἠθική译作"伦理学"恐怕难免引起误解，译作"心性术"或"心术"可能比较合适——"心术"乃"主术"，与伦理学和政治术的关系相合。

识(1216 b3 –25)。①

政治术不适合"受感情支配的生命"一类心性的年轻人听,但适合"那些按逻各斯来对待和践行追求的"一类心性的年轻人听。从而,招收政治术学生的前提是了解心性——认识不同类型的心性就是伦理学的学问。不过,在苏格拉底看来,"受感情支配"的年轻人经过教育也可能变成"按逻格斯"生活的年轻人。

施特劳斯在说到"哲学预设了一种真实的转变"这一柏拉图笔下的苏格拉底的观点时,引证了《王制》518c – e、521e 和 619c – d,如果我们从 521e 读到 619c – d,就会看到苏格拉底关于年轻人与哲学的关系的一段说法:

> 最好不要让人年纪轻轻就到处跟人家辩论,不然就成了像小狗喜欢拖咬所有走近的人一样,喜欢用言辞咬人,结果是败坏自己乃至整个哲学事业在世人心目中的信誉。一个年龄大些的人就不会这样疯狂,他宁可模仿那些为寻找真理而辩驳的人,不会模仿只是为磨嘴皮子玩儿的人。我们要求被允许参与这种讨论的人必须具有适度和坚定天性($τὸ\ τὰς\ φύσεις\ κοσμίους\ εἶναι\ καὶ\ στασίμους$),而不能是随便什么不合格的人。(539b1 – d6,郭、张译本)

---

① 柏拉图在《治邦者》中区分了 $ἐπιστήμη πρακτική$ [实践的学问] 与 $γνωστική$ [认知] (258d5, e5),纯粹的 $γνῶσις$ [认知] 是几何学(参见《王制》527a6 – b8;《物理学》194b17),在这种意义上,伦理学不是"认知"。真正的哲人 - 王或者治邦者应该是静观者与践行者的统一,在《治邦者》中,真正的王者术是 $γνωστική$ (259c10, 305d1),所以,在《治邦者》结尾,王者术具体被比作纺织术(308d1 以下)。

看来，亚里士多德看重心性类型而非年龄的说法与他的老师的说法一样。《王制》的论题以灵魂形式与政体形式的对应关系为基本框架，在亚里士多德这里，灵魂形式的学问与政体形式的学问似乎分成了伦理学和政治术两个部分。柏拉图刚去世不久，亚里士多德很可能就写下了《政治术》讲稿，其中说道：最好的生活方式，个人也好，城邦也好，是与德性结合的生活（1323b40）。这一说法与柏拉图的思想在核心深处是一致的。

在《伦理学》卷一最后一章（13章）我们读到："真正的治邦者（ὁ κατ' ἀλήϑειαν πολιτικός）都好好研究过德性"，而且"必须研究常人的德性"（περὶ ἀρετῆς ἀνϑρωπίνης），因为德性是灵魂的体现。因此，"治邦者必须清楚地了解关于灵魂的种种事情（τὰ περὶ ψυχῆς）"（1102a8 – 20）。

《尼各马可伦理学》以谈政治术开头，曾被有的笺注家视为离题话，现在我们可以理解，其实不然。政治行为的目的是获得生活上的"高尚、正义、美好"（τὰ καλά, δίκαια, ἀγαϑά），前提是知道什么是"高尚、正义、美好"，什么不是。"年纪轻轻也好，性情稚嫩也罢，其实没什么差别"，意思是对什么是"高尚、正义、美好"没有判别能力，还没有获得行为的好习性（判别好坏的直觉般的好信念）。政治术依赖于这样的好习性，伦理学就探讨如何养成这样的习性，养成好习性与人的性情相关，"性情稚嫩"指"性情"还没有受到调教。

由此看来，伦理学作为政治术的基础或前提，要探究的是灵魂的类型及其差异。卷一第四章进入伦理学正题时，亚里士多德说，关于什么是幸福（亦即生活得好、做得好），一般人与热爱智慧的人的看法不同；然后提到自己的老师柏拉图的研究方法，最后以引赫西俄德关于人的头脑有高低之别的诗作结。第五章进入正题，一开始便说的是三种生活方式（更为确切地说，三种灵魂样式）的区分。

"性情学"与政治术的关系表明：亚里士多德的"伦理学"不是我们如今所理解的伦理学或者康德意义上的伦理学。政治学是否以伦理学为基础，是古今学术的基本分野所在：自马基雅维利以来，政治学切断了政治术与伦理学的关系。因此，古今之争的关键问题之一是：政治学是否与伦理学（或道德哲学）有关系。①

施特劳斯在这篇阐发莱辛关于显白教诲的思想的文章的第二小节，谈的实际上是古老的性情之学（所谓伦理学），接下来的第三小节谈的就是如今所谓的政治学。启蒙运动追求普遍理性，必然事先抹平人性的道德层次差异。施特劳斯让我们面临的至关重要的问题是：相信通过普遍的理性教育可以抹去人性道德层次的高低之分，还是相信人性的道德层次的高低之分亘古不移。

回到前面我们提出的问题：人性有道德层次的高低之分是不是真理，即便是真理，是否需要隐藏起来——现在我们可以来回答自己：由于启蒙哲人已经成功地形塑出新的"俗众的或政治的德性"，人性有道德层次的高低之分已经不是事实，而仅仅是可能性。在这样的市民社会中，哲

---

① 马基雅维利式的观点，早在古希腊时期就已经有了。因此，看待古今之争，既要从年代意义着眼（以马基雅维利为标志），也要从古希腊思想内部着眼，同时注意现代的马基雅维利主义与前现代的马基雅维利主义（卡里克勒斯、忒拉叙马霍斯）的深刻差异。

人倘若仍然坚持人性有道德层次的高低之分这一真理,就得把它隐藏起来。接下来的最后一节,施特劳斯正好说到这个问题。

三 莱辛的转变

讨论过施莱尔马赫之后,施特劳斯再回到莱辛——更确切地说,施特劳斯这篇展示莱辛的写作方式和思想的文章,中间夹着康德-施莱尔马赫。由此展示的问题显而易见:莱辛也是现代人,而且置身于启蒙哲学兴起之时,在这样的时代,学人开始忘记"所有古代哲人"都曾经区分两种教诲,何以莱辛没有忘记?这个问题对我们来说非常切实:即便置身于启蒙之后的时代,忘记"所有古代哲人"的遗训并非必然如此。毋宁说,"忘记"是借口,认为谁——古代哲人抑或启蒙哲人——政治正确才是问题要害。

针对这一要害,施特劳斯让莱辛现身说法:莱辛也曾经是启蒙哲人,只是"在经历了自己的转变之后"(页69),莱辛才重新认识到区分两种教诲的必要性——我们记得,"转变"这个语词在前面说到柏拉图对何谓哲人的理解时出现过,从而可以认定,施特劳斯视莱辛为哲人。

[附释] 施特劳斯在致洛维特的信(1946.8.15)中谈到"古今之争"时说,在现代哲人中,"代表古代一方最伟大的人物是斯威夫特和莱辛,他们明白争论的根本性主题是古代精神与基督教(不要对我谈完全显白表述的《论人类的教育》或者狄尔泰的陈词滥调;要读一下《驳克洛茨》《关于古代的通信》《古人如何表现死神》《拉奥孔》[将菲洛克忒德的痛苦与耶稣受难做对比]、《汉堡剧评》

……),这两个人毫不怀疑古代精神,即真正的哲学是一个永恒的可能性"。见施特劳斯,《回归古典政治哲学》,朱雁冰译,北京:华夏出版社,2006,页324 - 325。

莱辛经历过怎样的转变?施特劳斯说,莱辛"经验到哲学是什么以及从事哲学需要做出什么样的牺牲"(what philosophy is and what sacrifices it requires)。这种经验使得莱辛不得不区分"两群人":"有哲学品质的人和无哲学品质的人(unphilosophical men)"(页69)。对比施莱尔马赫关于初学者与训练有素者的区分,施特劳斯这里强调的是,在莱辛之后的启蒙时代,对哲人品质的看法发生了蜕变。

施特劳斯引用了莱辛写给自己的朋友门德尔松(Moses Mendelssohn)的信中的一句话,事关莱辛大约四十岁左右时经历的一场精神危机:

> 在抛弃某些偏见的时候,我已经有点过多地抛弃了我将来不得不再次找回来的东西。(页69)

前面谈到莱辛时,引征的是莱辛公开发表的作品和文章,现在引征的是莱辛写给朋友的私信。似乎公开发表的作品和文章是莱辛的显白教诲,现在施特劳斯引领我们去看莱辛的内传教诲。过去的研究者们对刚才这句话的理解是,莱辛改变了自己对圣经和圣经传统的看法:起初,莱辛对圣经宗教持"强硬的理性主义"(the intransigent rationalism)的拒斥态度,如今,他改变了这一态度,积极肯定圣经宗教。

施特劳斯基于两条理由对这种解释提出异议,其中一条理由放在不显眼的脚注中:莱辛晚年的名作《论人类的教育》并非一部基督教的著作,这无异于提示我们,这篇作品仅仅表面上看来是基督教的著作。在正文中提供的理由是:莱辛说自己"找回"了先前所"抛弃"的东西,但莱辛早期对圣经宗教所持的"强硬的理性主义"态度显然并非莱辛先前所"抛弃"的东西,从而也不是他如今感到应当"找回"的东西。

总之,无论过去还是现在,莱辛都很可能对圣经宗教持拒斥态度。莱辛觉得自己"找回"且应当"找回"的东西,是他从弗格森(Ferguson)的著作《论市民社会的历史》(*Essay on the History of Civil Society*)中"隐隐约约"(from afar)发现的真理。"隐隐约约"这个引语被单独挑出来,显得特别,施特劳斯似乎以此方式提示我们注意,弗格森的书在表达某种真理时也并非直白:比如,他把要表达的东西放在目录中(或者说放在非常显眼的地方),反而让人不易看出来,从而采用了显白教诲的方式。这无异于说,莱辛在弗格森的书中"隐隐约约"发现了被作者隐藏起来的真理。

随后一句引文颇为曲折,需要小心看:莱辛发现的这些隐藏起来的真理是"某些处于不间断的矛盾之中的真理(truths in the continual contradiction),我们碰巧生活在这些矛盾中(of which we happen to live),而且为了我们的安宁不得不继续生活于其中"(页70)——这句经验之谈有两个要点:首先,有些真理处于不间断的矛盾之中;第二,我们碰巧生活且不得不继续生活在这些矛盾中。我们的困惑随之而来:哪些真理处于不间断的矛盾之中?为何"我们"不得不生活在这些矛盾之中?这里明显在强调"我们"——我们是谁？根据前面的文脉，可以推知"我们"指哲人。倘若如此，这里说的"必须隐藏起来"的真理，就与我们在前面已经得知的人世间的"邪恶永恒地增长仅仅是可能性"和人性有道德层次的高低之分这两条真理不同，但又有非常内在的关联。

回想施特劳斯总结莱辛的显白论时提到的七条，如果说，沉思生活高于实践的、政治的生活是真理，世上不可能有完美的政制也是真理，那么，这两条真理就处于矛盾之中。倘若如此，因讨论施莱尔马赫而看似中断的思想线索又重新连接起来——如我们已经看到的那样，恰恰在这个矛盾的节骨眼上，古今哲人出现了分歧。由此我们兴许可以理解，为何莱辛要说"我们碰巧生活在这些矛盾中，而且为了我们的安宁不得不继续生活于其中"。所谓"我们的安宁"（our quietude），就这个语词本身来看，就像指的是哲人的沉思生活。

莱辛先前所"抛弃"的，看来就是这样一条古代哲人的洞识："我们（哲人）碰巧生活在这些矛盾中，而且为了我们的安宁不得不继续生活于其中"——所谓"不得不继续生活于其中"（we have to go on living continually）尤其值得体味，因为，现代启蒙哲人抛弃古哲的双重教诲，无异于以为，他们可以消除甚至已经消除那些曾经束缚古哲的矛盾。

起初，年轻的莱辛也以为如此，从而跟随时代的启蒙哲学抛弃了古哲看到的矛盾以及哲人"碰巧"不得不"生活在这些矛盾中"的看法。后来，莱辛感到自己应当"找回"这样的古训，因为他认识到，哲人为了自己的"安宁"，仍然"不得不继续生活于"矛盾之中——古哲看到的生存矛盾并没有消除,甚至永远不可能消除。

再回过头来看莱辛对圣经宗教的态度问题:说他没有收回"强硬的理性主义"立场固然没错,但他很可能收回了公开地自由表达这一立场的做法。不然的话,何以不少人认为《论人类的教育》太像基督教的作品呢?这样一来,施特劳斯说莱辛"经验到哲学是什么以及从事哲学需要作出什么样的牺牲"的意思,也就可以理解了:克制或隐藏对圣经宗教的"强硬的理性主义"立场,而非要求言论自由勇敢地抨击传统宗教就是从事哲学必须做出的牺牲。

如果我们的理解没有错,那么,施特劳斯便把我们带到了问题的要害之处:古代哲人正确抑或启蒙哲人正确。换上这里的表述便是:古代哲人看到的矛盾是否被现代启蒙哲人解决了,现代哲人是否无需"继续生活于其中",从事哲学是否无需再作出牺牲。

直到如今,绝大多数现代哲人认为,自己无需"继续生活"在古代哲人看到的矛盾中,从而认为从事哲学无需再作出任何牺牲——施特劳斯用莱辛的经历对现代哲人的自信提出了质疑,当然也是对我们提出的质疑,我们不得不检审自己习得的启蒙观念,如果我们敢于认真面对自己的话。

莱辛是从弗格森的一部名叫《论市民社会的历史》①的书中有所发现的,这个书名值得留意:"市民社会"(Civil Society)(因"市民"似乎不好听,又被译作"公民社会")是个新鲜语汇,指十七世纪的欧洲开始出现的独立

---

① 中译本《文明社会史》,林本椿、王绍祥译,杭州:浙江大学出版社,2010。

王权国家的次级政制结构,后来成了"自由民主社会"的标志,迄今仍然是我们公共智识分子孜孜以求的目标——"论市民社会的起源"其实可以读作"论西方近代社会的起源",或干脆读作"论自由民主社会的起源"。

显然,这段历史为时并不太长,即便雅典民主政制,也不完全就是如今的自由民主政制。二十世纪九十年代初,也就是所谓苏东波事件以后,"市民社会"在西方学界乃至汉语学界曾经一度成为非常热门的话题。从前要走向共产主义社会的"东欧"国家,现在开始回头跟随西方自由民主走向市民社会,甚至有华侨汉学家迫不及待地从明清时代挖掘出中国的市民社会雏形,力图为市民社会的普世价值提供历史佐证。

如果我们已经未加审视地相信了市民社会的正当性和完美性的话,在这里我们就"碰巧"撞上了麻烦:在《恩斯特与法尔克》中,莱辛笔下的法尔克恰恰对"市民社会"构想提出了质疑。眼下施特劳斯又带领我们踏进当年几个有德性的学人讨论这一问题时的密室,并告诉我们,在弗格森的《论市民社会的历史》一书中,莱辛"隐隐约约"发现了弗格森隐藏起来的某种真理。这种真理既然是必须隐藏起来的,我们要找到并理解它必定会不容易,施特劳斯的讲述也不会很直白。

事实上,我们看到,最后这一自然段很长,注释也多,似乎刻意让本来就复杂的内容挤在一起。这就需要我们特别小心地阅读,尤其小心其中的思想理路。

施特劳斯接下来说,莱辛早年抛弃的真理与"启蒙哲学普遍接受的真理"相冲突,也与莱辛自己"终身接受的真理"相冲突(页70)——这话让我们感到费解:莱辛不是最终脱离了启蒙阵营吗？他"终身接受的真理"怎么会与"启蒙哲学普遍接受的真理"一样？这是什么真理呢？

回头看前面，可以推知，莱辛自己"终身接受的真理"很可能指针对圣经宗教的"强硬的理性主义"立场，因为这种立场无异于哲学对宗教的立场。倘若如此，就哲学对宗教持理性主义立场而言，古今哲人是一致的：既然秉持哲学的理性"真理"，哲人就绝不可能接受圣经的启示宗教。

但施特劳斯紧接着就说，古代哲人看到"智慧与审慎之间的矛盾"——显然，这是莱辛早年曾经抛弃的真理。如果把这里的"智慧"看作"哲学"的同义词，把"审慎"看作政治的同义词，"智慧与审慎之间的矛盾"就可读作哲学与政治之间的矛盾。莱辛现在醒悟到："为了我们的安宁不得不继续生活"在哲学与政治的矛盾之中，而且在这一矛盾中应该服从政治，这同时意味着牺牲哲学。

莱辛"公开指责那些更新派的哲人"（亦即启蒙哲人）"回避了"这一矛盾，因为他们"变得太过于聪慧"（页70）。言下之意，在哲学与政治的矛盾中，新派哲人让自己的智慧（哲学）占了上风，以至于最终抛弃了古代哲人的"审慎"德性。

莱辛说到处于不间断的矛盾之中的"某些真理"时，"真理"这个语词用的是复数，从而，"智慧与审慎之间的矛盾"仅是莱辛曾经抛弃然后又要找回的东西之一，而非全部，或者说尚不具体。事实上，莱辛在这里谈的并非一般意义上的"审慎"，而是针对具体政治问题的审慎。果然，接下来施特劳斯就说到具体矛盾，而且再次引用了"我们不得不生活于这些矛盾之中"（truths in the continual contradiction of which we have to live；页70）。

值得留意的是，重复引述原文时，前面的"我们碰巧生活……"变成了"我们不得不生活……"。现在我们读到：需要审慎面对的"矛盾"或者说"我们不得不生活"在其中的"矛盾"是政治性的，因为这矛盾"关乎文明的暧昧品性"（the ambiguous character of civilization）。

这样一来，莱辛曾经抛弃然后又要找回的根本性的东西，实际上应该说是古哲关于人类文明的政治性质的看法，正是这一看法要求哲人"审慎"。反过来讲，新派哲人的问题就在于，不再认为人类文明具有"暧昧品性"，因为他们提出了改造人类文明的普适和普世价值——"市民社会"就是这样的理想。

如果"文明的暧昧品性"是必须隐藏起来的真理，那么，这一真理的确与我们已经得知的世间不可能有完美的政制以及人性有道德层次的高低之分等真理都扯得上关系。反过来看，世间的"邪恶永恒地增长仅仅是可能性"既然是哲学观点，就难免与"文明的暧昧品性"的政治观点相冲突——如此冲突说到底是哲学与政治的冲突。

进一步说，凭据"邪恶永恒地增长仅仅是可能性"这一哲学观点来改造人世，必然会生发出改造"文明的暧昧品性"的宏愿，其结果便是用哲学取消政治。这样来看，启蒙哲人为何会提出文明的普适性和普世性观念，抛弃世间的"邪恶永恒地增长"是事实这一传统真理，也就不难理解了。

施特劳斯进一步深究莱辛与弗格森的关系，他说：莱辛从《论市民社会的历史》的目录标题如"论艺术与职业的分离"和"论完美国家中的腐败"，看到了某种东西

——与此同时，施特劳斯引出了卢梭，向我们指明莱辛醒悟的具体要点所在以及醒悟的机缘。似乎施特劳斯最终要告诉我们的是莱辛与卢梭的关系，因为莱辛的转变实际上涉及卢梭的"经验"，尽管这层关系由弗格森的书才接上头。

施特劳斯在这里下了一个长注，说到"弗格森温和的卢梭主义对莱辛的影响"（页276）——所谓"温和的（mitigated）卢梭主义"很可能指朝保守方面扭转的卢梭观点。问题涉及的是对新兴"市民社会"构想的看法，在卢梭那里，这一构想已经发展得相当成熟，而莱辛在《恩斯特与法尔克》中则提出了"所有市民社会必然不完美"的理由，从而无异于对卢梭的"市民社会"构想提出了质疑。第一小节提到的所有政制都不完美的观点，现在成了具体的"所有市民社会必然不完美"的观点。

[附释]莱辛加入共济会的愿望据说带有一种皈依情绪：通过加入一种团体，找到类似于教会生活的形式，同时又不离弃思想的世界。换言之，从共济会员身上，莱辛看到了一种新的宗教生活的团契形式。共济会员的认信基于个人的良心自由，而非共济会本身的权威，正如改革宗信徒的皈依基于个人的认信，而非教会的权威，尽管仍然与圣经有密切联系。

可是，这种基于个人认信的宗教生活在开始时让改革宗信徒们感到很自由，但如此自由很快就变成难以承受的孤独。同样，加入共济会后，莱辛最终没有找到自己想要寻找的，因此深感失望——这在《恩斯特与法尔克》中有隐晦的表达。似乎莱辛自此开始怀疑，哲人建立一个世俗团体或者说建立一个自由自在的市民社会是否可能。

《恩斯特和法尔克》中出现的"社会"一词，具有重要的历史文献意义，与我们今天的用法不同，莱辛笔下的"社会"一词的含义，并非历史现实,而是受到质疑的哲学问题。参见 Manfred Durzak,《莱辛对社会的反思和描述》(Gesellschaftsreflektion und Gesellschaftdarstellung bei Lessing),刊于《德语语文学学刊》(*Zeitschrift für deutsche Philologie*),93 (1974)。西方学界二十世纪九十年代十分热闹的"市民社会"讨论竟然没有注意到莱辛的原初性思考,充分证明西方学界遗忘了莱辛。反过来看,施特劳斯这篇写于二十世纪三十年代的文章具有何等令人惊叹的前瞻性。

施特劳斯没有直接对比莱辛和卢梭的观点,而是提到弗格森的《论市民社会的历史》第一部分第三节和第四节。莱辛关于"所有市民社会必然不完美"的观点是在对话作品《恩斯特与法尔克》中表达出来的,我们要把握其中的要点肯定不容易。

施特劳斯在这里显得并非仅仅向我们指明莱辛的看法直接受到弗格森启发的要点,毋宁说,通过引征弗格森的话,施特劳斯同时向我们指明了市民社会构想并非完美的理由。第一,市民社会仍然是一种"强权机制"(mighty engine),它代替了传统社会的纽带,加剧了人与人之间的不和,或者让人们相互凑合在一起生活。第二,"同胞–公民"的称号非常空洞,仅仅用来区别外国人有用,并不能凝聚国民;市民社会有如"一个杂多的人民(the multitude of a people)",如果没有共同面对的敌人,他们不会有"一体感"。第三,与古代社会相比,现代社会中的贫苦劳工和机械工人的命运实际上并不比古代社会中奴隶的命运更好,从而,市民社会谈不上比古代社会进步(页70)。对于追求实现市民社会的我们来说,这些理由足以让我们思索好一阵子。

在这篇文章中,卢梭是继施莱尔马赫之后出现的第二个与莱辛对比的现代哲人。据施特劳斯说,卢梭恰恰是莱辛"在青年时期没有足够细致地思索"的经验。

[附释] 莱辛曾撰文向德语学人介绍卢梭的作品:比如 *Lettres de Rousseau sur differens sujets de Literature*,见 Wilfried Barner 等编十二卷本《莱辛全集》卷三,页 30 – 33;Rousseau, *Discours sur l'origine et les fondemens de l'inegalite parmi les hommes*,见《莱辛全集》卷三,页 251。1756 年,在与门德尔松(这年年初,他刚刚出版了自己翻译的卢梭《论人类不平等的起源》)的通信中,莱辛已经对卢梭的观点有所保留;在《赫恩胡特的思考》这篇早年文章中,莱辛表达了对新兴理性主义哲学观的疑虑。据彭斯(Georges Pons)的考察,读到卢梭的《第一篇论文》(《论科学和艺术》)后,莱辛改变了看法,不过,他仍然认为卢梭的论证方式有问题,觉得卢梭"走得太远"。在莱辛看来,科学和艺术的进步与道德和国家的堕落并非那么紧密地联系在一起,重要的是人类如何应用自己的知识。莱辛并不认为设想一个没有止境的进步是可能的,关键性的困难在于人类的伦理[道德层次的差异]问题,这是他与卢梭保持距离的首要原因。参见 Georges Pons,《莱辛的神意论和进步信念》(Lessings Vorsehungs – und Fortschrittsglaube),见 Edward P. Harris / Richard E. Schade 编,*Lessing in heutiger Sicht*,前揭,页 199。

读到这里,我们应该记起,卢梭同样是康德同志的精神导师——施特劳斯似乎暗示我们应该想想,为何康德没有莱辛的醒悟。施特劳斯在这里单刀直入:

> 若干年后,莱辛用如下更为准确的说法表达了他对文明之暧昧性的看法:即便绝佳的市民宪政也必然不完美。如此看来,似乎是这个政治难题导致莱辛的

> 思想发生了决定性转变,偏离了启蒙哲学——不过的确仍未转向任何一种浪漫主义(即一种所谓对统治和宗教更深刻的历史的观点),而是转向了一种更古老的哲学类型。(页70)

这段话的好些措辞值得悉心体味。首先,"即便绝佳的市民宪政(even the absolutely best civil constitution)也必然不完美"——前文的"市民社会"升格为"市民宪政"(又译"公民宪政")。毋庸讳言,这话让我们听起来非常不顺耳,甚至感觉非常不舒服。毕竟,近一个世纪以来,中国现代智识人奋力所求的就是实现如此宪政,在我们看来,市民宪政当然是最佳政制。现在我们看到莱辛如此认为,难免会产生抵触情绪。不过,我们仍然可以坚持自己的看法:市民宪政即便不是最佳政制,也是人类有史以来曾经有过的最好政制,至少比过去的专制要好。但在坚持自己的看法的同时,我们也应该搞清楚,"即便绝对完美的市民宪政也必然不完美"的说法道理何在。

其次,既然"绝佳的市民宪政也必然不完美"反映了某种"政治难题",我们就有必要搞清楚,这个所谓的"政治难题"究竟是什么。对此,施特劳斯没有再作解说,只有靠我们自己进一步去学习和思索。施特劳斯紧接着说的是,面对这一政治难题,莱辛没有转向浪漫主义,而是转向"更古老的哲学类型"。这话表明,卢梭同样看到启蒙哲学的问题,并力图克服启蒙哲学。①

---

① 关于这一点,可参看施特劳斯的《论卢梭的意图》(冯克利译)一文,中译见施特劳斯,《苏格拉底问题与现代性》,刘小枫编,彭磊、丁耘等译,北京:华夏出版社,2008,页69 – 100。

然而,卢梭的克服却引发了一场新的哲学运动:浪漫主义。我们都知道,卢梭和康德在思想史上被视为浪漫主义的奠基人,施莱尔马赫则是浪漫主义的重要代表——二十世纪九十年代初"市民社会"再度成为热门话题时,公民哲学的两位领军人物(伯林和泰勒)都曾经再度为浪漫主义张目。

鉴于这样的历史和现实背景,莱辛为何最终没有转向浪漫主义,值得我们深思。首先值得注意的是施特劳斯在这里对"浪漫主义"所下的定义,也就是括号中的说法:浪漫主义是"一种所谓对统治和宗教更深刻的历史的观点"(what is called a deeper, historical view of government and religion)。

"统治和宗教"这两个语词最为显眼,因为我们在文前所引伏尔泰的题辞中见过。所谓"更深刻"对我们来说不难理解,无非指现代哲学关于"统治和宗教"有了更为精致的观点,当今学界的大量相关文献证明了这一点:我们宁可花精力研读启蒙运动前后尤其当今的政治哲学文献,也不愿花功夫研读更老派的哲学作品,因为我们认为后者不如前者"深刻"。

所谓"历史的观点"无异于点明了现代哲学关于"统治和宗教"的观点所具有的理论特征或精致所在:现代哲学之所以"更深刻",就因为现代哲学以"历史的观点"来看待一切,包括"统治和宗教"——也就是后来被命名为历史主义的思想特征。如今,这一思想特征反映在几乎所有当下流行的"主义"或"理论"中。

非常引人兴味的是,施特劳斯说,莱辛从启蒙哲学转向老派哲学时,"表面上与某些浪漫主义观点"走得很近,也就是说,在当时的学人眼里,莱辛几乎是个浪漫主义者。

[附释]《论人类的教育》以犹太-基督教的神意论(Vorsehung)为基本背景,其要点如下:无论人类还是个人,都在一个由神意规定和引导的历史进程中逐渐成长,终极目标是理性的完善,因此,如此成长过程是符合理性地不断深入认识真理的进程。不过,人类或个人只有在宗教或国家中才能将理性具体运用于道德行为,换言之,达到理性完善之路由宗教和国家铺设而成。

一般认为,《论人类的教育》用新派的理性主义哲学重新解释犹太-基督教救恩史观念中的终末论,使之成了世俗-历史化的终末论。这种尘世历史的意义观既被视为典型启蒙哲学式的乌托邦进步观——所谓"哲学的千禧年主义"(ein philosophischer Chiliasmus),也被视为浪漫主义历史哲学的端倪,对康德、赫尔德、费希特、黑格尔和马克思都产生过影响。

其实,《论人类的教育》是莱辛针对启蒙时代精神写的一部显白教诲式的作品,内涵艰深曲折,非常难以绎读。表面看来,莱辛对人类的教育作出了理智主义的启蒙式解释,把旧约的基本主题还原为对上帝的理智的认识,却不谈传统的旧约主题:对上帝的忠诚与不忠诚、罪与忏悔、上帝的愤怒与爱等等。值得注意的是,莱辛与门德尔松私下谈话时也说:犹太教的唯一基础是理性的真理,只不过传达的方式是启示(神迹的、超自然)的方式——摩西立法的方式而已。

莱辛把旧约的神意论解释成了整个人类的现世进步规划,尽管如此,《论人类的教育》并没有挪开外在于世界的上帝,这与莱辛同雅可比的谈话以及《恩斯特和法尔克》中的相关说法一致。

总之,莱辛仍然坚持,整个世界是上帝的神意预定了的,从而与启蒙后的浪漫主义历史哲学的乐观主义不可同日而语。的确,哲学理性的进步论与犹太-基督教的神意论在《论人类的教育》中有一种奇妙的混合,但若把这种混合解释为莱布尼茨的善的决定论与路德的顺服意志的综合,可能就过于简单了(相关文献参见《〈论人类的教育〉编辑手记》,见莱辛《论人类的教育:莱辛政治哲学文选》,刘小枫编,朱雁冰译,北京:华夏出版社,2008)。

事实上，莱辛对理性主义哲学的看法非常复杂，对此莱辛的剧作有充分的表达：莱辛笔下的戏剧人物如马利内里（Marinelli，《爱米丽亚》中的人物）和纳坦（《智者纳坦》中的人物）明显没有能力达到理性的最高阶段，而且他们似乎也并不相信神意论——似乎在莱辛看来，设想整个人类会逐渐接近完善的人性理想，根本就是幻想。

在表述上与此"表面上"构成张力的是，施特劳斯马上提到莱辛对自己的朋友雅可比私下说的东西——我们如果记性好的话，就会想起在第一节的一个注释中，施特劳斯提到莱辛与雅克比的一次私下谈话。现在，私下谈话的内容进入了正文。不过，这里没有秘密可言，因为莱辛去世后，谈话记录已经公开发表。尽管如此，下面的话在我们读来仍然难免感到心惊……

> 据雅可比所述，莱辛曾说，反对教皇专制的论证要么根本就不是一个论证，要么就可以两倍或三倍有效地反对君主专制。莱辛是否有可能曾经认为，教会专制比世俗专制好两三倍？在别的地方，雅可比以自己的名义（但无疑秉承了莱辛的精神）曾说，"彻底"基于迷信的专制（"exclusively" on superstition）的坏处不及世俗专制。（页70–71）

这段话非常难理解——从字面上看，也许没有不好理解的地方。难理解的原因仅仅在于，莱辛的观点听起来像是在肯定旧的专制制度，让今天的我们难以接受，甚至让我们无法把目光停留在上面。在某些当今学人看来，施特劳斯的这段引述足以证明他曾经明目张胆地反对自由民主。

[附释] 在阿尔特曼看来，施特劳斯骨子里是个反自由民主分子，但他偏偏又居住在自由民主的国家，于是不得不作出妥协。但施特劳斯的"尴尬妥协很容易受到来自两方面的攻击"——阿尔特曼揭发施特劳斯反自由民主，用的大多是施特劳斯在世时发表的论著，换言之，施特劳斯生前在美国不断攻击自由民主。既然如此，阿尔特曼说施特劳斯以显白说辞把自己装扮成自由民主分子，就是自相矛盾。

阿尔特曼的揭发仅仅在一点上有效而且不无道理：在美国，有些所谓"施特劳斯分子"为施特劳斯辩护，说施特劳斯真心拥护自由民主。阿尔特曼挖苦说，这些人"要么一定在为其师保守秘密（就像施特劳斯为他的老师保守秘密那样），要么必定不认为施特劳斯在施行他重新发现的'写作技艺'"。

阿尔特曼没有想到另一种可能的选择答案：这些人要么懂得了施特劳斯告诉他们的古传哲人的美德，要么必定没有懂得施特劳斯关于显白说辞的教诲。阿尔特曼的立场，倒是简单明了：由于他是一个炽热的自由民主派，他只需要指出施特劳斯是个反自由民主分子就够了，至于说为何自由民主的政治理念需要质疑，不是他愿意思考的问题。毋宁说，阿尔特曼以现身说法的方式印证了施特劳斯的观点。

想必阿尔特曼也没有认真读过莱辛的《恩斯特与法尔克》，不然他不会看不到：《恩斯特与法尔克》之五提到，领导美国独立战争（1775—1783）的政治家几乎无一例外是共济会员，以至于当时的欧洲人有这样的印象——如法尔克所说，共济会员是美国革命之父，美国国会其实是个 Freimaurerloge [共济会分会]。恩斯特为此十分不安，想从法尔克那里得到安慰。亦参 Ehrhard Bahr,《莱辛：保守的革命者？——论〈恩斯特与法尔克〉》（Lessing: ein konservativer Revolutionär? Zu Ernst und Falk: Gespräche für Freimäurer），见 Edward P. Harris / Richard E. Schade 编，*Lessing in heutiger Sicht*，前揭，页

302。如果阿尔特曼认真看过这一段，他就应该指控莱辛是个反自由民主分子。

不过，如果我们平心静气来细看这段话，就可以确认，无论莱辛本人还是引述者施特劳斯，都没有因这段话而惹上冒犯自由民主女神的犯罪嫌疑——如果我们认为冒犯自由民主女神是一桩公民之罪的话。十分清楚，莱辛比较的是"教会专制"（ecclesiastical despotism）与"世俗专制"（secular despotism），而非在比较传统专制与自由民主政制（除非我们把自由民主政制等同于世俗专制）。倘若我们没有因字面含义而随即产生抵触情绪，而是力图把握莱辛所体会到的"政治难题"，那么，我们的理解会有所不同，甚至可能会有所收获。

莱辛觉得，"教会专制比世俗专制好两三倍"，因为，用来反对"教会专制"的理由，同样可以用来反对"君主专制"，甚至更为有力。比如说，我们可以设想：反对政治强制是一条反对"教会专制"的理由，但"君主专制"同样是一种强制性政制，而且其强制性更甚——前一个脚注中提到的弗格森的观点为此作了铺垫。

不过，对我们来说，这里最需要理解的是，以"君主专制"取代"教皇专制"是启蒙时代的风气——马基雅维利的《君主论》吹响了这场政制变革的号角：摆脱教皇政制、建立独立的王权国家成了西方近代的历史要求，霍布斯的国家学说呼应了这一历史要求。"世俗专制"取代"教会专制"，就是对这一历史要求的实质性说明。

就作为政制而言，"教会专制"和"君主专制"都带有强制性，因此，差别显而易见在于，是否借助于宗教施行统治。"教会专制"一旦被视为"基于迷信的专制",宗教被当作迷信破除后,剩下的就是赤裸裸的强制,这就是所谓"世俗专制"的含义——霍布斯的学说是典型的世俗专制论,正是在这种"世俗专制"的政制结构中,出现了共济会这样的秘密组织,"市民社会"(或者自由民主)的诉求与这一组织有密切关系。

如果我们细读《恩斯特和法尔克》就会看到,置身君主政制时代的莱辛已经意识到:君主制国家不能整合个人的道德感,因为,君主制国家观来自纯粹功能性的权力观。新的公共领域取代了原有的宗教-国家道德治权,使得个人道德不再受国家支配。于是,个人德性的诉求与国家主权所要求的德行必然出现裂痕和不和。市民(公民)意识成为强势的政治力量,形成新的公共性,难免不断产生新的"政治方案"——所谓市民(公民)社会,必然会是个人自由德性以公共诉求的名义要求政治法权的社会。在莱辛看来,这样的社会更成问题。

施特劳斯转述的这段雅克比的话中一共出现了五次关于"专制"的提法,首先是"教皇专制"(papal despotism)与"君主专制"(the despotism of princes)的对比,随之引出"教会专制"与"世俗专制"的对比,最后是"基于迷信的专制"。不难看出,"教皇专制""教会专制""基于迷信的专制"说的是同一回事,"君主专制""世俗专制"说的也是同一个东西。

"基于迷信的专制"的表达带有鲜明的启蒙哲学特征:现代哲人把所有传统宗教都视为"迷信"。在这里,唯有"基于迷信的专制"没有对应的提法,该叫做什么"专制",施特劳斯没有说,显得有些奇怪。我们可以推测,要么是疏忽，要么是因为施特劳斯觉得没必要提到对应的表达，要么是别的什么我们暂时还不知道的原因。

不过，施特劳斯在"基于迷信的专制的坏处不及世俗专制"这里下注，提到莱辛的一篇非常简短的对话：《关于士兵和僧侣的谈话》①。这个题目看起来挺怪异，但如果翻看一下这篇莱辛晚年写的仅仅几百字的对话，我们就会知道，"士兵和僧侣"当读作"国家和教会"：因为"士兵是国家的保护者"，"僧侣是教会的支柱"。

对话的主题是：在一个国家里，士兵多好还是僧侣多好。这话题意味着，传统政制已经发生蜕变，国家与宗教开始分离。两个对话者似乎代表着两类哲人，A 角起先说，士兵应该多过僧侣，这看似指君主专制国，后来又说僧侣应该多过士兵，这看似指教会专制国。B 角的看法是：不能一概而论，要看具体哪个国家。但 A 角却提出了一种普世的、抽象的国家观："国家在此世给每个个别成员幸福。"这无异于说，新的君主专制比旧的教会专制更好，但他并没有意识到，世俗专制需要更多的强制力（需要更多的士兵）。

对话中的 B 角还讲了一则关于农夫的寓言：农夫寓指民人，民人与士兵或僧侣的关系，就是民人与国家或宗教的关系。整篇对话形象地展示了新旧哲人对政制的不同看法：士兵应该多过僧侣，表明世俗专制实际上是启蒙哲人的建造。如果说旧的"教会专制"是神学（或宗教）与统治的结合，"世俗专制"就是新派哲学与统治的结合。

由此可以理解，施特劳斯随后就说："世俗专制能够很

---

① 中译见莱辛，《历史与启示：莱辛神学文选》，刘小枫编，朱雁冰译，北京：华夏出版社，2006，页 298–299。

容易地与启蒙哲学结盟,同时也倾向于拒绝严格意义上的显白论"——启蒙哲学抛弃显白论的原因现在彻底清楚了。不过,对于我们来说,更为重要的恐怕是得以澄清让我们迷惑了一个世纪的观念:我们仅知道启蒙哲学反对传统的"教会专制",却不知道启蒙哲学由此建立起来的是"世俗专制"。

"即便绝佳的市民社会也最终不完美"的理由正在于此:世俗专制没有了显白教诲(高贵的假话)。

> 但是,"彻底基于迷信的专制"——即全然不基于强力的专制——无法得到维系,如果不迷信的少数人不自愿克制住公开揭露和反驳"迷信"信念的话。(页71)

这话的修辞意味很强,读起来就像是柏拉图笔下的苏格拉底喜欢用的含糊修辞。采用这样的修辞,不是为了故弄玄虚、卖关子,而是要促使好学深思者用点儿心思去理解。首先值得注意的是:"彻底基于迷信的专制"被解释为"全然不基于强力"(not at all on force)的政制。

这意味着,由于有了宗教,国家统治所需要的强制力会小得多,反之,没有宗教,国家的强制就会增加。在这一意义上可以说,世俗专制比教会专制更为"专制"。莱辛看到了这一点,因此觉得,维系旧的"教会专制"比打碎它、建立"世俗专制"更好。然而,要维系旧的"教会专制","不迷信的少数人"(the nonsuperstitious minority)就得克制自己反对宗教的态度。我们已经看得出来,所谓"不迷信的少数人"指不信宗教的哲人(比如苏格拉底 - 柏拉图 - 莱布尼茨-莱辛）。这里最为关键的是：哲人莱辛说，这类少数人得"自愿克制"（voluntarily refrain）反对宗教的态度——这就是打算从事哲学的少数人得准备作出的牺牲。

[附释] 阿尔特曼揭发施特劳斯以显白说辞的方式质疑启蒙，据说"显白的教诲"的要害在于，指出了"启蒙哲学整体上（甚或由人民或以人民的名义实行的启蒙专制）否认显白论的一个主要根据"，即"甚至绝佳的政治制度也必定不完美"。阿尔特曼没有就施特劳斯所谈的问题本身动脑筋，而是追究施特劳斯对待启蒙的态度："正因为启蒙否认显白论之必要，故而质疑启蒙者就更有必要施行显白论。"

其实，阿尔特曼最终想要揭发：施特劳斯骨子里是个无神论者，这等于说施特劳斯是个虚无主义者——据说"施特劳斯分子（Straussians）自己要么不知道，要么不愿承认他们知道：美国的施特劳斯，就像雅可比，是一个隐秘的无神论者。虚无主义属于少数，顺从属于大多数……"。阿尔特曼的"要么……要么……"偏偏没有提到这样一种可能性：哲学搞到尽头，一定会撞上虚无，然而，哲人的美德恰恰在于，不可让自己发现的这个世界的虚无本相大白于天下。倘若撞见虚无的哲人竭尽全力让"虚无主义属于少数人"，而非让虚无主义"属于大多数"，那么，他就是一个卓绝的反虚无主义者。

尼采深知何谓虚无，而且正是尼采公开说出了哲学与虚无的内在联系，但这个尼采恰恰最为激愤、坚定地反对虚无主义——尼采旗帜鲜明地反虚无主义绝不是装样子，因为他懂得，虚无主义绝对不可"属于大多数"。如果有谁像阿尔特曼那样自鸣得意地死死咬定这样一个反虚无主义者是个虚无主义者，表明他要么不知道何谓哲人的美德，要么他自己缺德。

即便施特劳斯骨子里真的相信虚无，但在世时总让自己显得是个公开、坚定的反虚无主义者，那么，他具有的恰恰是苏格拉底式的美德。阿尔特曼的学问功夫明显用错了地方，他首先应该去揭发：

苏格拉底根本不信奉雅典城邦的神。施特劳斯在文章开头的一个注释中对某个莱辛研究者下的评语，用在阿尔特曼身上非常恰切：由于阿尔特曼从启蒙之后的观点来评价施特劳斯，他必然看不到施特劳斯"弥足珍贵的评论最重要的内涵"。

"不迷信的少数（哲）人"都"不迷信"宗教，启蒙哲人本属于这类少数人，但他们不再愿意作出这种牺牲，公开揭露和反驳"迷信"，结果制造出基于强力的世俗专制。

现在我们仍然需要理解，面对启蒙哲学的"勇敢"，为何没有转向浪漫主义而是转向老派哲学的莱辛堪称"审慎"？如果转向老派哲学意味着醒悟，浪漫主义不也同样主张回到古希腊-罗马的"黄金时代"？施特劳斯的解答是：

> 莱辛无需等到经历了罗伯斯庇尔的专制之后，才认识到浪漫主义反对卢梭（他似乎相信一种对文明问题的政治解决）的原则时所宣称的相对真理；莱辛于一个时代之前便认识到并拒斥了这相对真理，宁愿选择通往绝对真理的方式——哲学的方式。（页71）

这里出现的"罗伯斯庇尔的专制"（Robespierre's despotism）这一表达，让我们猛然恍悟：前面"彻底基于迷信的专制"的表达缺少对应的提法并非施特劳斯的疏忽，也非因为没有必要，而是时候未到。对应提法到这里才出现，意味着什么？意味着太多的道理。首先，面对启蒙运动，卢梭"已然相信"（这个语词让我们想起某种宗教信念）"一种对文明问题的政治解决"（a political solution of the problem of civilization)。正是这一所谓卢梭原则引导出了"罗伯斯庇尔专制",或者说,罗伯斯庇尔专制是在实现卢梭解决文明问题的政治方案。

[附释] 共济会的任务是消除国家的恶,但莱辛笔下的法尔克认为:革命与共济会的本质相矛盾。在《恩斯特与法尔克》中没有出现"革命"一词,法尔克用了烛光与阳光的比喻(参见对话3,对观《论人类的教育》68-69条,参见87-91条)。法尔克明显拒绝革命,但这不等于拒绝改变社会的行动,相反,法尔克似乎认为,改变社会、建立国家,实现理性的绝对统治和所有人的幸福,是共济会的责任(参见《论人类的教育》85条)。

按莱辛的看法:共济会与公民社会分不开,共济会的秘密实践从本质上说是乌托邦的,共济会的作用是高度政治性的。参见 Reinhart Koselleck,《批评与危机:市民世界病因研究》(*Kritik und Krise：eine Studie zur Pathogenese der bürgerlichen Welt*),Frankfurt / Main,1973,页72;Jürgen Holtory,《共济会的分会:影响-权力-缄默》(*Die Logen der Freimaurer：Einfluß - Macht - Verschwiegenheit*),München,2002。

法国大革命之后的毕希纳承接了莱辛的问题:解放人民是否可能——《丹东之死》与莱辛的剧作《爱米丽亚》(1772)有明显的承接关系,同样化用了古罗马少女维吉妞斯(Virginius)的故事,两者都是政治-历史剧的杰作。

不同的是,《丹东之死》的背景是"罗伯斯庇尔专制":罗伯斯庇尔追求以普适道德为基础实现一项宏伟的政治理想——人民的启蒙解放。在第二场第7幕中,革命政权的宣传部长鞠斯特提出了堪称启蒙思想的 analogia entis [存在类比],为启蒙的神义论提供了说明。从中我们可以看到,"世界精神"(der Weltgeist)有如哲人的造物神,取代了基督教的上帝。

通过这部剧作,毕希纳坚定地拒绝了罗伯斯庇尔式的政治乌托邦:西蒙是获得了解放的革命人民(他老婆颇像莱辛笔下的克劳蒂亚[Claudia]），在第二场第 6 幕，他担当了处决丹东的刽子手，这意味着得到解放的人民成了新的统治机器的屠夫。参见 Manfred Durzak,《莱辛与毕希纳论政治范畴》(Lessing und Büchner: Zur Kategorie des Politischen)，见 Edward P. Harris / Richard E. Schade 编, *Lessing in heutiger Sicht*，前揭，页 284 以下。

浪漫主义的兴起是对卢梭的抗议和批判，甚至是对启蒙哲学的批判。然而，虽然浪漫主义也往回看，但它宣称只有"相对真理"，否弃了"绝对真理"。从而，莱辛经验的最后关键在于：选择"通往绝对真理的方式"（the way leading to absolute truth），还是放弃"绝对真理"，转而主张"相对真理"。

这一抉择迄今仍然具有现实性，因为两百年后的二十世纪八十年代，闻名全球的解释学理论大师伽达默尔和自由主义政治哲学大师伯林再次选择了浪漫主义主张的"相对真理"。浪漫主义主张"相对真理"，是因为经历了"罗伯斯庇尔专制"这一苦涩经验，为了对抗这种新式专制在二十世纪重演，伯林把浪漫主义的"相对真理"主张变成了绝对真理。施特劳斯无需等到罗伯斯庇尔式专制在二十世纪重演完毕，就已经敏锐地看到莱辛公之于世的发现：导致浪漫主义的"罗伯斯庇尔专制"的原因在于，"不迷信的少数人"不愿克制自己"不迷信的"天性，要公开揭露和反驳"迷信"——哲人背弃传统的显白教诲之后，必然引导出基于强力的世俗专制。

施特劳斯接下来提到，在十七世纪，不仅"审慎的笛卡尔，即使像斯宾诺莎那样大胆的作家"都还懂得区分两种教诲。可是，时至今天，我国学界仍然流传着这样的说法：东方的"罗伯斯庇尔专制"（比如俄国的现代专制）是旧的东方封建专制（宗教专制）的延续——这种传说虽然在我们这里仍然是"常识",现在看来有必要反省这样的常识了。

施特劳斯把"通往绝对真理的方式"等同于"哲学的方式"——什么是莱辛看到的"绝对真理"？对文明问题不可能有政治解决的方案——如今，我们仍可见到新的这类方案："全球化""普世价值"……

为什么十八世纪会出现启蒙运动？也许这是历史的偶然。然而，无论面对怎样的历史偶然，只要我们能够持守"坚定的古典主义"（intransigent classicism），就可以避免误入歧途。施特劳斯生前念念不忘要告诉自己的好学生的莱辛经验，最终落实到这样一条教诲："研究古人"是"一个勤奋、肯思考的人"（ein fleissiger und denkender Mann = a diligent and thinking man）能够"接近"（nähern）哲人的"唯一道路"（页71、276）。

研究古典学问，企望对古典作家如数家珍，"不是卖弄学问"，而是成为真正的哲人的学生。莱辛在大风大浪中最终站稳了脚跟，依赖的不是古典传统的"任何现代或者中古的代表人物"，而是自己"熟知这一传统的渊源"——文章的结尾与文章的开头形成呼应，何谓"哲人"是施特劳斯这篇文章的真正主题。

可以说，正是由于极度关切哲人在启蒙后的自由民主时代的处身含义，使得施特劳斯"开始注意到一些古代哲人的显白论，因而能够理解所有古代哲人的显白论"。

文章最后回到开头关于古典学问的话题——我们感到困惑的是：施特劳斯最后强调了研习古典学问的重要性和

优先性，然而，现代哲学支配下的古典学问并不能使得我们从古典学问中获益。结论只能是：我们必须亲自去熟知古典学问的传统渊源。

如果有谁批评施特劳斯（或批评我们跟随施特劳斯）彻底转向了古典学问，对现代学问置之不理，仅仅表明他要么不愿意或不能够认真看待施特劳斯所看到的莱辛经验，要么认为几百年前的莱辛经验没什么了不起，已经过时，不足为训。

施特劳斯与中国

——古典心性的相逢

[题记] 本文原为2007年年底提交给英国伯明翰大学举办的一个学术研讨会的论文，标题前半截"施特劳斯与中国"是研讨会主办者给笔者拟定的，系命题作文。今年（2008）年初，一部将在巴黎出版的法文版中法学术对话文集的主编也以此题向笔者索文，同一中文稿被译成法文前，笔者对文本有所增补，这里发表的中文稿原刊《思想战线》2009年第一期，亦略有增删。

从严复1898年刊印《天演论》译本并于同年着手翻译《群学肄言》算起，我国学界已经三次引人注目地引介西方学术思想，规模一次比一次大。"五四运动"之后到1966年，算第二次引介时期，最高成就是我国翻译西方"政法诸书"的第一个汉译全集——汉译马恩列斯全集基本竣工，按马克思主义观点拟定的西方历代名著汉译计划亦见雏形。二十世纪八十年代兴起的引介热潮算第三次，迄今仍在持续。严复挑选的西方学术名著,大多属于现代西方自由主义一脉,"五四运动"以来的西学翻译并没有更改严复的基本着眼点,而是扩展了中国知识人接受西方现代启蒙主义的视野。

回瞥过去,不难看到,每次引介西方"政法诸书"都难免引发学界争议。这似乎表明,中国学人在引介西方学术思想时有所选择。"五四"时期的中国学人努力译介西方现代各类"政法诸书",其中最重要也最见政治效力的,无疑是马克思主义"政法诸书",尽管一直也有中国学人(比如某些新儒家)主张不引介为好。

据说日本学界就不同,凡西方的学术思想,一律引进——严复曾经私下批评梁启超引介卢梭,在他看来,这种思想不引介为妙。为何引介西方学术思想时有所选择,原因也许不难解释:引介西方"政法诸书"时,中国学人心里想的无不是形塑什么样的新中国这一重大现实问题。

晚近二十年的第三次引介西方学术思想没有能够避免译介之争,并不奇怪,奇怪的也许是,争议出现得较晚——即便有人质疑甚至批评本人引介基督教神学,也并未引发明显的争议。2000 年前后,笔者相续引介施米特(Carl Schmitt)的"政治法学"和施特劳斯(Leo Strauss)的"古典政治哲学",随即引发争议。

对此笔者并不感到吃惊,让笔者吃惊的倒是:欧美学者也关注我们引介施米特尤其施特劳斯的"政治哲学"。从来没谁问过我:为什么你们要引介海德格尔、为什么要引介韦伯、为什么要引介卡尔·巴特(Karl Barth)。如今,不断有欧美学界人士问我:你们为什么引介施特劳斯?从前,西方的汉学家或中国问题专家才关注中国学界发生的事情，绝大多数西方学者并不关心，相反，绝大多数中国学者（即便不是研究西学的）都关心西方学界发生的事情。如今，问我为什么引介施特劳斯的西方学者，已经不再仅是西方的汉学家或中国问题专家：施特劳斯进入中国已经引起从来不关心中国、仅关心自己（欧美）的事情的西方学者关注。

这让我好奇：关心施特劳斯进入中国的欧美学者是谁，他们为什么关注我们引介施特劳斯？

一

还是先回到西方学者们的询问：为什么要引介施特劳斯？

请让我从自己也感到困惑的地方说起——在欧美学界和大学中，施特劳斯并非显学，但在中国学界和大学的确已经受到较多关注，同时也有一些教授和学生对施特劳斯抱持怀疑甚至激烈的拒斥态度。这本来都是自然而然的事情，让人费解的是，我们曾相续引进西方当今学界的各家显学（福柯、罗尔斯、哈贝马斯、哈耶克、德里达），从来未见有西方学者问，为什么引介这些人的书，也未见有中国学人出来表示抱持怀疑或者激烈拒斥，为什么偏偏引介并非显学的施特劳斯会引发内外惊诧？

施特劳斯的学问被命名为"政治哲学"，但在我国学界已成为显学的福柯、罗尔斯、哈贝马斯、哈耶克、德里达的学问，也都是一种"政治哲学"，为什么偏偏施特劳斯的"政治哲学"会引发学界争纷？这个问题看起来不难回答：

因为施特劳斯提倡的"政治哲学"有"古典的"（classical）规定，更明确地说，有"柏拉图式"（Platonic）的规定。因此，回答这一问题的真正困难在于：为什么"政治哲学"有"古典的"或"柏拉图式"的规定会引发震荡。

如今，人们说起"政治哲学"，首先指的是哲学中的一个"门类"，诸如伦理学、宗教学、美学、社会理论之类。大学中的政治学系有别于比如说经济学系、社会学系，就是这种划分的结果或反映。我们知道，这是西方现代以后出现的新式学问体系划分，无论在中国古代还是在西方古代，学问本来都不这样分类。

早在二十世纪三十年代，中国学界就有人谈论比如孔子或庄子的"政治哲学"，这意味着孔子或庄子还有经济思想、伦理思想等等。朗擎霄1934年出版的《庄子学案》一书在考论《庄子》的篇目和真伪后，先分论庄子的"本体论""自然论""进化论"，然后分论庄子的"人生哲学""政治哲学""经济思想""心理学""辩证法""文学"。（天津古籍出版社1990年影印重版）由此可见，现代式的西方学问已经切割了中国的古典学问（如今的推进是，把《庄子》读作自由主义的经典），正如它已经切割了西方的古典学问。

早已成为显学的福柯、罗尔斯、哈贝马斯、德里达的学问显然不是这种次级"学科门类"意义上的"政治哲学"，严格来讲，它们属于另类"政治哲学"，这类"政治哲学"的实际名称或许当是政治论说或"主义"论说，比如自由主义、保守主义、新-新左派、结构主义、女性主义、后殖民主义等等。这些另类"政治哲学"不是"学科门类"意义上的，不能按现代学科给它们划分领域，因为它们实际体现在诸如伦理学、宗教学、美学、社会理论等等建制性的学科领域,以至于显得与古典政治哲学没差别。翻开当代政治哲学的教科书,便会看到一堆这样的"主义"——我们都清楚,这些"主义"首先在欧美学界然后在中国学界逐一成为"显学"。

然而,这些"主义"论说仅仅在形式上显得与古典政治哲学没差别。如果从"古典的"政治哲学观点来看,所有这些另类的"政治哲学"都只能称为"主义"论说,不能称为"政治哲学"。因为,就"哲学"这个西方传统语词的本义来说,其含义当首先是静观的反思,即便是反思"政治"的"政治哲学",也首先得是一种哲学,而非政治实践性的论说。无论各种"主义"论说背后有何等精致的哲学,它们首先是一种政治实践性的论说,无不显得热烈而有现实斗争性。面对这些"政治论说",我想起尼采在《朝霞》序言中曾说:

> 康德如此热心向善,不过是他那比任何其他世纪都更盲目而热烈的世纪的儿子。

"盲目而热烈的世纪"指欧洲启蒙运动的十八世纪,按尼采的说法,从卢梭、康德到罗伯斯庇尔有一条内在的精神线索。十九世纪以来迄今的各种"主义"论说,无不是这种精神的延续——即便有的"主义"以启蒙的批判精神来对待旧的启蒙批判精神也罢(比如德里达)。

施特劳斯倡导的政治哲学突出"古典"的规定,首先意味着从根本上质疑现代"盲目而热烈的""主义"(无论保守、"左倾"还是自由主义)。回答为什么我们要引进施特劳斯,第一个理由就是:我们由此得以摆脱百年来对西方现代的种种"主义""盲目而热烈的"追逐。

有人马上会问:为什么要"摆脱"?追求现代的"主义"有何不对?在面对这一问题之前,还得面对一个问题,有人会说:施特劳斯的"政治哲学"难道不也是一种"主义"论说?

不能把施特劳斯的"政治哲学"称之为"施特劳斯主义",因为,所谓"主义",指带有明确的积极政治实践性诉求的论说,施特劳斯的古典"政治哲学"却把求学者的高远志向引向古典经书(俗话说"钻故纸堆")。即便有人从故纸堆中出来后从事政治实践,至少也懂得了人不能胜天的古训,不大可能再是个政治实践上的愣头青。

与此相反,现代的"主义"大多基于人定胜天的信念,容易让人热切而盲目。在西方学界(尤其美国),施特劳斯被一些人视为保守主义的代表。施特劳斯自己很可能已经预见到会有这样的结果,因为,在《关于马基雅维利的思考》(申彤译,江苏:译林出版社,2003)一书最后,施特劳斯专门谈道:对于几乎所有的实践目的而言,古典兴许就是如今被称为保守派的东西(The classics were for almost all practical purposes what now are called conservatives)。

非常有意思的是,施特劳斯这里直接针对 for almost all practical purposes [几乎所有的实践目的] 提出异议:不可忽视"古典"与"保守"之间针锋相对的根本区别(contradistinction;中译本,页477)。

说到底,"古典的"规定首先针对的是所有现代的"主义"论说,包括保守主义。这意味着,"古典的""政治哲学"要求:首先,通盘重新检审近代以来的"政治哲学"（从卢梭、康德到罗伯斯庇尔直到当今的德里达）；这必然要求，第二，用古人的自我理解来理解古典，进而用古典的眼光来衡量现代的政治论说。施特劳斯的"古典政治哲学"在西方学界还不是显学，恰恰因为，现代的种种"主义"论说在如今的西方大学已经占据主导地位，就此而言，倘若欧美学者嘲笑中国的大学仍然受马克思主义支配，本身就可笑。

反过来看，施特劳斯的古典主张如果让一些中国新锐学人不舒服，乃因为我们同样是在罗伯斯庇尔的如下政治理想指引下被培养出来的："在地上建立智慧、正义和美德的大厦"，这可称之为伟大的"现代性构想"。为了实现这一构想，得有与此相匹配的"在地上"建立起来的教育制度。

不同的是，如今，这种教育制度在欧洲和美国已经发展得非常完备，在我们中国，则还处于追求实现这种教育制度的进程之中——二十世纪九十年代以来，中国的教育制度以飞快的速度努力要与这种制度"接轨"。由此似乎也可以解释，施特劳斯的古典政治哲学在中国的实际意义可能比在欧美要大得多。

二

如何"在地上"建立现代化的教育制度？二十世纪发展最为强劲的学科——社会科学完整地体现了"在地上建立智慧、正义和美德的大厦"这一现代性理想。按照在当今教育制度中占据支配地位的人类学原则（注意不等于人类学这个学科本身),高等教育不应该教学生们把目光投注在历史上的伟大作家(伟大灵魂)身上,而是应该教学生们把目光投注在自己的欲望和想像上。学生们无需再念古典的经书,而是现实地探究人的各种欲望、记忆、想像,就可以把自己培育成有德的人,进而评说现存制度的各种利弊。

经过现代化的大学教育,大学生已经会自发地质疑:凭什么说古典的就是好的?这岂不是先入之见?那么多近代以来的思想大家难道都错了?他们的头脑难道都不如施特劳斯清醒?

这个问题问得蛮有道理,与前面我还没有回答的问题——追求现代的"主义"有何不对——性质相同。严格来讲,这样的问题是向施特劳斯本人提出的严肃问题,如果我们要获得对此问题的回答,最好亲自去细读施特劳斯的著述,我相信,施特劳斯在自己的著述中以比提问者严肃得多的态度回答了这样的质疑。

如果欧美学者中间对施特劳斯抱有如此疑虑或拒斥态度的读书人稍微严肃认真地读过施特劳斯的著述,起码会看到一个明显而又简厄的答复——就在《关于马基雅维利的思考》的前言中,施特劳斯一开始就用特别清晰的语调说:按照关于马基雅维利的老派而简朴的看法(the old-fashioned and simple opinion),马基雅维利是个"邪恶的教诲师"(a teacher of evil),因为他公然教诲公共和私人歹徒行径的基本准则(to teach maxims of public and private gangsterism)。

施特劳斯还说,按老派的简朴看法,马基雅维利简直是个"邪恶的人"(an evil man)。我们不难设想,从古至今，恶人都在自然而然地产生出来，但大自然似乎不会产生出"邪恶的教诲师"。马基雅维利兴许是"绝无仅有的一个哲学家"（the only philosopher），其唯一性就在于：此人的邪恶品性与极高才学恰巧结合得很好，成了"邪恶的教诲师"。

施特劳斯在陈述关于马基雅维利的老派简朴看法时，依次用了三个语词："邪恶的教诲师""恶人""绝无仅有的一位哲学家"（中译本，页2）。"恶人"无异于个人品质的描述，夹在中间，"教诲师"与"哲学家"其实是同义词，因为，按照某种对哲学的理解，哲人是最高的教诲师——智术师。当我们读到，一个恶人成了"绝无仅有的一位哲学家"时，难免会觉得有些夸张吧？

施特劳斯接下来说，这种老派的简朴观点尽管不够周全，毕竟抓住了马基雅维利的要害：他传授的学问不道德。然而，二十世纪的社会哲学家们却以老派的简朴观点不够学术为由，提出了在施特劳斯看来"更为智术化的观点"（more sophisticated views）为马基雅维利的不道德辩护：马基雅维利绝非"传授邪恶的邪恶教诲师"（an evil teacher of evil），他是"热诚的爱国者"，而且还是"以科学方式研究社会"的先驱——亦即现代社会科学尤其政治学的先驱。

施特劳斯让我们看到这样一种对立：简朴的道德观点与智术化（学术化）的非道德观点的对立。不仅如此，施特劳斯还毫不含糊地表明了自己的立场：即便简朴的道德观点不够周全、表述不够准确，他自己仍然要站在这种观点一边，因为这种观点坚持基本的善恶、对错、是非的区分——施特劳斯说，即便认可马基雅维利是个爱国者，也没法否认他同时是个"邪恶的教诲师"，因为，马基雅维利的爱国主义恰恰基于"无视对与错的区分"(the indifference to the distinction between right and wrong,中译本页3,倒数第2行)。把马基雅维利式的爱国主义视为美德,结果便是对高于爱国主义的东西视而不见(blind to that which is higher than patriotism)。

至于说马基雅维利是个研究社会的"科学家",不过意味着研究社会的"科学方法"当抽离作为公民和作为人应当承担的"道德区分",这意味着"道德麻木"(moral obtuseness)当成为所谓社会"科学分析"的基本前提。鉴于马基雅维利是个哲人,这种"道德麻木"无从开释。

施特劳斯写下这些话的时候,社会科学在西方学界和大学的发展势头正如日中天。《关于马基雅维利的思考》一书的这段开场白无异于在谴责整个西方现代社会科学和文教制度:如今的大学堂而皇之地传授不讲是非、对错、好坏、善恶的学术,以至于受过高等教育的人在道德良知方面比普通常人还不如,他们可以学术地不讲道德良知。

明知道自己这样说难免招来学人谩骂,施特劳斯仍然大无畏地指出:现代的社会哲学家们之所以会对马基雅维利作出无关道德品质的评价,恰恰因为他们是"马基雅维利的小学生"(pupils of Machiavelli),或者他们的老师的老师已经是马基雅维利传统的继承者。

正是在这里,施特劳斯提出:除非复活西方文明"前现代的遗产,包括圣经的和古典的遗产"(the pre-modern heritage, both Biblical and classical),否则当今西方学人没法看清马基雅维利思想的邪恶品质(中译本,页5)。

施特劳斯果然招来学人谩骂——在学界维护简朴的道德观会招来谩骂,已经不是怪事,反倒是自然而然甚至理所当然的事情,可见施特劳斯关于马基雅维利及其学生的说法没错。其实,至少在《关于马基雅维利的思考》这本书里,施特劳斯还没有事先假定古典的观点就是好的,而是反对事先假定古典的观点是不好的、落后的。

古典的观点好不好,首先需要我们不带现代偏见地去看古典的观点,马基雅维利的问题首先在于,给我们带来了现代偏见,制造出现代迷信。如果说现代的观点让我们摆脱了对古典的迷信,那么,如今我们首先需要摆脱对现代的迷信。由此可以理解,施特劳斯为何要重新开启古今之争。

如果施特劳斯是在"盲目而热烈"地鼓吹"复古"或保守主义式地"复古",他就不会花那么大的力气去辨析马基雅维利处心积虑背叛古典却要装出回到古典的样子,也不会提请我们注意,现代性的三次大浪头恰恰体现为回到古代的姿态——说到底,施特劳斯从来没有简单地主张复古。

在施特劳斯的众多研究中,他的马基雅维利研究显得非常独特。首先,这部著述是施特劳斯生前刊行的篇幅最长的专著,引发的争议也最大;其次,据说施特劳斯的思想在这里透露得最充分。的确,在我看来,这部著述至少将施特劳斯一生所关注的问题体现得最为尖锐。

一般而言,人们会说,施特劳斯的根本关注是:哲学与神学政治的关系问题,或者启示与理性的关系问题,或者古今之争。这些表述都没错,但仍然不及下面这个表述透彻:施特劳斯的根本关注是哲人的道德政治品质或哲人的败坏问题。

施特劳斯丝毫没有否认马基雅维利的才学:思想无畏、

目光大器、言辞雅致。但施特劳斯要我们记住一条"深刻的神学真理：魔鬼是堕落的天使"，由此才能认识到，在马基雅维利的思想中有"一种品第极高却败坏了的高贵"（a perverted nobility of a very high order；中译本，页6）。通过解析马基雅维利的书，施特劳斯让我们看到了这一点。

这让我想到一个问题：什么是施特劳斯式的"阅读方法"？细读文本不是施特劳斯独有的方法，关注两种说辞也不是，古代学人大都这样读，现代人尼采也强调这样读。如果从宗教与哲学或理性与启示的关系来看思想史上的要著是施特劳斯"阅读方式"的特色，那么，宗教与哲学、理性与启示的关系其实向来是西方思想史的基本问题，施特劳斯不说我们也知道。

在我看来，所谓施特劳斯"阅读方法"的独特性在于，尖起眼睛看哲人的德性问题或者说哲学的道德－政治问题——这个问题就是政治哲学的首要问题。"蕴涵在事物表面的问题，而且只有蕴涵在事物表面的问题，才是事物的核心"（《关于马基雅维利的思考》，中译本，页6）——这是施特劳斯关于阅读古代经典的名言，它出现在重新告发马基雅维利有道德政治问题的起诉书末尾，绝非偶然。

恰恰在这一问题上，我们可以理解，为何"古典的"政治哲学被施特劳斯进一步明确为"柏拉图式"的政治哲学，因为，这种政治哲学以"苏格拉底问题"为出发点。苏格拉底问题的要害无异于哲人的道德政治问题，或者说哲人与自己所处的社会的政治关系问题。

苏格拉底当年被指控的是道德－政治罪：1. 不信城邦的神；2. 败坏青年——自苏格拉底审判以来，哲人是否败坏青年便成了一个恒在的道德政治问题。然而，自马基雅维利以后，哲人逐渐变成了社会科学家或知识分子，当年雅典人民指控苏格拉底的道德-政治罪的正当权利也随之被取消了，"科学地研究社会"享有道德政治上的治外法权。

施特劳斯看得非常清楚，马基雅维利力图单纯从政治的角度来看政治，删除了道德-宗教的基准。与此相反，柏拉图式的哲人主张从道德-宗教的角度来看政治，原因之一正是"苏格拉底问题"带来的启示：从道德-政治的角度看，雅典人民指控苏格拉底犯了罪，从道德-宗教上讲完全正确。

就此而言，柏拉图式的政治哲学无异于一种启蒙哲学——针对少数求智者的道德-政治教育，而非对普通民众的哲学启蒙，从而与由马基雅维利肇端的现代启蒙哲学判若云泥（参见《关于马基雅维利的思考》第三章最后一句话和第四章最后四个自然段）。施特劳斯的政治哲学以及他大力倡导的"自由教育"力图恢复的恰恰是柏拉图式的启蒙哲学，这种哲学在西方思想史上不绝若线，施特劳斯提到过的现代榜样就有斯威夫特和莱辛。

这与保守主义或者"极右派"有何相干？斯威夫特是保守主义？莱辛是个"极右派"？施特劳斯三十岁出头时就已然明确了自己超越自由主义与保守主义的思想立场，在1931年作的一次学术报告"柯亨与迈蒙尼德"结尾时他宣告：

> 我们获得了一个视域，这个视域超然于（jenseits）进步与保守主义、左派与右派、启蒙运动与浪漫派的对立——或者无论人们怎样称谓这种对立；……我们

摆脱了所有对进步或者退步的考虑,重新理解永恒的好、永恒的秩序的思想。①

与此相关,施特劳斯在自己唯一的一篇带自传性质的前言中一开始就说:希特勒一类现代僭主成功的原因恰恰在于,那些灵魂鄙俗但意志最为坚定、顽强,性格最为粗犷、无畏,对实际政治有最佳判断力的人成了杂众领袖。②意志顽强、性格无畏、判断力敏锐不都是政治实践需要的能干品质?不幸的是,这一切与无视常识道德的鄙俗灵魂结合在了一起。

我们中国的少数(读书)人面临着生死攸关的历史性抉择:要么学习西方近代启蒙从而学会败坏自己,要么接受柏拉图式的苏格拉底启蒙,以古典学问涵养自己。我们引介施特劳斯的第二个理由就在于此:对现代之后的西方文教制度的学理基础,我们应该抱持审慎的态度。施特劳斯倡导的古典教育为我们提供了契机,因为,古典教育要求我们瞩目古代的高伟灵魂,这只能见于古代流传下来的经典——讲是非、好坏、对错、善恶,必须基于一套道德原则,无论中国还是西方的古代文明,早就已经总结出这样的原则,现代的社会科学废除了这些原则,"在地上"另立原则,我们必须寻回古典的原则,才能挽救我们作为学人的道德-政治品质。

幸好我们的大学尚处于"飞速"与西方大学接轨的阶

---

① 参见施特劳斯,《犹太哲人与启蒙》,刘小枫编,张缨等译,北京:华夏出版社,2010。

② 参见 Leo Strauss, *Spinoza's Critique of Religion*; 1965 / Uni. of Chicago Press, 1997, 英译本导言,页1。

段,而非已经完全变成了西方式的大学。倘若我们的文教制度像法国、德国的大学那样已经非常美国化,施特劳斯提倡的古典学问肯定不会引起强烈反响——反过来说,正因为我们的文教制度还没有完全与你们接上轨,我们必须趁机尽快推进古典教育。

三

在 1980 年代,中国的知识人齐心想的是如何走出"筒子楼"。1990 年代以降,随着商品房的出现,尽管知识界逐渐走向分化,主流乃是启蒙自由主义及其现代 – 后现代理论,这是我们长期不得已住"筒子楼"引出的自然而然的结果。当新左派出场时,自由主义论说便觉得自己可以理直气壮攻击新左派在给"筒子楼"翻新搞装修。当遇到古典政治哲学时,自由主义实际感到了更大的甚至根本性的威胁,却没法说古典政治哲学与"筒子楼"有亲缘关系。

在中国引介施特劳斯会受到一些莫名怒火的攻击,一点都不奇怪,因为这种攻击本身已经表明自己站在现代启蒙主义立场,而施特劳斯的确质疑甚至可以说反对现代启蒙主义——如果我自己已经是个坚定的启蒙主义者或自由主义者,当然没什么好说的。

然而,如今的一些转向古典政治哲学的中国学人曾经也是热诚的自由主义者,这就表明,问题并非在于自己已经持有某种"主义"立场,而在于是否敢于反省自己的立场。倘若如此,那么,我们可以看到:施特劳斯实际上力图重新开放启蒙和民主政治的品质问题。

如今,启蒙——尤其民主政治和自由理念——的正当性几乎已经到了不容讨论和质疑的地步,作为哲人,施特劳斯坚定地要求哲人有质疑的权利。通过开启古典政治哲学的视野,施特劳斯让我们看到:与现代启蒙——尤其民主政治——为敌还是为友,早在古希腊时代就是古典政治哲学中的重大问题,从而,温习古典政治哲学,对我们学会审慎思考政治问题确有好处。

施特劳斯说,马基雅维利才是真正的自由主义的敌人,自由主义的领军人物伯林(Isaiah Berlin)则坚持认为,马基雅维利是自由主义思想富有"原创性"的先驱,自由主义哲学大师斯金纳(Quentin Skinner)甚至反倒谴责施特劳斯是"道德法官"。这也不奇怪,因为施特劳斯并不能说服所有人。苏格拉底就没能说服卡里克勒斯,对于忒拉叙马霍斯这类人,苏格拉底也许一开始就没指望能说服他,至多把说服别人的过程演示给他看。知人则哲,施特劳斯一定清楚,有的人天生性情如此。

不妨举个具体例子——同样是在解析马基雅维利的书中,施特劳斯说到马基雅维利是现代民主思想的先驱。① 马基雅维利怎样和为什么成了这样的先驱?施特劳斯是这样解释的:马基雅维利背叛了西方古代的"所有作家","反对整个传统"和"常识看法"(the common opinion)。换言之,西方的古典作家持有的看法其实是常识性的看法。

关于什么的看法?关于"杂众的智慧和恒定品质"(the wisdom and the constancy of the multitude)的看法。古

---

① 参见《关于马基雅维利的思考》,中译本,前揭,页186–187。

代与现代之争的关键之一在于,现代观念与古代观念在有关"杂众的智慧和恒定品质"这一问题上有根本性的差异:古代观念基于常识性的"普通看法",现代观念基于什么?基于某种哲学。

马基雅维利认为,"杂众"比作为个人的君王更有智慧和恒定品质,进而把"杂众"的声音比作"普世的看法"(a universal opinion)甚至比作"上帝的声音"——这里的 a universal opinion 打了引号,从而与前面打了引号的 the common opinion [普通看法] 形成对照。universal 这个语词透露出某种东西,这就是哲学:a universal opinion [普世的看法] 等于哲学的看法,因此与"常识性"看法产生了对抗性关系。马基雅维利的观点基于某种哲学,现代反对古代,无异于以哲学反对道德常识。

所以,施特劳斯紧接着说,马基雅维利是以杂众或民主制的名义挑战优良政制的偏见和前提的"第一位哲人"。这里的表述有两点值得注意:首先,杂众与民主制选择性地并举,民主制就是杂众统治的政制;其次,古典哲学反映了优良政制的偏见和前提(如果我们现在研究古典哲学,就是在学习优良政制的偏见和前提;中国传统儒家同样如此,但好些现当代儒生完全搞错了,以为古典儒学里面有民主思想)。

进一步问,马基雅维利为什么要这样?因为他认为,"人民的目的"(the purpose of the people)比"伟人的目的"(the purpose of the great)更为"诚实或正派"(honest or just)。如果留意的话,便可以注意到,前面的 the multitude [杂众] 一词这里变成了 the people,前面的 prince 一词这里变成了 the great [伟人],施特劳斯在随意更换语词吗？肯定不是：the multitude 这里变成了 the people 是一种还原，prince 变成了 the great 也是一种还原，王者在古人看来应该是个"伟人"。用亚里士多德的说法，治人者"必须不仅有美德，还得有践行能力"（《政治学》1325b 10 - 14）。第三个语词的变化是，前面对比的是 the wisdom and the constancy，这里对比的是 honest or just，哲学性的品质还原为道德性的品质。

可是，施特劳斯接下来说，马基雅维利其实并非真的"热衷于杂众的统治"，因为他自己非常清楚，"所有简单政制"（all simple regimes）都是"坏的"（bad），其结果不是无政府的乱世就是寡头制，而"每一所谓的民主政制"说到底都是"简单政制"。既然如此，马基雅维利为何要提倡民主政制？这不矛盾吗？如何解释马基雅维利明明清楚知道民主政制是"坏的"，却要背离古典智慧提倡民主政制？

施特劳斯的解释是：这完全是因为马基雅维利的个人性情使然："马基雅维利热切偏爱大众，使得他不能够或者迫使自己不干脆地认同"（his bias in favor of the multitude enabled or compelled him not to identify himself simply with …）古典传统的优良政制。我们会觉得，这样的解释太简单、太平常。可是，反过来看，施特劳斯的思考并不寻求高深的哲理，而是诉诸常识：正如我们在日常生活中看到的那样，有的人明知道这样不好却偏要这样，不过因为性情如此，其实没多少道理可讲。

不过，施特劳斯这话有一个前提：马基雅维利是个哲人。哲人的古典含义之一是，能够掌握自己的个人性情，否则就谈不上"自由人"①。既然马基雅维利已经不能让自己的见识支配自己的个人性情,哲人的品质已然变了——哲人心性的蜕变,恰是现代性问题的症结所在,对此,尼采看得尤其清楚。尼采之所以激烈反对卢梭,原因就在于,他觉得卢梭在抹平"圣贤"与"小人"的区别,如此"尚同"的诉求使得政治的道德秩序无法建立,这是现代政制不断产生激进民主诉求的原因。

马基雅维利带来的转变在于:不是从高处向下打量,从而以高来包容低,而是从低处往高处看,把高向下拉到等同于低。《君主论》中举到许多古代的例子,但唯有一个例子是朋友在一起思辨式地问答:斐利波门与朋友们在乡下"思辨"式地你问我答讨论问题,如此问答形式不就是苏格拉底式的哲学吗?但马基雅维利让自己笔下的人物思考的并非纯粹的真善美问题,而是实际的战略战术问题:倘若敌人上了高处该怎么办。②

在高处的敌人是谁?古老的圣王?还是古代的哲人?无论是谁,马基雅维利的敌人在高处,他要把他们从高处赶下来。古典政治哲学在谈到政体类型时,是与人的灵魂类型联系起来的。如果说马基雅维利完全否弃了灵魂问题,并不恰当,应该说,他否弃了古典哲人对灵魂类型的比较,单单从一种灵魂类型出发。

马基雅维利把灵魂的类型先简化为两类:偏向观念的和偏向实际的,然后否弃偏向观念的灵魂类型,仅余下偏向实际的灵魂类型,这种灵魂只看重实际和时机。更重要

---

① 参见色诺芬,《回忆苏格拉底》,第二卷第一章,吴永泉译本,北京:商务印书馆,1984。

② 参见《君主论》第十四章。

的是,由于否弃了偏向观念的灵魂,我们已经找不到可以用来衡量偏向实际的灵魂类型的道德尺度——这就是整个现代学术的基本方向。

为了实现"尚同"的政治目的,现代政治哲学只能"在地上"用低的东西来重建哲学,然后再凭靠从这种新的哲学中得出的理性化原则来改造常识世界——现代的文教制度就以此为基础。在现代世界,哲学的普及或者说各种竞争的"主义",都是为了以低为起点的"尚同"——这样一来,哲学也不再是哲学。

四

启蒙主义的"尚同"哲学把中国带出了旧的"天下帝国"的眼界,领进了西方的普世化新世界——这是西方现代启蒙主义为新中国作出的伟大贡献。但熟悉中国二十世纪思想发展的人都清楚,中国的马克思主义者一直面临如何将马克思主义中国化的问题。换言之,中国的启蒙主义者最终得面对这样一个问题:中国自己的伦理身份是什么?马克思主义的中国在进入全球化时代以后如何与传统文明的中国保持血脉关系?这个问题一直是晚清以降中国学界面临的基本处境:中国之"道"与西方之"道"的关系。

我们引介施特劳斯的第三个理由就在于:施特劳斯的"古典政治哲学"让我们懂得,中国之"道"百年来面对的仅仅是西方的现代之"道",而非西方的古典之"道",使我们得以摆脱以现代西方之道来衡量中国古典之道的习惯立场,摆脱现代西方文教体系中的种种"盲目而热烈的"

政治想像。

有人会说：用施特劳斯的学说来解释中国的古典，同样是用一种西方现代的学说来解读中国的古典。这种看法搞错了的地方在于，施特劳斯根本没有提出一种自己的学说（诸如解释学"学说"一类）来解释古典，而是主张用古典的目光来阅读古典。因此，即便我们从施特劳斯那里搬来一套"方法"，那也是古人的方法，而非施特劳斯在现代构想出来的"方法"。

就此而言，施特劳斯所倡导的"古典政治哲学"与中国学界百年来引介过的任何一种西方学说都不同：它既非"主义"论说，也非一种"新的方法论"，而是一种学问方向，甚至更准确地说是一种古典心性。没错，我们在引介施特劳斯对政治和哲学的"理解"。这种"理解"来自美国的一位大学教授，但既然施特劳斯是古典心性的表率，而非一种学说，施特劳斯进入中国，其实是古典心性的相逢：在近三百年来的西方、近百年来的中国，这种心性流离失所，丧失了自己的家园——学堂，如今，这种心性无论在西方还是中国，都在努力从后现代的大学中寻回自身的地盘。

关心施特劳斯进入中国的欧美学者究竟是谁？我想大概不外乎两类。一类是有古典心性的西方学人——这种心性的人无论在西方还是中国，都只会是当今已然彻底民主化的学界和大学中的少数。差别在于：中国人口众多，这样的少数相对而言多些，如此而已；我们与你们相遇，感觉就像是"有朋自远方来"。

还有另外一类西方学人，他们仅仅因为中国如今的"崛起"才不得不把目光投向中国。这种目光本来是"尚同"的目光，中国的发展现实使得这样的目光陷入窘境。

这并不是由于经济发展势头带来的惊惧,他们真正担心的是中国的重生在道德政治观念上将冲击"尚同"理想。对这类西方学人来说,施特劳斯的古典政治哲学进入中国恰恰是巨大的灾难,因为,这会有助于中国学人尽快摆脱"尚同"理想,使得西方的现代性观念丧失政治优势——他们原有的观念认为,现代化就是"尚同",也就是把中国文明拉低到与西方的现代性构想同样低的水平,这个前提一旦受到挑战,他们自然会感到"中国威胁"来了。

西方的政治精英熟悉马克思主义,也清楚中国有自由主义志士,新左派也走进了西方的主流媒体,所有这些他们不仅都"可以理解",而且喜闻乐见,因为,凡此种种毕竟仍然在"尚同"观念中打转,最终方向都是现代西方普世价值的"进步",因此他们不会来问我们为什么引介这些"主义"。

唯有中国一旦提出源于自身老派传统的道德政治观念,他们才会从心底感到忐忑不安,因为,他们不仅对中国古典传统的道德政治观念,甚至对西方古典传统的道德政治观念都心里没数。

当今的中国学人如果把儒家重新解释为"不悖于民主"或者"新权威主义"的资源,把庄子说成伟大的自由主义志士,他们当然会喜闻乐见。但施特劳斯这个西方人却有可能教会我们,不要用西方人的现代尺度来度量我们中国的古典教诲……于是,当我们引介施特劳斯时,本来不关心中国的西方学者也关心起中国的事情来了。

图书在版编目（CIP）数据

施特劳斯的路标/刘小枫著. --增订本. --北京：华夏出版社有限公司，2020.11
（刘小枫集）
ISBN 978-7-5080-9987-3

Ⅰ.①施… Ⅱ.①刘… Ⅲ.①施特劳斯（Strauss,Leo 1899-1973）—哲学思想—文集 Ⅳ.①B712.59-53

中国版本图书馆CIP数据核字(2020)第136910号

施特劳斯的路标

作　者	刘小枫
责任编辑	王霄翎
美术编辑	殷丽云
责任印制	刘　洋
出版发行	华夏出版社有限公司
经　销	新华书店
印　刷	北京汇林印务有限公司
装　订	北京汇林印务有限公司
版　次	2020年11月北京第2版 2020年11月北京第1次印刷
开　本	880×1230　1/32开
印　张	14
字　数	310千字
定　价	98.00元

华夏出版社有限公司　　　地址：北京市东直门外香河园北里4号
邮编：100028　　电话：(010) 64663331 (转)　网址：www.hxph.com.cn
若发现本版图书有印装质量问题，请与我社营销中心联系调换。

设计共和

以美为鉴：注意美国立国原则的是非未定之争

古典学与古今之争［增订本］

这一代人的怕和爱

沉重的肉身

圣灵降临的叙事［增订本］

罪与欠

儒教与民族国家

拣尽寒枝

施特劳斯的路标［增订本］

重启古典诗学

共和与经纶

现代性与现代中国：现代性社会理论绪论

诗化哲学［重订本］

拯救与逍遥［修订本］

走向十字架上的真

卢梭与我们

西学断章

现代人及其敌人

好智之罪：普罗米修斯神话通释

民主与爱欲：柏拉图《会饮》绎读

民主与教化：柏拉图《普罗塔戈拉》绎读

巫阳招魂：《诗术》绎读

编修［博雅读本］

凯若斯：古希腊语文读本［全二册］

古希腊语文学述要

雅努斯：古典拉丁语文读本

古典拉丁语文学述要

危微精一：政治法学原理九讲

琴瑟友之：钢琴与古典乐色十讲